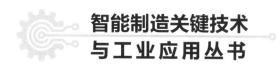

智能制造关键技术
与工业应用丛书

智能工厂建设
及典型案例

Smart Factory Construction and Typical Cases

周华 著

U0314208

化学工业出版社

·北京·

内 容 简 介

《智能工厂建设及典型案例》根据《"十四五"智能制造发展规划》要求，围绕智能制造相关标准，结合当前实际，系统介绍了智能工厂建设的应用理论，全面总结了国内外智能工厂发展情况，详细阐述了当前智能工厂建设的标准要求、体系架构、重点内容及实施方案，系统梳理了航天、航空、船舶、汽车、电器、纺织、化工、石化、烟草、印刷、冶炼、钢铁、制药、食品、水泥、橡胶等行业智能工厂建设典型实践案例。

本书是一部系统性论述离散型和流程型两大领域智能工厂建设的专著，可供政府部门、制造企业和智能制造产品供应服务商中从事政策制定、项目管理、工程技术、决策咨询的人员借鉴和参考。

图书在版编目（CIP）数据

智能工厂建设及典型案例/周华著 . —北京：化学工业出版社，2023.10
（智能制造关键技术与工业应用丛书）
ISBN 978-7-122-43713-6

Ⅰ.①智… Ⅱ.①周… Ⅲ.①智能制造系统-制造工业 Ⅳ.①F407.4

中国国家版本馆 CIP 数据核字（2023）第 116718 号

责任编辑：张海丽　　　　　　　　　文字编辑：郑云海
责任校对：张茜越　　　　　　　　　装帧设计：王晓宇

出版发行：化学工业出版社（北京市东城区青年湖南街 13 号　邮政编码 100011）
印　　刷：三河市航远印装有限公司
装　　订：三河市宇新装订厂
710mm×1000mm　1/16　印张 23¼　字数 441 千字　2023 年 10 月北京第 1 版第 1 次印刷

购书咨询：010-64518888　　　　　　售后服务：010-64518899
网　　址：http：//www.cip.com.cn
凡购买本书，如有缺损质量问题，本社销售中心负责调换。

定　　价：138.00 元

版权所有　违者必究

序

制造业是实体经济的主体，也是国民经济的支柱。党的二十大报告提出促进数字经济和实体经济深度融合、加快建设制造强国等目标要求。站在新的历史起点上，要以高质量发展为主题，加快制造业提质增效升级，扎实推进制造强国建设，不断夯实实体经济根基。

我国制造业规模已经连续 13 年居世界首位，成为稳定国民经济大盘的"压舱石"。但是，我们必须清醒地认识到，我国制造业"大而不强、全而不精、宽而不深"，发展不平衡、不充分等问题突出，整体上仍处于全球价值链中低端，很多代表性制造业与世界制造强国差距巨大。

如何从制造大国向制造强国迈进，"十四五"智能制造发展规划指出，"要坚定不移地以智能制造为主攻方向，推动产业技术变革和优化升级，推动制造业产业模式和企业形态根本性转变"。这为我国制造业由大变强指明了方向和道路。十年来，我国深入实施智能制造工程和制造业数字化转型行动，智能工厂建设规模不断扩大、水平持续提升。截至目前，各地建设数字化车间和智能工厂近 8000个，其中，2500 余个达到了智能制造能力成熟度 2 级以上水平，基本完成了数字化转型；209 个探索了智能化升级，成为具有国际先进水平的智能制造示范工厂。智能制造作为新一代人工智能技术与先进制造技术的深度融合产物，成为新一代工业革命的核心驱动力，为我国制造业跨越式发展提供了历史性机遇。未来十几年，正是新一轮工业革命核心技术智能制造发展的关键时期，我国制造业应紧紧抓住这一千载难逢的历史机遇，按照自主创新、重点突破、支撑发展、引领未来的思路，实现我国制造业换道超车、跨越发展。

智能制造是一项复杂的系统工程，牵涉的专业面广、内容丰富。本书以智能工厂建设为切入点，采用基本原理与实践案例相结合的方式，对智能制造面向数字化、网络化、智能化制造的发展路径进行了较为深入的探索研究。

　　本书取材既考虑了学术性，又突出了实用性。书中对流程型、离散型两大领域的智能工厂建设方案设计、建设重点及难点进行了系统分析，并列举了诸多实例，具有较强的借鉴、指导作用。

中国工程院院士　刘永才

前言

　　制造业是国民经济的主体，是立国之本、兴国之器、强国之基。随着云计算、5G、物联网和大数据等新一代信息通信技术的不断发展，制造业的智能化发展成为了我国制造业的重点发展方向。党的十八大以来，我国坚定不移地以智能制造为主攻方向，推动产业技术变革和优化升级，推动制造业产业模式和企业形态发生根本性转变；通过"鼎新"带动"革故"，数字赋能日益澎湃，智能制造跑出"加速度"，智能制造正促使我国制造业发生巨大变化。

　　智能制造是一个大系统工程，需要从产品、生产、模式、基础四个维度深刻认识、系统推进。智能产品是主体，智能生产是主线，以用户为中心的产业模式变革是主题。其中，智能生产是智能制造的主战场。对广大企业来说，要实现智能制造，最希望有一个智能生产解决方案。工业4.0的核心是单机智能设备的互联互通，不同类型和功能的智能单机设备互联互通组成智能生产线，不同的智能生产线间互联互通组成智能车间，智能车间互联互通组成智能工厂，不同地域、行业和企业的智能工厂互联互通组成一个智能制造系统。因此，可以说智能工厂是智能制造的重要载体。

　　自2015年工业和信息化部（以下简称工信部）开展智能制造试点示范专项以来，我国智能工厂建设如火如荼，多点开花，已全面渗入制造业全产业链，在国内和国际上均有一批智能工厂建设较突出的样板工厂脱颖而出。在头部制造业，从原材料到供应链再到整合环节，甚至直到消费端，智能工厂都已经找到了落地的模式。在这个过程中，柔性生产、降低流程成本和人力成本、加强协同是智能工厂解决的主要痛点，数据成为建设智能工厂的重要抓手，这些已经在各种案例中得到了证实。

　　《"十四五"智能制造发展规划》提出，到2025年，建成500个以上引领行业发展的智能制造示范工厂。深入到智能工厂内部分析发现，信息技术、高端设备、核心器件等发展缓慢，特别是高端制造智能化不足，是影响智能工厂升级进化的一大掣肘。此外，智能工厂覆盖的智能制造场景仍较为单一，不够丰富，如仓储、物流、销售、排产、安全等环节实现了智能化，但是在设计、制造、精密度等涉及制造业务核心的环节上，智能场景覆盖并不够。智能工厂建设发展依然任重而道远。

本书面向智能制造发展过程对智能工厂的建设需求，采用基本理论与实践案例相结合的方式，全面、系统地介绍了智能工厂的技术理论、建设和应用。本书共分为四篇，分别为理论篇、发展篇、建设篇和案例篇。其中，理论篇阐述了新时代数字经济发展对制造业及智能制造提出的新要求，分析了数字化工厂、数字互联工厂和智能工厂建设的参考模型、体系架构及实现方案；发展篇介绍了美国、欧洲、日本等国家和地区开展智能工厂建设的情况，并对我国智能工厂建设现状、存在问题进行了总体性分析；建设篇从总体上阐述了智能工厂建设的政策环境、原则目标、总体思路和路径模式，并对数字化车间以及流程型行业和离散型行业智能工厂建设内容和方案进行了深入分析；案例篇围绕离散型和流程型两大制造领域，系统梳理了航天、航空、船舶、汽车、电器、纺织、化工、石化、烟草、印刷、冶炼、钢铁、制药、食品、水泥、橡胶共 16 个行业智能工厂建设典型实践案例。

本书的编写工作得到了国家国防科工局军工项目审核中心曲克波、赵理峰、马天航、于进、郝文涛、窦小强、康华锋、杨宇、钱翰博、王烨、王斌、于保正、田林涛、黄皆知、梁津津、朱丽珠等领导和同事的大力支持与帮助。在本书成书过程中，中国工程院刘永才院士、中国航天科工三院刘志强对本书提出了宝贵意见，北京航天动力研究所冉治通做了大量书稿整理工作，同时，还得到了业内众多智能制造专家的指点，在此一并致以最诚挚的谢意。

本书还参考了国内外各种文献资料，为此，对被本书参考及引用文献的作者的工作成就表示敬意。

由于智能制造和智能工厂建设仍在实践和发展中，同时，也受时间和作者水平的限制，书中难免存在各种不足，恳请读者给予批评与指正。

作者

目录

发展篇 031

第3章
国内外智能工厂发展及启示 032

第4章
我国智能工厂的发展情况 070

建设篇 079

第5章
智能工厂的建设方案 080

第6章
流程型智能工厂建设 101

第 7 章
离散型智能工厂建设　　　　144

第 10 章
离散型智能工厂案例 311

理论篇

第1章

新时代制造业高质量发展

制造业高质量发展对经济社会健康发展、稳定就业与民生具有重要支撑作用。在以往的发展实践中，中国制造业在全球价值链中处于中低端位置，核心技术仍被发达国家和跨国公司掌握和控制，中国制造业迫切需要寻求新动能突破"低端锁定"的困境。

当前，新一轮科技革命和产业革命席卷全球，人类社会已经全面进入数字经济时代。数字经济正深刻影响制造业的基础理念，成为驱动制造业高质量发展的强大动能。2021年国务院政府工作报告指出，构建数字经济新优势，推进数字产业化和产业数字化转型升级。数字经济将为制造业高质量发展提供新契机、新支撑和新引擎。

数字经济时代，深入实施智能制造，将推动传统产业全方位、全链条数字化转型，提高全要素生产率。智能生产是智能制造的主线，而智能工厂是智能生产的主要载体，开展智能工厂建设是实现智能制造的重要基础。

1.1 数字经济赋能制造业发展

国务院印发的《"十四五"数字经济发展规划》指出，数字经济是继农业经济、工业经济之后的主要经济形态，是以数据资源为关键要素，以现代信息网络为主要载体，以信息通信技术融合应用、全要素数字化转型为重要推动力，促进公平与效率更加统一的新经济形态。

作为经济发展的"压舱石"，我国工业经过数十年飞速发展，规模居全球首位，生产总量突破了30万亿元，并已基本建立门类齐备、独立完善的现代工业体系。但是，中国制造业的自主创新能力不强、技术"卡脖子"等问题仍然突出。与此同时，近年来，以网络、人工智能等为代表的科技取得重大进步，数字经济在重塑中国制造业经营管理模式、新业态产品开发等方面影响巨大。数字经济时代下，我国制造业面临的机遇与挑战并存。

1.1.1　数字经济的内涵及特点

自从开启改革开放的大幕后，中国创造了新的经济奇迹，仅仅经过四十多年的发展，便一跃成为世界第二大经济体。这期间与信息技术迅猛发展相对应的是数字经济占 GDP 的比重快速提升。经过近三十年的发展，数字经济从最初单指信息产业发展态势，逐步演变为承接农业经济、工业经济的第三类经济形态，并正逐渐取代工业经济，成为引领经济社会发展的新动能。数字经济在 2017 年首次被写入政府工作报告，这意味着数字经济在未来国民经济建设中将占有极为重要的地位。2021 年，我国数字经济规模达 45.5 万亿元，占 GDP 比重升至 39.8%。

早在 1995 年，美国经济学界著名学者唐·泰普斯科特首次提出"数字经济"的概念，开启了全世界数字经济研究的大幕。数字经济是一个内涵丰富且涉及面广的概念。根据《二十国集团数字经济发展与合作倡议》中界定的概念，数字经济是指"以数字化的知识和信息作为关键生产要素、以现代化信息网络作为重要载体、以信息通信技术（ICT）的有效使用作为效率提升和经济结构优化的重要推动力的一系列经济活动"。从中可以看到数字经济有以下两个特点。

（1）数据成为关键生产要素

传统意义上的生产要素，是指土地、原材料、劳动力、资本等。但随着社会经济的发展，技术、信息作为相对独立的要素，其重要性日益凸显。面对人口红利的消失、劳动力成本的上升以及资源和环境的制约，充分发挥数据这一关键要素的价值就成为必然的选择。

信息化建设的深入推进以及移动互联网的迅猛发展，产生了源源不断的数据，特别是以智能手机为代表的智能终端所产生的包括图像、视频、位置和健康信息等数据。这些海量的数据在产生的同时，一方面满足了消费者的需求，另一方面也催生了更多的产品和服务的出现。

制造业中位于生产端的数据也从主要用于记录和查看，逐渐成为流程优化、工艺优化的重要依据，进而在产品设计、服务交付等各个方面发挥着愈发重要的作用。对于智能产品和服务而言，从供应链到智能制造再到最终交付用户，所有环节都可以基于数据分析的结果实现价值链整合和系统优化的目的。

（2）信息技术成为数字经济的重要推动力

信息技术的发展使 CPU 的计算能力不断提升，在云计算、人工智能、区块链等技术的不断演进和升级中，越来越强大的计算能力让数据创建、存储、使用、分享、归档及销毁的整个生命周期都有了质量和效率上的提升。

随着数字经济的深入发展，其外延不断演化。从狭义的角度，数字经济主要是指"数字产业化",依靠数字技术应用使得大量的数字化信息成为新的生产要素,再围绕新型生产要素进行生产和管理,进而充分释放数据信息的价值,使其成为经济发展的新动力,具体包括信息通信产业及其市场化应用。从广义的角度,数字经济还包括"产业数字化",也就是产业的数字化转型,是指产业与数字技术全面融合、提升效率的经济过程。在这一过程中,充足的数据信息和高效的数字技术可以大幅提升传统产业的生产经营效率,还能够有效降低微观主体的生产成本和风险。

当前,诸多领域都在充分挖掘产业数字化转型的潜力,不断提升智能化水平,如传统制造业的"工业4.0"、传统物流产业的智能物流体系、传统金融业的"数字金融"等。

1.1.2 数字经济推动制造业变革

(1) 质量变革机理

数字经济时代,制造业高质量发展的质量变革机理是,制造业供给能力和供给水平提升,促进制造业产品质量和服务质量持续升级。

一是数字经济推动制造业扩大有效供给,提高产品质量。在数字经济时代,消费者市场地位的变化,对制造业的产品研发模式产生巨大影响。制造业能够利用自身的平台优势,实现买卖双方信息的有效对接,最大限度地解决信息不对称的问题,并通过基于互联网的声誉机制,逐渐提升交易过程中买方的地位,使得生产者和消费者之间的不对等状态得以缓解。同时,信息搜集的难度和成本逐渐降低。为适应消费模式发生的新变化,制造业充分利用产品数据管理(PDM)、协同产品商务(CPC)等数字化技术,通过对用户的需求、消费方式、消费体验等进行量化分析,真正在最终产品的设计和开发过程中融入用户的想法,再通过智能工厂、数字化车间等实现定制化制造,摆脱大规模粗加工的传统制造方式,促进能源管理优化、质量控制和良品率提升。

二是数字经济推动制造业重构发展形态,提高服务质量。目前,我国在数字经济领域发展最快、应用最广的产业是现代服务业。随着新工业革命不断深化,先进制造业与现代服务业正在深度融合,服务型制造已成为引领制造业升级的重要力量。从全球范围看,制造业服务化转型趋势明显,发达国家制造企业在提供服务方面的收入占比远超我国。例如,GE、IBM等企业在这方面收入占比已经超过70%,而目前我国的企业在这方面收入占比仅为10%左右。数字经济为制造业服务化提供了必要的产业支撑。一方面,基于先进的数字技术和经过数字化改造后的现代服务业,制造企业的线上服务更便捷、更高效,有助于引导制造业向系统集成、综合服务等环节延伸,向全球价值链的高端延伸。另一方面,通过现代服务业与制造业的深入融合,加速打造柔性制造、共享制造、个性化制造、协同化制造等新产业、新业态、新模式，进一步推动制造业产业结构优化升级，提高制造业的产品附加值。

（2）效率变革机理

效率变革是指通过技术手段驱动资源配置效率和全要素生产率提高，从而实现产业经济效益最大化。数字经济时代制造业高质量发展的效率变革在于，通过新一代数字技术改造升级传统制造业，促进产业链和创新链有机衔接，进而推动制造业企业生产效率和组织效率快速提升。

随着互联网时代的到来，以工业互联网为代表的信息技术在汇集整理信息、合理调配资源、精准匹配供给和需求等方面发挥着越来越大的作用。制造业企业在数字经济的"红利"下，基于数字化智能管理、网络化服务平台等系统对数据信息进行实时收集、分析和共享，实现对产业链上下游多方资源的整合汇聚和能力协同，在提高生产流、数据流与控制流协同水平的同时，降低生产环节和运营环节中的成本和要素流失，进而有效缩短企业生产周期、提升资源使用效率和全要素生产率。

目前，我国正在大力实施智能制造示范项目，已建成了一批水平较高的智能工厂或数字化车间，进一步提升了制造行业生产效率。工信部的数据显示，对全国 305 个示范项目进行改造升级后，这些企业的整体生产效率平均提升 37.6%、能源利用率平均提升 16.1%、产品研制周期平均缩短 30.8%。

（3）动力变革机理

动力变革是指产业供给侧的支撑和保障基础发生变化。数字经济背景下，制造业高质量发展的动力变革体现在，关键生产要素和基础设施发生了变化，进而加速了新产业的形成和传统产业的升级。

第一，数据成为驱动制造业高质量发展的新型生产要素。在数字经济时代，随着发展规模不断壮大，企业赖以发展的要素不再局限于传统的资本、人力、土地、厂房等，数据的重要性日益凸显。正如石油、能源对传统行业不可或缺那样，工业大数据发展和应用正逐渐被制造业所重视。具体表现在以下方面：

① 生产方面。制造业利用工业机器人、智能制造系统等数字技术和收集整理的行业大数据，使得生产方向更具有针对性，极大地减少了因与消费者对接不够而造成的市场经营损失。

② 信息流通方面。制造业企业通过数据信息网络将所需的产业资源进行整合处理，实现信息的实时传输。这种即时的信息传递有利于促进产业链和创新链之间的信息高效分享，进而实现产业的协同创新和集群化发展。

③ 物流方面。通过云计算等数字技术分析用户需求，进行市场预期判断，对于产品的生产数量及质量进行严格把控，节省仓储成本。

第二，新型数字基础设施促进动能转换，推动制造业高质量发展。随着经济发展模式逐渐从以提供现实产品和服务为主，转向以提供智能产品和服务为主，新型数字基础设施这种以大数据作为主要作用对象的关键设备正变得越发重要。事实上，新型数字基础设施不仅可以促进数据信息的转换和利用，而且能够通过网络设备互联实现人、机、物多方互联互通。在此基础上，基于几何倍增网络效应，进一步实现基础设施、生产设备、产品、服务以及用户之间的全面互联互通。作为数据信息的载体，新型数字基础设施的发展，可以加速数据在各个使用者之间的流通，能够克服内部资源的稀缺性和同质性，进而搭建起数据共享的平台和渠道，并通过不断放大数据共享平台覆盖的时空边界，产生更强的学习效应，催生出更多的新产业和新业态。此外，在新型数字基础设施的支持下，信息化资本会加速对传统资本的替代，改善现有生产要素的质量。由此可见，推动新型数字基础设施建设，有利于为传统制造业转型升级培育更多新动能。

1.1.3 数字经济时代国外制造业发展

全球新一轮产业变革，围绕数字化、智能化方向加速跃升。美国、德国、日本等国家结合自身发展优势，聚焦数字化阶段的发展重点，加强战略总体布局，着力打造数字经济背景下制造业竞争新优势。

（1）美国

首先，美国出台"信息高速公路"战略之后，根据数字技术的发展，陆续出台多项措施完善基础设施。美国于 2010 年推出"国家宽带计划"和"释放无线宽带革命"。2020 年 7 月，美国电话电报公司（AT&T）宣称实现了 5G 网络全覆盖，不论是企业用户还是个人用户都可接入。另外，为解决数字鸿沟，美国多家大型企业开展天空和太空信息网络布局。美国新型基建为数字技术在先进制造业领域的应用，创造了更为成熟的技术环境，奠定了先进制造业数字化转型的基础。

其次，重视政策落地，提升数字应用能力。2011 年，美国政府相继推出《先进制造业伙伴计划》和《先进制造业国家战略计划》，从国家层面拟定先进制造业数字化转型的思路。从 2011 年起，美国先后提出下一代机器人、关键材料、纳米制造等关键技术方向，关注先进制造业数字化应用能力的提升，不断向前延伸前沿科技触角。2018 年，美国发布《美国机器智能国家战略报告》，提出国家机器智能战略，旨在通过长期资金支持，加快数字技术的应用，强化国家先进制造业的数字化创新水平。

最后，建立创新网络，构建数字化生态。2014 年，美国通过《振兴美国制造业和创新法案 2014》，计划打造包含 45 个制造创新研究所在内的国家制造创新网络，目前已相继成立增材制造创新研究所、数字化制造与设计创新研究所等多家区域性研究机构，将大中小型制造商、学术界、政府部门的力量集合起来，保持美国在先进制造领域的领先地位。2015 年，美国发布《美国国家创新战略》，多次提到构建美国创新生态系统的概念，把创新生态系统看作实现全民创新和提升国家竞争力的关键所在。在区域层面，支持区域性创新系统的发展，重视创新主体、创新支持机构和创新环境，加强制造业协作和联盟的创建，建立由工业驱动的公私合作伙伴关系，制造业巨头加快调整产品业务发展战略，推动跨行业合作不断加深，非营利机构积极承担融合创新技术的协同研发和转移推广，共同打造美国先进制造业数字化转型的生态系统。

（2）德国

一是细化政策设计，提升数字应用能力。德国于 2014 年提出《数字议程2014—2017》，助力工业 4.0 战略体系，工业 4.0 是站在国家层面对未来工业的布局。2016 年，德国政府推出《德国数字战略 2025》，强调配套政策对先进制造业的激励，投入 3 亿欧元于高新技术产业。2018 年推出《高技术战略 2025》，将人工智能提升至国家战略高度，推动人工智能的应用，并计划在 2025 年投入 30亿欧元用于该战略的实施。

二是注重标准化建设，领先国际标准。标准化是德国制定的 8 个优先行动计划中的首个计划，立足于建立人、资源互通互联的智能化网络生产体系。在该体系内，海量数据信息交换、识别、处理等过程都必须基于统一标准，推动社会网络智能化的形成。保持关键技术术语的一致性，协调既定标准是德国标准化计划的第一步，促进了不同企业在设备制造、自动化工程等方面进行合作。2016 年，德国工业界与标准化领域权威机构共同设立"工业 4.0 标准化理事会"，旨在将相关标准在德国和全球范围内推广。

三是推广数字教育，培养数字型制造人才。2016 年，德国推出"数字型知识社会"的教育战略，在全国范围内促进数字化技能培养、数字化媒体的广泛使用。据专家分析，越来越少的德国青年选择学习计算机编程等相关专业，使得德国汽车制造和电子行业的网络技术部门缺乏足够的基础编程人才。针对这一状况，德国政府为初期的儿童教育培育到终身学习都提供必要的基础设施支持，计划在未来 5 年投入数亿欧元，为国家先进制造业的数字化转型扩大人才规模。

（3）日本

一是发展互联产业，推动数字驱动变革。2017 年，日本首次提出"互联产业"的概念，力图使被分隔在各企业、部门的数据相互连接起来，提高生产效率。《东京举措 2017》提出了互联产业重点发展的 5 个领域，分别为自动驾驶与出行服务、生物科技与材料、制造与机器人、重型工厂与基础设施、智能生活，进一步促进先进制造产业互联。并在制度上提出系列政策措施，包括：推行政府数据开放，完善数据驱动先进制造产业发展的基础建设；通过金融支持，给予中小型制造企业获得创新性数据产业应用的机会；创新人才培养，为先进制造产业互联提供大量多元化人才等。

二是政策引导，促进制造业数字化转型。2011年至2021年，日本政府先后推出《政府ICT战略》《活力ICT日本》《世界最先端IT国家创造宣言》，提出以大数据为核心的国家战略，并逐渐确定了以机器人、3D打印等为基础，以物联网、大数据等为手段，对制造业进行优化升级的战略规划，聚焦制造业特定领域的发展。2014年，日本投资45亿日元用于实施"以3D技术为核心的产品制造革命项目"，追加30亿日元用于公共实验基地等项目的完善。日本还通过减税、补贴等普惠性政策降低先进制造业企业数字化转型成本，提出企业对先进制造技术设备进行投资可减税5％、引进先进制造设备的中小企业可享受30％的价格折扣或7％的税费减免等政策，取得了较好的效果。

1.2 智能制造成为数字经济的主战场

1.2.1 中国制造业高质量发展面临的问题

（1）存在的差距

一是中国制造业劳动生产率远远落后于全球制造强国。虽然近年来中国的制造业劳动生产率年均增速在10％以上，但仍难以达到产业国际竞争的效率要求。

二是中国制造业的研发投入和研发产出仍处于相对较低水平。由于美国和日本实施的是全球制造业技术引领战略，技术研发更多地向高技术领域倾斜，因此呈现"研发投入强度大、单位制造业产出专利多、高端产品国际市场份额高"的产业技术经济特征；而德国和韩国实施的是全球制造业优势产品市场扩张战略，技术研发更多地向先进成熟技术领域倾斜，因此呈现"研发投入强度大、单位制造业产出专利少、优势产品国际市场份额高"的产业技术经济特征。

三是中国制造业能源利用效率并未形成全球竞争优势。同样规模的制造业产出，中国消耗的能源比其他制造强国多24％～52％。粗放式的能源消耗方式，不仅使中国制造业体系长期处于"高耗能、高污染、高排放"的低效运转模式，也拉低了制造业企业的效益水平，降低了产品的国际竞争力，严重限制了企业发展的转型能力。

（2）高质量发展的问题

一是当前中国制造业在全球市场上受产业链两端挤压严重，传统规模优势加速衰减。中国不仅要面对制造业先行强国的高端封锁，也要面对制造业后发国家的中低端追赶，制造业全球市场的产业链两端挤压态势，将进一步加剧中国制造业规模发展优势的衰减。近年来，制造业先行强国表现出强劲的竞争实力，制造业后发国家积极拓展规模发展空间，而中国制造业则增长趋缓，持续扩张疲态已现。虽然在多年规模积累的支撑下，目前中国制造业仍然展现出全球瞩目的规模发展优势，但后劲不足已成定局。

二是在全球制造业格局中，中国制造业尚未形成质量效益优势。当前中国制造业的质量效益既没有有效缩小与制造业先行强国的差距，也没有形成相对于制造业后发国家的表征优势，并且突破难度加大。虽然中国制造业的质量效益保持了持续增长，但仍然处于中低端水平。而同期制造业先行强国的质量效益发展格局中，美国、日本、德国分别稳定在高端发展水平上，处于中高端水平的韩国正逐步迈向高端水平。中国制造业必须通过高质量发展，才能抵御先行强国的高端质量封锁与后发国家的质量追赶。

三是中国制造业技术创新能力仍然不强。得益于新一轮技术革命和产业变革带来的赶超契机，中国制造业的技术创新能力获得持续提升，但尚不足以明显缩小与制造业先行强国的差距。相对于一定程度上已经到达技术天花板的制造业先行强国，制造业后发国家的技术能力发展更具活力，通过产业前沿技术或新兴产业技术的创新，有可能快速突破全球产业技术创新体系的现有格局，实现产业链向高端跃升。中国制造业在巩固当前技术能力发展成果的基础上，亟须进一步加强培育力度，尽快改善其在全球产业技术创新体系中的不利地位。

1.2.2　智能制造是数字经济的主战场

数字经济是全球未来的发展方向，智能制造是数字经济的皇冠，必将成为各国抢占数字经济制高点的主战场。十九届五中全会提出坚定不移建设制造强国、质量强国，就是要通过发展智能制造补齐我国制造业的短板，促进国民经济的发展。

（1）智能制造将改变国际产业分工和竞争格局

一直以来，中国主导着全球第二产业——中低端制造业的生产，西方国家主要是高端服务业，中西方之间形成一个二、三产业的循环。而以原材料产业为优势的其他资源型国家，则与中国形成一、二产业的循环。中国能成为全球"双循环"结构中至关重要的节点和枢纽，依靠的是制造业优势。数字科技加持下的产业革命，将对国际产业分工和全球竞争格局带来重大影响，改变传统的国际产业分工体系，带来国际产业结构重大调整，推动国际贸易结构和贸易方式发生重大变化，使产业竞争更趋广泛性、分散性和个性化，知识性生产要素的争夺将日趋激烈。对依赖于大规模出口的产业体系而言，智能制造将使得某些行业规模经济变得不明显，个性化定制、分散生产成为新特点。但换个角度来看，由于新的智能制造产业革命所需的大量新技术尚处于初期阶段，所有国家"几乎处于同一起跑线"，如果新兴经济体或者发展中国家能够以更快的速度构筑智能制造技术体系，就能实现跳跃式发展，实现对发达国家的追赶。这个过程中，中小微企业可以充分利用互联网、数字制造等参与研发设计和个性化生产，在某些领域创造独特优势。

（2）智能制造有助于催生新的经济增长动能

数字技术及其广泛应用将促进生产效率提高，而数字技术的产业化和商业化则将打造出新的业务部门和新的主导产业，催生新的经济增长点。

一方面，提升潜在经济增长率。新一代信息技术、智能制造技术等，将改变传统的资源配置和生产组织方式，促进全社会资源配置效率提高；智能机器人等广泛应用将替代低技能劳动、简单重复劳动，缓解劳动力紧缺并提高劳动生产率。

另一方面，形成新的经济增长点。随着新技术在人工智能等领域取得突破，将催生出关联性强和发展前景广阔的新产业、新业态，尤其是依托我国纵深多样、潜力巨大的国内市场需求，其必将发展成为重要的新增长点。

（3）智能制造在数字经济时代将加速 B2B2C 的商业模式向 C2M 转型

传统的制造业产品销售模式是 B2B2C（Business to Business to Customer）。在传统的产品零售模式中，一件产品从出厂到消费者至少要经手 3 个中间商（品牌商、经销商、零售商），假设每层中间商要为产品周转付出 15% 的仓储、物流等相关成本，同时需要保持 15% 的毛利率，那每层的加价就是 30%。同时，这种生产模式下生产商往往提前预判市场需求，向代工厂下单生产，一旦对于市场流行的趋势产生了误判，导致最终产品上市后销售情况不及预期，那么就会产生滞销，导致库存的堆积。而传统的刚性生产线往往都是大批量的、长周期生产，无法根据市场的需求而实时调节。

而 C2M（Customer to Manufacturer）的内涵是用户直连制造，是产业互联网时代新型的生产制造和商业形态。C2M 基于 IT 技术，以柔性化、定制化的生产线，将消费者的需求与供应商直连，实现按需生产，从而打破经济循环的惯性轨道，带来破坏性创新。现阶段 C2M 的探索多以平台型企业为主导，对制造业进行重塑。在数字经济的下个十年，C2M 将助力现有成熟的平台型企业再上一层楼，同时也可能会孵化出新的一批原生于产业互联网的平台型企业。

1.2.3　智能工厂是实现智能制造的载体

智能工厂是对工厂内部的设备、材料、生产环节、加工方法以及人员等参与产品制造过程的全要素有机互联，充分利用自动化、物联网、大数据、云计算、虚拟制造、人工智能和机器学习等新技术，实现具有信息深度自感知、智慧优化自决策、精准控制自执行的高效管控一体化制造过程与系统的总称。在实践中体现为深入应用先进的传感器技术、控制技术、通信技术和网络技术，连通生产制造过程的各个"信息孤岛"，通过制造设备、加工单元及生产管理系统间的协同和工艺流程的优化，实现高效、高质量、低能耗、低成本的柔性定制化的产品制造和服务。

　　智能工厂作为实现智能制造的关键要素之一，是企业物资流、信息流、能源流的枢纽节点，是企业将设计数据、原材料变成用户所需要产品的物化环节，是创造物质财富的工具。当前对产品的制造过程表现出高效、高质量、绿色、环保的需求特征，特别是随着人力资源问题日益严重和产品个性化需求的显现，传统的车间制造模式难以应对产品订单的脉动特征和批量定制化生产要求，制造企业要想在市场竞争中占据优势，制造过程的智能化是必须实现的重要手段。因此，智能工厂围绕这些技术的突破和应用，其发展趋势体现在离散制造过程的物流无人化、制造数据信息的无障碍贯通、制造过程的数字化建模仿真与智能化决策等方面。

第**2**章

智能工厂的基本理论

自动化、数字化、网络化、智能化技术是制造业实现转型升级和创新发展的四项关键技术，反映到制造工厂层面，体现为从自动化工厂、数字化工厂、数字互联工厂到智能工厂的演变。图 2-1 为制造工厂发展路线图。

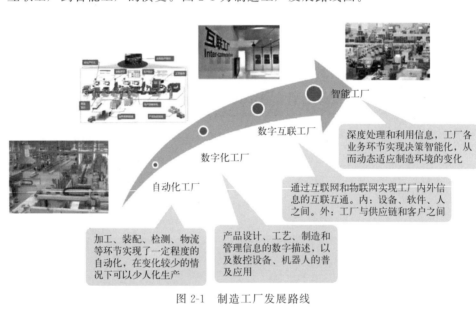

智能工厂

深度处理和利用信息，工厂各业务环节实现决策智能化，从而动态适应制造环境的变化

数字互联工厂

通过互联网和物联网实现工厂内外信息的互联互通。内：设备、软件、人之间。外：工厂与供应链和客户之间

数字化工厂

自动化工厂

加工、装配、检测、物流等环节实现了一定程度的自动化，在变化较少的情况下可以少人化生产

产品设计、工艺、制造和管理信息的数字描述，以及数控设备、机器人的普及应用

图 2-1　制造工厂发展路线

自动化工厂（Automated Factory）：加工、装配、检测、物流等环节实现了一定程度的自动化，在变化较少的情况下可以少人化生产。

数字化工厂（Digital Factory）：通过集成、仿真、分析、控制等手段，实现产品设计、工艺、制造和管理信息的数字描述，以及数控设备、机器人的普及应用，为制造工厂的生产全过程提供全面管控的整体解决方案，它是实体工厂的集成。

数字互联工厂（Connected Factory）：将物联网（IoT）技术全面应用于工

厂运作的各个环节，实现工厂内部人、机、料、法、环、测的泛在感知和互联，互联的范围甚至可以延伸到供应链和客户环节。通过工厂互联化，一方面可以缩短时空距离，为制造过程中"人-人""人-机""机-机"之间的信息共享和协同工作奠定基础，另一方面还可以获得制造过程更为全面的状态数据，使得数据驱动的决策支持与优化成为可能。

智能工厂（Smart Factory）：是数字化工厂、数字互联工厂和自动化工厂的延伸和发展，建立在数字化工厂的基础上，利用物联网技术和监控技术加强信息管理服务，最终达到最优生产、无人干预、效益最佳、动态平衡的目标。通过将人工智能技术应用于产品设计、工艺、生产等过程，使得制造工厂在其关键环节或过程中能够体现出一定的智能化特征，即自主性的感知、学习、分析、预测、决策、通信与协调控制能力，能动态地适应制造环境的变化，从而实现提质增效、节能降本的目标。

2.1　数字化工厂

2.1.1　数字化工厂的概念

从概念上说，数字化工厂是对整个工厂生产过程进行仿真模拟、评估和优化，并进一步扩展到整个产品生命周期的新型生产组织方式。数字化工厂的本质就是实现信息的集成，通过对企业全部流程进行数据采集，建立数据库，将物理工厂变成数字化工厂。数字化工厂涵盖产品设计、工艺设计、虚拟仿真、生产管理、制造数据管理。德国工程师协会对数字化工厂的定义包括下述三个方面：

① 数字化工厂是由数字化模型、方法和工具构成的综合网络，包含仿真和3D/虚拟现实可视化，通过连续无中断的数据管理集成在一起。

② 数字化工厂是一种新型生产组织方式，以产品全生命周期的相关数据为基础，在计算机虚拟环境中对整个生产过程进行仿真、评估和优化，并进一步扩展到整个产品生命周期。

③ 数字化工厂主要打通产品设计和产品制造之间的鸿沟，实现产品生命周期中的设计、制造、装配、物流等各个方面的功能，降低设计到生产制造之间的不确定性，在虚拟环境下将生产制造过程压缩和提前，并得以评估与检验，从而缩短产品设计到生产转化的时间，并且提高产品的可靠性。

总之，数字化工厂是利用数字化技术，集成产品设计、制造工艺、生产管理、企业管理、销售和供应链等各方面人员的知识、智慧和经验，进行产品设计、生产、管理、销售、服务的现代化工厂模式。这种模式特别依赖泛在网络

（互联网、物联网）技术实时获取工厂内外相关数据和信息，有效优化生产组织的全部活动，达到生产效率、物流运转效率、资源利用效率最高，对环境影响最小，充分发挥从业人员能动性的效果。

换一种表达方式，我们可以把数字化工厂看作实现了产品的数字化设计、数字化制造，经营业务过程和制造过程的数字化管理以及综合集成优化的过程，其内涵包括产品工程、工厂设计与优化、车间装备建设及生产运作控制等，如图 2-2 所示。

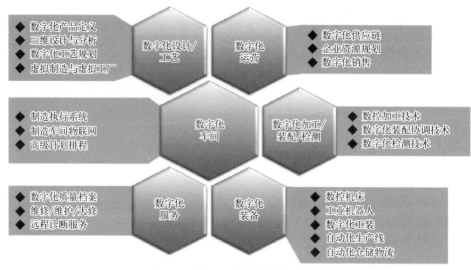

图 2-2　数字化工厂

2.1.2　数字化工厂的结构模型

数字化工厂的结构模型分为三个层次，如图 2-3 所示。

底层是包含产品构件和工厂生产资源（如传感器、控制器和执行器等）的实物层。

第二层是虚拟层，其对实物层的物理实体进行语义化描述，并转化为可被计算机解析的"镜像"数据，同时建立数字产品资源库和数字化工厂资源库的联系。

第三层是涉及产品全生命周期过程的工具——应用层，包括设计、仿真、工程应用、资产管理、物流等各个环节。数字化工厂概念的最大贡献是实现虚拟（设计与仿真）到现实（资源分配与生产）的连接。

通过连通产品组件与生产系统，将用户需求和产品设计通过语义描述输入资源库，再传递给生产要素资源库，制造信息也可以反馈给产品资源库，从而打通

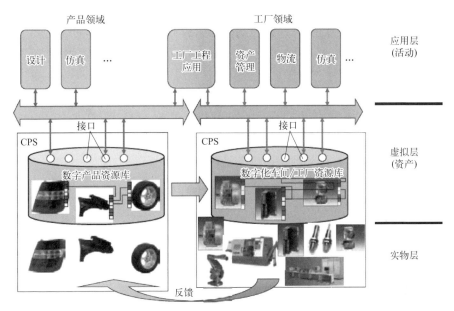

图 2-3　数字化工厂的结构示意图

了产品设计和产品制造之间的"鸿沟"。更进一步,实现了全网络统筹优化生产过程的各项资源,在改进质量的同时减少设计时间,加速产品开发周期。

2.1.3　数字化工厂的核心要素

数字化工厂建设的核心要素可以归纳为工厂装备数字化、工厂物流数字化、研发设计数字化、生产过程数字化,如图 2-4 所示。通过这四个方面的建设,数字化工厂带动产品设计方法和工具的创新、企业管理模式的创新。

图 2-4　数字化工厂核心要素

在四要素中,工厂装备数字化是数字化工厂建设的前提和基础,为设计、研发、生产等各个环节提供基础数据的支持。工控产品,如 PLC、伺服电机、传感器等仍然是数字化工厂不可或缺的部分。在此基础上,工厂物流能够从被动感知变为主动感知,实现透明、安全和高效,包括产品运输过程跟踪、运输车辆跟踪定位、物料出库、物料配送上线等。

　　上游的设计非常重要，但常与下游的工艺、制造、检测衔接不够。通过研发设计数字化，从而实现设计、工艺、制造、检测等各业务的高度集成，包括CAD/CAPP/CAE/CAM/PLM的集成，虚拟仿真技术、MDB模型的应用，产品全生命周期管理等。

　　生产过程的数字化主要是利用数字化的手段应对更复杂的车间生产过程管理，其中最重要的是制造执行系统MES的建设以及MES与ERP/PLM和车间现场自动控制系统的交互。MES在智能制造领域的作用越来越明显。

　　数字化工厂核心系统间的数据信息流动如图2-5所示。

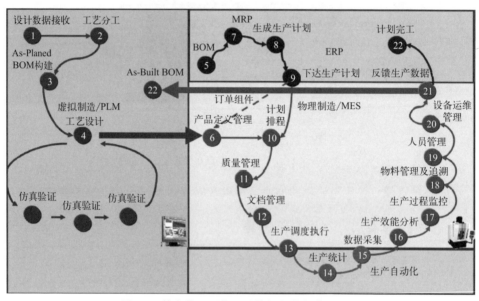

图 2-5　数字化工厂核心系统间的数据信息流动

2.1.4　数字化工厂的转型路径

　　数字化工厂以产品全生命周期的相关数据为基础，在计算机虚拟环境中，对整个生产过程进行仿真、评估和优化，并进一步扩展到整个产品生命周期的新型生产组织方式，是现代数字制造技术与计算机仿真技术相结合的产物。

　　在数字化工厂进程中，首先是产品设计要镜像地进行仿真，同时生产资源也要镜像到数据库中，包括传感器、控制器、数控机床、机器人、物流装备和测试等，生产的管理和技术体系都要纳入虚拟的数字世界中。然后在一个平面上，设计和生产资源进行流转。目前，很多企业存在信息孤岛问题，因为不同时期采购了不同的系统，造成CAD和CAPP不通、MES和ERP不通等诸多问题，数据无法在一个平面上进行快速流转，产品设计与生产过程无法无缝集成。

（1）转型升级的内容

数字化工厂转型升级包括但不限于子系统数字化（装备、传感、控制、通信）、过程数字化（生产系统设计与仿真）和功能数字化（数字化产品和工艺设计）等。

数字化装备是指传统的机电设备中，融入传感器、集成电路、软件和其他信息元器件，从而形成了机械、电气、信息技术深度融合的设备。具体包括控制程序化、接口标准化、管理网络化等内容，典型的如数控机床、工业机器人等。

数字化传感是指原来模拟传感器和仪表升级成数字传感器和仪表，并输出数字信号以利于存储、传输和后期处理。这导致了和这些仪表、传感器或设备通信的编程控制器（PLC）或网关的 IO 接口类型的变化，即模拟接口越来越少、数字化接口比例越来越高甚至直接基于以太网传输。

控制和通信系统在数字化进程中则面临的是架构变化，从早期的基地式气动仪表控制系统、电动单元组合式模拟仪表控制系统，演进到集中式数字控制系统和集散式控制系统 DCS，并进而发展成全分散全数字的现场总线控制系统 FCS，并继续朝着采用工业以太网、OPC-UA、TSN 等数字通信技术以及边缘计算、工业云、工业大数据等智能赋能技术的方向发展。

生产系统仿真是指对工厂（或其他层级生产系统）的布局、生产设备、生产过程、生产条件、仓储物流进行仿真，建立结构层次清晰的 3D 模型。例如，我们可以逼真地在虚拟世界里建立一个完整的工厂或一个复杂的配送中心，然后在虚拟环境下通过对产量、存储面积和交付周期等关键指标进行分析，可以及早发现工厂布局中的不足和瓶颈因素，有效提高工厂布局规划的效率和效果。

数字化产品和工艺设计主要是指利用软件完成产品设计以及在 3D 虚拟环境中的制造过程的规划、设计、分析、仿真和优化。数字化产品和工艺设计不仅仅可以提升产品设计和工艺的效率、降低生产成本，同时也是基于数字化的产品全生命周期管理的重要组成部分。

（2）转型升级的途径

目前，大多数企业面临的是对原来工厂从基础信息化与自动化向数字化改造的问题。无论是建新厂还是改造老厂，首先要面对的问题就是数字化工厂的规划，而每一家企业所处的阶段都不尽相同，这就需要梳理企业现状，量身剪裁出合理的数字化工厂规划蓝图。如图 2-6 所示，数字化工厂的建设横轴代表着技术水平，纵轴代表着管理水平。管理水平从基础管理、标准化管理一直到集成化管理、智能化管理。技术水平从基础 IT 与自动化，到业务流程变革，再到系统集成，最后实现 CPS。企业可以根据自身所处的阶段，重点关注本阶段需要重点去推进的事情。

在数字化工厂的建设过程中，有了细致周密的数字化规划蓝图，就拥有了数

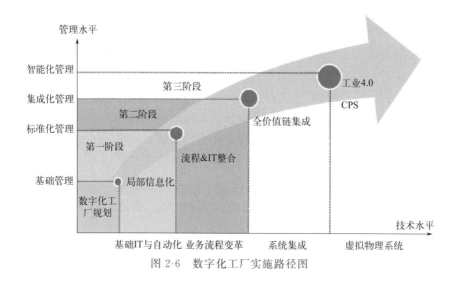

图 2-6　数字化工厂实施路径图

字化工厂建设的基点和指南针。接下来就应该选择最合适的技术，这里特别注意不是指最先进的技术，先进的技术并不一定能在企业数字化建设中发挥最大的效用，需要根据企业自身功能和用途需求合理决策。在信息化程度还比较低的企业，RFID 技术不见得比条码技术更实用。

2.1.5　数字化工厂与自动化工厂

数字化生产作为智能制造第一种基本范式，和目前仍待普及的自动化生产有明显区别，但同时又有直接的联系。

（1）内涵和理论基础有所不同

本质来看，数字化是信息化的概念，自动化基本属于电气化和工业化的范畴；自动化和数字化（描述的对象）都包括信号、系统和过程，但是自动化更侧重（一个封闭的、有反馈的）系统，数字化更侧重信号和过程。

自动化生产是一个在没有人员直接干预下能够自动工作，实现从检测到控制到反馈的过程，并且在出现扰动等意外时仍然保持平稳工作的系统，其理论基础是机械工程和控制理论，计算机和仪表只是应用技术；而在工业场景，数字化生产是指把人、机、料、法、环、测等资源属性和状态，甚至控制与业务系统本身属性和状态等信息，转化为有特定含义的数据包，以供信息化系统传送、共享、集成和应用的过程，其理论基础是信息论。

从概念角度上来说，同样从嵌入式系统发展而来的自动化生产和 CPS 系统在包含机电、软件单元连接并有交互控制的系统特征方面更为接近，而数字化生产概念更为开放。

（2）目标和应用范围不同

自动化生产的目标是直接指向解决生产效率和一致性问题，数字化生产的目标是形成覆盖（制造系统）诊断、设计、研发、建设、运维、升级（或退服）的系统全生命周期的数据管理，以支撑进一步的集成和应用。

自动化生产主要是应用于生产领域甚至只是某个制造单元，但数字化生产则要打通自动化和信息化的关节，实现超越生产系统的更大范围甚至跨企业的集成，并服务于产品全生命周期（设计、生产、物流、销售、服务、回收等）的技术和业务活动。

总之，自动化生产和数字化（信息化）生产分别在固化和发展工厂的两项核心：工艺和管理。这是两者最主要的不同。

2.2　数字互联工厂

2.2.1　数字互联工厂的内涵

数字化只是实现智能制造的第一步。进行数字化转型后，企业必须通过互联让数据得以传递和利用，从而真正发挥数字化的价值，这也是近年来智能数字化设备、物联网和工业互联网等领域快速发展迭代的主要推动力，建立数字互联工厂的迫切需求也由此而生。

（1）什么是互联？

在一个企业中，把各种数字化设备、生产系统、企业业务系统及人连接在一起，使得人与机器及流程有机结合起来，从而为生产运营创造出新价值的生态体系，我们简单称之为数字互联工厂。2013 年，罗克韦尔公司根据当时的技术发展趋势，提出了数字互联工厂的发展理念和愿景，并致力于促进其技术演变发展，帮助客户构建数字互联工厂，实现智能制造。

（2）为何实现智能制造必须先建立起数字互联工厂？

最重要的原因还是在于数字化。随着技术的发展，企业底层已经普遍采用了各种数字化的设备，从传感器、仪表到执行机构都具备了数字化的属性。数字化设备可以在完成本职工作的同时，积累各种数据，让人们可以掌握现场发生的动作和设备的健康状态等信息。但这些数据只有被工业物联网传送和利用时，才可以帮助企业实现预测性维护等功能，真正创造价值。

目前，制造业的工业物联网主要由工业以太网以有线的形式来实现，这种形式还将持续一段时间，估计 5～10 年，自组 5G 网络的应用将推动工业物联网进入无线阶段。

在生产现场普遍实现数字化的同时，对于产线级的控制系统就有了更高的要求。因为这个时候，处于ISA-95架构一层和二层的控制系统，除了需要完成常规的自动化任务以外，还必须具备边缘计算的能力。这主要由于底层的数字化设备除了提供控制信号外，还带来了大量的数据，这些数据在边缘层进行就地处理可以更快地响应现场需求，同时又节省了对企业网络带宽的占用。因此，一层和二层的控制系统就需要应用集控制和信息一体化的架构来完成。

如果在这个层级企业可以以同样的系统和架构，通过应用不同的组件和模块，实现多种控制方式，那么实现互联将变得非常容易。譬如在通常的离散控制系统中，加上运动控制模块可实现运动控制的功能，加上流程控制的软硬件可以实现过程控制，以此类推至批次控制、传动控制、安全控制等，从而让企业不同的流水线、不同的工段和车间都可以利用同样的架构和网络。在这样的架构下，可以轻松地将整个企业价值链的生产数据流和产品物流同时打通，扩展一下还可以进一步连接供应链和市场销售网络，实现横向的互联。

这个层级的控制系统完成控制程序和数据处理后，其结果部分作为命令回馈到底层设备，还有一些数据则提供给三层的信息化系统，如制造执行系统（MES）或者生产运营管理系统（MOM）作为底层基础数据。MES和MOM往上对接ERP等企业级系统，往下对接生产控制系统，使企业内部的数据流在纵向也可以完全打通。所以，互联工厂可以为制造企业实现智能制造所需要的横向互联、纵向互联及端到端互联打下坚实的基础。

（3）构建数字互联工厂能为企业带来哪些好处？

① 横向互联快速响应需求。横向互联让企业一手连接市场，一手连接供应链，企业在中间既可以快速准确地获得市场的变化信息和客户的偏好趋势，又能够及时地与供应链合作起来，调动企业资源和供应链资源一起应对变化，从而使企业永远快人一步，以更快的速度推出更契合市场需求的产品。

② 纵向互联提升运营水平。纵向互联让企业内部自上而下的数据传递更加流畅，ERP系统接受客户订单后，可以第一时间下达至MES系统，MES系统把订单分解成生产人员、设备和物料的安排并开始组织生产。反过来，生产现场发生的活动、OEE、生产进度、生产过程中的设备健康状态、产品质量、物料的损耗等信息也可以自下而上地传递给管理人员，供决策使用。总之，企业的数字化使得工厂方方面面的情况更加透明，而数据互联后则可以进一步帮助企业管理者随时掌握企业的运营情况，帮助企业提高生产设备利用率，提升生产效率，降低企业风险。

③ 端到端互联降低运营成本。数字互联工厂在生产过程中产生大量的数据，这些数据在企业不同的系统里有不同的作用，因此在企业内部各系统中进行端到端的数据共享和互联也可以创造重要的价值，如仓储管理系统和供应链订单系统

的互联、企业产品研发设计系统和生产系统及产品的售后服务系统之间的互联等。为了更好地感受端到端互联的"迷人"之处，用一个生活中的例子做类比：当病人去医院看胸科时，医生会安排病人去做各种化验和拍片检查，隔天同一个病人又去看消化科时，医生可以直接调用昨天在胸科获得的基础报告数据，而不用再重新检查一次，这个数据甚至可以在不同医院间进行共享。这两个医院和科室使用这个报告的目的可能是不同的，但是这个简单的端到端互联的例子大大节约了资源和时间。

互联的初心就是通过对数据的利用为企业带来新的竞争优势，互联工厂建立的过程也是对数据从采集到利用再到优化的过程。通常，企业数据利用的最后阶段也是深度利用的阶段，是由大数据平台来完成的，这也是产生很多智能化应用的基础平台。这个大数据分析处理平台也叫作工业互联网平台。

总结来说，将数字化设备、数字化生产线和生产车间、生产执行系统（MES）、企业数字化业务系统（ERP）、云端（私有云或者公有云）的工业互联网，按照 ISA-95 架构建立起来的数字互联工厂，正是企业实现智能制造值得参考的基本范式，也是智能制造之数字化、网络化和智能化发展道路的落地形式。

2.2.2　数字互联工厂的实现方式

制造工厂的数字化互联，是通过使用相同或不同的网络，将工厂中的各种计算机管理软件、智能装备连接起来，以实现设备与设备之间、设备与人之间的信息互通和良好交互的过程。

将生产现场的智能装备连接起来的网络被称为工业控制网络，包括现场总线（如 PROFIBUS、CC-Link、Modbus 等）、工业以太网（如 PROFINET、CC-LinkIE、Ethernet/IP、EtherCAT、POWERLINK、EPA 等）、工业无线网（如 WIA-PA、WIAFA、WirelessHART、ISA100.11a 等）。对于控制要求不高的应用，还可使用移动网络（如 2G、3G、4G 以及 5G 网络）。

工厂的生产管理系统可以直接使用以太网连接。对于智能制造，往往还要求工厂网络与互联网连接，通过大数据应用和工业云服务实现价值链企业协同制造、产品远程诊断和维护等智能服务。为了防止窃密，在工厂网络与互联网连接中要设防火墙，特别防止病毒攻击企业网络，注意网络信息安全与功能安全。

2.2.3　数字互联工厂的网络架构

智能制造的首要任务是信息的处理与优化，工厂内各种网络的互联互通则是基础与前提。没有互联互通和数据采集与交互，工业云、工业大数据都将成为无源之水。数字互联工厂中的生产管理系统（IT 系统）和智能装备（自动化系统）

互联互通形成了数字化互联网络。

按照所执行功能不同，数字互联工厂的网络划分为不同的层次，自下而上包括现场层、控制层（基本控制层、监视控制层）、执行层和计划层。图 2-7 给出了符合该层次模型的一个数字互联工厂的网络的典型结构。随着技术的发展，该结构呈现扁平化发展趋势，以适应协同高效的智能制造需求。

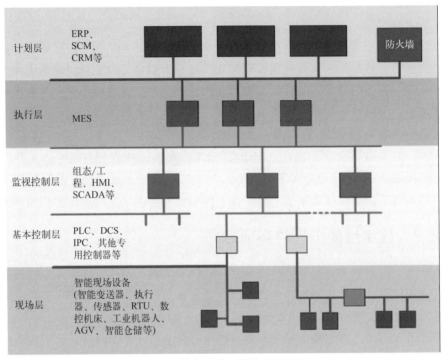

图 2-7　数字互联工厂的网络结构

数字互联工厂的网络各层次定义的功能以及各种系统、设备在不同层次上的分配如下。

① 计划层：实现面向企业的经营管理，如接收订单、建立基本生产计划（如原料使用、交货、运输）、确定库存等级、保证原料及时到达正确的生产地点以及远程运维管理等。企业资源规划（ERP）、客户关系管理（CRM）、供应链关系管理（SCM）等管理软件都在该层运行。

② 执行层：实现面向工厂/车间的生产管理，如维护记录、详细排产、可靠性保障等。制造执行系统（MES）在该层运行。

③ 控制层：实现面向生产制造过程的监视和控制。按照不同功能，该层次可进一步细分为：监视控制层，包括可视化的数据采集与监控（SCADA）系统、HMI（人机接口）、实时数据库服务器等，这些系统统称为监视系统；基本控制层，包括各种可编程的控制设备，如 PLC、DCS、工业计算机（IPC）、其他专

用控制器等，这些设备统称为控制设备。

④ 现场层：实现面向生产制造过程的传感和执行，包括各种传感器、变送器、执行器、RTU（远程终端设备）、条码、射频识别，以及数控机床、工业机器人、工艺装备、AGV（自动引导车）、智能仓储等制造装备，这些设备统称为现场设备。

数字互联工厂的网络互联互通本质上就是实现信息/数据的传输与使用，具体包含以下含义：物理上分布于不同层次、不同类型的系统和设备通过网络连接在一起，并且信息/数据在不同层次、不同设备间传输；设备和系统能够一致地解析所传输信息/数据的数据类型，甚至了解其含义。前者即指网络化，后者需首先定义统一的设备行规或设备信息模型，并通过计算机可识别的方法（软件或可读文件）来表达设备的具体特征（参数或属性），这一般由设备制造商提供。如此，当生产管理系统（如 ERP、MES、PDM）或监控系统（如 SCADA）接收到现场设备的数据后，就可解析出数据的数据类型及其代表的含义。

2.3　智能工厂

2.3.1　智能工厂的内涵与特征

（1）智能工厂的内涵

① 美国。

最早有关智能工厂的描述源于美国智能制造领导同盟提出的智能过程制造（SPM），它主要是指：将人员、系统连接起来，实现规划、运行、维护以及管理设备，应用模型化的方法使得决策和运行模式变得更加可靠，增加了事件的预测性，提升了事故反应能力。

② 德国。

德国"工业 4.0"是以智能制造为主导的第四次工业革命，其涉及两大主题：一是智能工厂，重点研究智能化生产系统及过程，以及网络化分布式生产设施的实现；二是智能生产，主要涉及整个企业的生产物流管理、人机互动以及增材制造在工业生产过程中的应用等。

德国"工业 4.0"对"智能工厂"的定义相对比较明确。定义中的前半句"智能化生产系统及过程"，是指除了包括高端机床、热处理设备、机器人、AGV、测量测试设备等数字化、自动化的硬件生产设施以外，还包括对生产过程的智能管控，站在信息化的角度，就是我们平时所说的 MES 系统。后半句

"网络化分布式生产设施的实现"中的"分布式"，英文是 Distributed，后半句的意思就是将分布在不同地点的数控设备、机器人等数字化生产设备设施连成网络，实现互联互通，乃至达到状态感知、实时分析、自主决策、精准执行的自组织生产。

③ 中国。

《智能工厂 通用技术要求》（GB/T 41255—2022）中对离散型智能工厂的定义做了描述，即通过系统集成、数据互通、人机交互、柔性制造以及信息分析优化等手段，实现从产品设计到销售、从设备控制到企业资源管理所有环节的信息高效闭环交换、传递、存储、处理的离散制造工厂。

从本质看，智能工厂是信息物理深度融合的生产系统，通过信息与物理一体化的设计与实现，制造系统构成可定义、可组合，制造流程可配置、可验证，在个性化生产任务和场景驱动下，可自主重构生产过程，大幅降低了生产系统的组织难度，提高了制造效率及产品质量。

从功能上看，智能工厂是面向工厂层级的智能制造系统。通过物联网对工厂内部参与产品制造的设备、材料、环境等全要素的有机互联与泛在感知，结合大数据、云计算、虚拟制造等数字化和智能化技术，实现对生产过程的深度感知、智慧决策、精准控制等功能，达到对制造过程的高效、高质量管控一体化运营的目的。

从科学研究角度，智能工厂是生产工厂的各个环节，以一种高度柔性与高度集成的方式，通过信息系统来模拟生产经营专家的智能活动，对生产经营问题进行分析、判断、推理、构思和决策，取代或延伸生产经营环境中人的部分脑力劳动，并对人类专家的智能活动进行收集、存储、完善、共享、继承和发展，实现人类智能活动向信息系统智能活动的转化。

从工程实践角度，智能工厂可从两个方面理解：一是工厂关键业务环节，以信息化为手段，集成其他相关学科技术，使企业生产运营具有灵敏准确的感知能力、正确的思维判断能力以及有效的协同执行能力，业务流程闭环化、业务运作自动化、信息关联图像化；二是以信息化技术为主导，与其他相关学科技术相结合，实现工厂生产操作、生产管理、管理决策三个层面全部业务流程的闭环管理，继而实现整个工厂全部业务流程上下一体化业务运作的决策、执行自动化。

（2）智能工厂的特征

智能工厂将人、机器和资源通过信息物理融合系统（CPS）搭建起一个社交网络，彼此之间自然地相互沟通协作；机器将不再由人来主宰，而是拥有自我适应的能力，通过不断学习来满足甚至超出人类的需要；智能工厂生产出的产品，能够理解自己被加工制造的细节以及将如何被使用，能够解答"哪些参数被用来处理我""我应该被传送到哪里"等问题。

从建设目标和愿景角度来看，智能工厂具备五大特征：敏捷、高生产率、高质量产出、可持续、舒适人性化。

从技术角度来看，智能工厂具备五大特征：全面数字化、制造柔性化、工厂互联化、高度人机协同和过程智能化（实现智能管控）。

从集成角度来看，智能工厂具备三大特征：产品生命周期端到端集成、工厂结构纵向集成和供应链横向集成，这与"工业 4.0"的三大集成理念是一致的。

智能工厂的特征见图 2-8。

① 工厂结构纵向集成。

作为一个高层级的智能制造系统，智能工厂表现出鲜明的系统工程属性，具有自循环特性的各技术环节与单元按照功能需求组成不同规模、不同层级的系统，系统内的所有元素均是相互关联的。在智能工厂中，制造系统的集成主要体现在以下方面。

首先是企业数字化平台的集成。在智能工厂中，产品设计、工艺设计、工装设计与制造、零部件加工与装配、检测等各制造环节均是数字化的，各环节所需的软件系统均

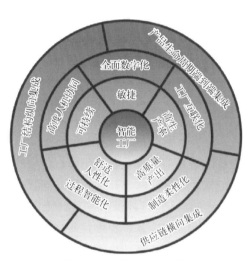

图 2-8　智能工厂的特征

集成在同一数字化平台中，使整个制造流程完全基于单一模型驱动，避免了在制造过程中因平台不统一而导致的数据转换等过程。

其次是虚拟工厂与真实制造现场的集成。基于全资源的虚拟制造工厂是智能工厂的重要组成部分，在产品生产之前，制造过程中所有的环节均在虚拟工厂中进行建模、仿真与验证。在制造过程中，虚拟工厂管控系统向制造现场传送制造指令，制造现场将加工数据实时反馈至管控系统，进而形成对制造过程的闭环管控。

② 高度人机协同。

传统的人机交互中，作为决策主体的人支配"机器"的行为，而智能制造中的"机器"因部分拥有、拥有或扩展"人类智能"的能力，使人与"机器"共同组成决策主体，在同一信息物理系统中实施交互，信息量和种类以及交流的方法更加丰富，从而使人机交互与融合达到前所未有的深度。

制造业自动化的本质是人类在设备加工动作执行之前，将制造指令、逻辑判

断准则等预先转换为设备可识别的代码并将其输入到制造设备中。此时，制造设备可根据代码自动执行制造动作，从而节省了此前在制造机械化过程中人类的劳动。在此过程中，人是决策过程的唯一主体，制造设备仅仅是根据输入的指令自动地执行制造过程，而并不具备如判断、思维等高级智能化的行为能力。

在智能工厂中，"机器"具有不同程度的感知、分析与决策能力，它们与人共同构成决策主体。在"机器"的决策过程中，人类向制造设备输入决策规则，"机器"基于这些规则与制造数据自动执行决策过程，这样可将由人为因素造成的决策失误降至最低。与此同时，在决策过程中形成的知识可作为后续制造决策的原始依据，进而使决策知识库得到不断优化与拓展，从而不断提升智能制造系统的智能化水平。

③ 过程智能化。

车间与生产线中的智能加工单元是工厂中产品制造的最终落脚点，智能决策过程中形成的加工指令全部将在加工单元中得以实现。

为了能够准确、高效地执行制造指令，数字化、自动化、柔性化是智能制造单元的必备条件。首先，智能加工单元中的加工设备、检验设备、装夹设备、储运设备等均是基于单一数字化模型驱动的，这避免了传统加工中由于数据源不一致而带来的大量问题。其次，智能制造车间中的各种设备、物料等大量采用如条码、二维码、RFID等识别技术，使车间中的任何实体均具有唯一的身份标识，在物料装夹、储运等过程中，通过对这种身份的识别与匹配，实现了物料、加工设备、刀具、工装等的自动装夹与传输。最后，智能制造设备中大量引入智能传感技术，通过在制造设备中嵌入各类智能传感器，实时采集加工过程中机床的温度、振动、噪声、应力等制造数据，并采用大数据分析技术来实时控制设备的运行参数，使设备在加工过程中始终处于最优的效能状态，实现设备的自适应加工。

例如，传统制造车间中往往存在由于地基沉降而造成的机床加工精度损失，通过在机床底脚上引入位置与应力传感器，即可检测到不同时段地基的沉降程度，据此，通过对机床底角的调整即可弥补该精度损失。此外，通过对设备运行数据的采集与分析，还可总结在长期运行过程中，设备加工精度的衰减规律、设备运行性能的演变规律等，通过对设备运行过程中各因素间的耦合关系进行分析，可提前预判设备运行的异常，并实现对设备健康状态的监控与故障预警。

2.3.2 智能工厂的作用及意义

(1) 智能工厂的作用

针对工厂的设计、研发、工艺、生产、制造、服务、运维等产品全生命周期的全息过程，建立产品数字化模型、工厂模型、车间模型，研发智能化装备、传感控制、装配检测、物流等高度集成的智能制造系统，实现工厂数据采集与分析诊断系统、CAD 模块化智能设计系统、PLM 产品全生命周期、ERP 资源计划管理以及生产制造执行系统-MES 之间的高度集成与协同。通过这些项目，提升工厂的信息化、网络化、数字化、智能化水平，提质增效、质量先行、绿色环保、降低能耗，从而缩短了新产品设计研发周期，促进企业的模式创新、转型升级。

通过智能化的落实，工厂的设计、工艺、生产、制造、加工、管理、物流配送等各环节实现优化集成，推进企业数字化、装备智能化、工艺流程化、生产精益化、看板可视化以及质量、工艺追溯与控制、物料追溯与控制等。

建设智能工厂，将柔性自动化技术、机器人技术、物联网和信息技术、人工智能和大数据技术全面应用于产品设计、工艺设计、生产制造、工厂运营等各个阶段，是制造企业提质增效、节能降本的重要手段。其重要作用有：

① 及时响应需求。满足客户的个性化需求，适应动态多变的市场环境。

② 降低劳力需求。通过机器换人、人机协作，降低劳力成本，提升效率和质量。

③ 高效高精制造。优化生产流程和制造工艺，实现复杂零件和高效高精制造。

④ 可持续制造。保证高效率的同时，实现可持续制造。

⑤ 提升制造智能。实现从基于经验的制造向基于科学预测的制造转变。

（2）智能工厂建设的意义

智能工厂可以实现工业产品的高质量、快速、低成本研制生产，提高产品研制生产的快速响应能力，加速传统制造向数字化、智能化的转型升级。

① 是加速传统制造向数字化、智能化转型升级的重要途径。

数字化、智能化特征的智能制造，是各国争夺第四次工业革命先发优势的主战场，也是制造业发展的必然趋势。当前，我国产品发展正处在加速创新的阶段，装备性能的提高和功能的拓展，对材料、工艺、质量、效率、可靠性等要求不断出新。智能工厂是实现智能制造的重要载体。产品科研生产也要顺应时代发展潮流，通过开展智能工厂的建设，采用增材制造、基于模型的新型设计方法、虚拟制造、虚拟试验等数字化技术以及工业机器人、传感器技术、智能控制识别技术、智能仪表等智能化技术，推进工业机器人、精密仪表、新型传感器、智能工控机等在产品科研生产中的应用，将有利于形成新的产品制造工艺体系，加速传统制造向数字化、智能化方向转变，为未来产品研制生产提供有力保障。

通过建设智能工厂，推进制造过程智能化，引领各类符合生产要求，满足全面感知、快速精准执行所需的智能装备，建立基于车间级的智能生产单元，进而提高整个生产线的精准制造、敏捷制造、透明制造的能力，促进制造工艺的仿真优化、数字化控制、状态信息实时监测和自适应控制，进而实现整个过程的智能管控。拓展产品价值空间，从设备自动化和生产管理智能化入手，基于生产效率和产品效能的提升实现价值增长。

② 是传统制造业实现创新发展、价值创造的关键。

开展智能工厂建设，将实现产品设计方法和工具的创新、企业管理模式的创新、企业间协作模式的创新，是对传统的、落后的操作方式、运行程序及思想观念的改造过程，是传统制造业深化改革的必然。它的实施可大幅度提高产品研制和生产效率，可显著提高制造企业的生产工艺水平，增强企业质量控制的能力，确保产品的质量及可靠性。

随着智能工厂的推广应用，利用云计算、大数据等新一代信息技术，在保障信息安全的前提下，产业链上不同企业通过互联网共享信息实现协同研发、配套生产、市场衔接、物流配送、制造服务等，逐步实现企业间乃至更大范围的信息协同共享与联动处理应用，形成新兴价值生态链；基于信息互通、价值共创、利润共享原则，创建价值共生生态链，形成完整联动运营网络。

③ 是实现产品科研生产的节能环保、安全可靠的重要保障。

智能工厂的建设，可以应用更节能、环保的先进装备和智能优化技术，有助于从根本上解决产品科研生产制造过程的节能减排问题。另外，智能工厂能够代替人从事一些单调、频繁和重复的长时间作业，或是在危险、恶劣的工作环境下作业，或是用于弹药、火工品等高危产品制造，能够有力保障产品生产的本质安全性。

智能工厂实现了生产洁净化、废物资源化、能源低碳化。目前，纸质文件大多数分散管理，易产生纸张浪费、丢失等问题，而且不便于快速查找、集中共享和实时追踪。生产文档进行无纸化电子化管理后，工作人员在生产现场即可快速查询、浏览和下载所需要的生产信息，生产过程中产生的资料能够及时进行归档保存，大幅降低基于纸质文档的人工传递及流转时间，从而杜绝文件、数据丢失，进一步提高生产准备效率和生产作业效率，实现绿色、无纸化生产。与此同时，实现生产文档电子化后也可以实时使用这些信息，更好地为生产服务。

2.3.3 智能工厂与传统工厂

从组成结构上比较，传统工厂与智能工厂的区别如表 2-1 所示。

表 2-1 传统工厂与智能工厂的区别一览表

项目	智能工厂	传统工厂
经营模式	产品＋服务	产品
制造系统	各模块系统无缝连接，构建一个完整的智能化生产系统	各系统模块间连接程度较低，信息传递效率较低

续表

项目	智能工厂	传统工厂
制造车间	基于数字化＋自动化＋智能化实现设备与设备、设备与人、人与人互联互通	绝大部分设备不能实现互联互通,部分制造单元自动化程度低
过程分析	实现数据采集和分析、信息流动、产品和设备检测自动化	大部分统计、检测、分析等工作依旧靠人工完成
虚拟仿真	虚拟仿真技术的使用从产品设计到生产制造到销售等一直扩展到整个产品生命周期,与实体工厂相互映射	仿真程度较低,侧重于产品研发阶段;仿真技术与实体工厂关联性较低
企业数据	数据来源多元化,数据量大;强调动态、静态数据的实时采集、分析、使用	数据多是静态数据,数据量较小,数据采集、分析、使用等响应较慢

从优势上比较,智能工厂的优势主要体现在以下几个方面。

① 生产效率和生产条件都得到了极大的改善。传统工厂的生产关键都是在人,生产效率更多地取决于人的能力和生产积极性。而智能工厂用大量机器人代替了部分人工作业,机器人更擅长完成重复性的大批量生产,因此,智能工厂的出现,显著地提高了生产效率,大大减小了劳动强度。

② 节约能源,同时节省成本。智能工厂使企业车间之间、设备之间的信息交互更容易,从而大量节省设备所消耗的能源。智能工厂可使企业优化工艺流程,降低生产制造过程的成本,同时可以节省大量的人力成本。

③ 安全性、可靠性大大提高。在智能工厂中,在相对危险和污染的生产环境中,机器人的大量使用代替了人力,避免了意外事故的发生和对人体健康的危害。

④ 管理模式更加先进。智能工厂充分体现了工业工程和精益生产的理念,能够实现按订单驱动生产。传统工厂中都是按照订单大量生产标准化产品,而现在客户则希望根据自己的需求生产,显然传统工厂的管理模式无法适应客户的需求。

2.3.4　智能工厂与数字化工厂

智能工厂的发展是在数字化工厂的基础上发展起来的。如果没有数字化、网络化的制造基础,也就没有智能工厂的发展。关于工业4.0的阶段和实施先决条件论证中,有关专家曾强调"三不要原则",即:不要在落后的工艺基础上搞自动化,这是工业2.0解决的问题;不要在管理不成熟的时候做信息化,这是工业3.0解决的问题;不要在不具备网络化和数字化的基础时做智能化,这是工业4.0解决的问题。这间接反映了智能工厂是在数字化工厂的基础上发展的。

从概念的外延来看,数字化本身其实就是智能的一部分,是一个入口;而智能工厂是在数字化工厂的基础上附加了物联网技术和各种智能系统等新兴技术,提高生产过程可控性、减少生产线人工干预以及合理计划排程。因此,数字化工厂是智能工厂的实施前提，而智能工厂又是工业 4.0 的基础和载体。只有实现了数字化工厂，才有可能实现智能工厂；只有实现了智能工厂，才有可能实现工业 4.0。同时，数字化工厂又建立在信息集成的基础上，这就需要通过信息化条件建设，对研发、制造、管理等各个环节进行全面的过程集成。

从功能上看，智能工厂在数字化工厂的基础上，集初步智能手段和智能系统等新兴技术于一体，构建高效、节能、绿色、环保、舒适的人性化工厂。智能工厂已经具有了自主能力，可采集、分析、判断、规划；通过整体可视技术进行推理预测，利用仿真及多媒体技术，将虚拟现实扩展到设计与制造过程。系统中各组成部分可自行组成最佳系统结构，具备协调、重组及扩充特性；已系统具备了自我学习、自行维护能力。因此，智能工厂实现了人与机器的相互协调合作，其本质是人机交互。

2.3.5　智能工厂与数字化车间

《中国制造 2025》提出，依托优势企业，紧扣关键工序智能化、关键岗位机器人替代、生产过程智能优化控制、供应链优化，建设重点领域智能工厂/数字化车间。《智能制造发展规划（2016—2020 年）》也提出，围绕感知、控制、决策和执行等智能功能的实现，针对智能制造关键技术装备、智能产品、重大成套装备、数字化车间/智能工厂进行开发和应用。这里的智能工厂和数字化车间代表着不同的含义，两者存在一定的层级关系，如图 2-9 所示。

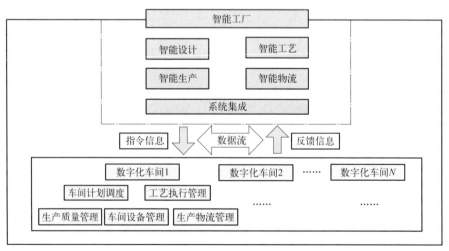

图 2-9　数字化车间与智能工厂的层级关系

从图 2-9 可知，数字化车间只是涉及产品生产过程，而智能工厂则包括了设计、管理、服务、集成等各环节。

发展篇

第**3**章

国内外智能工厂发展及启示

近年来，全球各主要经济体都在大力推进制造业的复兴。在工业 4.0、工业互联网、物联网、云计算等热潮下，全球众多优秀制造企业都开展了智能工厂建设实践。智能工厂建设已成为国外发达国家推进智能制造发展的重要抓手和着力点，旨在形成工厂信息物理融合系统，优化生产过程和要素配置，实现智能化生产制造。

美国通用电气公司（General Electric，GE）、波音公司（Boeing）、洛克希德·马丁公司（Lockheed Martin）等先进企业积极布局智能工厂，创新产品研制生产模式，深化机器人与增材制造装备技术应用，推进数字孪生、增强现实等新一代信息技术与制造业紧密融合。德国西门子安贝格电子工厂实现了多品种工控机的混线生产；施耐德电气公司实现了电气开关制造和包装过程的全自动化。欧洲 Shell 公司采用以罗密欧（Romeo）为基础的实时优化技术，识别并采取最佳的措施应对工况变化，对生产过程进行在线智能优化。英国石油公司（BP）应用三维虚拟技术，在三维数字化工厂中实现了设备的智能化管理和维护；埃克森美孚公司（Exxon Mobil）采用商业智能、数据可视化等技术，建立统一的关键绩效指标（KPI）信息平台，实现了决策智能化等。

韩国、日本、印度等也相继开始了智能工厂研究计划。韩国于 2009 年制定了《新增长动力规划及发展战略》，确定了绿色技术、尖端产业等领域的 17 项新兴产业为新增长动力。日本 FANUC 公司实现了机器人和伺服电机生产过程的高度自动化和智能化，并利用自动化立体仓库在车间内的各个智能制造单元之间传递物料，实现了最高 720 小时无人值守；三菱电机名古屋制作所采用人机结合的新型机器人装配产线，实现从自动化到智能化的转变，显著提高了单位生产面积的产量。2015 年 5 月，日本政府设立了"机器人革命行动协议会"。2015 年 6 月，民间团体"Industrial Value Chain Initiative"成立，其目标是构建智能工厂"参考模型"。印度于 2011 年启动了《信息物理系统创新中心》，大幅提升印度企业使用物联网技术的水平。

3.1　美国智能工厂的发展

近年来，美国大型企业智能工厂建设快速从概念走向现实。例如，通用电气公司推出智能工厂建设总体方案，用于新工厂建设；雷神公司通过局部数字化智能化改造，稳步向智能工厂迈进；纽波特纽斯船厂构建数字化航母建造环境，为建设智能工厂奠定基础；洛克希德·马丁公司致力于机器人、增材制造、虚拟现实等新兴技术应用，实现数字化智能化转型升级。这些企业的智能工厂发展代表了目前智能工厂的不同建设阶段和水平，具有典型示范意义。

3.1.1　通用电气公司

美国通用电气公司（GE）是世界上最大的提供技术和服务业务的跨国公司。自从托马斯·爱迪生创建了通用电气公司以来，GE 在公司多元化发展当中逐步成长为出色的跨国公司。公司业务以电工产品技术为主，产品品种繁多。

作为全球大型企业智能化发展的领跑者，GE 拥有良好的数字化智能化基础，致力创造由软件定义的机器，集互联、响应和预测之智，致力变革传统工业，并推出智能工厂建设总体方案，用于新工厂建设。2014 年，提出适于产品发展需求的"卓越工厂"建设模式，到 2016 年，已经建成 3 家智能工厂，并推出相应的软件整体解决方案。

（1）智能工厂建设概况

2012 年，通用电气公司首次提出"工业互联网"理念。该理念是在"工业革命"和"互联网革命"的基础上发展起来的。工业互联网本质上要解决的问题是，提升工业革命带来的无数机器、设施、机群和系统网络（全球工业系统）的运行效率并降低运行成本；解决问题的手段主要依赖于互联网革命中涌现出的先进计算、分析、低成本传感、控制软件和互联网带来的新水准的连接能力。

数字化变革，一般有两种方式，一种是智能工厂，另一种是在零部件制造领域应用 3D 打印技术。2014 年，通用电气公司将"工业互联网"和先进制造融合，提出了智能工厂建设——"卓越工厂"建设模式（如图 3-1 所示），其核心思想是实现全价值链的数字化和智能化，大幅优化制造资源配置，提升制造系统效率。

"卓越工厂"从产品的虚拟化设计到模拟制造，把制造环节分解为不同的业务流程和不同的制造流程；通过上下游供应链，分头制造，再把产品送到综合的工厂去进行组装，组装产品最后的产品设计反馈回到模拟制造，产品质量信息也

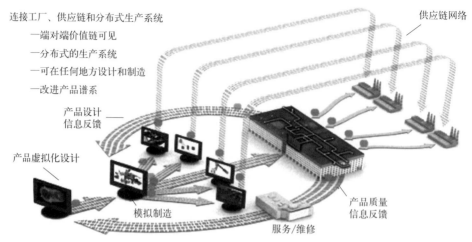

连接工厂、供应链和分布式生产系统
一端对端价值链可见
一分布式的生产系统
一可在任何地方设计和制造
一改进产品谱系

供应链网络

产品设计
信息反馈

产品虚拟化设计

模拟制造

产品质量
信息反馈

服务/维修

图 3-1　通用电气公司"卓越工厂"建设模式

可以反馈到产品的虚拟化设计部门，链条实时打通。

"卓越工厂"将 GE 提出的工业互联网的手法在自己工厂内导入，从而提高生产效率。它在工厂设备和工人使用的工具上都安装传感器。同时，在工厂各处还安装了用于检查工程的数字照相机，通过这种方式获得与制造相关的各种数据，通过分析数据来提高工厂设备的运行效率和工人的工作效率。

按照该模式，2015 年 2 月，通用电气公司在印度建成其全球首家智能工厂，同年 12 月在波兰建成第 2 家，2016 年 4 月在美国建成第 3 家，同年 8 月在加拿大建成第 4 家。这些智能工厂可实现高度柔性生产，根据不同地区需求，在同一厂房内，用相同生产线制造航空发动机、燃气轮机等不同类型产品。2015 年底，通用电气公司根据智能工厂建设经验，推出名为"卓越制造"的智能工厂软件整体解决方案，以 Predix 云平台为基础，将设计、制造、供应链、销售、服务等环节集成到一个可扩展的智能系统中，实现实时采集、分析、优化数据，实现工厂智能化生产，该方案实施后，可使突发停工期缩短 10%～20%，库存降低 20%，不同产品转产效率提升 20%。

（2）"卓越工厂"的主要特征

一是可视化。"卓越工厂"内的机器设备都安装了传感器，用于记录制造机械的运行状况。在办公室和工厂的许多地方放置的大型显示器都能实时反映以这些数据为基础的生产线的运行情况。画面上显示的机器设备的图标按照生产流程顺序进行排列，运行正常的显示为绿色，空转状态的显示为黄色，发生故障停止运行的显示为红色。通过这个画面可以很清楚地看出整个生产线的运行情况。发生故障问题时会用邮件的形式发出警报通知。

二是数据的自动收集。GE 在工厂生产线上运行的柴油机上安装 RFID，可以实时把握各个发动机在各个工序上的实际情况。在组装柴油机的工序上安装有数字照相机。数字照相机对柴油机逐一拍照。然后通过图像识别技术监测在柴油机上哪些零件已安装，从而把握整个组装工序的进展情况。

三是消除浪费。自动数据可以记录工人从开始到结束的所有行为。根据这些数据，可以发现不必要的作业，从而提高作业的效率。

四是"简单化"。分解的零部件洗净后，会在表面的显眼处刻印二维码。工人用红外线扫描仪读取二维码后，显示器上会显示作业工序。传统的做法是将标有零部件 ID 的纸先放在塑料袋里，然后分别贴在零部件上。工人在计算机上输入 ID 后，可以进行作业工序。通过使用二维码，这道工序变得十分简单。

五是避免人为错误。这是 GE 采用的丰田生产方式（POKAYOKE），即采用数字化的方式来避免工人在生产过程中人为发生的错误。在 GE 的柴油机生产线上，使用了连接大型机器人手臂的专用螺钉安装机。该机器上装有 15 寸液晶显示屏，上面显示 16 颗螺钉的安装步骤。这是为了防止安装螺钉工序可能出现的错误。同时，这台机器可以用最合适的扭力来安装螺钉。如果扭力轻了，螺钉可能在运行中被弹出去。如果扭力重了，螺钉可能会折断。因此，使用这台机器，可以防止人为导致的生产错误。

六是文化。GE 的高管指出，智能工厂的建设，仅在工程层面的改善无法实现变革，成功的秘诀是在工厂内孕育"客户第一"的文化。GE 在智能工厂实践"精益创业"方法论，而该方法论的原点在于从客户的烦恼和痛点出发解决问题。

通用电气公司智能工厂通过工业互联网实现大数据、云计算等新一代信息技术与先进制造技术及装备的融合，实现了产品多品种、变批量、跨地域、高效、敏捷生产制造，提高了产品研制生产质量，降低了制造成本，代表了智能工厂建设的先进水平，对其他企业具有示范意义。

3.1.2 雷神公司

雷神公司在电子、任务系统集成、传感器领域、C^5ISR 以及任务支持服务等领域都处于世界领先地位。近年来，雷神公司通过局部数字化智能化改造，稳步向智能工厂迈进。雷神公司利用现有工厂软硬件技术基础，引入机器人、计算机控制、精益生产、柔性制造等先进技术和理念，布局虚拟现实、制造执行系统、机器人、3D 打印等新兴技术的实际应用，实现部分车间智能化，逐步转向智能工厂。

（1）虚拟设计与制造——虚拟现实可视化

CAVE（Cave Automatic Virtual Environment）是一种基于投影的虚拟现实系统，它由围绕观察者的四个投影面组成，四个投影面组成一个立方体结构，其中三个墙面采用背投方式，地面采用正投方式，如图 3-2 所示。观察者戴上液晶立体眼镜和一种六个自由度的头部跟踪设备，在 CAVE 中走动时，系统自动计算每个投影面正确的立体透视图。同时，观察者手握一种称为 Wand 的传感器，与虚拟环境进行交互。

图 3-2　雷神公司沉浸式设计中心的 CAVE（左为安多弗工厂使用，右为图森工厂使用）

雷神公司在图森和安多弗两个工厂制造区域中心位置建立了沉浸式设计中心，核心是采用 CAVE 技术，实现产品设计制造无缝集成，对产品设计和制造工艺进行验证、测试和优化，减少返工，提升制造效率和质量，实现了智能物流和全自动化组装，推进导弹研制生产智能化转型。

（2）智能管控

导弹的装配工艺要求非常严格，其中最复杂的一项环节就是成千上万个紧固件的连接，而且每一个紧固件都有预定的转矩，每一个零件和紧固件的位置都相对固定，装配工人要完成的每一个工序以及要装配的每一个零部件都要求能达到预期目标，否则就会留下故障隐患。

为解决上述问题，雷神公司在新建的亨茨维尔红石兵工厂，部署了德国 SAP 公司的"制造创新与智能"（MII）软件系统，见图 3-3。该软件与现有的企业资源计划（ERP）软件集成，实现企业内部信息统一管理、实时采集和自动反馈所有与生产相关的数据（包括订单、物料、设备状态、成本、产品质量等信息）、快速自动调整生产计划，同时可以对操作人员和技术工人进行全天候指导。例如，每一个零件和紧固件都有一个条形码，通过扫描条形码，MII 软件能够确保工人获得正确的零件。如果取到错误的零件，工人将不能进行相应的操作。

另外，雷神公司还采用了自动化的转矩控制器，可以将相应紧固件需要多大转矩的信息传递给自动旋具。如果操作工人没有正确使用自动旋具，会收到一条警告，如果工人忽略这一警告，MII 系统将使操作人员不能进入下一个操作

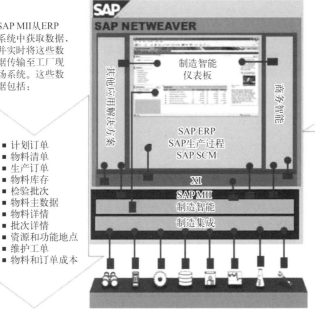

图 3-3　MII 系统解决方案

环节。

最后，MII 系统能够记录导弹装配的每一个工序，生成一个档案文件，方便相关人员查阅，系统能够跟踪工人的工作状态，包括工作时间、使用工具等。

（3）机器人应用

雷神公司在各个工厂部署了自动导引车、导引头装配机器人、搬运机器人等多种类型的机器人，与工人协同工作，实现导弹高效标准化制造。

2014 年，雷神公司开始考虑使用导弹装配、集成和测试生产线发展微小卫星制造能力，并启动了下一代航天智能工厂建设，用于制造和测试微小卫星与传统导弹产品。在图森工厂，部署了装配、集成和测试生产线，配备了机器人材料处理设备，投资建设了作为小卫星工作单元的光学测试、射频通信测试、太阳光模拟器等专业测试设施，并在小卫星工作单元安装了机器人辅助航天器组部件测试。2018 年 12 月，雷神导弹智能工厂生产的"看我"（SeeMe）计划微小卫星成功发射，见图 3-4。

面临传统的装备生产模式难以满足需求的困难，雷神公司开始寻求向数字化、智能化迈进。围绕虚拟现实、数字化制造、机器人、3D 打印等先进制造技术，雷神公司开展深入的应用研究，技术创新成果已初显成效，在提升产品质量、缩短研制生产周期、降低成本、促进智能制造等方面发挥了重要作用。

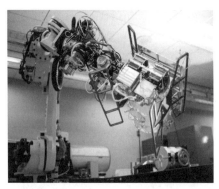

图 3-4　雷神公司智能工厂制造的"看我"计划微小卫星

3.1.3　纽波特纽斯船厂

纽波特纽斯造船厂，是美国唯一可以建造超级核动力航空母舰的造船厂。近年来，纽波特纽斯船厂一直致力于转型为一个数字化企业，以适应未来船舶制造向智能化迈进的趋势。纽波特纽斯船厂的高管阐述了数字化船厂的优势，如船舶的三维模型能够使得船舶建造和操作过程更直观，节省船厂和海军的培训成本。相比潜艇等其他船型，航母建造更加复杂，通过在三维设计环境中准确研发工程产品，建造成本效益优势将更加明显，还可降低维修保障计划费用。纽波特纽斯船厂针对航母数字化智能化建造开展了相关研究，构建数字化航母建造环境，为建设智能船厂奠定基础。

纽波特纽斯船厂增强现实工程师玛丽指出，三维产品模型环境的核心是打造一个计算环境，即船厂所有活动数据来自单一数据源，这些活动数据包括所有待建船舶的所有设计图、检查的状态数据、材料需求清单以及这些材料的状态及位置等。一旦这些信息全部集中到一个中央计算机系统，所有在船厂工作的人就能够在里面提取信息或添加信息。

构建三维产品模型环境，旨在将整个船厂连接起来，当有新的事情发生后，工人能够立即通过窗口提示收到消息。因为信息在每个领域都是流动的，因此就能够简化很多工作流程。除了能够告诉造船工人如何安装零件外，这种实时信息网络能够大幅提高效率，如能够避免在船厂内来回检查材料状态，以及避免有些工人需要等待其他人完成他们的工作才能继续开工所造成的时间及成本浪费。

目前，纽波特纽斯船厂正在"肯尼迪"号航母（CVN-79）上开展集成数字化造船环境试点建设，已构建 1000 多个数字化工作包，投放 150 个平板电脑作为移动终端，并使用激光扫描仪辅助创建三位数字化模型。

另外，纽波特纽斯船厂已经在"海狼"级、"弗吉尼亚"级核潜艇项目研制过程中，全面采用船舶数字化制造过程管理与控制技术，船舶设计建造已基本实现高度的信息集成、无纸化设计与生产，实现设计制造一体化。

3.1.4　洛克希德·马丁公司

洛克希德·马丁空间系统公司（LMT）创建于 1912 年，是全球领先的航空航天、安全和信息技术公司，也是美国政府在信息技术、系统一体化和培训领域的最大供应商。

（1）多尺度卫星柔性制造智能工厂

为推进机器人、增材制造、虚拟现实、智能载荷等新兴技术与卫星研制生产的融合应用，2017 年 8 月，该公司投资 3.5 亿美元，建设多尺度卫星柔性制造智能工厂，即卫星制造"门廊中心"（Gateway Center），旨在形成卫星敏捷、高效、高精度的大中小多尺度柔性制造能力。

"门廊中心"采用数字化生产结合快速可重构的生产线，配备满足 ISO 8 级水平的高空清洁车间，可满足从微小卫星到大型卫星等多尺度卫星的需求，具备一次生产 5 颗 A2100 卫星平台或多颗微小卫星的能力；配备可模拟太空环境的大型热真空室、测试高敏感传感器和通信系统的消音室，以及先进测试操作和分析中心，使卫星可在 1 小时内从清洁车间移动到热真空室和消声室；将拥有完全数字化和无纸化环境，可自行检查、链接并将相关数据直接记录到工作指令中；可实现测试过程完全自动化，测试执行时间缩短 15%。

（2）"智能空间"解决方案

"智能空间"是一个工业物联网解决方案，可以通过模型和数据，将现实世界中的流程和移动资产定量化并进行衡量。"智能空间"为制造商的"工业 4.0"战略提供了一个基础平台。平台建立一个实时镜像现实生产环境的数字孪生（将现实数据映射到数字模型上），将现实世界中的活动与制造执行和规划系统相连接。它实时监测三维空间中的交互，使用空间事件来控制流程并使环境根据工人移动做出反应。"智能空间"平台解决了航空航天与防务制造商面临的许多长周期和高复杂性问题。

3.2　欧洲智能工厂的发展

德国是欧洲智能制造发展的主要国家。作为工业 4.0 概念策源地，德国提出智能工厂理念，其隐含的最大目的是建立一个与互联网融合的智能化先进制造方式，提高效率、降低成本和加快反应速度。也就是说，解决成本问题和缩短上市周期是智能工厂的关键。

进入 21 世纪以来，信息与通信技术取得了突破性进展，特别是互联网技术的迅猛发展给社会和工业带来了深远的影响。2006 年，美国国家基金会（NSF）科学家 Helen Gill 提出了信息物理融合系统（Cyber-Physical System，CPS）概念，将网络化的世界与智能化物理世界融合起来。信息物理融合系统是集成计算、通信与控制于一体的下一代智能系统，是计算进程和物理进程的统一体。CPS 包含了无处不在的环境感知、嵌入式计算、网络通信和网络控制等系统工程，使物理系统智能化具有计算、通信、精确控制、远程协作和自适应功能。德国工业 4.0 将 CPS 运用到制造和物流的技术集成，通过与物联网及服务网的融合，进而产生了创新的工厂系统——智能工厂（Smart Factory）。

德国政府实施智能工厂的主要原因，是想将互联网技术、信息和通信技术集成到传统的制造业，以维持其全球市场领导地位，并为推广 CPS 技术和产品建立和培育新的市场，成为智能制造技术的主要供应大国。

3.2.1　西门子公司安贝格工厂

西门子公司是欧洲最大的通信设备企业。西门子公司下属的安贝格电子制造工厂，主要生产 SIMATIC 可编程逻辑控制器（PLC）及相关产品，是欧洲乃至全球最先进的数字化工厂，被认为是最接近工业 4.0 概念雏形的工厂，是以德国工业 4.0 为目标而打造的现代工厂，也是发展智能工厂的典范，如图 3-5 所示。

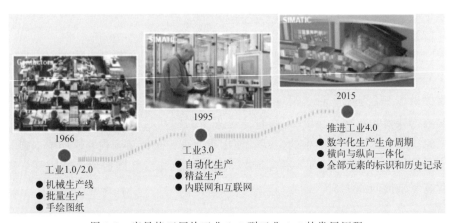

图 3-5　安贝格工厂从工业 1.0 到工业 4.0 的发展历程

图 3-6 是安贝格数字化工厂三十多年的发展历程。从 1982 年开始引入车间管理系统起，到 RFID 的引入，到数据优化的管理，到工艺路线管理系统。这座外观与工人数量基本维持原状，连生产面积都未增加的工厂，三十多年一直向着一个光芒之地在自我进化。那个光芒之地，正是工业 4.0 圣地。在这个演化过程中，安贝格工厂在数字化、智能化发展中形成了自身特色和优势。

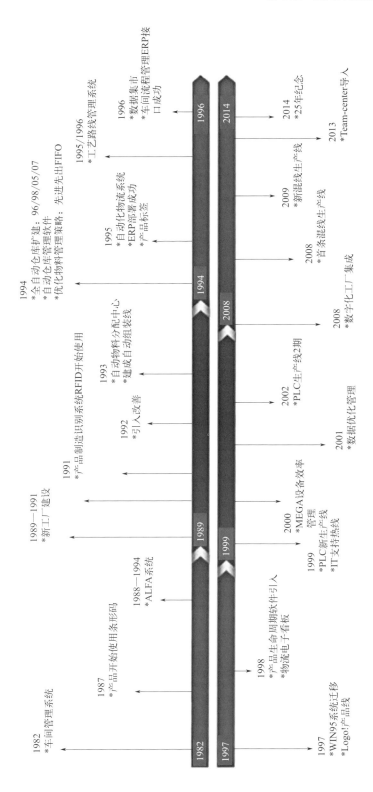

图 3-6 德国安贝格数字化工厂发展历程

安贝格工厂可以看作所有智能工厂的原型工厂。该工厂将工艺的规划与工程化、生产系统的规划与工程化、仿真优化及验证全部实现数字化，并且能够使实体与数字信息同步，达到设计、制造、调试信息一体化的联动，其中任何一个环节的数据变化，都能在整个环节上同步进行变更，其强调的是集成的、统一的数据标准。

正是依赖统一的数据和联动机制，安贝格工厂仅通过工业互联网就可以进行联络，大多数设备都在无人操作状态下进行挑选和组装。安贝格工厂为全球6万多家客户提供产品，自接到订单后最短可在一天之内为用户提供产品，生产组织形式真正实现高效、灵活。

（1）安贝格工厂的数字化、智能化能力水平

该工厂特别突出的特点是，**机器控制机器的生产，也就是端到端的数字化，这也是未来制造所要达到的目标**。该工厂拥有高度数字化的生产流程，能灵活实现小批量、多批次生产，特别是每100万件产品残次品仅为10余件，生产线可靠性达到99%、可追溯性高达100%，如图3-7所示。

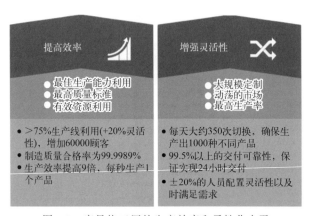

图 3-7　安贝格工厂的生产效率和柔性化水平

1997—2014年的10多年来，安贝格工厂的人员（保持在1200人左右）及厂房规模（10000m²，100m×100m）均没有发生变化，但通过自动化改造、数字化生产等先进技术，工厂的产能提升了8倍。具体表现在：

① 缩短生产周期。在安贝格工厂，每年约有5000次工作计划变更（20%以上是由元器件供货中断造成的）；凭借75%以上的自动化率，每天生产120种型号的产品；每天约有5000万种工艺和产品进入SIMATIC IT系统；24小时的生产交货期（从工厂收到生产订单到产品生产出来后，配送到中央仓库）。

② 柔性化、敏捷性生产。每天，安贝格工厂进行大约350次切换，确保生产出1000种不同产品；99.5%以上的交付可靠性，保证实现24小时交付；±20%的人员配置灵活性以及时满足需求。

③ 提高生产效率。每秒生产 1 个产品；每年生产多达 30 亿件的零部件；每年生产 1500 亿件 SIMATIC 产品，相当于平均每秒就能生产出 1 台控制设备；全自动运输系统确保在 15 分钟内将物料从仓库送至生产设备。

自动化水平。目前，在安贝格工厂里，真实工厂与虚拟工厂同步运行，真实工厂生产时的数据参数、生产环境等都会通过虚拟工厂反映出来，而人则通过虚拟工厂对真实工厂进行把控。安贝格工厂的生产自动化率到达 75%，只有剩余 1/4 的工作需要人工完成。由人力完成的部分，只有生产过程的开头部分，即员工将初始组件（裸电路板）放置到生产线上的环节，此后所有的工作均由机器自动控制完成。工厂的每条生产线上都运行着约 1000 台 SIMATIC 控制器。这些产品通过产品代码控制它们自身的制造过程，它们可告知生产设备它们的要求是什么、下一步工序是什么。

更为关键的是，除了生产过程的自动化，工厂更关注物流自动化和信息自动化与生产过程自动化的匹配。在设计上，安贝格工厂与其他工厂的区别在于，生产车间在二楼，一楼是智能物流配送系统，其运用方式是在正常计划配送的基础上，根据生产线使用情况，技术人员扫描快要用完的物流号，通过 RFID 自动将信息传递到中央物流区，中央物流区会自动将相关物流准确配送至相应的线边库。整个过程不需要人工参与，依靠信息系统全自动完成，相应的时间在 15 分钟左右。

数据采集能力。为了准确收集数据，安贝格工厂超过 3 亿个元器件都有自己的"身份证"。这些基础识别信息包括：哪条生产线生产的、用什么材质、当时用的转矩是多少、用什么样的螺钉等。当一个元件进入烘箱时，机器会判断该用什么温度以及时间长短，并可以判断下一个进入烘箱的元件是哪一种，适时调节生产参数。

通过 SIMATIC 平台，安贝格工厂每条线实现了超过 1000 个站点的数据采集，基本实现了生产透明化。例如，全体员工都可以看到实时生产状态的信息，具体可以做到：

——实时在线放映生产状态报告；

——统一的分析管理工具；

——对生产过程的每个环节进行有效的监控。

IT 生产执行系统。安贝格工厂的 IT 系统曾面临过分散、信息孤岛等问题，但通过改造，现在产品与生产设备的通信、所有流程均已实现了 IT 控制并进行了优化，具体表现在：

——形成了整体的集成思路；

——形成了统一的数据标准；

——实现了多 IT 系统的平台集成。

目前，IT 系统每天将生成并储存约 5000 万条生产过程信息。

生产管理。安贝格工厂在对传统 BOM（Bill Of Material）管理的基础上，延伸到了 BOP（Bill Of Processor）的管理，形成了工艺结构树。

装配工艺。安贝格工厂对手工装配的员工，不需要进行太多培训，而是系统提供相应的装配工序，上岗员工只需 10～35 分钟的安全培训，就可胜任相应的工作，而且，员工每天的工作岗位是不确定的，可以实现灵活的调动。但对于外围技术工人，则需要经过至少 3 年的技术培训，才能胜任。

质量第一的理念。为保证质量第一，安贝格工厂创新性地提出了 dpm-A 的指标，即百万出错率，使得工厂产品质量迅速提升，从 20 世纪 90 年代的 560 百万出错率，下降到如今的十几水平，相当于质量水平达到了 99.9989％。

为了保证完美的质量管理，安贝格工厂采用了相互制约的多系统监测系统，如物流清单、工艺制程，在自动监测基础上配合一定量的人工抽检。

员工仍具有不可或缺的地位。在高度数字化和自动化的安贝格工厂，员工仍具有不可替代的作用。例如，在生产车间中，时不时会看到工人在走动巡查。工厂有大约 1200 名员工，实行三班轮换制，每班大约有 300～400 名员工。员工会起身查看自己负责环节的进展，比如手工连接上某些原材料以及查看数据等。

由于工厂里的所有设备都已经联网，可以实时交换数据，因此员工可以通过移动终端查看重要信息。而 1000 多台扫描仪实时记录所有生产步骤，记录焊接温度、贴片数据和测试结果等产品细节信息。员工最为重要的作用，是提出改进意见。现在，员工提出的改进意见对年生产力增长的贡献率达 40％，剩余 60％源于基础设施投资，包括购置新装配线和用创新方法改造物流设备。员工提改善意见可以得到奖励，工厂曾经发放了 220 万欧元的奖金给予提出意见并获采纳的员工。

安贝格工厂全数字化工作流程见图 3-8。

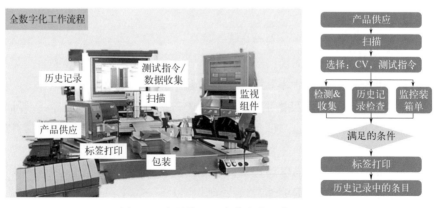

图 3-8　安贝格工厂全数字化工作流程

（2）安贝格工厂架构与功能定义

安贝格数字化工厂架构由三部分构成。在企业层对产品研发和制造准备进行统一管控，与 ERP 进行集成，建立统一的顶层研发制造管理系统。管理层、操作层、控制层、现场层通过以太网进行工业组网，实现从生产管理到工业网底层的网络连接，实现管理生产过程、监控生产现场执行、采集现场生产设备和物料数据的业务要求。

企业层：产品全生命周期管理层，企业的管理职能。融合产品设计生命周期和生产生命周期的设计生产流程，对设计到生产的流程进行统一集成式的管控，在企业层级实现生产全寿命周期的技术状态透明化管理。通过集成 PLM 系统和 MES、ERP 系统，进行企业层级全数字化定义，从信息采集到信息形成到产品设计到产品生产的全过程高度集成数字化。在数字化工厂内实现了具有独有信息数据的产品的研发到该产品制造的垂直的数字化管理控制。通过对 PLM 和 MES 的融合实现设计到制造的连续的数字化数据流转。

管理层：生产过程管理。管理层主要负责生产计划在制造职能部门的执行。管理层统一分发执行计划，进行生产计划和现场信息统一协调管理。管理层通过 MES 与底层的工业控制网络进行生产执行层面的管控，操作人员和管理人员在数字化管理系统中依次提供具有独有信息数据的产品的计划执行状况、跟踪状况以及所有资源（人、机、料、法、环）的当前状态，同时获取底层工业网络对设备工作状态、实物生产记录等信息的反馈。

集成自动化系统。集成自动化系统（TIA）基于底层工业网络，包含操作层、控制层、现场层三个部分，基于赛博网络方法使用 TIA 技术集成现场生产设备物理创建底层工业网络，在控制层通过 PLC 硬件和工控软件进行设备的集中控制，在操作层由操作人员对整个物理网络层的运行状态进行监控、分析。

集成自动化系统实现了数字化工厂内整个生产流程的自动化过程，从原料入库到生产，一直到物流配送，支持各种批量生产、连续生产等生产模式的制造流程。通过网络连接制造过程管理系统，通过实时工业总线连接过程控制系统和由 PLC、设备、控制器、传感器等组成的底层物理网络，通过建立设备内置智能系统实现对设备的实时监控和状态数据采集，并把采集到的实时数据传输到 MES 中，为在 MES 中进行设备状态分析和质量状态分析提供数据支持。

在数字化工厂架构下实现高度智能化、自动化、柔性化和定制化，研发制造网络能够快速响应市场的需求，实现高度定制化的节约生产。

可以看到，安贝格的智能工厂主要依赖数字化、模拟仿真、模块化及相对标准化的产品设计，和基于自己产品的物料清单、工艺清单的数字化、信息化与自动化的高度融合，来实现智能工程的稳定运行。

(3) 安贝格工厂体系架构

制造设备、生产过程的集成式企业策略，在工业 4.0 的框架中软件、硬件、平台深度融合，也就是工业制造领域的人、机、料、法、环的相互多重融合，其核心体现：一是数字化工厂的管理体系的智能化，即所选用生产系统和过程具有一定的智能化，也就是间接实现了生产设施的网络化分布式布置格局，构成了人与机与法与环与料的有机多重组合，构造了体系的智能基础；二是生产过程的智能化，在数字化工厂内，如生产过程中的物流管理的智能化，即实现了人与料的融合，操作者与机器的智能化互动，即实现了人与机的融合；新型的 3D 技术在工业生产过程中的应用体现了人的智能与机的融合。

安贝格本身是工控产品和 PLM 平台产品的集成供应商，结合自身技术优势，把工业 4.0 的概念在工厂中进行了实际应用，如图 3-9 所示。

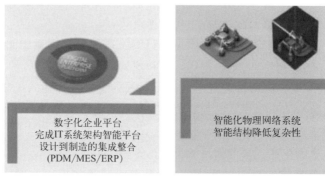

图 3-9　工业 4.0 在数字化工厂中的应用

安贝格工厂全生命周期生产流程见图 3-10。

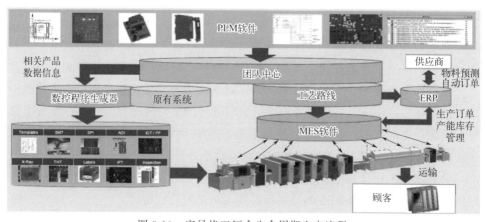

图 3-10　安贝格工厂全生命周期生产流程

建立数字企业化平台。在统一的数字化平台上进行企业资源、企业供应链、企业系统的融合管理，建立一个跨职能的层级数字化平台，实现资源、供应链、设计系统、生产系统的统一的柔性协调和智能化管控，企业所有层级进行全数字化管控，通过数据的层级流转实现对市场需求的高定制化要求，并实时监控企业的资源消耗、人力分配、设备应用、物流流转等生产关键要素，分析这些关键要素对产品成本和质量的影响，智能控制企业研发生产状态，有效预估企业运营风险。

建立智能化物理网络。基于赛博物理网络基础集成安贝格的 IT 平台、工控软件、制造设备的各种软硬件技术，建立安贝格的工业网络系统，见图 3-11。

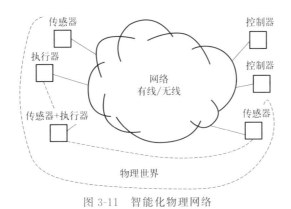

图 3-11　智能化物理网络

建立生产现场物理网络，并把生产线的制造设备连接到物理网络中，采集设备运行情况，记录生产物料流转等生产过程数据，见图 3-12。

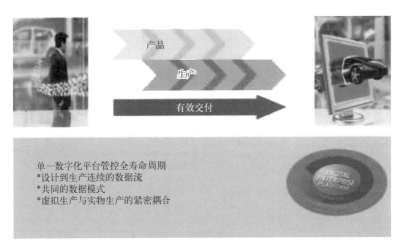

图 3-12　生产现场物理网络

在安贝格工厂中，根据外部需求信息构成产品的需求数据信息，研发部门根据该信息，依据标准化的制度和设计标准形成该新品的特有的属于其自身的数据信息。根据这个独特的数据信息，可跟踪该产品的一生，包括从研发阶段到生产阶段的转序，再到质量检验过程，再到通过外部物流到用户手中以及后续使用状况，均实时存储于数字化工厂的数据库之中。

这种在数字化工厂中存在的状况可称之为柔性运行，也就是将工业生产的售前、生产、售后集于一体，通过互联网的终端效应，将它们有机地联合到一起，可更方便快捷地服务于终端用户。也就是以产品本身所具有的特有信息构成了一个具有生命周期的产品，以更好地跟踪和服务。

这个产品生命周期分为产品的信息需求阶段、产品研发阶段、产品制造阶段、产品各部件质量检验阶段、产品生成控制阶段、产品供应阶段、产品使用阶段、产品损耗阶段、产品耗费阶段等全过程，这个过程存在的依据就是数字化工厂所给予的产品自身特有的信息数据，这个数据信息就是实现无缝信息互联的基础，也是实现智能化生产的基石。

安贝格工厂在同一数据平台上对企业各个职能和专业领域进行数字化规划，这种贯穿于工厂各个领域的规划，包括：

——产品独有信息数据的数字化生成；

——具有独有信息数据的数字化产品开发；

——具有独有信息数据的数字化产品的制造准备；

——具有独有信息数据的数字化产品的数字化生产；

——具有独有信息数据的数字化产品的数字化企业管理；

——具有独有信息数据的数字化产品的数字化企业维护；

——具有独有信息数据的数字化产品的数字化供应链管理。

通过对企业各个领域的数字化集成，实现企业精益文化的建立，实现企业的精益运营。

安贝格工厂的架构见图 3-13。

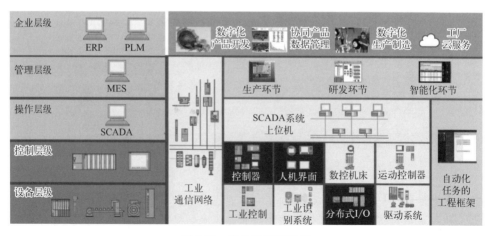

图 3-13　安贝格工厂架构

3.2.2　空中客车公司

空中客车公司是由法国马特拉宇航公司、德国道尼尔飞机公司的一部分和德国戴姆勒·克莱斯勒宇航公司、西班牙航空制造公司组成的联合体。

随着工业 4.0 时代的到来，智能制造成为制造业的发展重点。空客公司紧跟时代步伐，提出"未来工厂"建设构想，目标是通过先进制造技术创新，实现工厂高度数字化、智能化，大幅提升其产品的制造效率和制造质量，赢得国际市场竞争力。在"未来工厂"建设中，空客公司围绕机器人技术、虚拟现实技术、3D 打印技术等开展深入研究，部分技术创新成果已经在空客公司各子公司获得初步应用，已开发出"逼真人机工程分析"工具，建造的增材制造车间旨在 24 小时内制造出定制零件，解决备件短缺问题。

(1)"即插即用"机器人：实现飞机装配线高度自动化

装配线自动化是未来工厂建设中要改变的主要领域之一。其趋势是不断引进智能机器人来执行重复作业，将劳动工人解放出来承担更重要的任务。随着空客公司和空客直升机公司的机器人使用量不断增加，机器人与工人的协同工作也将越来越多。

目前，空客公司已经使用了轻量化的单臂机器人，能够自主沿着飞机机身内部移动，实现结构支架的流水线安装。空客公司计划安装具有多自由度的协作机器人用于进行更复杂的工作。空客公司研发团队也指出：机器人不会代替所有工人。机器人主要是从事那些工人无法带来更高附加值的高重复性工作。空客公司正在试验在 A380 方向舵装配线上使用双臂仿人机器人，致力于实现人机协同装配，见图 3-14。

图 3-14　双臂仿人机器人

空客直升机公司正在积极研究用于飞机机身质量检测、喷涂的机器人。新的机器人将通过预设程序实现在车间独立移动，不会扰乱（或伤害）其人类工作伙伴。飞机机身、舱门、窗户的防水测试是一项非常细致的工作，对工人来说是一种重负荷重复劳动。空客直升机公司研究采用协同机器人对整个机身进行全面检测，通过测量、记录噪声来判断机身中存在的裂纹或孔洞。

该公司还计划使用机器人进行复杂装饰、零部件表面喷涂等多项工作。采用机器人后，可以对零部件表面从喷漆前处理到面漆固化的整个喷涂工艺流程进行优化，机械化外骨将能实现最小的能源消耗，还能缩短喷涂时间。

另一个可以通过机器人实现自动化的领域是直升机旋翼蒙皮制造。

（2）虚拟现实技术：促进飞机生产车间数字化、智能化

当前，数字样机、激光投射、复杂 3D 环境等数字化技术已经在航天航空领域得到全面应用。空客公司已经将虚拟现实技术应用于产品设计开发过程，正在验证虚拟现实技术在生产过程的应用效益。

① 全新的 A350XWB 设计研发环境。

目前，飞机已经完全实现了数字化设计，并且通过 3D 几何数据模型构建的数字样机逐渐成为飞机生产过程的主数据。

空客公司针对 A350XWB 全生命周期管理，构建了虚拟现实环境，其大小与复杂性在业界都是前所未有的，共注册用户达 3 万人，空客公司内部及其供应链上的工程师约 1 万人，每天通过该虚拟环境获取详细的、最新的项目信息。作为 A350XWB 设计研发的一部分，空客公司开发出逼真人机工程分析（Realistic Human Ergonomic Analysis，RHEA）软件工具，操作人员能够借助特制眼镜、头戴式显示器等装置进入虚拟环境，与 A350XWB 全尺寸 3D 模型进行交互，见图 3-15。空客直升机公司也在尝试使用 RHEA 软件工具进行飞机性能维护及测试工作。

图 3-15　逼真人机工程分析（RHEA）软件工具

② 混合现实应用工具。

混合现实应用（Mixed Reality Application，MRA）工具是空客公司下一步要主推的一种智能化、便捷使用工具，其致力于将数字化样机集成到生产环境中，向生产工程师提供零件 3D 模型。

MRA 工具由一台平板电脑、一种定制传感器组件以及相应软件构成，能够检测到操作人员的运动情况，并能拍摄真实环境的视频。通过 MRA 工具，操作人员可以从任何视角获取飞机的 3D 模型，进而通过采用与飞机连接的定位装置，按照自己选定的角度操纵飞机，还能获取额外的系统信息用以促进生产工作。另外，操作人员的反馈信息也能通过 MRA 工具集成到飞机数字样机中，方便设计工程师获取。

MRA 工具已经开始用于 A380、A350XWB 生产线中，用来检测固定液压系统、管路的结构支架，能够减少后续发现受损、错误定位或者支架缺少等问题的概率。采用 MRA 后，检测 A380 机身上 6 万～8 万个支架所需的时间从 3 个星期缩短到仅仅 3 天。

同时，空客直升机公司也在试制集成 MRA 工具的智能设备，将一种类似于工业用途的 Google 眼镜与 MRA 工具集成，以便向工人提供更多信息和更好的指导。

③ 智能生产。

目前，在空客装配生产线中使用智能终端还不常见，但是在未来的数字化工厂中将随处可见。空客公司提出的"智能车间"概念致力于采用智能生产工具，快速获取并记录数据，消除生产过程的潜在错误。空客公司制造研究团队正在研究异构数据格式转换、通信交换等技术，并研究构建"数码商店"（一种软硬件数据库），以便将智能生产工具配置到整个"智能车间"。"数码商店"概念的灵感来源于智能手机应用程序商店，智能手机能够通过定制来使用特定软件程序和硬件，制造研究团队也可开发与车间应用直接兼容的硬件和软件应用程序，构建自己的"数码商店"。

制造研究团队还在考虑如何简化"智能车间"的工作流程，如采用手眼跟踪声音控制，以及规划 3D 工作指令图像等，实现工人无障碍的高效操作。

④ 数字化工厂。

空客直升机公司在新的中型直升机 X4 项目中引入了"数字化工厂"概念。通过仿真某个特定零件在装配过程中的流向，优化零件装配顺序，并且实现了完全与设计部门同步。设计部门将数字样机传送到车间，车间随后就可采用"数字化工厂"技术确定其装配工序。

空客直升机公司目前正在进行的另外一项开发项目是数字化电缆布线，如图 3-16 所示。之前，在样机上进行电缆布线时，操作人员需要从数字样机中提取数据，打印纸质电缆线路布局图，然后由电气工人根据纸质文档在样机上进行人工电缆布线。现在，采用新软件，无需打印纸质电缆线路布局图，iPad 屏幕上会突出显示电缆的复杂路径，可以通过 iPad 触摸屏来完成电缆布线，实现了电缆布线的数字化。

图 3-16　数字化电缆布线

（3）3D 打印技术：实现飞机装配过程中急需零件的快速制造

在整个空客公司，大多数项目都在加速研究采用 3D 打印技术来制造成本更低质量更轻的飞机零部件的方法。此外，3D 打印技术在飞机装配线上也起着重要作用，可以实现飞机装配过程中所需零件的及时制造，避免许多其他的额外工作，实现更高的生产效率。

空客公司已经开始使用 3D 打印技术制造模具、样件、用于飞行测试的零部件，以及商用飞机零部件。采用 3D 打印技术制造的零部件在空客飞机中的应用范围也正在扩大，如正在服役的喷气客机（A300A310 系列）、下一代 A350XWB 飞机等。由空客防务与空间公司生产的首件经过飞行测试的 3D 打印钛合金支架，已经搭载 AtlanticBird7 通信卫星进入太空。

空客公司除采用 3D 打印技术制造零部件外，正在寻求将 3D 打印技术用于生产过程中，用以解决零件备件短缺的问题。在装配过程中每缺失一个零件，都会导致装配过程受到很大干扰，浪费成本。3D 打印技术可以用于制造一些装配过程中急需的短缺零件和长期处于小批量的非标零件。空客公司相关团队正在建造一个 3D 打印车间，能够在 24 小时内制造出定制零件。目前该团队已经能够生产大量塑料零部件，团队还期望未来能生产铝合金、高温合金零部件。

3.2.3　空客公司防务与航天公司

空客公司防务与航天公司通过建设智能工厂，推进模块化设计、协作机器人、增强现实、智能装配、增材制造等技术的工业化应用，实现了工厂高度智能化，制造效率和质量大幅提升。2018 年 7 月，空客公司防务与航天公司、一网公司（One Web）联合建设美国佛罗里达智能工厂。

该智能工厂大量应用增材制造、机器人、流水线等工艺和技术，One Web 卫星各模块生产单元和总装线引入了协作机器人、智能装配工具、自动光学检测系统、大数据控制系统、自动精准耦合系统、自动导轨传送、自动加热分配系统、增强现实工具以及自动测试系统等多种智能制造手段，开辟了极具创新特点的自动化生产线模式（图 3-17）。这种模式未来将推动微小卫星生产制造进入批量化时代，在保证质量和可靠性的同时，大幅缩短量产微小卫星的制造周期并降低生产成本，推动卫星制造向流水线作业转变，为构建超大规模微小卫星星座以及实现卫星快速补网发射提供有效保障。

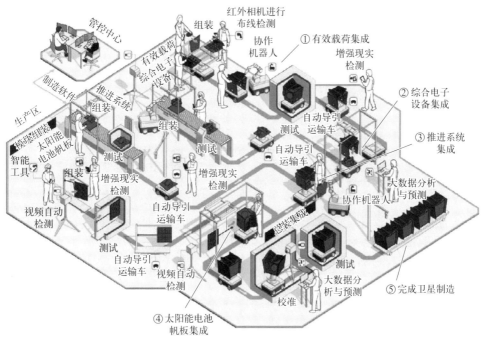

图 3-17　空客公司防务与航天公司、一网公司联合建立的卫星智能工厂示意图

3.3　日本智能工厂的发展

日本工业制造偏重高端制造业和精密制造领域，汽车及零配件、机床、机器人和电子电器已成为日本工业制造业的四大支柱产业。随着智能制造热潮席卷全球，日本制造企业利用新兴的物联网、传感器、机器视觉、人工智能技术，已在其智能工厂的实践中迈出了一大步。例如，川崎重工开发的协作机器人可在一人的空间里与人协作，非常灵活；牧野机床利用物联网（IoT）技术自主研发 ProNETConneX 系统，帮助客户最小化停机时间，延长设备寿命；FANUC 基

于 IoT 技术的零宕机（ZDT）功能，在服务器上集中管理机器人的作业信息，通过移动终端对产品进行远程监控和故障预警等，实现零停机，提高机器人的运作率；Mazak iSMART Factory 解决方案实现设备互连，通过 IoT 技术采集设备运转的大数据，实现生产过程可视化，提高设备的 OEE。日本智能工厂的发展特色主要体现在以下几个方面。

（1）源于扎实的数字化基础的柔性化制造单元

柔性化制造单元在日本企业得到广泛应用，以适应多品种不同批量的制造需求。

在 Mazak 公司，由加工中心、物流导轨、上下料机器人、自动化工装输送线组成的柔性自动化产线，自动完成零件的机加工过程，实现了 720 小时无人值守。偌大的车间里，只看到机器人忙碌的身影和物流车在轨道上来回穿梭，却很少看到工人。

牧野机床公司通过由两台大型卧式加工中心、自动化去毛刺、清洗设备以及物流导轨组成的柔性制造系统（FMS），高效完成大型铸件的精密加工；FANUC 的机加工工厂里由一组机器人、加工中心、在线检测装备、物流装备组成的独立单元完成部分工序的制造或装配，机器人负责上下料、物料定位、物料转运，并且实现了机器间的对话。

上述柔性自动化单元的背后，实际上是扎实的数字化基础。首先是三维模型贯穿于设计、制造环节。在牧野机床，铸件毛坯在加工前通过三维扫描仪拍照识别、与设计模型比对，自动生成加工参数，实现全自动的加工过程；在FANUC，通过机器视觉识别毛坯，加工中心自动调用加工程序完成作业；在Mazak，柔性制造单元可以根据加工要求从刀具库中自动调出刀具。

其次是二维码的大量应用，实现了以二维码为载体的制造过程和物流的自动化。Mazak 钣金件上的二维码承载加工参数、图纸信息，工人可根据二维码调出工艺。

再一点就是模块化基础，FANUC 的数控系统、机器人本体和智能装备都强调标准化、系列化、模块化，形成了完整的产品谱系，正是由于有了这样的基础，才有适合于不同谱系的制具，才有可能实现加工过程 100% 的自动化。

（2）注重前沿技术的研究

传感器、机器视觉、物联网、数据采集技术已作为成熟技术在日本智能工厂发展中得到广泛应用。

Mazak 公司的 iSMART Factory 解决方案充分利用物联网技术、数据采集技术，实现对全球工厂设备的实时监控。

FANUC 公司推出的零宕机服务以及牧野机床的 ProNETConneX 系统，都是利用物联网技术对所有的机器人或机床设备进行远程监控，通过收集和分析运转数据，实现预测性的维修维护，减少非计划性停机时间，从过去的事后维修转变为事前预防。

三菱电机的智能工厂 e-F@ctory 解决方案利用 IoT 技术采集生产现场的数据，利用边缘计算技术加快数据处理与反馈，提高设备保养等业务的实时性能力。此外，对于新技术的研究也非常重要，三菱电机专门设置了前沿技术的研究部门，参与到新产品的设计中，推动产品与工艺创新。

（3）强调人机协作、人机共融

日本企业在产线设计与改造方面，注重成本与效率的平衡。对于新产品，在产品设计的同时就着手产线的改造规划，一次建成，减少重复投资；对于老产品的产线则是结合精益思想，从细节上一点一点优化。在新产品研发阶段，充分考虑自动化需求，三菱电机的伺服电机工厂利用定子结构优化的设计专利，实现了定子自动绕线，既提高绕线的效率，又保持质量的稳定性。

此外，有选择地实现自动化也是成本与效率平衡的体现。虽然机加工工艺的自动化率可以高达 100%，但在装配环节，由于多品种小批量、可能涉及线缆等柔性配件的安装等因素，无法实现自动化，需要在自动化装配与手工装配中取得平衡。三菱电机的经验是结合产品产量、技术可行性以及投入产出比等因素有选择地使用自动化。

可儿工厂将生产线单元化，将生产单元划分为三类：全自动、半自动、纯手工组装多种模式的产线。每一单元完成一部分组装，每一单元可组装 20 种以上的不同产品，不同生产单元的组合可以最优化的生产方案满足不同批量、不同产品的生产需求，还能达到均衡生产的作用。

川崎重工明石工厂采用分段式的装配单元也有异曲同工之妙，通过自动物流装备搬运物料，人工装配，一天可完成 40 多台机器人，一条产线可生产上千种型号的机器人。

（4）质量第一

日本工业产品的高质量背后，是质量管理的理念和质量保证的手段，新兴技术的应用进一步帮助企业提升质量管理效率。牧野机床基于质量第一的理念，在产品开发上工程师专注于产品质量不妥协，在制造过程上合理利用自动化技术保证质量稳定性。

FANUC 强调产品可靠性，专门建成了产品可靠性实验室，采用专业的手段对产品进行各种复杂、恶劣条件下的极限测试，保障产品的高可靠性。Mazak 实现了制造精度的自动化检测，并将制造过程的工序与工人代码绑定，如机床出现问题，可以追踪到操作工人。

FANUC 的电波暗室，用于产品在电磁环境中正常运行且不对周围其他设备产生电磁干扰的试验。

三菱电机的 e-F@ctory 解决方案的应用，实现了质量信息和错误信息的可视化，利用标准上下限对比方式迅速发现质量问题，通过计算加快问题的分析与处理，防止质量问题进一步扩散。

3.3.1 山崎马扎克公司

山崎马扎克（Mazak）公司成立于 1919 年，是机床行业的全球领军企业。马扎克的产品主要有复合加工中心、五轴加工中心、卧式加工中心、立式加工中心、车削中心、激光加工机以及与机床配套的 CNC 系统、FMS 系统。

随着制造技术和自动化、数字化技术的不断发展，马扎克在其产品领域内，提出自己独创的 DONE IN ONE 理念和 SMOOTH 技术，提高机床的加工精度和智能化程度，形成机床制造的智能工厂解决方案，实现无人化生产，提高制造效率，缩短交货期。

自公司成立近百年来，马扎克在全球超过 26 个国家设有 81 个支持基地，设有 11 个智能化生产工厂，其中大口工厂建于 1961 年，是山崎马扎克的第一个工厂，也是公司总部的所在地。除日本本土建有 6 个工厂外，在美国、英国、新加坡和中国分别设有工厂，其中位于中国宁夏的小巨人工厂主要生产立式加工中心和卧式加工中心，位于辽宁的大连工厂主要生产立卧式车削中心。

马扎克利用先进制造技术、自动化技术和信息技术，不断探索实践 iSMART❶ Factory 建设：

——1981 年，利用立/卧式加工中心、刀库自动交换装置以及运转监控计算机室建成 FMF 工厂，用于多品种小批量模式的生产；

——1987 年，通过复合加工机、FMS 系统、刀具自动供给装备建立了 CIM 工厂，用计算机整合生产，进一步提升多品种小批量生产；

——1998 年，开始建设智能化工厂，在机床上融合信息技术、互联网技术，实现机床的远程监控；

——2003 年之后，开发了单元式生产设备，实现了 e-BOT 720 小时无人值守；

——2014 年，启动了 Mazak iSMART Factory，旨在建设高度数字化、不断进化的工厂，以及创造新价值，为客户提供产品及服务，如图 3-18 所示。

在 iSMART Factory 的解决方案中，智能化的加工中心、上下料机器人、自动化立库、自动化物流转运等智能装备基于 MTConnect 协议实现设备间的通信，通过 IoT 采集设备运转的大数据，向上层的 MES 系统传递制造数据，从

---

❶ 在 "iSMART" 中，字母 "i" 寓意革新化、智能化、集成管理，"SMART" 则表示自我管理、自我优化、与所有经营活动和业务环境同步。

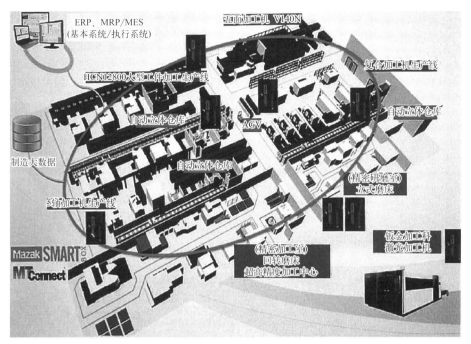

图 3-18　Mazak iSMART Factory 解决方案

MES 系统获取制造指令。

　　MTConnect 协议是机床专用的开放式通信协议，由美国机械制造协会（AMT）发布，保障了机床通信不受设备生产厂家或型号新旧的限制，见图 3-19。

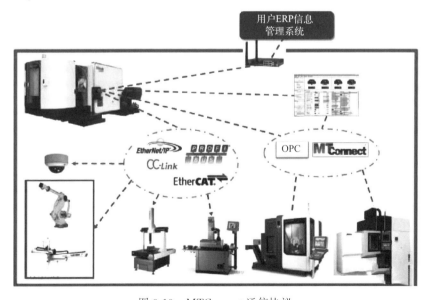

图 3-19　MTConnect 通信协议

iSMART Factory 的核心内容包括：

① 智能加工中心。能够通过网络实时反馈运行状态、工艺数据、工作进度等信息，获取加工程序、生产指令、工艺数据、生产准备信息，最大程度减少生产准备工作，具有一定的自适应功能和自我诊断能力。马扎克认为数据的传输和安全非常关键，因此，与思科联合开发了保证机床安全性的 Smart BOX。通过Smart BOX，不仅可以采集各种设备装置的运转数据，还能识别病毒，只传输符合 MTConnect 协议的数据，阻断病毒对机床的攻击，具有较高的安全性。

② 智能制造生产系统（Smooth Process Support，SPS）。用于加工代码的生产、加工计划排程、刀具管理、机床监控与统计，实现从工艺、计划、生产准备、制造过程监控的管理支持，见图 3-20。其中"计划，日程"模块见图 3-21。

图 3-20　SPS 的主要功能

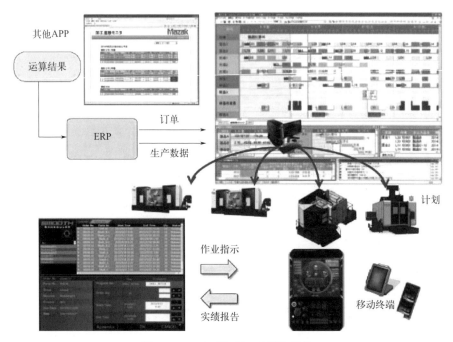

图 3-21　SPS "计划，日程"模块

此外，在 Mazak iSMART Factory 方案中，还将公司的 ERP、MES 等系统并入此网络中，通过"流畅监控（Smooth Monitor）"（图 3-22）将工厂的加工设备和办公室的电脑连接起来，形成网络化工厂，实现底层设备与上层运营管理系统的互联。通过网络传输，可以在办公层看到每一台设备的运行状态，可实时统计分析每台设备的开动率，通过数据比较分析，为生产改善提供依据。流畅监控不仅可以监控本地工厂的设备运转情况，还可监控到马扎克全球工厂的设备实时运行状况。

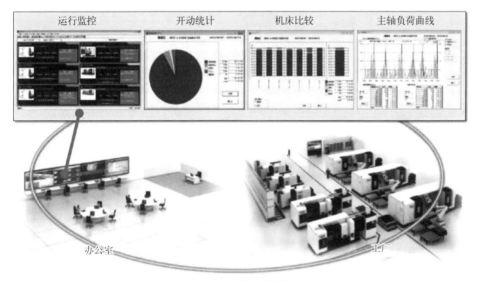

图 3-22　流畅监控

iSMART Factory 的建设目标共分为五级，如图 3-23 所示。

第一级，利用物联网及工业安全技术，实现设备互联和生产过程可视化。

第二级，通过大数据分析提高生产绩效。

第三级，通过制造系统的集成，优化业务运营。

第四级，通过人工智能技术将资深技术工人的经验融合到制造系统。大口工厂处于第三与第四级间，其建设目标为在制时间缩短 30%，半成品库存减少 30%，管理工时减少 50%。

第五级，通过人工智能技术，实现制造系统的自主和自适应控制，实现工程的持续进化。

iSMART Factory 的柔性自动化非常具有特色。下面以马扎克公司总部的大口工厂为例说明。

由于生产精密加工机床，装配精度要求极高，对温度、湿度变化和振动都有严苛的要求，大口工厂完全嵌入地下，为加工提供了相对恒定的环境，非常适合

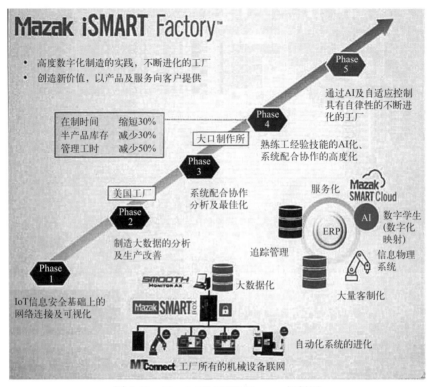

图 3-23　Mazak iSMART Factory 规划图

高精度加工装配的要求。

基于 iSMART Factory 方案，大口工厂提出的目标是：所有生产活动数字化，通过可视化及数据分析改进生产，最终目的是改善交期，提升生产效率。

① 机加工车间。机加工车间的生产布局非常合理，车间的一端是原材料立库和转运至下一车间的通道，车间的中部是由智能制造单元组成的柔性自动化机加工生产线，物料通过导轨运送到工位，产线的两侧都设有立库，用于存放原材料或半成品，此外，在每条产线上方，还布置了工具的自动化配送线，保证工具的自动化切换。每条柔性产线由多台加工中心、去毛刺设备和清洗设备、上下料机器人、物料转运导轨与托盘、工具自动化输送线组成。原材料从进入立库的那一刻起，就开始了它的智能制造之旅。原材料从立库中出库，首先由机器人通过机器视觉进行分拣，装夹到托盘上之后，再由带有导轨的输送车运送到加工工位；加工过程中通过对工件的识别调用相应的加工程序，根据加工工艺换刀、更换工装夹具，上下料则由机器人完成；工件在一个加工中心上完成加工后，由产线旁的导轨送到下一个加工中心里，全部工序完成后，由机器人将零件放到托盘上，再由导轨送到线边的立库存放。整个加工过程完全自动化，已经达到 720 小

时无人值守的水平。

② 装配车间。车间的智能化特点体现在装配过程的透明化。装配车间每一个工人手持平板电脑，记录每一台设备的装配进度、质量等数据，通过装配生产看板，可以了解到装配车间设备布局图、装配甘特图和设备装配状态，实时反映每一台机床状态以及订单生产进度与状态；在质量管理方面，实现了制造精度的自动化检测。此外，制造过程的工序与工人代码绑定，如机床出现问题，可以追踪到操作工人。

大口工厂的每台加工设备、物流设备、自动化立库都已联网，通过 Smart BOX 可以每天采集到各种设备的 1230 万条数据。通过车间设置的大量机床监控看板，可以看到机床的关键工艺参数，如进给率等，并用不同颜色表示不同的设备状态，可以清晰地知道每一台机床每天、每月的运行情况，实现对每一台机床进行精细化管控。此外，在生产现场机床发生报警后，可以通过 PDA、警报等形式进行通知。机床发生报警后可以对其进行深度分析，找出报警发生原因，如刀具寿命过期，可通过及时更换达到减少停机时间的目的。通过对设备的实时监控，大口工厂非计划性停机时间逐年缩短，2016 年 6 月至 2017 年 5 月，通过设备监控与及时处理，相比 2015 年减少了 55%。

iSMART Factory 解决方案的应用，实现了所有生产活动数字化，通过可视化和数据分析利用，缩短生产周期、提高质量、强化追踪管理、减少管理工作量。

——持续推进智能工厂建设，实现设备互联和数据采集；

——推进柔性制造系统的应用，实现了 720 小时无人值守，源于加工中心、物流导轨、上下料机器人、自动化工装输送组成的柔性自动化产线，源于对工件形状识别的自动加工；

——通过自身实践和与思科等行业领先者的强强联合，用自己的设备和工厂建立样板，形成完善的智能工厂解决方案；

——充分利用物联网技术、数据采集技术，实现对全球工厂设备的实时监控；

——基于制造过程全面数字化，实现内部的纵向打通，销售通过办公层系统就可了解到订单的执行状态；

——非常重视员工技能的培养提升，利用荣誉墙激励员工提高自身水平。

③ 钣金车间。在钣金件的制造过程中，采用激光打印的 QR 码对钣金件进行追溯管理。QR 码包含零件的加工工艺以及工件的身份识别，便于追溯。钣金加工时通过 QR 码识别加工信息，获取每一道工序的加工参数、图纸等数据，工人可以根据 QR 码在平板电脑上调出工艺，了解加工方法，通过此手段，减少了查找图纸和工件的时间，使生产效率提升了 30%。由于工件的表面喷涂会遮盖

QR码，所以马扎克采用纸质二维码进行转换对应，保障工件制造工艺和身份信息的传承，实现全程追溯。

3.3.2 牧野机床公司

牧野机床公司始建于1937年，是全球高端铣床和加工中心的领导厂商之一。其下属厚木工厂于1967年投产，占地面积100539m²，员工986人。该工厂制造机床的关键车间（主轴部件生产、装配及检验）建设一直致力于智能化发展。

作为机床的"心脏"，主轴是加工中心的主要组成部分之一，是保证加工效率和工件质量的关键部件。其中，影响主轴部件性能的旋转精度则主要由主轴、轴承的制造和装配质量决定。厚木工厂在发展过程中，对自动化、数字化、智能化技术与工匠精神进行有效融合，最大限度地保障产品质量。

厚木工厂的主轴盖板生产车间，并列呈现三台卧式加工中心，中间仅由一台工业机器人高效地进行托盘的取放、工装夹具的自动供给、工件的重新装夹等复杂的作业，配合另一侧的大型立体仓库，自动完成工件、工装夹具等在工序间的传送、调运和存储工作。整个零件的上料、加工、搬运、检测等操作过程一气呵成，无须任何人员干预即可完成，组成了一套完整的柔性制造系统（FMS）。

就是这样一条生产线，完成900多道工序、120多种零件的生产，而生产现场仅需1名员工来负责。FMS系统是柔性制造技术中最具代表性的制造自动化系统，可以昼夜24小时连续"无人化生产"，可以实现多品种、中小批量的加工管理，能够有效减少毛坯和在制品的库存量，提高产品质量的一致性。

所有机床的状态信息（如温度）都可以在车间的看板上直观显示，一目了然；同时，这些数据都可以通过手机等移动终端进行远程查看，无须进入现场管理人员即可了解生产现场设备的工作状态。

另一条大型机床主轴头生产线也采用了同样的生产方式，由6台大型加工中心组成，生产130多种零件、有800道工序，使用了5000多种刀具。

（1）注重前瞻性技术开发

牧野机床非常重视前瞻性技术的开发。为了适应日趋激烈的市场竞争，很多企业开始将柔性生产方式作为推动生产管理变革和创新的新方向，他们寄希望于找到适应力强、效率高、自动化程度高，不易被淘汰的柔性生产方式或相关智能设备，而能够实现移动作业的工业机器人就是未来的重要应用趋势之一。

为了更好地支持这种生产方式，牧野机床充分发挥自身在AGV小车上的领先技术优势，开始着手移动工业机器人产品——iAssist的开发。目前，已经将库卡、发那科的协作机器人与牧野AGV小车完美组合，实现工业机器人的自由移动作业，能高效地完成工件、托盘、刀具和电极的搬运工作。

有了协作机器人的配合，整体产品的安全性是毋庸置疑的，其拥有软垫包裹的机械臂、力传感器和嵌入式安全系统，从而可以与工人在共同的工作空间中进行近距离协同作业。搭配牧野的 AGV 小车，移动机器人无需任何辅助设施，也不用预先设定行进路径，就能够自动绕开障碍物到达指定地点。通过这种完美的组合，使其能够在白天生产过程中与工人共同完成生产作业，夜晚无人状态下也可以根据指令自行完成相关工作。

与传统机器人相比，这种移动机器人柔性好、适应性强、灵活性高，并且能够实现搬运和生产功能的集成化和自动化，可显著提升厂内物流效率，节省人力成本，未来在柔性生产运输系统中必然会占据越来越重要的地位。据现场人员介绍，目前这款产品已经开始在牧野机床生产现场进行试运行，产品成熟后将会向市场推广。

此外，牧野机床还开发出了类似苹果 Siri 功能的系统以实现人机对话，仅靠语音即可实现对机床的操控，还可以提供机床操作指导。通过一项项的"黑科技"，让我们看到即使是机床这样的传统制造产业中，也同样拥有巨大的创新空间。

（2）使用 IIoT 技术为客户提供机床预修服务

无须借助工厂网络，通过设备自身 4G 网络即可安全地与远程服务中心连接，基于自主开发的 ProNETConneX 系统，服务人员可以远程查看实际控制界面，提供运维支持。同时，还提供主轴诊断服务，通过主轴上的传感器采集状态信息，预测主轴故障，防止非计划性停机。目前，除主轴以外，牧野机床还开始着手开发其他零部件，如丝杆的预测诊断服务。

ProNETConneX 远程支持可以对每个用户使用的机床建立安全的数据库，共享实时报警信息及机床状态，无须与客服进行烦琐的沟通，就可以远程在机床界面上帮助客户迅速进行机床诊断和日常保养计划。对于简单的报警，可通过远程操作缩短停机时间。因此，即使机床发生问题，也可以在最短的时间内恢复运行，缩短停机时间。

其中，主轴诊断功能可以帮助用户监视主轴的状态，将主轴状态以不同的颜色（蓝、黄、红）显示在操作界面上，从而可以简易地把握主轴运行状态，及时预测通知故障时期，提前规划机床的停机时间，避免出现大批量的加工不良问题，同时还可以根据生产计划合理建立保养日程。

这些服务都是通过机床上安装的 4G 网络路由器来实现通信，其通信网络只能连接牧野数据中心，与工厂网络无关，即使客户工厂没有网络也可以实现设备与牧野服务中心的连接，并且每台机床都有防病毒软件，在网络安全上也有专业保障。

除了提供机床、相应的服务外，牧野机床还有非常专业的工业软件，如三维CAM 系统、模具加工支持系统、数控电火花加工机 CAM 系统等。

（3）严苛的质量控制

与主轴盖板生产车间完全不同，在厚木工厂的主轴装配车间很少见到自动化相关设备，现场主轴的装配过程几乎都是由手工完成，工人们精湛的技能水平在这里体现得淋漓尽致。

毕竟再完美的机器人也达不到人手的灵活度，只有训练有素的技工才知道哪一部分精密零件需要怎样的安装工艺，哪一个部件需要怎样的力道进行组装，才能最终保证主轴的完美品质，因此，工匠在装配精度上要远高于机器人。

为保障加工工件尺寸误差不超过 $1\mu m$，除了在加工过程中自动对工件尺寸测量外，对于车间现场的环境控制也非常严格，车间常年温度保持在 $23℃\pm0.4℃$、湿度保持在 35%，而且为无尘车间。为保持温度和湿度可控，车间在不同高度的位置安装了大量的温度传感器来监控车间内温度变化，如遇温度异常会立即停机。同时，为防止地面振动对加工精度带来影响，地面设计异常坚硬，而能够胜任这份工作的技工都必须通过严苛的技能培训，检验合格才能上岗作业。

如果说自动化生产讲求的是快，那这里则是慢工出细活。牧野机床技术工人装配出的主轴产品根本无需检测，其成品检测过程更多的是为了出具详细的检测报告令客户放心。牧野机床对员工的基本要求是专注、严谨，将工匠精神发挥到了极致，让产品真正拥有了"生命"。

3.3.3 三菱电机公司

三菱电机公司成立于1921年，是全球知名的综合性企业集团，在全球电力设备、通信设备、工业自动化、电子元器件等市场占据着重要地位。三菱电机公司的e-F@ctory解决方案在自身智能工厂推进过程中得到了实际应用。

（1）基于IoT技术构建智能工厂"e-F@ctory解决方案"

早在2003年，三菱电机就已提出了"e-F@ctory"概念，其基本理念是灵活应用FA技术和IT技术，减少开发、生产、保养等全过程的总成本。

通过在三菱电机工厂的应用实践和不断完善，e-F@ctory包含了完整的智能工厂理念、实现方案和可以集成多种供应商设备和软件系统的技术体系。如图3-24、图3-25所示，e-F@ctory构建了三层架构——在生产现场层进行基础数据的收集和显示，在中间层通过边缘计算对数据进行预处理，然后将数据传递给上层的IT系统。

在功能层面，e-F@ctory涵盖了智能产线设计、可视化、MES应用、SCADA数据采集、质量缺陷分析、设备可维护性分析等技术领域。此外，三菱电机将其智能工厂建设经验向外复制，构建了完整的智能工厂咨询服务方法论，提供了基于e-F@ctory理念的咨询服务和智能工厂建设一站式解决方案，包括智能制造蓝图规划和部署、精益理念导入、工艺及业务流程的梳理与优化，IT

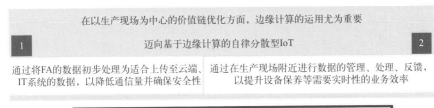

图 3-24　e-F@ctory 架构图

在以生产现场为中心的价值链优化方面，边缘计算的运用尤为重要

1	迈向基于边缘计算的自律分散型IoT	2
通过将FA的数据初步处理为适合上传至云端、IT系统的数据，以降低通信量并确保安全性		通过在生产现场附近进行数据的管理、处理、反馈，以提升设备保养等需要实时性的业务效率

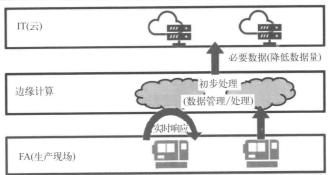

图 3-25　e-F@ctory 解决方案中的边缘计算

与 OT 集成和应用与绩效评价等，如图 3-26 所示。

　　在 e-F@ctory 的三层架构中，三菱电机强调边缘计算技术的应用是 e-F@ctory 解决方案的关键。在 FA 现场层中产生了大量的数据，其中并非所有的数据都对 IT 系统有用，如果不预先加以处理，IT 系统很难快速适应这样大容量数据的处理要求，因此三菱电机在现场层和 IT 层中间设置了边缘计算层，在生产

针对处于智能制造不同阶段的制造企业，三菱电机可以提供涵盖智能制造
全生命周期的整体解决方案

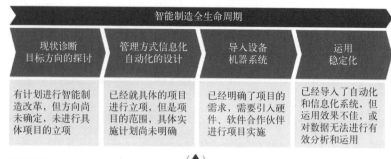

智能制造全生命周期			
现状诊断 目标方向的探讨	管理方式信息化 自动化的设计	导入设备 机器系统	运用 稳定化
有计划进行智能制造改革，但方向尚未确定，未进行具体项目的立项	已经就具体的项目进行立项，但是项目的范围，具体实施计划尚未明确	已经明确了项目的需求，需要引入硬件、软件合作伙伴进行项目实施	已经导入了自动化和信息化系统，但运用效果不佳，或对数据无法进行有效分析和运用

将三菱电机的优势(生产技术经验作为核心)
以"e-F@ctory 解决方案"的形式提供

 提高生产效率(10%～50%)，提高品质(10%～20%)，减少制造成本(1%～10%)的效果

图 3-26　三菱电机智能工厂一站式解决方案

现场附近进行本地化的分析、诊断后，再实时反馈到生产现场中，这样将生产
现场庞大的数据层次化、抽象化后加以管理，既可以降低生产现场与上层系统
的数据通信量，又能够轻松被利用。

　　然而，一般制造企业生产现场中存在着大量的异构设备或异构协议，因此，
边缘计算层需要支持广泛普及的接口以收集各种通信标准及各种设备采集传递的
数据，对数据进分层与标准化，在边缘有效处理、获取有用数据，提高生产现场
的物联网工作效率。

　　在 e-F@ctory 解决方案的不断完善与推进中，三菱电机发现仅凭三菱电机
一家的技术很难完整实现该解决方案，因此三菱电机提出必须超越企业、产业的
框架进行合作，在各领域、各地区与强大的供应商，包括软件企业、硬件合作伙
伴等携手共建。如在一个案例中，三菱电机通过远程监视激光加工机的状态，与
NEC 合作利用云端服务，实时采集设备的运转情况，并进行远程维护。

　　e-F@ctory 解决方案中采用边缘融合联盟 Edgecross 定义的边缘计算领域平
台作为边缘计算层。该联盟于 2017 年，由三菱电机与研华、欧姆龙、日本电气、
日本 IBM 和日本甲骨文等另外 5 家不同领域的领先企业组建而成，在边缘计算
领域建立了核心合作伙伴关系。e-F@ctory 解决方案不仅在三菱电机自身工厂得
到了广泛的应用，在全球 200 家工厂也得到了应用，并且三菱电机还为此方案形
成了咨询实施服务方法论，为客户提供持续的推进服务。

　　(2) 打造多品种、不同批量的柔性化生产模式

　　三菱电机的可儿工厂主要生产电磁开关，包括三个核心零件（接触片、线圈

和铁芯）的自制与装配。在生产布局上，工厂的一层完成零件自制，二层完成部装与总装。自制件完成后送入 JIT 中心，再由高架运输机将物料配送至二层供装配。电磁开关的生产特点是种类特别多，多达 1.3 万种以上，同时产量大，因此生产组织面临这两个难题。

针对这些难题，可儿工厂在生产中引入了"机器人组装单元化生产模式"，巧妙结合适用于多品种生产的人工单元化生产模式和可实现大批量生产的机器人生产模式，并应用 e-F@ctory，通过 FA 与 IT 融合，让作业人员和机器人合理分工、各展所长，不仅实现了高速自动作业，还显著提高了作业精度，带来了效率和价值的提升，见图 3-27。

图 3-27　可儿工厂产品组装的柔性自动化单元

可儿工厂的组装生产线可生产约 25000 种产品，依据每月产量不同，分别采用全自动生产线、LCA 生产线（Low Cost Automation，机器＋人工）、纯手工组装多种模式的生产线，每月产量在 5 万以上的产品采用全自动生产线，产量在 1 万～5 万之间的产品采用 LCA 生产线，每月产量在 1 万以下的产品采用人工组装，从经济性角度出发，并非完全追求全自动生产。

电磁开关的组装过程划分为不同的单元生产线，同一条生产线可以组装 20 种以上的不同产品。一个生产单元是一个单件流，配备一名操作工人，在单元生产线中执行局部组装和外观检测。这种产线模式可缩短工人的移动距离，在提升效率的同时，降低了劳动强度。

装配过程中，可儿工厂充分利用机器视觉、力觉传感器等传感器技术不断提升制造效率，例如：

——在工件上用激光打印二维码，给产品一个身份标识，杜绝铭牌和型号错误，实现追溯。

——电磁开关的零部件尺寸都很小，为了提高传送效率，三菱电机对单元生产线上的送料装备做了优化，缩短传送的距离，方便工人投料。工人投料时，通过机器视觉识别二维码，防止错料。

——装配中有很多拧螺钉的动作，故设备上加装了力觉传感器，控制拧紧程度，以及通过优化螺钉拧紧的操作，杜绝螺钉锁死的缺陷。

目前，可儿工厂基于产线布局优化、工艺优化及与 e-F@ctory 解决方案的融合，实现了生产过程和质量的可视化，生产效率提升了 30%，运转率提高 60%，工序数量下降 55%，面积比下降 85%。目前其已实现 100 人完成 50 万件产品的生产，每 15 秒加工一个产品。

（3）通过"e-F@ctory"实现生产革新

位于爱知县的名古屋制作所下属的可编程控制器工厂共有 16 条通用 SMT 生产线，自动化率达到 90% 以上。在 e-F@ctory 解决方案的应用中，利用 MES 接口组件实现从各种贴装设备收集运行数据、生产线的数据在管理员的终端上自动显示，实现生产信息、运转信息、质量信息和错误信息的可视化，利用标准上下限对比方式迅速发现质量问题，可以加快问题的分析与处理，防止质量问题扩散，明显改善质量。

由于可编程控制器的品种众多，名古屋制作所采用了单元化生产线模式，可以根据生产指示灵活调整，但这种生产线模式因为有一线操作员的参与，故操作失误对产品质量的影响难以避免。因此，需要想办法减少人为错误造成的损失。在这方面，可编程控制器工厂采用了很多方法进行改善。如利用由生产指示书、显示器和开关螺钉存放箱盖的故障保护终端等构成的系统，帮助操作员正确取出零部件；通过在工具上安装防错装置，以亮灯的形式提醒工人抓取正确的工具，防止操作错误。

e-F@ctory 在名古屋制作所伺服电机工厂也得到了充分应用，应用过程分为三个阶段：

第一阶段的目标是提高产品质量。三菱电机在各工序加装了大量传感器，用于质量的检测。其结合自身经验针对产品制造过程的各项检测参数设置了上下限，可根据缺陷数据间的因果关系迅速查明原因，以前问题解析需要 2 天时间，现在只需要 5 个小时，找到根本原因后，还可避免次品问题再次发生。

第二阶段的目标是节能。在可视化之后，对每道工序的能源进行了管理，如对框架烧嵌工序的异常能耗进行分析，提升生产效率和实现节能。

第三阶段的目标是反馈至设计。现在已经达到了制造过程数据由原来向质量反馈转变为向产品及其产线设计的反馈，通过从制造到设计的实时反馈，促进设计达到最佳状态。

此外，在自动化方面，三菱电机也做了很多优化工作。伺服电机的装配生产线采用人机结合的模式进行装配。通常情况下，电机里定子绕线较难实现自动化，但三菱电机为实现定子绕线自动化生产采用了专利技术。三菱电机定子设计成可以打开的结构，当需要绕线时，每一段定子可以活页的形式展开，单独完成绕线。通过对产品结构的优化，在不影响产品性能的情况下，很好地满足自动化生产的需求，提高了生产效率。

（4）小结

三菱电机公司不仅系统提出了 e-F@ctory 智能化解决方案，而且在自己的多家工厂得到了充分的实践，并最终形成向外推广复制的能力，形成其创新的商业模式。此外，三菱电机在其智能化的进程中，并未提出宏大的口号，而是扎扎实实做好每一小步的工作，一点点取得实效，值得我们借鉴。

——并不盲目追求全自动化，而是结合同种产品产量、技术可行性以及投入产出比等因素有选择地使用自动化。

——三菱电机对于老工厂的智能化升级不一味追求"高大上"。对于老产品的产线是结合精益思想，从细节上一点一点优化，对于新产品，则在产品设计的同时就着手产线的改造规划，一次建成，减少重复投资。

——从产品设计的源头考虑自动化应用的需求。在伺服电机工厂，利用定子结构优化的设计专利，实现了定子自动绕线，既提高绕线的效率又保持质量的稳定性。

——设备维护做得很好。除了按照规范对设备进行主动维护外，通过系统的统计分析，发现设备异常情况多时，就会进行预警干涉，并且还可通过电流、次数的监控对核心部件的寿命进行管理，提前进行预防。三菱电机的第一条全自动组装线是 2012 年运行，目前依然运行良好。

——可儿工厂全自动电磁阀组装线注重人机结合，提高产线柔性化能力，实现了多种相似产品的混线生产。

第 **4** 章

我国智能工厂的发展情况

智能工厂建设是制造企业转型升级的重要方式。近年来，为深入贯彻落实《中国制造 2025》，加快实施智能制造工程，我国部分企业在工业和信息化部"智能制造试点示范专项行动"的推动下，积极开展智能工厂建设，并取得了一定的成效。

4.1 我国智能工厂发展现状

4.1.1 国家政策牵引

为深入贯彻信息化和工业化深度融合的战略部署，工业和信息化部决定将智能制造作为一个时期推进两化深度融合的主攻方向，并从 2015 年开始，组织开展智能制造试点示范专项行动，推动智能工厂建设试点示范工作。

（1）总体思路

专项行动坚持立足国情、统筹规划、分类施策、分步实施的方针，以企业为主体、市场为导向、应用为核心，持续推进试点示范，在试点示范中注重发挥企业积极性、注重点面结合、注重协同推进、注重基础与环境培育，形成有效的经验与模式，在制造业各个领域推广与应用。

（2）专项内容

目前，智能制造专项已持续开展 8 年。其中，2015 年提出，以智能工厂为代表的流程制造试点示范，在石化、化工、冶金、建材、纺织、食品等流程制造领域，选择有条件的企业，推进新一代信息技术与制造技术的融合创新，开展智能工厂、数字矿山试点示范项目建设，全面提升企业的资源配置优化、实时在线优化、生产管理精细化和智能决策科学化水平；以数字化车间为代表的离散制造试点示范，在机械、汽车、航空、船舶、轻工、家用电器及电子信息等离散制造领域，组织开展数字化车间试点示范项目建设，推进装备智能化升级、工艺流程改造、基础数据共享等试点应用。2016 年提出，离散型智能制造试点示范方面，在机械、航空、航天、汽车、船舶、轻工、服装、医疗器械、电子信息等离散制造领域，开展智能车间／工厂的集成创新与应用示范，推进数字化设计、装备智能化升级、工艺流程优化、精益生产、可视化管理、质量控制与追溯、智能物流等试点应用，推动企业全业务流程智能化整合；流程型智能制造试点示范方面，在石油开采、石化化工、钢铁、有色金属、稀土材料、建材、纺织、民爆、食品、医药、造纸等流程制造领域，开展智能工厂的集成创新与应用示范，提升企业在资源配置、工艺优化、过程控制、产业链管理、质量控制与溯源、能源需求侧管理、节能减排及安全生产等方面的智能化水平。2021 年提出，聚焦原材料、装备制造、消费品、电子信息等领域的细分行业，围绕设计、生产、管理、服务等制造全流程，建设智能制造示范工厂，带动实现制造技术突破、工艺创新、场景集成和业务流程再造，发挥示范带动作用；鼓励地方工业和信息化、发展改革、财政、市场监管等主管部门联合推进省级智能制造示范工厂建设工作，并推荐成效显著、示范作用突出、成长性好的项目揭榜国家级智能制造示范工厂任务。

对于以数字化车间／智能工厂为方向的离散制造试点示范项目，其遴选要素条件有如下几个方面：

一是要求车间工厂总体设计、工艺流程及布局均已建立数字化模型，并进行模拟仿真，实现规划、生产、运营全流程数字化管理，相关数据进入企业核心数据库。

二是要求采用三维计算机辅助设计（CAD）、计算机辅助工艺规划（CAPP）、设计和工艺路线仿真、可靠性评价等先进技术。产品信息能够贯穿于设计、制造、质量、物流等环节，实现产品的全生命周期管理（PLM）。

三是要求建立生产过程数据采集和分析系统，能充分采集制造进度、现场操作、质量检验、设备状态等生产现场信息，并与车间制造执行系统实现数据集成和分析。

四是要求建立车间制造执行系统（MES），实现计划排产、生产、检验的全过程闭环管理，并与企业资源计划管理系统（ERP）集成。

五是要求建立车间级的工业通信网络，系统、装备、零部件以及人员之间实现信息互联互通和有效集成。

六是要求建立企业资源计划管理系统（ERP），并投入实际运行，其中供应链管理模块能实现采购、外协、物流的管理与优化。利用云计算、大数据等新一代信息技术，在保障信息安全的前提下，实现经营、管理和决策的智能优化。

七是对效果提出要求，要通过持续改进，实现企业设计、工艺、制造、管理、监测、物流等环节的集成优化，采用网络化技术、大数据技术实现企业智能管理与决策，全面提升企业的资源配置优化、操作自动化、实时在线优化、生产管理精细化和智能决策科学化水平。

对于以数字化车间/智能工厂为方向的流程制造试点示范项目，其遴选要素条件有如下几个方面：

一是工厂总体设计、工艺流程及布局均已建立数字化模型，并进行模拟仿真，实现生产流程数据可视化和生产工艺优化。

二是实现对物流、能流、物性、资产的全流程监控，建立数据采集和监控系统，生产工艺数据自动数采率达到90%以上。实现原料、关键工艺和成品检测数据的采集和集成利用，建立实时的质量预警。

三是采用先进控制系统，工厂自控投用率达到90%以上，关键生产环节实现基于模型的先进控制和在线优化。

四是建立生产执行系统（MES），生产计划、调度均建立模型，实现生产模型化分析决策、过程量化管理、成本和质量动态跟踪以及从原材料到成品的一体化协同优化。建立企业资源计划系统（ERP），实现企业经营、管理和决策的智能优化。

五是对于存在较高安全与环境风险的项目，实现有毒有害物质排放和危险源的自动检测与监控、安全生产的全方位监控，建立在线应急指挥联动系统。

六是建立工厂通信网络架构，实现工艺、生产、检验、物流等制造过程各环节之间，以及制造过程与数据采集和监控系统、生产执行系统（MES）、企业资源计划系统（ERP）之间的信息互联互通。

七是建立工业信息安全管理制度和技术防护体系，具备网络防护、应急响应等信息安全保障能力。建立功能安全保护系统，采用全生命周期方法，有效避免系统失效。

4.1.2　取得成效显著

从智能产线、车间和工厂实施效果来看，数字化工厂被列为智能制造部署的首要任务。各地在数字化车间/智能工厂建设方面也取得较多的进展。如2019年，浙江省数字化车间/智能工厂共认定114个项目；重庆市第一批数字化车间/智能工厂认定102个项目，其中，智能工厂17个，数字化车间85个。目前，我国已经初步建设了317个数字化车间和智能工厂，在航天、船舶、汽车、电力、纺织等领域得到了很好的应用。

航天行业方面，航天数字化产线以及柔性加工得到了迅速发展。例如，壳段数字化加工生产线，集成了生产线各分系统，开发了适合机加工艺特点的生产线过程控制与动态管理系统，实现了重点型号的中型壳段研制与批产混线的生产应用。航天伺服壳体无人值守柔性加工单元，通过智能机器人在加工示范单元中的应用，实现多种壳体在单元内混线自主运行加工。典型产品集成制造数字化生产线，突破生产线整体规划技术、生产线集成管控平台应用技术、自动化仓储及物流配送技术等关键难题，开发数字化集成管控平台、智能物料系统等系统平台，实现多系统集成的综合展示。化铣产品自动浸胶生产线，采用半封闭式自动浸胶，实现化铣产品的批量性浸胶生产，浸胶效率较手工浸胶提升 3 倍，有效减轻工人的劳动作业强度，降低了接触苯系物危害健康的安全风险。

船舶行业方面，国内骨干船厂开展数字化车间的建设。针对船舶与海洋工程机电设备离散制造的特点，船舶企业提出了船舶配套行业首个数字化车间解决方案，为船舶配套行业提供了自主、安全、可控的数字化车间实践案例。在车间涂装阶段，建立智能喷砂、喷涂车间，构建小节段（分段）智能涂装车间等。武汉船用机械有限责任公司以"全面数字化、核心智能化"为目标，提出船海工程机电设备智能制造系统集成方案，建设船舶配套行业首个数字化车间，开发了具有刀具磨损监测与实时调整功能的智能加工单元，具有防呆、防错功能的智能装配单元，以大型焊接机器人为核心的高精度复杂构件智能焊接单元。该集成方案应用于调距桨、起重机、货油泵等典型船海工程机电设备的制造过程，实现产品升级周期缩短 30％以上，不良品率降低 20％以上，生产效率提高 20％以上，运营成本降低 20％以上，能源利用率提高 10％以上。

汽车制造行业方面，一汽大众华南基地"智慧工厂"是一汽大众四大生产基地中数字化、智能化程度最高的工厂，冲压车间拥有国际最先进的伺服压力机钢-铝混合开卷落料生产线，自动化率达到 100％；焊装车间实现 4 款车型混线生产，车身尺寸 100％在线监控，并在国内首次引入 PC 激光焊接工艺；总装车间使用自主开发的无线扳手智能定位系统；装配线按"h"形布置，使物流路径实现最短。虚拟调试、虚拟仿真、数字孪生等新一代信息技术在汽车数字化车间/工厂建设中得到示范应用。一汽奥迪利用三维仿真软件对制造过程进行工艺规划和模拟验证，包括工厂内部所有制造相关资源的布局，检验输送设备、工装夹具与产品之间是否干涉，优化工艺路径，进而优化最终的生产线，最终把项目周期从 30 个月减少到 18 个月。上海德梅柯采用虚拟调试技术替代传统调试方式，实现了电气部门输出的 PLC 程序、机器人仿真部门输出的机器人离线程序、机械设计部门输出的焊装夹具三者之间的虚拟联调，在虚拟调试阶段能够预先发现设计问题并及时解决，从而提高调试质量，缩短现场调试时间，降低调试成本和调试现场工作人员的工作强度。长安汽车的两江二工厂冲压、焊接车间，首次完成了国内"数字孪生工厂"在汽车行业的应用，通过智能连接、智能传输、智能切换、智能检测柔性生产线，实现了多种车型的混流、稳定和智能生产，为高质量产品提供制造保障。该工厂焊接自动化率达到 90％，较传统工厂生产效率提升

20%，不良品率降低 20%，交付周期缩短 15%，运营成本降低 21%。

输变电行业方面，西电集团提出具有行业特征的智能化工厂体系架构模型，构建行业智能化工厂示范平台，将智能化示范产线与智能制造系统结合，模拟完整的智能化工厂，通过系统集成实现工厂的互联互通，为智能化工厂在行业的应用提供示范。

食品数字化生产线/车间实现全过程生产的智能化，智能化工厂建设覆盖从原料到消费者的全产业链。思念公司的速冻食品智能车间共有 293 台生产设备，充分融合了信息技术、通信技术和人工智能技术，实现面粉储存、自动输送、自动工艺配比、混合、和面和压面的自动化连续生产，蔬菜清洗、切制、脱水的自动化处理，以及产品称量、包装、打码、质量检测、装箱、自动码垛入库的连续化自动生产，装箱产品通过工业机械手码垛后输送至全自动化无人立体冷库。娃哈哈集团的智能水汽生产线是行业内首条数字化智能生产线，由传感器传输工艺参数和设备参数至车间制造执行系统（MES），将数据反馈至集团企业资源管理（ERP）系统，实现从原料投入、灌装、装箱到入库成品码垛的全过程自动化；其智能工厂代表了当今饮料业流程制造智能化的领先水平，通过自主研发的机器人码垛工作站、桁架式码垛机器人和输送包装机械等设备，利用现代传感检测技术等先进手段，以及对整个集团的经营信息系统建设、工厂智能化监控系统建设和数字化工厂建设，打造涵盖客户下单、生产调度、原材料采购、工厂生产、物流和客户服务等完整产业链的大数据信息化体系，实现了传统饮料制造业向数字化、绿色化、智能化的转型升级。

家用电器智能工厂建设基于互联网平台实现工厂的互联互通。美的清洁电器事业部的智能工厂，采用注塑机、堆码机器人、扫码机、AGV 等机器人，配合自动分拣系统、智能输送物流系统、智能仓储等数字化系统，实现"成品分拣输送、堆码和智能立库"；美的开发的手机 APP 终端有各种空调的种类、外形、规格及多种功能模块等，用户可通过互联网平台，根据自身喜好和需求任意组合进行下单定制，下单后可在线查看这台空调的整个设计配料、生产、包装等过程。格力智慧工厂通过工艺信息化平台的使用及自动化设备和智能控制系统的综合应用，实现柔性化、智能化和精细化生产，产品研制周期缩短 30% 以上，生产效率提升 20% 以上，不良品率降低 20% 以上。

轻工业方面，我国化纤、纺纱、织造、印染、服装制造的自动化、数字化、智能化水平都有相当程度提升。国内已经有化纤全流程自动化、智能化长丝车间、智能化纺纱工厂、针织内衣工厂、筒子纱车间、筒子纱数字化自动染色生产线等，涵盖智能物流系统、智能加工系统、智能自动化装配以及纺织装备整机智能测试与质量控制系统的纺织装备智能制造系统，基本实现了数据可视化。

4.2　智能工厂建设面临问题

4.2.1　建设的难点

① 制造业生产特点、业务类型较为复杂，给系统性规划智能工厂建设带来难度。

② 产品的特性是品种规格多样，物料清单（BOM）结构复杂多变，导致生产计划调度困难。

③ 各领域企业生产对象不一样，管理需求不同，生产车间可能分为铸造车间、锻造车间、热处理、机械加工车间和装配车间等，不同形态的车间管理需求不同。

④ 各企业的信息化水平存在较大差异；各行业的 ERP、MES 系统覆盖率不同，不少企业的生产派工、过程控制、资源管理、质量检测等还依靠人工方法，导致任务执行进度、设备状态、物料状态等难以跟踪。

⑤ 制造装备类型繁多，服役周期不同，数控机床及各种加工装备、工业机器人、表面贴装设备（SMT）、检测仪器和物流系统等底层设备自动化和数字化程度差别大。

⑥ 产品质量管理，多数企业通常还是以离线检验为主，特别针对多品种、小批量的产品生产。产品的质量和生产率在很大程度上依赖于工人技术水平，废品率得不到有效控制。

4.2.2　存在的问题

"十三五"期间，国家出台相关政策，大力推进全国范围内各制造企业智能工厂建设。但由于多数企业对智能工厂的概念内涵认识不清，规划设计不尽合理，前期条件建设形成的能力不足以支撑智能工厂的建设。例如，信息化尚未与业务融合，众多的信息系统如何整合、集成成为较大障碍；数字化是智能制造的必由之路，但数据质量却很差；底层的自动化设备比较少，如加工设备、质检设备；片面追求自动化与"机器换人"；基础管理水平薄弱，亟需大量的"管理补课"等，导致智能工厂的建设基本处于停滞的状态。

（1）对智能工厂的认知片面，存在局限

不少企业对智能工厂的建设，仍局限在车间生产的智能化。例如，认为智能工厂建设是采用三维数字化设计和仿真技术，提高产品研发设计的效率和质量；认为智能工厂建设是采用工业机器人、高端数控机床、PLC 等智能制造设备，提高产品科研生产的自动化和智能化水平；认为智能工厂建设是把传感器、处理器、通信模块融入产品中，实现产品的可追溯、可识别、可定位；认为智能工厂建设是构建基于互联网的 C2B 模式，实现产品维护、维修的个性化自主设计等。这些对智能工厂的认知，主要集中在产品、装备、生产、管理、服务等某个方面以及研发设计、生产制造、维修保障等某个环节的智能化改造，全面性和系统性较为不足。

智能车间、智能工厂和智能制造是一个层层递进的关系。智能车间的建设就好比是提高每一个士兵单兵作战的能力，做到一颗子弹消灭一个敌人；而智能工厂建设则是要提高部队协同作战能力，海陆空一体化协同；智能制造则是上升到国家整体军事力量的提升上，从而带动与其相关的农业、服务业等国民经济组成部分的产业级管理水平的提高。因此，智能工厂的建设应以提升工厂运营管理整体水平为核心，将业务层级拓展到整个供应链。

（2）智能工厂的建设规划与企业战略不匹配

智能工厂的建设无疑是帮助企业转型升级、突破创新、赢得可持续发展的竞争优势的一把利器。但是企业在智能工厂的建设规划过程中，没有充分识别当前内外部的环境，没有做好需求分析和质量效益分析，导致智能工厂的规划设计与企业发展战略不匹配。

智能制造、智能工厂是为企业发展战略服务的，不研究企业发展战略，不明确转型升级的方向，没有抓住与战略匹配的核心能力建设这条主线，仅仅按技术发展方向进行智能工厂、智能制造的规划，盲目追求自动化、信息化、智能化，这是十分错误的。企业应以企业发展战略需求为立足点，就如何实现智能工厂的目标做出相关方案，提升制造的自动化水平、提高品质和效率，才是真正有效的迈向智能工厂的成功之路。

（3）智能工厂建设的系统性规划不足

智能工厂建设是一项复杂的系统性工程，涉及研发设计、生产制造、仓储物流、维护保障、信息咨询等各个环节，需要企业围绕产品全生命周期价值链，实现制造技术和信息技术在各个环节的融合发展。限于智能生产设备和技术缺乏以及认知不够深入等因素，我国企业智能工厂建设整体来看缺乏系统性规划，覆盖的环节还有待完善。

没有系统设计，只注重单点改造，尚未实现设备数据的全面多维度自动采集和车间联网。企业在购买设备时没有要求开放数据接口，各大自动化厂商都有自己的工业总线和通信协议，通用标准的应用还不普及，工厂的自动化服务商并不唯一，因而很难实现整体联网。

（4）前期条件难以支撑智能工厂建设

智能工厂建设是在数字化、数字互联的基础上发展起来的。从形成的能力支撑智能工厂建设的角度看，当前企业信息化建设存在如下问题：

——自动化基础依旧薄弱。部分环节开始了机器换人，如焊接、喷涂、搬运、打磨等环节；装配环节的自动化程度还非常低，质检自动化，如视觉检测、激光检测等应用较少，生产线布局受制于场地建设，无法满足精益生产的要求；投资与收益在部分环节还不成正比。

——自动化与信息化断层。自动化与信息化分离；自动化没有为信息化布局，信息化没有明确对自动化的要求；设备种类多，老设备多，数据采集难度大，采集的数据无法有效利用；信息化无法有效发挥自动化的优势。

——信息化建设进入"深水区"。信息化覆盖面越来越广，但部分系统的应用效果没有达到预期（如 MRP），信息系统的使用者 90% 以上是执行人员，系统流程断点数量多，集成成为较大的障碍；重建设、轻运维，系统陷入恶性循环；信息化与业务尚未充分融合。

——标准化和数据质量较差。数据是智能工厂的血液。缺少数据标准、一物多码作业标准执行不到位；缺失设备管理标准，集成难度大、流程复杂、职权利不匹配；质检标准执行不到位，批次质量问题多；一物多码现象普遍存在，系统中数据无法相信，数据分散在多个系统中，管理混乱；数据无法为决策所服务，甚至导致错误决策，数据安全问题缺乏统一管理，存在隐患。

——业务模式的变革难。信息化与管理没有充分融合；业务部门领导没有成体系的管理思路；对信息化了解不够，没有"走出去"；缺少全局流程优化的观念；参与较少，认为是业务执行人员的工作；缺少数字化工厂建设的专业人才，管理基础较为薄弱。

（5）安全可控能力有待进一步提升

一些关键部件、软件或元器件对外依存度仍然较高，安全可控能力有待进一步提升。

一是从智能装备领域来看，国内智能装备市场国产化率仍较低。目前，国外品牌占据国内工业机器人市场的主导地位，国内工业机器人受制于基础工业的差距，在关键零部件（如伺服电机、减速器、控制器等）方面自主研发生产能力较弱，与国外品牌相比，在精密度、可靠性和稳定性方面还有较大差距。我国数控机床产业大而不强，国内生产飞机发动机涡轮盘、飞机机身等的高端数控机床仍不同程度地依赖国外品牌。

二是从工业控制领域来看，信息和网络安全的形势较为严峻。国外相关建设与研究起步较早，已有较成熟的标准、产品、服务体系，同时检测认证、安全防护产品等核心技术及工具也较为成熟。国内领域缺乏自主可控的检测认证技术与工具，相关标准、安全咨询评估等方面仍处于探索建设阶段。

（6）工厂运营层还是黑箱

在工厂运营方面，车间仍然是一个黑箱，生产过程还难以实现全程追溯，与生产管理息息相关的制造 BOM 数据、工时数据也不准确，依然存在大量信息化孤岛和自动化孤岛。智能工厂建设涉及智能装备、自动控制、传感器、工业软件等领域的供应商，集成难度很大。很多企业不仅存在诸多信息孤岛，也存在很多自动化孤岛，自动化生产线没有进行统一规划，生产线之间还需要中转库转运。

究其原因，是智能制造和智能工厂涵盖领域太多，系统极其复杂，企业还缺乏深刻理解。面对现阶段智能工厂建设中的种种问题，企业不宜贸然推进智能工厂建设，不能跟风、盲目开展建设，以免造成投资"打水漂"。需要提前对智能工厂项目做好规划，并通过一套标准来规范整个流程，确保项目建设的科学性、系统性和有效性。

建设篇

第**5**章

智能工厂的建设方案

当前，我国已形成全球最大的制造业体系以及完整的工业门类体系，2021年，我国制造业增加值达 31.4 万亿元，占全球比重近 30%。但同时，我国制造业也面临市场产能过剩、产品技术结构落后、出口市场萎缩和严酷的技术壁垒等挑战。在新冠疫情"常态化"以及"双循环"新时代的战略定位调整的背景下，我国制造业面临供给端和需求端的双重考验，借力智能工厂建设以调整产品结构、优化服务模式、重塑组织模式和业务流程，已成为大势所趋。随着以 5G、人工智能为代表的新一代信息技术革命蓬勃兴起，制造业生产方式正在发生深刻的历史性变革，我国发展智能工厂建设迎来重要的战略机遇期。

5.1　智能工厂建设的政策环境

5.1.1　智能制造政策

智能制造是当今全球制造业的发展趋势和核心内容，也是制造业升级的方向。我国针对智能制造推出了一系列政策。

（1）"中国制造 2025"战略

该文件于 2015 年 5 月 8 日正式发布，描绘了建设制造强国的蓝图：通过 30年的努力，到新中国成立一百年时，把我国建设成为引领世界制造业发展的制造强国。按照《中国制造 2025》的要求，要把智能制造作为制造业转型升级的重要突破口和抓手，而智能工厂是智能制造的关键之一。

（2）智能制造试点示范专项

自 2015 年起，实施的智能制造试点示范专项，旨在从基础条件好和需求迫切的重点地区、行业和企业中选择试点示范项目，分类开展流程制造、离散制造、智能装备和产品、智能制造新业态新模式、智能化管理、智能服务 6 个方面的试点示范。

（3）智能制造发展相关规划（2016—2020 年）

《智能制造发展规划（2016—2020 年）》由工业和信息化部、财政部于 2016 年 12 月联合发布。该文件提出，在基础条件较好的领域，开展智能工厂的集成创新与应用示范；智能工厂普及率超过 20％，智能工厂试点示范项目实施前后实现运营成本降低 20％，产品研制周期缩短 20％，生产效率提高 20％，产品不良品率降低 10％，能源利用率提高 10％。

《"十四五"智能制造发展规划》由工业和信息化部、国家发展和改革委员会、教育部、科技部、财政部、人力资源和社会保障部、国家市场监督管理总局、国务院国有资产监督管理委员会于 2021 年 12 月联合发布。该文件提出，支持基础条件好的企业围绕设计、生产、管理、服务等制造全过程开展智能化升级、优化组织结构和业务流程，强化精益生产，打造一批智能工厂，推动跨业务活动的数据共享和深度挖掘，实现对核心业务的精准预测、管理优化和自主决策。

（4）智能制造综合标准化与新模式

智能制造综合标准化与新模式应用重点项目库包括两类：一是智能制造综合标准化试验验证类项目；二是智能制造新模式应用类项目。2017 年，智能工厂标准列入工信部第四季度标准计划。2018 年 3 月，工信部正式印发《智能制造综合标准化与新模式应用项目管理工作细则》，进一步明确智能制造综合标准化与新模式应用项目的组织管理。

（5）《国家智能制造标准体系建设指南（2021 版）》

该文件于 2022 年 1 月，由工业和信息化部、国家标准化管理委员会共同组织制定并发布，对智能工厂的标准作出了规定，主要包括智能工厂设计、智能工厂交付、智能设计、智能生产、智能管理、工厂智能物流、集成优化等 7 个部分，主要规定智能工厂设计和交付等过程，以及工厂内设计、生产、管理、物流及系统集成等内容，如图 5-1 所示。

——智能工厂设计标准。主要包括智能工厂的设计要求、设计模型、设计验证、设计文件深度要求以及协同设计等总体规划标准；物理工厂数据采集、工厂布局、虚拟工厂参考架构、工艺流程及布局模型、生产过程模型和组织模型、仿真分析、实现物理工厂与虚拟工厂之间的信息交互等物理/虚拟工厂设计标准。

——智能工厂交付标准。主要包括设计、实施阶段数字化交付通用要求、内容要求、质量要求等数字化交付标准及智能工厂项目竣工验收要求标准。

——智能设计标准。主要包括基于数据驱动的参数化模块化设计、基于模型的系统工程（MBSE）设计、协同设计与仿真、多专业耦合仿真优化、配方产品数字化设计的产品设计与仿真标准，基于制造资源数字化模型的工艺设计与仿真

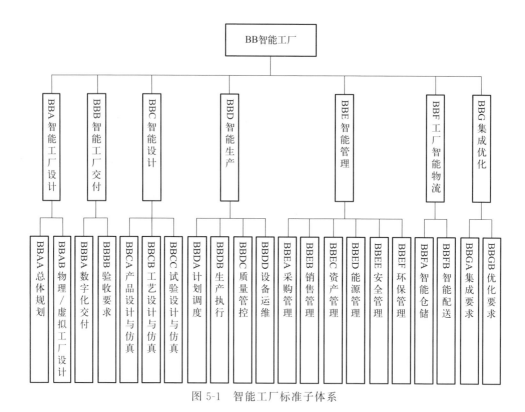

图 5-1　智能工厂标准子体系

标准，试验方法、试验数据与流程管理等试验设计与仿真标准。

——智能生产标准。主要包括计划建模与仿真、多级计划协同、可视化排产、动态优化调度等计划调度标准；作业文件自动下发与执行、设计与制造协同、制造资源动态组织、流程模拟、生产过程管控与优化、异常管理及防呆防错机制等生产执行标准；智能在线质量监测、预警和优化控制、质量档案及质量追溯等质量管控标准；基于知识的设备运行状态监控与优化、维修维护、故障管理等设备运维标准。

——智能管理标准。主要包括原材料、辅料等质量检验分析等采购管理标准；销售预测、客户服务管理等销售管理标准；设备健康与可靠性管理、知识管理等资产管理标准；能流管理、能效评估等能源管理标准；作业过程管控、应急管理、危化品管理等安全管理标准；环保实时监测、预测预警等环保管理标准。

——工厂智能物流标准。主要包括工厂内物料状态标识与信息跟踪、作业分派与调度优化、仓储系统功能要求等智能仓储标准；物料分拣、配送路径规划与管理等智能配送标准。

——集成优化标准。主要包括满足工厂内业务活动需求的软硬件集成、系统解决方案集成服务等集成标准；操作与控制优化、数据驱动的全生命周期业务优化等优化标准。

（6）《"十四五"智能制造发展规划》

2022 年 7 月，工信部印发该规划，并提出到 2025 年建成 500 个以上引领行业发展的智能制造示范工厂，建设智能场景、智能车间和智能工厂。其中，智能车间方面，覆盖加工、检测、物流等环节，开展工艺改进和革新，推动设备联网和生产环节数字化连接，强化标准作业、可视管控、精准配送、最优库存，打造一批智能车间，实现生产数据贯通化、制造柔性化和管理智能化。智能工厂方面，支持基础条件好的企业，围绕设计、生产、管理、服务等制造全过程开展智能化升级，优化组织结构和业务流程，强化精益生产，打造一批智能工厂，推动跨业务活动的数据共享和深度挖掘，实现对核心业务的精准预测、管理优化和自主决策。

5.1.2　大数据政策

2015 年，国务院印发《促进大数据发展行动纲要》，明确大数据行业的发展方向。2016 年，工信部印发《大数据产业发展规划（2016—2020 年）》，全面部署"十三五"时期大数据产业发展工作，强化大数据产业创新发展能力，推动促进数据开放与共享、加强技术产品研发、深化应用创新、完善发展环境和提升安全保障能力。2021 年 11 月，工信部发布《"十四五"大数据产业发展规划》，提出支持装备制造企业打通研发、采购、制造、管理、售后等全价值链数据流，发展数据驱动的产品研发、仿真优化、智能生产、预测性维护、精准管理、远程运维等新模式新业态，提升产品质量，降低生产成本，加快服务化创新升级。

工业大数据是未来制造业在全球市场竞争中发挥优势的重要支柱，而智能制造环境下，只有利用工业大数据技术，才能真正实现对智能工厂的有效驱动。随着信息化与工业化的深度融合，信息技术渗透到了工业企业产业链的各个环节，使得工业企业所拥有的数据日益丰富。工业大数据是在工业领域信息化应用中所产生的数据，其呈现出大体量、多源性、连续采样、价值密度低、动态性强等特点。智能工厂中，工业大数据驱动作用主要如下。

（1）提升车间管理水平

智能工厂安装有数以千计的小型传感器，来探测温度、压力、热能、振动和噪声等，利用这些数据可以实现很多形式的分析，包括设备诊断、用电量分析、能耗分析、质量事故分析（包括违反生产规定、零部件故障）等。在生产过程中使用这些大数据，就能分析整个生产流程，一旦某个流程偏离了标准工艺，就会发出报警信号，快速地发现错误或者瓶颈所在，从而实现问题的快速发现和定位。

（2）优化生产流程

将生产制造各个环节的数据整合集聚，并对工业产品的生产过程建立虚拟模型，仿真并优化生产流程。当所有流程和绩效数据都能在系统中重建时，对各环节制造数据的集成分析有助于制造商改进其生产流程。例如，在能耗分析方面，在设备生产过程中利用传感器集中监控所有的生产流程，能够发现能耗的异常或峰值情形，由此便可在生产过程中优化能源的消耗。对所有流程进行分析，将会大大降低能耗。

（3）推动现代化生产体系的建立

通过对制造生产全过程的自动控制和智能化控制，促进信息共享、系统整合和业务协同，实现制造过程的科学决策，最大程度实现生产流程的自动化、个性化、柔性化和自我优化，提高精准制造、高端制造、敏捷制造的能力，实现智能生产。

5.1.3 "互联网+"政策

2015 年 7 月，《国务院关于积极推进"互联网＋"行动的指导意见》正式发布。该文件提出"互联网＋"协同制造，推动互联网与制造业融合，提升制造业数字化、网络化、智能化水平，加强产业链协作，发展基于互联网的协同制造新模式。该行动计划与智能工厂最紧密的联系是："互联网＋"协同制造、"互联网＋"电子商务和"互联网＋"人工智能。以智能工厂为发展方向，开展智能制造试点示范，将有效支撑制造业智能化转型，构建开放、共享、协作的智能制造产业生态。

2017 年 11 月 19 日，国务院印发《关于深化"互联网＋先进制造业"发展工业互联网的指导意见》，提出到 21 世纪中叶，工业互联网创新发展能力、技术产业体系以及融合应用等全面达到国际先进水平，综合实力进入世界前列。2017 年，《工业互联网体系架构（版本 1.0）》《工业互联网标准体系框架（版本 1.0）》发布，涌现出一批典型平台和企业。

5.1.4 物联网政策

近年来，我国高度重视物联网的发展，且把物联网上升为国家战略产业。2017 年 1 月，工信部发布《物联网"十三五"规划》，明确了物联网产业"十三五"的发展目标。2017 年 6 月，工信部办公厅下发了《关于全面推进移动物联网（Narrow Band Interne of Things，NB-IoT）建设发展》的通知。未来物联网的扎实落地将助力智能工厂进一步升级。

从概念上来讲，工业物联网是指通过信息传递设备把物与物、物与人、人与人相连，使得信息在三者之间交换并被处理、运用，即一个物与互联网服务相互交叉的网络体系，可实时影响所有工业生产设备、人与设备、设备之间、设备与产品乃至产品与客户/管理/物流等可自发性进行连通与交流，并自动向最优解决方案调整，从而构建一个具有高度灵活性、个性化、利用最少资源进行最高效率生产的工业生产体系。

总体上，工业物联网把工厂自动化、数字化设备与企业信息化管理系统联动起来，实现工厂的智能化管理。物联网具有"三大特征"：一片云（云计算、云存储器），两张网（无线传感器网、互联网），探知后行动。具体内涵如下：

传感器可以说是物联网的基础，它运作的过程相当于一个收集信息的过程。传感器可以通过检测事物的振动频率、压力、温度、红外线、加速度等特征以感知事物的状态，从而收集信息。在传感器领域（Sensor Field）内，传感器节点（Sensor Node）两两相互联系，通过无线传感器网互相传递信息。汇聚节点（Sink Node）是连接传感器网络与互联网等外部网络的节点，在物联网的运作当中起到重要作用。在此基础上，互联网（Internet）将收集到的信息传输至数据中心（Data Center）以及用户（User）。通过各种网络，将数据收集回来后，还要做进一步的加工处理，再重新返回云端。这个也就是上文所说的"探知后行动"，这个返回不是简单的感知的返回。做个比喻，这一过程相当于我们人类的手，通过触摸去感知环境，再通过神经系统传输到大脑进行加工处理，从而对外传达信号以控制我们的手，实施一系列的动作。这种说法也是当今网络研究的热点之一——"神经网络"。现在的"探知后行动"更多体现在信息输出的功能，而将来则是体现在执行的功能上。

搞懂物联网，只需要梳理两个线条：第一个线条是信息采集；第二个线条是指经过云服务器加工之后的数据。通过网络执行功能，传感器负责采集信息，用户通过电脑、手机等终端获取数据，功能的执行变得智能化，一切都变得方便快捷。

工业物联网的应用改变了传统制造业中被动的信息收集方式，实现了自动、准确、及时地收集生产过程的生产参数。传统的工厂生产采用 M2M 的通信模式，实现了机器与机器间的通信，而物联网通过 Things to Things 的通信方式，实现了人、机器和系统三者之间的智能化、交互式无缝连接，从而使得企业与产品需求方的联系更为紧密，企业可以感知到需求的不断变化。当前，先进制造企业基本上实行了信息化管理，如多数企业采用的基于 ERP 的现代企业管理制度，基本上实现了信息共享、实时获取生产经营情况等功能。

5.1.5　工业互联网政策

2018 年 7 月，工信部印发了《工业互联网平台建设及推广指南》和《工业互联网平台评价方法》。2019 年 1 月 18 日，工信部印发《工业互联网网络建设及推广指南》。2019 年 3 月，"工业互联网"成为"热词"，并写入《2019 年国务院政府工作报告》。

工业互联网的本质和核心是通过工业互联网平台把设备、生产线、工厂、供应商、产品和客户紧密地连接融合起来，可以帮助制造业拉长产业链，形成跨设备、跨系统、跨厂区、跨地区的互联互通，从而提高效率，推动整个制造服务体系智能化发展。工业互联网首先是全面互联，在全面互联的基础上，通过数据流动和分析，形成智能化变革，形成新的模式和新的业态。互联是基础，工业互联网使工业系统的各种元素互联起来，无论是机器、人还是系统。互联解决了通信的基本要求，更重要的是数据端到端的流动，跨系统的流动，在数据流动技术上充分分析、建模。专家认为，智能化生产、网络化协同、个性化定制、服务化延伸是在互联的基础上，通过数据流动和分析，形成新的模式和新的业态。

相比互联网，工业互联网更强调数据，更强调充分的连接，更强调数据的流动和集成以及分析和建模，这和互联网是不同的。工业互联网的本质是要有数据的流动和分析。

《工业互联网网络建设及推广指南》提出，初步建成工业互联网基础设施和技术产业体系，包括建设满足试验和商用需求的工业互联网企业外网标杆网络，建设一批工业互联网企业内网标杆网络，建成一批关键技术和重点行业的工业互联网网络实验环境，建设 20 个以上网络技术创新和行业应用测试床，形成先进、系统的工业互联网网络技术体系和标准体系等。

工业物联网、工业互联网、智能工厂和数字化车间的关系如图 5-2 所示。

从字面上看，物联网更强调物与物的"连接"，而工业互联网则要实现人、

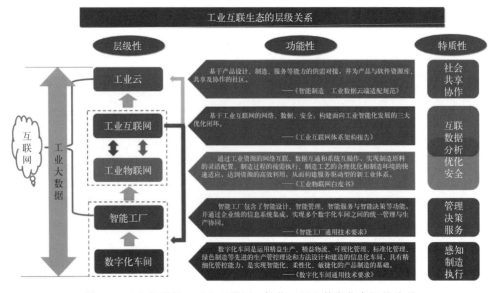

图 5-2 工业物联网、工业互联网、智能工厂和数字化车间的关系

机、物全面互联。工业物联网强调的是车间、物与物之间的关联，包括感知、运行、车间和工厂内部决策等，同时，工业物联网也是有安全体系的。

工业互联网是指工业互联的网，而不是工业的互联网，特别是加上"平台"、"体架构系"后，其概念就得到了延伸，往下到控制层、车间，往上覆盖到了工业云，看似所有的概念都可以归纳到工业互联网（平台）中。而从企业的角度而言，工业物联网、工业互联网怎样定义是次要的，关键是如何在两个"网"的基础上，注重以研发、质量、效益、服务、成本、人才、绿色制造等要素为核心，做好工厂自身的自动化、数字化乃至智能化的建设。

5.2　智能工厂建设原则及目标

5.2.1　建设原则

以企业现行信息化条件为基础，以核心能力建设需求为导向，遵循"五统一"的基本原则，即"统一规划、统一组织、统一标准、统一平台、统一管理"，坚持"总体规划，分步实施，效益驱动，重点突破"的建设思路。同时，在具体智能工厂项目建设上，强调如下原则：

——智能工厂的规划设计是企业发展战略的重要组成部分，是实现企业战略目标的重要举措，是企业转型升级、提升核心能力的必然选择。

——智能工厂的建设涉及企业多个部门，要在企业负责人的领导下，根据企业发展目标，组织规划、研发、工艺、信息、管理、生产、财务等相关部门，进行顶层规划设计，再分子系统分别进行详细设计，并要加强沟通协调，做好集成接口的设计。

——以管理变革和创新的思维进行规划设计。在信息技术与工业技术全面渗透融合、市场竞争环境多变的前提下，一切不适应打造核心能力的管理模式、组织、业务流程、技术都要进行变革。要用创新的思维创建企业独特的竞争优势。

——要纠正在智能工厂规划设计中，重视硬件环境的建设，轻管理模式、组织、流程、制度、数据的开发利用等软环境建设和工业软件的建设的做法。

5.2.2　建设目标

每个企业所处的竞争环境、内部资源条件、产品特征、生产工艺不同，智能工厂的设计目标、重点也相同。因此，智能工厂的建设目标不可能适用于所有企业，但目标内容主要如下（不限于此）：

将现代管理理论、精益生产、敏捷制造、网络化协同制造、智能制造理论与柔性自动化、物联网、信息物理系统、大数据、云计算等技术深度融合。通过一系列工业软件，构建由智能设计、智能产品、智能经营、智能生产、智能服务、智能决策组成的智能工厂。

在信息物理系统支持下，实现产品研制生产需求、产品设计、工艺设计、物料采购、生产制造、进出厂物流、生产物流、维修保障整个价值链上的横向集成，以及企业内部的基础设施层、智能装备层、智能产线层、智能车间层和工厂管控层的纵向集成。最大限度地缩短产品研发设计周期、采购和生产周期，构建柔性、高效、低成本、高质量的制造运营体系。提高产品的设计创新能力、生产制造能力、供应链管控能力、维修保障能力等核心能力。

5.3 智能工厂建设的总体思路

5.3.1 国内外建设思路

无论是国内还是国外，业内已有一个共识，即智能工厂的成功实施离不开一个基础架构，这个架构包括了最底层的基础设施层、智能装备层、智能产线层、智能车间层，一直到最上面的工厂管控层。像搭积木一样，只有把架构中每一层都搭建牢实了，才有可能实现终极目标，即通过分析工具对海量数据的分析，作出正确的业务运营决策，实现业务目标。

在智能工厂具体的实施方式上，目前国内和欧美国家存在差异。欧美新建工厂很少，绝大多数都是基于现有工厂及装置的智能化、数字化转换实施，相对来说也更务实些，在遵循统一的基础架构的思路下，倾向于小步跑的方式，去优先实施一些能解决具体业务需求的项目；也就是说，国外强调顶层设计，但具体的应用，会根据自身的业务需求，一点一点地实施与完善，最终拼出一张完整的智能工厂拼图。国内相对而言新建项目更多些，另外，由于政府的推动及制造商的热情，往往偏于整体实施，一次往往要考虑多个子项目，项目规模大些。这样的好处当然是可以加快实施的步伐，早日享受智能化所带来的好处。但往往一次性投资偏大，更由于智能工厂的建设并非标准化方案，需要一个试点、实践、反思、修正的反复过程，故主观上期望的一蹴而就，可能导致实施风险偏大、项目实施难以达到预期目标、实施方案与业务需求脱节等弊端。

另外一个较大的差距是在智能工厂实施的关注点上，国内企业更多关注技术因素，包括类似工业物联网、工业4.0这些由外部供应商提供的技术工具。而欧美企业除了关注技术因素外，他们更为关注为保障智能工厂的实施及运营，而在组织机构、人员、思维及工作方式的改变、沟通等领域的"软技巧"因素。他们甚至认为，技术因素其实是相对容易实现的，真正的难点是后面这些内在的因素。

5.3.2　建设的思路建议

加快推进智能工厂建设，是实现制造业智能化转型、实现高端制造的有力保障，是高性能产品研制生产的基础和保障，是实现制造强国跨越式发展的关键。

由于行业的产品类型、业务范围和信息化条件建设存在较大差异，自动化、数字化、智能化能力参差不齐，所以探索和建设智能工厂是长期的过程，不可一蹴而就。同时，闷头实施智能工厂显然也不是有效的做法。有效的做法是，在充分了解行业内的标杆或榜样的基础上，了解自身现状，分析出其间的差距；再结合自身需求，才有可能找出合适可行的智能工厂解决方案。

为了探索具有特色的智能工厂建设模式，在建设思路上宜从如下几个方面入手。

（1）立足实际现状和需求，探索智能工厂发展路径

智能工厂建设过程中，需要根据实际情况，结合不同生产类型企业的特点和需求，梳理现状、找准短板，注重提炼不同类型企业的最佳实践，从不同层次挖掘、提炼和探讨适合的智能工厂模型、建设方案和发展路径。例如，离散型制造业具有多批次、小批量、多品种等特点，其工艺路线和设备的使用较灵活，故其智能工厂建设应重视生产的柔性以及生产线的柔性。另外，不是所有的企业都适合建设智能工厂，最适合建设智能工厂的是产品附加值高、少数专精特的企业。

（2）提升质量稳定性和效率

效率、效益、质量是智能工厂建设的宗旨。建设智能工厂的关键点是通过优化科研生产模式，提高产品生产的质量稳定性和效率、效益。近年来，产品生产的可靠性、安全性和适应性等不断提高，但是与国外先进国家相比，我国产品在生产效率效益、可靠性方面仍存在差距。因此，企业需要坚持"创新驱动、质量为先"的指导方针，不能把智能工厂理解为"建一条数字化、智能化生产线加盖一个厂房"或者"买些高端装备、搞点一信息化"，务必强调建设智能工厂、提高产品质量的宗旨，将产品质量全过程稳定和效率提升的要求贯彻落实到生产过程的每一环节。通过智能工厂建设，形成满足多品种、小批量产品供给的快速响应能力，从而大幅提升制造的柔性、敏捷性和可靠性。例如，企业全员劳动生产效率高、产品可靠性高、生产效率高、设备综合利用效率高、环境污染程度低，则智能工厂水平高。

（3）科学提升自动化、数字化和智能化水平，探索务实的智能工厂建设策略

制造行业产品、业务差异性较大，智能工厂建设不能盲目跟风。2015 年，北京航空航天大学刘强教授提出著名的智能制造"三不要"理论：不要在落后的工艺基础上搞自动化,不要在落后的管理基础上搞信息化,不要在不具备网络化、数字化基础时搞智能化。从当前形势看,我国大部分企业的自动化、数字化程度还不高,所以,目前推进智能工厂的建设,要遵循自动化补课、数字化普及和智能化示范的原则。

同时,在智能工厂构建过程中,生产装备的自动化是看得见的、容易实现的,企业不能盲目强调自动化,如大量购买智能机器人、生产线和数控设备,应该考虑在低附加值、高劳动强度或者不适合人类工作的某些工种或岗位用机器部分取代,提高在线检测与检验、车间物流配送环节以及机械产品装配等关键工序的设备自动化率。

建设智能工厂的关键是夯实数字化基础。智能工厂是在数字化工厂上逐步完善走向智能的新型工厂模式,数字化是智能化的第一步。国外提出的基于"数字线"的系统设计以及基于模型的企业,都是从数字化做起。数字化具有非常清晰的落地性。

智能工厂建设,需要开展基于三维模型产品制造、工艺、工装的数字化设计,基于统一数字模型实现对零件加工、产品装配等的仿真,开展生产线和车间规划的仿真和优化,从而实现工艺设计、生产计划、制造执行、车间管理等的数字化。

建设智能工厂的核心是提升数据能力,获取材料、产品、设备、人员、环境等各类制造数据,通过数据—信息—知识的转化,实现生产管控智能化,实现数据在企业内部的流动,使得隐形数据显性化。这是制造业进入高级阶段的必然路径。然而,这种智能化不是通过购买就能快速复制的,需要企业长期的积累。企业应该重视这个层面的能力,如此才能有效提升核心竞争力。

(4)"以人为本"和高端人才培养是智能工厂建设不变的准则

智能工厂建设中,并不是不需要人,"以人为本"是不变的准则。所有的智能生产应该是人机协作,终究要服务于人。德国博世费尔巴哈工厂和西门子智能工厂,是工业4.0实践的示范工厂,其并未追求产线的无人化,可以发现,几乎在每条产线上工作人员仍然发挥重要作用。人最为重要的作用,是提出改进意见。西门子安贝格工厂的员工提出的改进意见对年生产力增长的贡献率达40%,剩余60%源于基础设施投资,包括购置新装配线和用创新方法改造物流设备。同时,制造是复杂的系统工程,企业中最有价值的是在探索、实践过程中造就的专家团队和积累的知识集合。人机协同工作中,应该以人为主、以机器为辅,要帮助人从单调、重复的工作中脱离出来,扎扎实实去做单点技术突破,以及更多有价值的现场决策性工作。

智能工厂建设中,要重视高端人才的培养。实现智能生产后,所有的机器必须要靠人工操作来实现,机器人需要人来操作管理,让机器人精准执行指令。工人对产品的品质，对技术的研究、加工工艺的把握会更进一步，工人的思维要和智能工厂的发展匹配。如果企业花费巨资引进先进的生产线、工业机器人等，但由于高级技能人才、复合型人才相对缺乏，出现"不会用""用不好"等现象，会造成资源闲置，严重制约生产效能发挥。

5.4　智能工厂建设的路径对比

智能工厂是在传统数字化、网络化基础之上的新一代工厂。从实施路径上，其有两大类模式：一种是新建模式，另外一种是利旧模式。所谓新建模式是采购全新的设备集成建设新型的智能化工厂，而利旧模式则是基于工厂原有设备设施进行智能化改造和升级。

新建模式的实施关键点包括生产设备数字化升级、网络的技术升级、感知终端体系的全新部署、统一上云上平台、数据应用模型全新部署和应用定制化开发部署。

利旧模式的实施关键点包括对生产设备的智能化改造、基于现有网络的扩容、感知终端规模和数量的提升、对接云平台并提供兼容性、构建独立的数据应用模型、平台的技改以及对应用部署的升级优化。

新建模式和利旧模式是当前我国智能工厂建设的两大主流路径，在技术、投资、实施难度、兼容性等方面各有利弊，如表 5-1 所示。

表 5-1　智能工厂建设路径对比

对比项目	新建模式	利旧模式
技术难度	难度较大	难度较小
直接投资	直接投资高	直接投资低
总体投资	总体投资可控	总体投资较高且不可控
实施难度	实施难度小	实施难度大
实施效果	效果好	效果不显著
利旧效果	利旧不足	充分利旧
兼容性	兼容性较好	兼容性不足
后续提升	后续发展基础好	后续发展不足

5.4.1　建设关键成本模型

当前我国对智能工厂经营决策有多种方法，其中，成本决策法和投入效益法是目前最为直接且可量化的决策模式。成本决策法是考虑智能工厂建设投资项目建成后全生命周期总体的拥有成本，而投入效益（ROI）分析综合考虑总体成本和总体产出进行投资决策。结合具体的分析来看，相当多的企业用户开始意识到在智能工厂建设过程中，前期的投资在总体的拥有成本中占比并不突出，而中长期回报才是智能工厂建设决策更应该考虑的因素。

（1）智能工厂建设的成本决策模型

TCO（Total Cost of Ownership，即总拥有成本，包括从产品采购到后期使用、维护的成本）决策是一组完整、成熟的分析方法、模型和工具，可以帮助企业更好地衡量和管理 IT 投资所产生的价值及其全部成本。TCO 是一种关于 IT 成本的整体观点，即指从客户拥有某种产品开始，直到停止使用该产品期间的所有与其相关的投入成本，通常需要跨越整个生命周期。这个理论最早是 20 世纪80 年代末由研究公司 Gartner 率先提出，最初被用来分析拥有和部署个人电脑的花费。当前，越来越多行业用户在进行数字化转型升级、提升核心竞争优势的项目决策时也开始采用 TCO 的方法关注总体建设成本。

智能工厂的建设总拥有成本包括三个部分：直接资本成本（CapEx）、运维成本（OpEx）和机会成本（OppCost），即

$$智能化总体成本（TCO）＝直接资本成本（CapEx）＋$$
$$运维成本（OpEx）＋机会成本（OppCost）$$

直接资本成本即初期购买支出（硬件、软件和服务包），以及后期随着企业发展，智能化的升级提升所需支付的成本等，这些都是直接成本，均摊在产品的整个生命周期。直接资本成本一般包括购买成本、安装成本、财务成本等。

运维成本（OpEx）即与日常智能化运行维护有关的间接成本，包括安装、调试、维护、管理以及培训，此外运维成本还包括设备运行过程中需要支付的其他费用等。运维成本一般包括能源成本、维修成本、升级成本、转换成本、培训成本、支持成本、服务成本、维持成本和宕机成本等。

机会成本是一个更加不可见、更难量化的部分，如因关键智能化设备故障所引起的营收损失、不能快速承载新业务来满足客户的新需求而导致的利润流失等。其他机会成本还包括因智能化应用崩溃造成的生产力损失、因不能及时补救而错失的商业机会等。机会成本一般包括安全成本、生产力成本、风险成本和处理成本等。

（2）智能工厂建设的投入产出模型

智能化效益产出（ROI）是会计学概念，早期用来判定投资工厂的项目决策是否合理，现被广泛应用于投入和产出相关的各个领域，也是智能工厂建设评估决策的主要方法。ROI 的结果通常用百分比来表示，即投入产出比，简单来说，就是企业所投入资金的回报程度。一般 ROI 是指，智能化总体产出除以智能化总体投入得到的效益值。

其中，智能化总体投入等于智能化总体的 TCO 总体成本加上期间其他相关

管理成本、品牌成本等不可预计的无形成本。智能化总体产出包括智能化改造带来的生产效率的提升、实现的资产溢价，如传统的产能扩充带来的直接产量提升，智能化改造带来的产品良率的提升，基于智能化改造带来的性能、产品品类等多方面的提升。

（3）智能工厂建设的关键决策模式

目前，针对智能工厂建设的决策评估，使用基于成本的测算方法是主流，而对 ROI 的测算则主要基于直接资本成本的数据，存在一定的偏颇。综合上述两种决策模型，可构建一套智能工厂建设实施决策的标准评估体系，见表 5-2。

表 5-2 智能工厂建设实施评估体系

影响要素	权重	项目	权重
直接资本成本	40%	购买成本	70%
		安装成本	10%
		财务成本	10%
		其他相关投入	10%
运维成本	30%	维修成本	20%
		培训成本	20%
		服务成本	20%
		升级成本	20%
		其他相关成本	20%
机会成本	30%	安全成本	20%
		生产力成本	20%
		风险成本	20%
		处理成本	20%
		其他不可预计成本	20%

对比两种建设模式成本，新建模式的 TCO 更低，原因是虽然利旧的直接资本投入相对较低，但会产生更高的运维和维护成本，同时考虑到机会成本，利旧模式的风险要素更高，更不可预计。

从效益产出层面来看，新建模式将带来更高的效益产出，且抛弃了利旧模式的历史包袱后，新建模式将比利旧模式创造更多的效益产出。

综合对比两种模式，可以总结出以下结论：

——新建模式相比利旧模式总体拥有成本更低。

——新建模式相比利旧模式更有利于企业的未来发展，并且全生命周期投资回报更高。

——对于中小企业和智能化改造项目，新建模式相比利旧模式并无明显优势，甚至部分细分行业领域利旧模式更为适宜。

——在部分特种领域，考虑到特种设备和特种领域的应用难度，即使是新建模式也需要充分考虑利旧应用。

5.4.2 基于模型的途径对比

结合相关案例，基于模型分析，对我国近年智能工厂建设现状进行解读，有如下发现：

① 新建模式已成为智能化迭代提升的主要选择方向。新建模式是目前大多数工业领域企业的选择，案例中 65.3％采用新建模式，34.7％采用利旧模式。借力新一代信息技术实现工业降本增效、智能化迭代提升，新建模式已成为大多数行业用户的选择。

② 规模也影响了模式的选择，大型行业用户更倾向于新建模式。大型行业用户是目前智能化新建模式的主要推动者和实践者。从案例数据来看，78.8％的大型行业用户选择新建模式，而对比来看，年收入在 1 亿元以下的行业用户新建的比例仅为 46.3％。从数据结果可以看到，年销售额规模超过 5 亿元的企业，拥有更充裕的资金和更强大的技术力量，更倾向于采用新建模式实现工厂智能化，其中，年收入规模在 20 亿元以上的企业中已有接近 80％选择直接新建模式。

③ 华东、华北地区更倾向于新建模式。从区域结果来看，华北、华东、华南地区企业将新建模式作为主流选择，有接近 80％的案例采用新建模式推进。西南地区是智能工厂的另一大亮点，近年来的发力趋势凸显，也有半数以上采用新建模式。而西北、东北企业普遍具有一定的历史包袱，且智能工厂建设存在资金、体制、认知等多方面的不足，在原有设备和网络基础上开展利旧模式的比例更高。

④ 新建模式上云上平台更为凸显。工业互联网平台能进一步激发智能制造的价值和效果，上云上平台是智能工厂实现数据驱动价值提升的关键点，是推进智能制造的重要战略方向。从案例结果看，新建模式的案例更多地选择了上云，而利旧模式的用户较大比例未接入工业互联网平台。

综合来看，我国正处于制造业产业转型的战略机遇期，全行业正加速向新一代工业领域提升并实现价值链的不断上移。智能工厂已成为提高制造业生产效率的重要手段，成为借助新一代信息技术推动制造业生产要素数据生产、流转和价值释放的载体。从实施路径来看，新建模式可付出更低的全周期拥有成本、带来更高的投资回报，其具有抛弃历史包袱、拓展未来的更多可能，已成为更多制造业行业用户，尤其是其中头部用户的选择。

5.5　智能工厂建设模式概述

5.5.1　离散制造与流程制造

制造业包括以机械装备制造等为代表的离散制造和以石化、冶金、建材等重要原材料工业和电力等能源工业为代表的流程制造两种主要类型。

（1）离散制造的特点

流程制造与离散制造业有明显不同，如图 5-3 所示。离散制造的主要制造过程可以概括为制造装备的总体设计、加工装备的零件、组装制造装备。其零件加工与组装是可拆分的物理过程，产品和加工过程可以数字化，因此，可以通过计算机集成制造技术实现数字化设计与生产，关键是制造装备总体设计的优化。对于离散制造来说，智能制造的发展目标是实现个性定制的高效化。

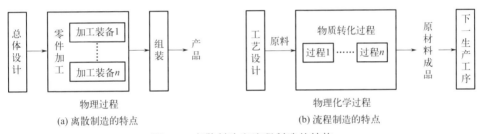

(a) 离散制造的特点　　　　　　　　　　(b) 流程制造的特点

图 5-3　离散制造和流程制造的结构

离散型制造企业的生产过程，常常被分解成很多个加工任务，而每一个加工任务只需要极少的资源就可以完成，但一个工作环节到另一个工作环节之间，常进行不同类型和要求的多种加工任务。又因离散型企业产品定制程度高，其零件加工工艺及设备使用过于灵活，使其品质控制上难度极高。展开来说，离散型制造企业在管理上、品质控制上的难点主要有以下几个方面：

① 混合生产、标准难制定。

离散型企业生产的产品多数用于采矿、冶金、建筑等专用设备制造业，以大型设备为主，定制化程度高。以石油化工行业下游某换热设备制造企业为例，不同的换热器按照各种体积、容积有相当多的种类，每种换热器所采用的材料及验收标准都不同，而生产性企业常常存在的"物料代用"也为标准的混用提供了温床，结果造成品质管理过程中漏洞的增多。

流程型企业对于品质的管理，每一项产品标准及用料标准都有严格的程序来进行控制，其在流程管理方面的建设使企业在面对"生产特殊情况"时能够足以应对。但离散型企业物料及产品繁多，这种特殊情况会频繁发生，这就要求企业一方面在生产管理流程上有足够的规范性和灵活性，另外一方面又能够提供足够方便的业务流程处理方式，即"一方面标准要管，另一方面标准要好管"。

② 生产数据多、数据维护工作量大。

对于离散型企业来说，产品的多样化及零部件的标准不同造成了检查难度的升级。同样以石油化工行业为例，一台换热器仅零部件就不下千件，每个零部件都有相当规范的要求，如果要检查部门一件件去检查，一件件去判定，想想都是一件可怕的事情。

如何处理并管理好生产数据呢？要从工作规范上定义各部门的品质管理的职责，由生产部门提供数据，检查部门对数据进行核实和管理，再由质量部门对已经处理归类过的数据进行审核并判定。企业发展到一定程度后，借助相应的信息化系统进行操作会更加便利，职责也可更加清晰。

③ 产品非标准程度高、经验依赖性强。

在离散型企业中，常常会有"师徒"这种称呼，原因是生产过程中包括设备使用等很多时候更加依赖操作者的技术、经验，多数企业为了请一位老师傅来教导学徒煞费苦心，不惜以高薪聘请，离散型企业对于经验依赖的程度可见一斑。找师傅教，"让经验留下来"，但往往会出现"留一手"的情况，结果造成生产经验越来越少，人员素质日渐下降。

如果可以在生产管理甚至是车间管理过程中，将原本的"口口相传"变更为"以纸相传"的方式，让教授学徒的过程"显性化、留痕迹"，如通过"学徒日记"等形式，将日常中点点滴滴的经验及无法固定的工作内容及方式留存下来，时间稍长可以正式的文档或者规范来进行约束和要求，从而实现管理标准及产品品质的提升。

离散型制造企业在管理上、品质控制上涉及的因素远不止以上三个方面，可总结为"把隐形的经验显性出来、把不规范的规范起来、把没法管的管起来、把管不好的管好"，管理过程中，也可以借助比较好的管理系统和软件来达到更加优质高效的管理效果。

（2）流程制造的特点

流程制造是以原材料为主产品，原料进入生产线的不同装备，通过物理化学反应乃至进一步的形变、相变过程，在信息流与能源流的作用下，经过物质流变化形成合格产品的工业。其工艺和产品较固定，产品不能单件计量，产品加工过程不能分割，生产线的某一工序产品加工出现问题，会影响生产线的最终产品。流程制造的关键难点是工艺设计的优化与生产全流程的全局优化。流程制造生产工艺优化是指：①优化已有的生产工艺和生产流程，为实现生产全流程的高效化与绿色化打下基础；②产生生产高性能、高附加值产品的先进生产工艺。生产全流程整体优化是指在全球化市场需求和原料变化时，以高效化与绿色化为目标，使得原材料的采购、经营决策、计划调度、工艺参数选择、生产全流程控制实现无缝集成优化，使企业全局优化运行，实现企业综合生产指标的优化控制。

流程工业智能制造发展目标是高效化和绿色化。高效化的含义是在市场和原料变化的情况下，实现产品质量、产量、成本和消耗等生产指标的优化控制，实现生产制造全过程安全可靠运行，从而生产出高性能、高附加值产品，使企业利润最大化。绿色化的含义是实现能源与资源高效利用，使能源与资源的消耗尽可能少，污染物实现零排放、环境绿色化。

实现智能优化制造的高效化和绿色化的关键是生产工艺优化和生产全流程的整体优化。流程工业是由多个重大装备组成的生产过程，其运行过程的动态机理复杂，难以建模，难以数字化。由于原料来源多样、成分复杂、生产条件多变，工况波动频繁，难以实现生产工艺的优化和生产全流程的优化控制。因此，我国流程工业不能采用以"工业 4.0"为代表的离散工业智能制造模式，必须自主创新适合我国流程工业的实现高效化和绿色化的智能制造模式。流程工业智能制造模式是智能优化制造，即流程工业智能优化制造。智能优化制造的含义是以企业全局及生产经营全过程的高效化与绿色化为目标，以生产工艺智能优化和生产全流程整体智能优化为特征的制造模式。

离散制造和流程制造特点见表 5-3。

表 5-3　离散制造和流程制造的特点

项目	概念	代表性行业	特点
离散制造	是将不同的现成元部件及子系统装配加工成较大型系统,这个行业的生产过程中基本上没有发生物质改变,只是物料的形状和组合发生改变,即最终产品是由各种物料装配而成,并且产品与所需物料之间有确定的数量比例。 离散制造型企业一般都包含零部件加工、零部件装配成产品等过程	机械制造业、汽车制造业、家电制造业、金属加工业等	1. 从产品形态来说,离散制造的产品相对较为复杂,包含多个零部件,一般具有相对较为固定的产品结构和零部件配套关系 2. 从产品种类来说,一般的离散制造型企业都生产相关和不相关的较多品种和系列的产品,这就决定企业物料的多样性 3. 从加工过程看,离散制造型企业生产过程是由不同零部件加工子过程或并联或串联组成的复杂的过程,其过程中包含着更多的变化和不确定因素。从这个意义上来说,离散制造型企业的过程控制更为复杂和多变 4. 离散制造型的企业的产能不像连续型企业主要由硬件(设备产能)决定,而主要以软件(加工要素的配置合理性)决定。同样规模和硬件设施,不同离散型企业因其管理水平的差异导致的结果可能有天壤之别,从这个意义上来说,离散制造型企业通过软件方面的改进来提升竞争力更具潜力

项目	概念	代表性行业	特点
流程制造	有重复生产和连续生产两种类型。重复生产又叫大批量生产，与连续生产有很多相同之处，区别仅在于生产的产品是否可分离。重复生产的产品通常可一个个分开，它是批量生产而形成的一种方式；连续生产的产品是连续不断地经过加工设备，一批产品通常不可分开	集成电路、药品及食品/饮料制造等	1. 生产计划方面，计划制订简单，常以日产量的方式下达计划，计划也相对稳定；生产设备的能力固定 2. 生产过程控制方面，工艺固定，工作中心的安排符合工艺路线。通过各个工作中心的时间接近相同；工作中心是专门生产有限的相似的产品，工具和设备为专门的产品而设计；物料从一个工作点到另外一个工作点使用机器传动，有一些在制品库存；生产过程主要专注于物料的数量、质量和工艺参数的控制；生产领料常以倒冲的方式进行

5.5.2 流程型智能工厂

流程型制造是以资源和可回收资源为原料，通过物理变化和化学反应的连续复杂生产，为制造业提供原材料和能源的基础工业，包括石化、化工、造纸、水泥、有色、钢铁、制药、食品饮料等行业，是我国经济持续增长的重要支撑力量。在流程制造领域，企业发展智能制造的内在动力在于产品品质可控，侧重从生产数字化建设起步，基于品控需求从产品末端控制向全流程控制转变。因此，流程行业要实现智能工厂，更重视的是原料的选配、生产过程的优化、线上网络控制等。流程行业属于连续生产过程，智能工厂的建设更侧重原料的选择、流程的优化、在线控制等。而一般的制造业则更多偏重强化信息管理，保证一整个生产线可以高效合理地运行，降低对人工的依赖。而且由于流程行业复杂的生产流程，对智能工厂的要求更高，如实现流水线的自动收集、分析、解决事件的功能。其智能工厂建设模式为：

一是推进生产过程数字化，在生产制造、过程管理等单个环节信息化系统建设的基础上，构建覆盖全流程的动态透明且可追溯体系，基于统一的可视化平台实现产品生产全过程跨部门协同控制；

二是推进生产管理一体化，搭建企业 CPS 系统，深化生产制造与运营管理、采购销售等核心业务系统集成，促进企业内部资源和信息的整合和共享；

三是推进供应链协同化，基于原材料采购和配送需求，将 CPS 系统拓展至供应商和物流企业，横向集成供应商和物料配送协同资源和网络，实现外部原材料供应和内部生产配送的系统化、流程化，提高工厂内外供应链运行效率；

四是整体打造大数据化智能工厂，推进端到端集成，开展个性化定制业务。

5.5.3　离散型智能工厂

在机械、汽车、航空、船舶、轻工、家用电器和电子信息等离散制造领域，企业发展智能制造的核心目的是拓展产品价值空间，侧重从单台设备自动化和产品智能化入手，基于生产效率和产品效能的提升实现价值增长。因此，其智能工厂建设模式为：

一是推进生产设备（生产线）智能化，通过引进各类符合生产所需的智能装备，建立基于 CPS 系统的车间级智能生产单元，提高精准制造、敏捷制造能力。

二是拓展基于产品智能化的增值服务，利用产品的智能装置实现与 CPS 系统的互联互通，支持产品的远程故障诊断和实时诊断等服务。

三是推进车间级与企业级系统集成，实现生产和经营的无缝集成及上下游企业间的信息共享，开展基于横向价值网络的协同创新。

四是推进生产与服务的集成，基于智能工厂实现服务化转型，提高产业效率和核心竞争力。

例如，广州数控通过利用工业以太网将单元级的传感器、工业机器人、数控机床以及各类机械设备与车间级的柔性生产线总控制台相连，利用以太网将总控台与企业管理级的各类服务器相连，再通过互联网将企业管理系统与产业链上下游企业相连，打通了产品全生命周期各环节的数据通道，实现了生产过程的远程数据采集分析和故障监测诊断。三一重工的 18 号厂房是总装车间，有混凝土机械、路面机械、港口机械等多条装配线，通过在生产车间建立"部件工作中心岛"，将每一类部件从生产到下线所有工艺集中在一个区域内，犹如在一个独立的"岛屿"内完成全部生产。这种组织方式，解决了传统流程化生产线呈直线布置的弊端，在保证结构件制造工艺不改变、生产人员不增加的情况下，实现了减少占地面积、提高生产效率、降低运行成本的目的。目前，三一重工已建成车间智能监控网络和刀具管理系统、公共制造资源定位与物料跟踪管理系统、生产控制中心（PCC）中央控制系统等智能系统，还与其他单位共同研发了智能上下料机械手、基于 DNC 系统的车间设备智能监控网络、智能化立体仓库与 AGV 运输软硬件系统、基于 RFID 设备及无线传感网络的物料和资源跟踪定位系统、高级计划排程系统（APS）、制造执行系统（MES）、物流执行系统（LES）、在线质量检测系统（SPC）、生产控制中心管理决策系统等关键核心智能装置，实现了对制造资源跟踪、生产过程监控，计划、物流、质量集成化管控的均衡化混流生产。

离散制造业与流程制造业智能工厂建设的区别见表 5-4。

表 5-4　离散制造业与流程制造业智能工厂建设的区别

项目	特点	智能工厂建设重点
离散制造业	1. 产品往往由多个零部件经过一系列不连续的工序装配而成，其过程包含很多变化和不确定因素，在一定程度上增加了离散型制造生产组织的难度和配套复杂性 2. 企业常常按照主要的工艺流程安排生产设备的位置，以使物料的传输距离最小 3. 面向订单的离散型制造企业具有多品种、小批量的特点，其工艺路线和设备的使用较灵活	更加重视生产的柔性，其智能工厂建设的重点是智能制造生产线
流程制造业	1. 管道式物料输送，生产连续性强，流程比较规范，工艺柔性比较小，产品比较单一，原料比较稳定 2. 由于原材料在整个物质转化过程中进行的是物理化学过程，难以实现数字化，而工序的连续性使得上一个工序对下一个工序的影响具有传导作用，即如果第一道工序的原料不可用，就会影响第二道工序	1. 实现生产工艺的智能优化和生产全流程的智能优化，即智能感知生产条件变化，自主决策系统控制指令 2. 自动控制设备，在出现异常工况时，即时预测和进行自愈控制，排除异常、实现安全优化运行 3. 智能感知物流、能源流和信息流的状况，自主学习和主动响应，实现自动决策

在家电、服装、家居等距离用户较近的消费品制造领域，企业发展智能制造的重点在于充分满足消费者多元化需求的同时实现规模经济生产，侧重通过互联网平台开展大规模个性定制模式创新。因此，其智能工厂建设模式为：

一是推进个性化定制生产，引入柔性化生产线，搭建互联网平台，促进企业与用户深度交互、广泛征集需求，基于需求数据模型开展精益生产；

二是推进设计虚拟化，依托互联网逆向整合设计环节，打通设计、生产、服务数据链，采用虚拟仿真技术优化生产工艺；

三是推进制造网络协同化，变革传统垂直组织模式，以扁平化、虚拟化新型制造平台为纽带集聚产业链上下游资源，发展远程定制、异地设计、当地生产的网络协同制造新模式。

第**6**章

流程型智能工厂建设

流程行业（或流程工业）指的是石油、石化、化工、制药等工业，是一种连续性的产业。流程行业是国民经济的支柱产业，是我国从制造大国向制造强国迈进的主战场之一，流程型智能制造作为智能制造五大新模式之一，需结合自身特色探索智能制造之路。

流程行业是我国实体经济的基石，历经20世纪70年代技术与装备引进、80年代初消化吸收、90年代自主创新几个重要阶段后，在智能制造这一新的历史契机下，流程行业积极开展智能制造探索，在智能工厂建设、重点装备研发、关键工艺技术突破、复合型人才培养、标准研制推广和应用等方面取得了丰硕的成绩。

经过几十年的发展，流程行业在企业信息化建设方面，基本形成了以 DCS（Distributed Control System）-MES（Manufacturing Execution System）-ERP（Enterprise Resource Planning）三层模型为代表的信息化体系，不同程度上满足了企业在过程控制、生产管理、经营管控等方面的应用需求。然而，从另一方面看，企业通过信息化系统建设，虽积累存储了大量数据，但对数据价值的挖掘和应用还较少；虽然实现了生产过程自动控制与管理过程的电子化记录，但对复杂工艺装置的先进控制、生产计划及加工方案的优化与排程，还非常缺乏有效的建模工具与应用软件支撑；虽然实现了自动化报表及信息的综合展示，但在数据钻取、决策辅助方面，仍然存在数据不标准、模型不统一、信息未集成等难题。流程行业智能工厂建设是企业"两化"深度融合的集中体现和必然选择，是一项长期、复杂、创新的工程，并不是一蹴而就的。

流程行业要实现智能工厂，更多重视的是原料的选配、生产过程的优化、线上网络控制等。智能工厂的建设更侧重原料的选择、流程的优化、在线的控制等。通过构建生产过程的数据、模型和知识，驱动企业多级目标的优化决策，实现人机协同的绩效管控，助力企业达到"安全、绿色、节能、高效"的生产管控目标，在智能制造体系中占据核心地位。本章节基于对流程行业智能工厂建设的理论研究和实践探索，对流程型智能工厂建设的切入维度、层次阶段，以及如何结合行业特点和企业总体基础现状制订行之有效的解决方案，以及对智能工厂建设中需要注意哪些问题等，尝试提出一些新的观点和建议。

6.1 建设现状

6.1.1 国内流程工业智能化应用情况

流程工业是制造业的重要组成部分，是以资源和可回收资源为原料，通过包含物理化学反应的气液固多相共存的连续化复杂生产全流程，为下游离散型制造业提供原材料和能源的工业，包括石化、化工、钢铁、有色金属、建材和电力等高耗能行业，是国民经济和社会发展的重要支柱产业，是我国经济持续增长的重要支撑力量。近十年来，我国制造业持续快速发展，总体规模大幅提升，综合实力不断增强。流程工业的生产工艺、装备和自动化水平都得到了大幅度提升，目前，我国已成为世界上门类最齐全、规模最庞大的流程制造业大国。我国流程工业产能高度集中，电力、水泥、钢铁、有色金属、造纸等行业的产能均居世界第一。我国矿产资源复杂，资源禀赋差，随着优质资源的枯竭，资源开发转向"低品位、难处理、多组分共伴生复杂矿为主"的矿产资源，资源综合利用率低、流程长、生产成本高。可以看出，资源紧缺、能源消耗大、环境污染严重成为制约我国流程工业发展的瓶颈。为解决资源、能源与环保的问题，我国流程工业正从局部、粗放生产的传统流程工业向全流程、精细化生产的现代流程工业发展，以达到大幅提高资源与能源的利用率、有效减少污染的目的。高效化和绿色化是我国流程工业发展的必然方向。

当前，以大型炼化企业为代表的流程工业的大规模生产、自动控制水平得到较快发展，已具备了良好的智能工厂建设基础要素条件。例如，可利用流程模拟软件和三维技术进行工厂总体设计和工程设计；采用智能装备和设施，检测和控制传感器逐步应用；装置操控配备了分布式控制系统（DCS）、紧急停车系统（ESD）、压缩机控制系统（CCS）、可编程逻辑控制系统（PLC）、仿真操作系统等自动控制系统；建立了桌面工厂模拟流程，对日常生产管理进行优化计算，关键生产装置实现了先进控制（APC）和在线优化（RTO）；配置了覆盖所有生产装置和公用工程系统的数据采集系统和实时数据库、实验室管理系统，对过程数据、分析数据进行集中管理，生产工艺数据自动数采率达到95%以上，工厂自控率达到99%。建立了生产执行系统（MES）对物料移动和质量进行动态跟踪，对生产活动进行优化控制。建立了企业资源计划管理系统（ERP）和客户关系系统（CRM），在供应链管理中实现了原料和产品的配送。同时，还具备完善、高速、安全、可靠的 IT 基础设施。

我国流程工业原料变化频繁，工况波动剧烈；生产过程涉及物理化学反应，机理复杂；生产过程连续，不能停顿，任一工序出现问题必然会影响整个生产线和最终的产品质量；原料成分、设备状态、工艺参数和产品质量等无法实时或全面检测。此外，工业系统的优化决策涉及多冲突目标、多冲突约束、多尺度的动态优化的世界性科学难题。因此，上述生产经营计划与管理、生产过程的运行操作与管理系统的决策分析仍然依靠知识型工作者凭知识和经验来完成。人的行为制约发展。当市场、生产条件发生变化时，决策者难以及时准确地做出决策，从而导致我国流程工业企业从生产过程到经营管理存在下列问题：

① 以资金流为主的经营决策层：供应链采购与装置运行特性不适应、产业链分布与市场需求存在不匹配，缺乏适应市场和生产条件变化的快速准确决策。

② 以物质流为主的生产运行层：资源和废弃资源缺乏综合利用，运行管理与操作精细化不足，组成生产全流程的各生产过程缺乏协同优化，运行工况缺乏实时准确识别，产品质量缺乏实时监控与预测。

③ 以能量流为主的能效安全环保层：缺乏生产全流程能源消耗的实时监控、预测与优化决策；缺乏在产品生产的全生命周期中废水、废气、废固的实时监控和溯源；缺乏与安全相关的关键岗位和危险品存放、运输等实时监控与预警。

④ 以信息流为主的感知、认知与决策层：物料属性和加工过程的工艺参数无法快速获取；反映生产过程的动态特性、优化操作与决策知识难以挖掘，难以实现计划与调度一体化，难以实现决策与控制一体化，难以实现 ERP、MES、过程控制系统（PCS）无缝集成优化，从而无法实现企业的全局优化。

⑤ 系统支撑层：采用 DCS、PLC、运行操作与生产管理计算机通过设备网、控制网和管理网组成的控制与管理系统难以处理由大量的生产过程数据、文本信息和图像、声音等组成的工业大数据；难以实现生产过程控制系统和管理系统的智能化。

总体上，当前我国流程工业两化融合关注的焦点集中在工业装置物质转化过程的自动化和生产过程运行管理与企业经营管理的信息化，缺乏对于在工艺设计、资源计划、生产过程运行管理中知识工作的自动化与智能化的研究。

由于上述原因，我国流程行业智能化建设尚未形成全流程一体化产业链生态，主要表现在如下几个方面：

① 跨行业、跨区域平台构建能力薄弱，还没有建立产业生态链的能力。从统计调查结果看，国内虽有航天云网、东方国信、树根互联等少数几家企业初步具备了建设工业互联网平台的能力，但这些平台跨行业、跨产业链布局和协同水

平不高，尚不具备整合控制系统、通信协议、生产装备、执行系统、管理工具、专业软件等各类资源的能力。

② 关键技术环节较为薄弱。工业互联网平台搭建是形成产业链的基础，是一个涵盖工业技术、信息技术的复杂系统，涉及边缘层、IaaS、工业 PaaS、SaaS 应用等多个方面。目前，国内企业在工业互联网平台建设的一些关键技术环节仍较为薄弱。

——数据采集和边缘计算能力不足，多数平台数据采集类型少，采集难度大，互联互通水平低，数据点采集量低，缺乏完整的数据采集集成解决方案。

——工业 PaaS 服务能力不足，工业领域的行业机理、工艺流程、模型方法经验和知识积累不足，算法库、模型库、知识库等微服务提供能力也有限，平台在功能完整性、模型组件丰富性、专业化服务等方面发展滞后。

——平台标准体系尚不一致，很多是按照各自技术体系构建的，平台体系架构、协议转换、运行服务、系统互操作等方面标准不统一，部分平台甚至没有采用通用协议 OPC-UA。行业异构数据格式转换和统一难度很大，这些均使得平台的通用性、开放性、灵活性严重不足。

③ 工业 APP 开发生态尚未建立。因缺乏深厚的工业知识积累，开发的用于流程行业的 APP 数量有限，质量不高，再加上工业平台的成熟度与影响力不足，平台应用尚未形成规模，致使工业 APP 开发者社区建设滞后，活跃程度也不高。

6.1.2 生产控制系统及信息化应用情况

目前，流程行业项目运营控制及管理模式设置基本相同，普遍采用自动化及信息化系统结构。

（1）过程控制层（Process Control System，PCS）

PCS 主要包括：分散控制系统（Distributed Control System，DCS）、安全仪表系统（Safety Instrumented System，SIS）、可燃和有毒气体检测系统（Gas Detection System，GDS）、压缩机组控制系统（Compressor Control System，CCS）、可编程逻辑控制器（Programmable Logic Controller，PLC）、机组监控系统（Machinery Monitoring System，MMS）、罐区装车系统等。

另外，随着两化融合理念的推广，一些企业陆续配套实施了资产管理系统（Asss Management System，AMS）、在线分析仪系统（online Process Analyzer System，PAS）、实验室仪表管理系统（Laboratory Instrument Management System，LIMS）、操作培训系统（Operation Training System，OTS）、操作数据管理系统（Operational Data System，ODS）等。不难看出，各系统的设立仍然是基于功能需求的堆砌式扩展，未形成集成的一体化架构。

（2）制造执行系统（Manufacturing Execution System，MES）

MES 这个概念是在 20 世纪 90 年代出现的，初衷是使其成为工厂运行与管理之间的接口，旨在实现生产层与业务层直接的信息传递。MES 通过接口协议分别与 PC5 和 ERP 系统实现通信。美国先进制造研究机构将 MES 定义为"位于上层的计划管理系统与底层的工业控制系统之间的面向车间层的信息管理系统"，它为操作人员或管理人员提供计划的执行、跟踪功能，以及所有资源，包括人、设备、物料、客户需求等的当前状态；制造执行系统协会（MESA）对 MES 所下的定义是"MES 能通过信息传递对从订单下达到产品完成的整个生产过程进行优化管理，当工厂发生实时事件时，能及时做出反应、报告，并对它们进行指导和处理"。总之，MES 是试图通过将实时生产运行数据信息系统和其他信息系统结合，打通企业、工厂或流程控制系统之间的信息阻塞。但其仍然只是针对特定的应用，将现有的各个系统串联起来，实现已有信息的互通，并未达到将系统整合为一体的效果，且系统意图实现的功能与其他系统存在重叠，加之系统之间信息的流通大多数仍然是单向的，并未实现闭环控制，实际应用效果极其有限，基本没有实现基于数据分析的工艺过程实时优化。

（3）生产经营层（Enterprise Resource Planning，ERP）

ERP 是企业资源计划的简称，是 20 世纪 90 年代美国一家 IT 公司根据当时计算机信息、IT 技术发展及企业对供应链管理的需求而提出的概念。ERP 是针对物资资源管理（物流）、人力资源管理（人流）、财务资源管理（财流）、信息资源管理（信息流）集成一体化的企业管理软件。它是从 MRP（物料需求计划）发展而来的管理信息系统，且扩展了 MRP 的功能，其核心思想是意图实现供应链管理。但目前绝大多数企业对 ERP 的应用只停留在管理业务的流程化上，并未能够将供应链管理真正落实。

可以看出，这种典型的多层级管理理念架构在实际生产中存在着一些不可忽视的问题。例如，ERP 本身并不能对工厂生产过程中的瓶颈进行分析，难以直接改进和控制产品的质量，而且 MES 解决方案为企业提供的只是一个相对狭窄的视野。从企业的角度看，管理层在广度和深度上缺乏决策所需要的包括生产执行数据在内的全局全类别数据。

当前典型应用模式存在着很多不足之处，如：

——系统多、接口多、架构复杂。多种通信方式遍布各个层级，各层级之间数据传输分类不清晰。一些厂家在介绍自己产品时，以能兼容各类信号接口为优点，当然作为设备供应方，可以理解，但对于用户来讲，最好用、最方便、最安全的却是用尽可能少的通用接口来实现全部信息互通的目的，这就需要对所有信息交互方式进行整合，实现简洁化、标准化。

——安全性较差。软、硬件接口的多样化，使得安全威胁点随之增多。

——综合投资高。堆砌式功能延伸，必然会造成一定的重复投资。

——技术涉及面广。供应商的多样、多量，必然会有不同技术的应用要求。

——工作分属于不同的运营单位与管理部门，工作协同要求高。

——运行故障点多，运行维护人员多。

——未在整体规划目标下实施，建设、运营不全面，实施效果不理想，可能形成新的信息孤岛。

——功能不全面，无法满足智慧管理职能的运行需求。

——补丁式发展。随着应用需求增加，通过接口扩展功能，造成堆砌式架构。

因此，在工业互联网时代，企业要想实现全面智能化管理运营，系统架构必须重塑，构建成一个基于制造运营管理架构的微服务序列，可以通过各种业务模板来定义微服务之间的组合关系。另外，它还应具备"数字孪生"的"生"和"养"的功能，以支持企业由生产型转型到生产制造加服务型企业。

6.2 形势及需求

6.2.1 行业发展面临形势要求

近年来，流程行业面对错综复杂的国内外经济形势，积极应对经济下行压力，通过管理创新，淘汰落后产能，调整产业结构，取得了较好的发展态势。我国流程行业生产运行总体平稳，产能过剩得到一定的遏制，行业技术创新步伐加快，节能环保效果明显，但部分行业经济效益不甚理想，投资增速放缓。此外，我国流程行业已从局部、粗放的生产模式向全流程、精细化的生产模式发展，如钢铁、石化、有色等行业，提高了资源与能源的利用率，有效减少了污染。但我国流程行业的总体物耗、能耗和排放以及运行水平与世界先进水平相比有一定的差距，产品结构性过剩依然存在，管理和营销等决策过程尚未实现知识型工作自动化，资源与能源利用率不高，高端装备、工艺、产品水平亟待提高，安全环保压力大。

全球新一轮科技革命和产业变革加紧孕育兴起，与流程型制造转型升级形成历史性交汇，给流程行业带来了新的机遇。智能化转型升级已成为流程行业重要发展趋势，对产业发展和分工格局带来深刻影响，将推动流程行业形成新的生产方式、产业形态、商业模式。流程行业通过发展智能制造改进自身条件已具备相应条件，主要表现在：

（1）供给侧结构性改革为流程行业推行智能制造提供内在动力

随着供给侧结构性改革过程中对经济平稳增长、产业结构优化、产品质量提升的需求日益增多，需要流程行业提高自身生产效率，提升产品质量，增强行业竞争力。企业必须适应新常态，将原来的粗放型、外延式发展转变为集约式、内涵式发展模式，通过智能化改造实现技术创新与高效绿色的发展。

（2）国家智能制造顶层规划和生态体系建设为流程行业实践智能制造创造良好基础

随着《国家智能制造标准体系建设指南》2015 年版和 2018 年版的发布以及相关行业标准体系的建立，流程行业逐步建立起对智能制造的统一认识；同时，流程行业协会、研究机构、智能制造解决方案供应商生态体系逐步完善，为流程行业的智能制造升级提供了必要的支撑和保障。

（3）代表性企业成熟经验为流程行业发展智能制造提供示范模板

行业龙头企业在智能制造探索过程中，已积累了一定的成熟经验，并形成了具有代表性的解决方案，可以复制和推广到同行业其他企业甚至部分其他行业，从而带动相关企业进行智能制造提升。同时，部分企业已具备一定的工艺技术和工业技术能力，可结合智能制造进一步固化相关经验并尝试技术突破。在智能制造这一新的背景和机遇下，流程型制造在设备运维和资产管理模式、生产模式、运营模式和商业模式上都将发生显著的变化，具体如下：

一是随着设备等资产的数字化、网络化和智能化，依靠数字孪生、故障预测、远程运维等技术，可实现设备状态的在线监测、分析和预测，以及生产资料信息的积累、沉淀和优化，使得设备的运维由固定点检测转向预测性维护，资产管理也日趋透明化和智能化，从而带来设备运维方式和资产管理模式的转变；

二是随着制造过程的数字化、网络化和智能化，结合先进控制、工艺优化、工业无线通信等技术，使得生产过程中物料使用趋于平衡，生产效率显著提升，生产环境更加安全，能源使用更加节约，从而带来生产模式的转变；

三是随着企业内部运营的数字化、网络化和智能化，结合信息融合管理、业务数据分析、智能优化排产等技术，使得生产计划制订、成本控制等管理决策更加合理，从而带来运营模式的转变；

四是随着企业引入更多平台化资源，建立智慧供应链、市场和供应商评价体系，探索全程产品质量信息追溯，建立新的商业生态，从而带来商业模式的转变。

6.2.2　企业自身发展需求

（1）企业业务发展需求

① 在数据融合应用方面，普遍存在多元数据采集、异构系统集成、数据融合应用的需求。在生产制造过程中，生产数据、管理数据、化验数据、安全监控数据、环保监测数据、气象环境数据、原材料质量、人员定位数据和视频监控数

据等如何进行有效的加工和应用是目前工业企业面临的共性问题。企业在实际经营和运维过程中，强烈地要求这些数据能够无缝融合。

② 在生产计划调度方面，以石油和石化企业为例，由于分布递归和混流技术、悬摆切割技术、二次加工装置的 Delta-base 技术等一系列非线性技术与质量传递技术、多周期建模技术和多厂计划模型的集成应用，技术的工程应用面临着建模难度大、使用门槛高等困境。在原油调和、汽柴油调和的调度优化方面，同样存在着在线分析检测仪表、物性数据集成、调和模型性能集成与优化等难题。企业急需应用集成的行业工厂模型、物性数据库及算法库。

③ 在工业设备方面，流程企业存在大量动设备和静设备，包括罐类、塔类、阀门类、泵类、换热器类、透平机类、风机类、锅炉类、汽轮机类、管道类、仪表类、化验分析类等。这些设备的智能化程度不同，维护、保养和管理要求也不同。大部分企业针对这些设备并没有实现数字化全生命周期管理，仅靠人工和纸面台账的方式进行记录，对单个设备的维护，仅靠计划性的周期性保养和维修。然而，这些设备在流程行业的生产环境中，均有长期运行和稳定运行的要求。实现智能化的设备预测性维护还有很长的路要走。

④ 在工业生产安全方面，随着石油化学工业的发展，生产装置变得越来越自动化、连续化、大型化和复杂化，石化企业生产过程处理和储存的易燃、易爆、有毒危险物的规模也越来越大，一旦这些物质的正常运行状态遭到破坏，就有可能导致重大事故，造成人员伤亡、财产损失和环境破坏。灾害影响范围大，事故的发生具有突发性、灾难性、复杂性和社会性。因此，石化工业对智能化安全需求更为强烈。

⑤ 在物流公共服务和产品物流方面，流程行业企业在大宗型原材料、中间体和产品等物流运输方面急需信息透明的工业物流公共信息服务平台。在产业链的上下游企业之间，生产原料和产品之间相互依赖的企业希望可以通过产品物流的追踪实现产品质量、运输过程和中间存储过程的优化。

面对互联网、云计算、大数据、人工智能的发展浪潮，流程企业面临利用这些新技术实现数字化、网络化、智能化转型的迫切需求与重大历史机遇。然而，由于企业自身技术积累不同，不同的企业处于数字化的不同阶段，在智能化转型中遇到的问题也各不相同，需要采取的措施也不尽相同。用传统的信息系统很难满足企业在不同时期的发展要求，更无法满足企业整体业务链集成与优化的需求。

（2）企业生产管理需求

企业管理者重点关注三大类问题：

——增加销售、降低成本，提升工厂的盈利能力，解决企业的生存问题。关注效率提升，保障企业的产品及服务能更快速地满足用户需求。

——加快新产品研发、新市场开拓、新生态打造等问题，解决企业由大到强的可持续发展问题。关注可持续性，期望打造百年老店。

——加强风险管控，包括融资风险、投资风险、经营风险等。关注风控，要求企业适应复杂多变的市场环境。

为满足工厂管理的需要，智能化工厂建设以企业发展战略为导向，围绕企业的生产装备、工艺路线、组织架构、流程制度、经营模式、人才培养、企业文化等维度都存在着优化和改进的巨大空间。例如，企业组织必须要用"体系"的视角去观察，企业的经营思路必须从"生产独尊"和"销售为大"的传统"工厂智能"中跳脱出来，全面调动企业经营各个要素，用全面、体系化的方式来看待经营活动。这是一张由工厂本体、客户、供应商、竞争者等组成的复杂网络，对企业意味着可选择"路径"的多样性，也就意味着"智能化"的广阔维度与空间。

从改善企业经营视角看，企业决策者重点关注3个方面的解决途径，即新技术应用、商业模式创新及人才培养。所以，任何管理咨询、信息化规划及系统建设工作，均应与企业经营决策者的重点关注密切结合，支持企业经营决策者把握发展方向、科学决策控制风险以及优化资源配置并使资源效能最大化发挥。

为满足工厂决策的需要，以融合创新的视角，开展智能工厂建设。以支撑生产企业发展战略为根本，以智能制造的新思维、新技术、新业态为手段，深入分析企业经营目标、组织架构、管理制度、业务流程的现状与瓶颈制约，优化企业的生产要素、管理经营业务，改善并升级企业生产链、供应链、管控链、价值链，提高企业个性化定制、柔性生产及体验化服务的能力和水平，构建生产制造的新业态、生产管控的新模式、企业发展的新动力，实现企业智能制造的转型与升级。

6.3 建设框架

流程行业智能工厂建设主要围绕数字化、网络化、智能化展开。建设过程主要是在已有的物理制造系统基础上，充分融合智能传感、先进控制、数字孪生、工业大数据、工业云等智能制造关键技术，从生产、管理以及营销的全过程优化出发，实现制造流程、操作方式、管理模式的高效化、绿色化和智能化。同时，随着智能制造的实施，设备管理、资产管理日益透明化，生产方式更加便捷和优化，制造运营逐渐精细化和智能化，商业资源趋向平台化和协同化。新的商业模式、运营模式、生产模式、设备运维和资产管理模式出现，促进企业经济效益和社会效益最大化。

流程行业智能工厂的系统结构主要由生产运行智能化、生产管理智能化、经营管理智能化组成，同时这三种层次和企业信息化模型中的三个层次是相对应的，生产运行智能化对应 PCS 层，生产管理智能化对应 MES 层，经营管理智能化对应 ERP 层，如图 6-1 所示。正是基于这样的理论，现代流程工厂信息化才能得以继承发展和创新，包括不断加快控制技术的研究和实践、不断优化生产管理模式、大力提高系统深度运用等工作内容。

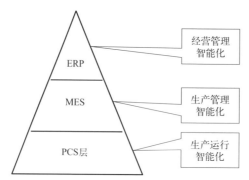

图 6-1　信息化三层模型与工厂三个层次智能化对应关系

其中，ERP 的主要功能是帮助企业对人、财、物、能源等资源作出计划，对计划完成情况的信息进行监控；MES 的主要功能是根据生产调度和工艺设计制订各生产部门的生产计划与工艺参数，并将其分解为生产线的调度计划和过程控制系统的运行指标，对生产计划、工艺参数、调度计划、运行指标完成情况等信息进行监控。PCS 的主要功能是实现工业过程各回路的闭环控制，组成工业过程的各工业装备的逻辑控制和对控制过程监控。

长期以来，国内流程企业一直坚持信息化建设与专题信息化应用的联合研发。PCS 层面，不断强化 APC/RTO（先进控制和实时优化）技术的推广与应用；MES 层面，大力推进 MES（生产管理）系统的建设；ERP 层面，大力推进 ERP 系统规范应用及深化应用工作，同时也有效开展该层面综合展现系统的建设。然而，上述应用仅仅是完成了数据和信息的上行，没有实现数据和信息的下行。只有完成了信息的下行，才能实现各层面的闭环管理，这是信息化建设的关键，也是信息化建设的难题，解决这一难题就是"智能工厂"建设的目标和任务。三个层次的智能化应用，从实现技术来说，从下往上，工程化、在线自动化的难度逐渐增加，如图 6-2 所示。

人工智能不是单一技术，而是应用于特定任务的技术集合。虽然对人工智能的界定并不明确，但人工智能的研究和应用多年来始终秉持一个核心目标，即使人的智能行为实现自动化或复制。虽然人工智能技术没有一个统一的定义，但是，人工智能技术的含义是通过机器智能延伸和增强人类的感知、认知、决策、

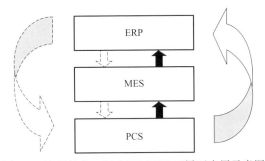

图 6-2　流程行业 PCS-MES-ERP 三层面应用示意图

执行的功能，增强人类认识世界与改造世界的能力，完成人类无法完成的特定任务或比人类更有效地完成特定任务。将人工智能技术与 ERP、MES 和 PCS，特别是与制造流程物理系统优化深度融合，是流程工业智能制造的发展方向。

6.4　关键技术

6.4.1　流程模拟技术

（1）流程模拟的含义

流程模拟是流程行业数字化转型的重要促进手段。流程模拟就是使用计算机程序定量计算与企业实际生产相关联的化学过程中的特性方程。其根据生产过程的数据，采用适当的模拟软件，将由多个单元操作组成的生产流程用数学模型描述，模拟实际的生产过程，可用于工艺优化。

模拟过程中涉及的生产过程数据一般包括进料温度、压力、流量、组成成分等物料属性，以及有关的工艺操作条件、工艺规定、产品规格、相关的设备参数等。生产流程模拟是在计算机上"再现"实际的生产过程，即数字孪生。但是这一再现过程并不与实际装置的任何管线、设备以及能源联动，因而给了生产工艺模拟人员最大的自由度，使其不受实际运行装置的限制，可以在计算机上灵活地进行不同方案和工艺约束条件的探讨、分析。

（2）流程模拟的功能

流程模拟不仅可节省时间，也可节省大量资金和操作费用。流程模拟系统可以对经济效益、过程优化、环境评价等方面进行全面的分析和精确评估，可以用来进行新工艺流程的开发研究、新装置设计、旧装置改造、生产调优以及故障诊断，同时，流程模拟还可以为企业装置的生产管理提供可靠的理论依据，是企业生产管理从经验型人为管理走向科学型理论指导优化管理的有力工具。

① 加快科学研究、开发新工艺的进程。20 世纪 60 年代以前，从工业新流程的开发研究到商业应用，需要经过理论研究、实验室试验、小试、中试等过程。随着过程模拟技术的不断发展，工艺开发已经逐渐转变为完全或部分利用模拟技术，针对性地在某些重要环节进行局部的试验研究和验证以后，再对整个系统予以优化。

② 优化工艺设计。过程模拟的另一个主要应用是进行新装置的设计优化。随着科学技术的发展。在流程行业领域，绝大多数过程模拟的结果可以直接运用于工业装置的设计，同时还可实现设计过程的工艺优化。

③ 完成消除工艺瓶颈的技术改造。流程模拟也是旧装置改造必不可少的工具，旧装置的改造既涉及已有设备的升级，也可能涉及增添新设备，其计算往往比设计一个新的系统还要复杂。改造过程中，由于产品分布和处理量等工艺操作条件发生了改变，所以现有的塔、换热器、管线等旧设备能否仍然适用改造后的工艺是一个很大的问题，这些问题都可以在模拟的基础上得到初步判断与解决。

④ 指导生产调优、故障诊断。在生产装置调优以及故障诊断方面，通过流程模拟可以寻求最佳工艺操作条件，通过全系统的总体调优，以经济效益为目标函数，可求得关键工艺参数的最佳匹配，从而科学指导实际操作，达到节能、降耗、增效的目的。

⑤ 服务于智能工厂建设。将流程模拟技术与先进控制技术相结合，通过流程模拟在线高级控制和优化技术应用，可以实现工艺装置自动地按照效益最大化的方式运行，从而实现装置的智能制造。可以说，流程模拟技术是智能工厂建设的重要组件。

（3）流程模拟的实施步骤

流程行业数字化转型和智能工厂建设不是一蹴而就的，应充分借鉴国外和国内的成功经验，遵循稳扎稳打、循序渐进、讲求实效的原则。流程模拟技术的应用分为以下三个阶段。第一阶段，构建工艺流程数字孪生模型。第二阶段，构建工厂生产数字化 KP 监控平台。第三阶段，构建工厂生产闭环实时优化体系。每一个阶段都需要付出很大的努力，需要通过一系列的技术创新来实现。其中，第一阶段是首要任务，也是第二、第三阶段实施的前提；第二、第三阶段为逐步实现的目标。

① 构建工艺流程数字孪生模型。

在构建工艺流程数字孪生模型这个阶段，需借助于先进的流程模拟软件技术，逐步开发全厂的工艺生产流程模型，使其能够真实反映工厂的实际生产，从而能够用于生产指导，包括各种操作工况优化研究、消除流程瓶颈改造方案研究、降低能耗措施研究、提高产量途径研究等，帮助企业在更全面、更系统、更科学地认识工厂和生产的基础上，实现资源的高效使用。

在这一阶段，通过开发全厂的工艺装置稳态模型，最终实现全厂流程的数字化管理、优化和应用。

主要的实施步骤如下：

——选择先进可靠的流程模拟软件技术。流程模拟技术需要能够覆盖工厂的各个工艺过程、具有长期广泛的用户成功经验、具有支持工厂运营的多种功能，同时还需具有用户研发的空间和可扩展性。

——采用局部试点的方式验证流程模拟软件技术。采用先进的模拟技术，选择局部进行试点建模，可以是一个关键设备（如机组），也可以是一个有代表性的单元装置，既验证建立的模型以及由此可产生的效益，也同时可以极大地提高自身的建模水平与应用模型的经验。

——建立软件模拟平台。建立全厂范围内的流程模拟软件平台，做好工程师培训工作，使其能够具备对工厂进行装置流程建模的条件，并能够采用分析工具对生产过程进行优化和评估。软件平台需要具备的主要功能如下：

- 模拟各种生产工艺过程。
- 进行装置节能降耗的分析。
- 进行全厂能效和能源管理。
- 进行设备的设计与核算，包括换热设备的设计与核算、塔板水力学分析计算等。
- 进行安全泄放分析和计算。
- 进行新建和改扩建项目的经济评估。
- 有链接工厂实时数据的功能。
- 实现装置闭环实时优化等。

——逐步建立各装置的数字孪生模型。通过与软件供应商的服务团队合作，开发用户工艺流程模型，建立工艺流程模拟，并进行效益提升的工况研究，实现生产效益的提升，同时培训一批技术人员，提高他们的工艺建模与模拟流程软件应用水平，从而服务于生产的各个方面。

——培养用户自己的流程模拟团队。在技术人员培训之后，采用以用户自己的技术人员为主，以软件供应商的服务团队为辅的合作模式，持续开发工艺流程模型，从而达到建立自己的流程模拟团队、整体提升技术人员素质、降低实施费用、实现自主的长周期生产优化、持续降低投资成本的目标。

——建立用户自有核心技术的数字孪生模型。在选用商用流程模拟软件的基础上，采用与软件供应商研发合作的方式，自行开发具有自主知识产权的模型，为以后开发具有自主知识产权的核心技术提供重要的基于实际的理论支持。

——在实际生产运营中使用工艺流程模型，使科学技术转化为生产力。通过培训高素质工程技术人员，使得用户具有利用模型为生产运营优化决策提供有效支持的能力。

② 基于智能工厂建设，实现生产自动 KPI 监控功能。

在实现了构建工艺流程数字化模型之后，将模型应用到实时优化生产和性能监控的层面上，实现数字化 KPI 监控功能。

首先完成离线的工艺模拟和优化，同时计算重要的 KPI 性能指标，包括工艺指标、能耗指标、设备性能指标等，在此基础上定制开发 KPI 监控模块，通过引入实时数据库数据，将流程模型与工厂实时数据库系统进行关联。进行实时 KPI 性能跟踪，对比实际运营数据，找出差距，指导生产优化，同时还可通过移动设备进行远程监控。

③ 构建工厂生产闭环实时优化体系。

在实现了构建工厂生产数字化 KPI 监控模块之后，进一步将离线优化模型应用到闭环实时优化生产中，构建由流程模型、实时数据库、先进控制系统构成的工厂生产闭环实时优化体系。

实施这一系列技术措施之后，能够最大限度地在操作层面执行工厂经济效益最大化的自动运行模式，并可对自动运行的生产过程实现智能化边界寻优运行，真正实现流程行业领域的智能生产。

6.4.2　生产工艺及流程智能优化技术

企业经营、生产管理与决策过程是人、机和物三元空间融合的复杂系统，是人参与的信息物理系统。复杂工业过程控制、全流程运行监控与运行管理、企业运作管理和生产管理的决策分析以及最佳工艺参数的决策仍然依靠知识工作者根据其经验和知识来完成。知识型工作在企业经营与生产过程的管理与决策中起核心作用。

麦肯锡全球研究所研究报告指出：知识型工作的自动化是驱动未来全球经济的 12 种颠覆性技术之一。复杂工业过程控制、全流程运行监控与运行管理产生大数据，企业运作管理与决策、生产管理与决策产生大数据，工艺研究实验也产生大数据。工业大数据的特征是数据容量大、采样率高、采样时间段长（历史正常、历史故障、实时）、数据类型多〔如过程变量（控制量、被控量）、声音和图像、管理及运行的生产指标数据〕。工业大数据的出现使企业经营过程和生产全流程的建模、运行控制与优化决策研究从过去的假设驱动型转为数据驱动型。基于数据的建模、控制与优化决策已成为自动化科学与技术中新的研究热点。大数据应用技术与人工智能驱动的知识型工作自动化为生产工艺智能优化和生产全流程整体智能优化控制研究开辟了一条新的途径。

将工业大数据、知识型工作自动化、计算机和通信技术与流程工业的物理资源紧密融合与协同，攻克下面四项关键共性技术，才有可能实现流程工业的生产工艺智能优化和生产全流程整体智能优化。

① 攻克具有综合复杂性的工业过程智能优化控制技术，实现以综合生产指标优化控制为目标的生产全流程智能协同优化控制，研制工业过程智能自主控制系统。

② 攻克人参与的 CPS 的物理机制建模、动态性能分析、关键工艺参数与生产指标的预测和多目标动态优化决策技术，研制智能优化决策系统。

③ 攻克以信息实时感知手段为核心的生产全流程运行工况感知与认知技术，研制运行工况识别与自优化控制系统。

④ 攻克大数据与物理系统知识共同驱动的生产过程信息流、物质流、能源流交互作用的动态智能建模、仿真与可视化技术，研制用于流程工业控制、决策和工艺研究实验的虚拟制造系统。

攻克上述关键共性技术必须解决涉及的对自动化科学与技术、计算机和通信科学与技术、数据科学挑战的科学问题。

对自动化科学与技术挑战的科学问题包括：①大数据分析技术与机理相结合的复杂工业过程运行动态性能的智能建模与可视化；②工业过程智能优化控制系统理论与技术；③大数据与知识（物理系统知识、管理系统知识等）相结合的生产经营与管理和工业过程运行操作与管理中的多目标动态智能优化决策技术。

对计算机和通信科学与技术挑战的科学问题包括：①基于移动互联网的工业装备嵌入式计算机控制系统；②支撑大数据与知识自动化的新一代网络化智能化管控系统；③复杂工业环境智能感知与认知技术；④实现生产工艺智能优化和生产全流程整体智能优化控制的软件平台。

对数据科学挑战的科学问题包括：①从价值密度低的大数据中挖掘相关关系数据；②处理数据、文本、图像等非结构化信息；③利用相关关系建立复杂动态系统的模型。

6.4.3　智能化算法模型应用技术

流程行业智能化建设采用的模型按照用途可分为以下四类。

（1）机理模型

机理模型（Mechanism Model），亦称白箱模型，是指根据对象、生产过程的内部机制或者物质流的传递机理建立起来的精确数学模型。机理是进行流程设计的最基本依据，因而对后续流程的使用有积极的意义。机理模型是基于质量平衡方程、能量平衡方程、动量平衡方程、相平衡方程以及某些物性方程、化学反应定律、电路基本定律等而获得对象或过程的数学模型。机理模型的优点是参数具有非常明确的物理意义，不需要操作数据，是查找异常原因的理论基础与有效途径。其缺点是机理模型在实际应用时需要的参数如果不能很好地获取，会影响到模型的模拟效果。

在实际工业应用中，在流程设计时，首要参考的就是机理模型。机理模型是工艺流程设计的基础依据，是指导实践的理论。

（2）经验模型

经验模型（Empirical Model），亦称黑箱模型，是指不分析实际过程的机理，而是根据从实际得到的与过程有关的数据进行数理统计分析，按误差最小原则归纳出该过程各参数和变量之间的数学关系式，用这种方法所得到的数学表达式称为经验模型。经验模型只考虑输入与输出，而不考虑过程机理，因而无法直接得出产生异常的理论依据，但其应用不需要理论数据，仅依靠实际运行数据的统计结果及基于实际变化趋势的预判。在这样的模型中，变量之间的关系是通过考察所给数据的变化特点而选取的一种数学形式，它既有在数学表达上的简单性，又有一定的精确性。

对于流程行业环境来说，现场环境因素对装置运行的影响多种多样，且存在极大的不确定性。事实证明，仅仅依靠机理模型的指导，很难使装置平稳优化运行。此时，就需要引入经验模型，也就是人们常常说的操作经验的指导。

（3）管理模型

可以说，上述机理模型与经验模型的选用不仅直接关系到建模的方式，同时也是基于其在应用时的目的与依据而建的。但数字化转型不是一个纯技术就能解决的事情，如果缺乏好的战略和业务规划，将会导致各种各样的问题。因而，随着企业数字化转型，管理模式也会随之创新发展。当然，此处的管理模型（Management Model）只是单纯根据业务流程目的分类定义的，同时也是考虑到此模型所需的数据来源和类型和上述模型不同，它的数据来源更多的是预置的管理流程要求及对应的人员行为。

为业务流程管理而设的模型定义为管理模型，其主要的因素包括管理领域、业务流程、业务规则与控制点、角色与职能。管理模型化，通过软件技术和 IT 基础环境的支持，能够实现传递最佳管理实践、提高企业运行效率、保证执行到位的效果。其更多的是阶段性相对固定的业务流程设置。

（4）混合模型

混合模型（Mixed Model），这里所述仍然是指为了更方便地实现工厂的数字化、智能化管理而使用的一种数据综合处理、使用方法。随着商业竞争的激烈进行，数据应用会因业务的特性而呈现出多样化、个性化的特点，甚至高效的数据应用也会是核心竞争力之一，可形成知识产权，即所谓的"数据即财富"。同时，工业企业要想实现智能化管理，需要管理的数据种类更加繁多，既包括设计、工艺、加工、质量等生产数据，又包含组织、管理、市场、采购、库存等运营数据，还涉及客户、供应商、合作伙伴等价值链数据，以及宏观经济、行业运行、竞争对手等外部数据。这些数据既有基于工艺的机理模型相关数据，也有与生产运营管理相关的经验模型数据，还有与市场、合作伙伴及政策相关的管理模型数据。用于决策支持的数据，也一定是基于上述多维度数据通过一定的管理原则与目的而设置的，即为混合模型的应用，而且技术进步及多学科的集成使用，使得这种数据集成应用成为可能，这一点已在电商平台的应用上得到了充分的证实。当然，混合模型的具体应用可进一步通过工厂流程设置及使用过程中的具体实例直观地表现出来。

6.5 建设内容

流程行业智能工厂建设需要解决的核心问题主要包括：工艺优化、智能控制、生产调度、物料平衡、设备运维、质量检验、能源管控、安全环保等内容。上述活动的高效进行是保证流程型制造的重要基础。在践行流程型智能制造时，应以流程行业关注的核心问题为落脚点，切实解决制造过程的实际问题，以提升相关的核心指标为实施目标。

面向工艺优化、智能控制、生产调度、物料平衡、设备运维、质量检验、能源管控、安全环保等核心问题，流程行业智能工厂建设主要围绕数字化、网络化、智能化展开。建设过程主要是在已有的物理制造系统基础上，充分融合智能传感、先进控制、数字孪生、工业大数据、工业云等智能制造关键技术，从生产、管理以及营销的全过程优化出发，实现制造流程、操作方式、管理模式的高效化、绿色化和智能化。同时，随着智能制造的实施，设备管理、资产管理日益透明化，生产方式更加便捷和优化，制造运营逐渐精细化和智能化，商业资源趋向平台化和协同化。新的商业模式、运营模式、生产模式、设备运维和资产管理模式的出现，促进企业经济效益和社会效益最大化。

6.5.1 工艺优化管理系统

(1) 建设需求

流程行业的整个工厂由上千台设备和数千根管道组成，工序（车间）间物料和能量大多通过管道传送，工艺复杂、流程长、工序间相互关联。传统的二维设计存在材料统计偏差大，建设施工易发生碰撞等缺点，已不能满足工厂精益化生产的需求。流程型智能工厂建设应集成应用智能P&ID、协同设计、标准化编码、工程数据库等先进设计手段，对制造过程进行仿真、评估和优化，实现先进的可视化、仿真和文档管理，通过碰撞检查等手段提前发现专业内外的配合问题，使施工阶段的差错大大减少，为流程型企业的建造和运维提供支撑。

工艺优化是实现企业生产优质、高产、低耗、高效益的保证。流程工业工艺与配方直接决定生产过程及过程中设备的参数设定，同时在生产过程中根据具体原材料、设备状态、相关工序参数变化，依据工艺要求实时监控、动态管理生产及装备参数，实现优化控制，以最优的成本生产优质的产品。准确的生产过程虚拟仿真，对于生产过程参数调整、验证、优化将起到巨大提升作用。工艺优化以最低成本换取最优质量和最高产能为目标，工厂的工艺信息管理水平和工艺数字化水平将直接影响工艺优化的成效，通过工艺建模、流程仿真、数字化交付等核心活动的支撑，可实现工艺指标稳定和生产效率的提升。

工艺优化与企业的生产、安全、质量、环保、能源管理均有密切联系，通过加强工艺优化，可以建立良好的生产秩序，创造较好的生产工况运行条件。随着装置规模日益扩大、操作条件更加苛刻、潜在危害逐渐增多，全生命周期工艺管理和工艺管理集成化与智能化已成为工艺优化的发展趋势。当前流程行业工艺优化的需求主要聚焦于以下几个方面：

一是工艺管理与生产相关业务有机整合，形成业务统一、数据统一、数据共享的统一系统，可以实现技术报表自动编制、工艺参数合格率智能统计、工艺卡片动态管理、重要工艺参数自动报警提示；

二是加强工艺安全管理，实现工艺联锁的全面监控，确保生产装置运行安全；

三是通过工艺优化全面提升生产管理业务的规范化、信息化、高效化。

工艺优化要素分析如图 6-3 所示。

图 6-3　工艺优化要素分析

（2）建设方案

工艺优化的目标是用最低成本换取最优质量和最高产能。工艺优化管理系统建设包含规范工艺信息管理和数据采集标准，建立工艺数字交付平台等资源要素；搭建以实时数据库和工业网络为主体的互联互通架构，实现工艺管理系统与相关应用系统的集成；通过仿真培训和流程模拟持续进行工艺改进，为实现系统先进控制创造条件。工艺优化管理系统应用范围覆盖了从设计到优化的工艺管理全生命周期过程。工艺优化管理系统结构图如图 6-4 所示。

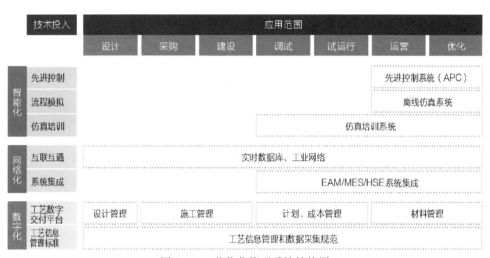

图 6-4　工艺优化管理系统结构图

① 基础数字化。工艺优化基础数字化建设一般开始于数字化工厂设计。在设计过程中，二维和三维设计数据实现基于信号的结构性数据集成及多专业协同，同时实现数字化工厂设计系统配套的文档同基于信号的非结构性数据设计文档和供应商文档关联。企业把全部设计文档和数据资料统一于数据库平台，并进行相关数据关联，可以有效快速检索信息。建立工艺基础数据档案，收集企业已有的工艺配方文件、标准及操作步骤。企业通过发布工艺信息管理办法及细则等制度文件，建立覆盖所有生产设施的数据采集标准，从整体上规范并指导数字化建设工作。

② 网络化互联。工艺优化网络化互联主要通过搭建实时数据库系统与生产控制系统互联互通架构，实现生产过程数据实时采集。通过集成设备状态信息、生产过程信息和安全环保信息，实现工艺管理数据的共享和统一。企业也可利用这些数据信息实现工艺监控、工艺分析、关键参数分析和工艺优化。

③ 智能化应用。基于以上数字化和网络化框架，工艺优化的智能化应用实现的主要功能如下：

——利用三维建模技术完成仿真培训。通过对维修过程的推演、模拟设备的拆分、安装等操作，结合视频、音频等多媒体信息，为不同的维修方案制定可视化培训内容。

——利用流程模拟对生产流程、产品方案、装置潜力及瓶颈进行分析与诊断，解决生产问题，提供改造方案、优化生产流程与装置操作，实现企业节能降耗、挖潜增效、提高经济效益。流程模拟将工艺机理与三维可视化场景结合，通过三维的方式立体呈现工艺流程，可以辅助工艺诊断与优化。

——通过先进控制系统保证装置运行平稳，并在此基础上通过卡边操作和克服约束，实现节能降耗的目标，提高生产能力，增加高附加值产品收益率，进而提升经济效益。同时提高软仪表计算的准确性，增强多变量多回路的模型预估控制能力，充分发挥控制系统的潜力。

（3）应用效果及成效

先进的工艺优化和管理，将使企业工艺管理工作的流程和层次关系更加清晰，能够充分实现工艺信息的共享和新工艺的三维动态仿真验证，从而提升工艺产品质量，提高企业整体工艺管理水平，增强企业核心竞争力。通过生产工艺优化的持续投入，可以逐步选择最优的生产工艺，降低生产的成本，获得最佳的产品收益率，达到预期的生产目标。

6.5.2 智能控制系统

（1）建设需求

流程型制造核心在于连续生产和最大限度地提高生产效率和工艺稳定性。对订单、批次、配方执行情况、质量进行严格的把控，降低关键工艺参数的标准偏差。传统控制系统一般包括仪器仪表系统、DCS 系统、PLC 系统、SIS 系统、SCADA 系统、执行调节系统等，以保证装置的稳定连续运行及紧急联锁程序处理。为了保证底层控制的稳定性和实时性，需在原有静态模型基础上开展动态模型的探索，以达到更精确的控制。基于不同工艺过程，先进过程控制在众多行业与工艺上得到大量应用，取得比较显著的成效，如何实现更多工序、装置、控制回路之间的过程控制与参数动态优化，达到整体最优，也是目前很多流程企业在尝试和努力的方向。智能控制要素分析如图 6-5 所示。

企业生产控制和优化的目标是确定经济性最优的运行区间，帮助操作人员迅速、准确地找到最优工艺控制点。当前，流程行业的控制环节主要采用人工操作运行和人机合作运行控制两种形式。

人工操作运行控制依赖操作者的工作经验来完成系统的回路控制、回路设定值决策、运行指标目标值范围决策以及异常运行工况诊断等工作。人工操作运行控制下的工业过程往往处于非优化运行状态，甚至常常出现异常工况，难以实现安全优化运行。人机合作运行控制依靠专业的工程师观测和分析相关数据来判断

图 6-5　智能控制要素分析

异常工况，难以实现与其他工序控制系统的协同优化、综合生产指标的优化以及运行指标目标值的决策。因此，流程行业的智能控制亟需更加完善的控制方案。

（2）建设方案

智能控制的目标是实现关键工艺参数的数据采集、关键设备的精准控制和控制算法的优化。智能控制方面的技术投入包含 DCS/SIS 等工业控制系统的完善、仪表、阀门等传感器的全过程覆盖和自动采集，依靠工业网络实现生产过程数据与实验室管理、设备管理等系统的数据集成，流程模拟系统、先进控制系统和实时优化系统的建设等。智能化控制的应用范围包含了从工厂数据采集、模型建立到动态控制输出的全过程，通过不断优化控制参数，实现智能化控制目标。智能控制系统结构如图 6-6 所示。

图 6-6　智能控制系统结构图

121

① 基础数字化。智能控制基础数字化建设主要集中在工业控制系统完善和生产过程的实时数据采集两方面。工业系统完善包含 DCS、PLC、SCADA 等系统完善，实现集中控制，建设 SIS 系统，保障工艺及人员安全。生产过程实时数据采集包含实现传感器在关键工艺监测点的数据采集，其与控制系统互相关联，必要时可增加关键部位温度、电压、电流、有功功率和无功功率等监测传感器。

② 网络化互联。智能控制网络化互联包含互联互通架构建设和系统集成建设，形成以 DCS 为主控制系统的生产控制体系，各独立工艺包的控制可以采用 PLC 及其他控制系统完成，但关键数据及系统主启停的控制需由主控制系统负责。同时，通过实时数据库整合不同控制系统数据，为信息化系统提供数据源，实现控制数据与生产过程质量信息数据、生产分析数据和设备状态数据的集成。

③ 智能化应用。智能控制目标是实现全局控制优化、单回路控制稳定和多变量控制价值最优化。智能控制集智能感知、控制、监控、优化、故障诊断于一体，具有自适应、自学习、自动调整控制结构和参数的功能，从而能够适应工业过程的动态变化。通过部署实时优化系统，可以实现自动感知生产条件的变化，自动决策系统的参数设定值，达到优化运行指标的目的。通过部署先进控制系统，可以跟踪设定值的改变，将实际运行指标控制在目标值范围内。智能控制智能化功能如图 6-7 所示。

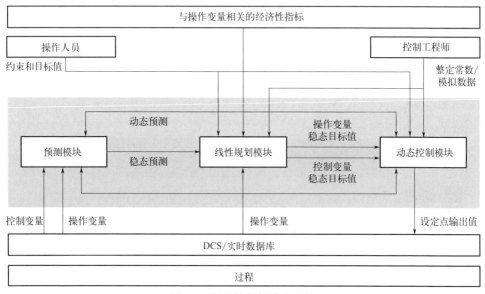

图 6-7　智能控制智能化功能

(3) 应用效果及成效

先进的智能控制能够减员增效，降低操作人员劳动强度，提高劳动生产率；能够精准控制关键工艺指标，保证产品质量的稳定；能够优化设备控制，降低能耗，降低成本；能够提前预警环保相关上限指标，做出工艺及控制调整，并通过联锁程序保证工艺安全及人员安全。

6.5.3　生产调度管理系统

（1）建设需求

在流程型行业生产调度中，生产计划的制订和管理占有举足轻重的地位。相对于离散制造，流程型制造在能源、化工、有色、钢铁等多数行业内以"以产订销"为主，全年生产计划主要考虑市场、政策、原料等因素，以安全、稳定、优质为条件，以实现满负荷生产为目的。流程企业根据市场的需求预测原材料与能源的供给情况、生产加工能力与生产环境的状态，利用生产过程全局性和整体性的思想，确定企业的生产目标，制订企业的生产计划，协调企业各局部生产过程，从而达到企业总体最优目标。同时，为了适应激烈的市场竞争，对生产调度的实时性、协调性和可靠性提出了很高的要求，由于局部生产优化不等于全厂处于最优，生产调度可通过在生产过程中中间产品的存储对各个装置相互冲突的目标进行解耦，以获得全局的最优。

流程行业的生产过程具有复杂性、非线性、多目标、多约束、多资源相互协调等特点。流程企业根据市场需求预测原材料与能源的供给情况，确定生产目标和生产计划，协调生产过程，并通过生产调度使生产过程处于最优状态，从而实现产线的高产与节能。

流程企业生产调度是连接生产计划和生产操作的关键活动。生产调度以生产作业计划为依据，围绕企业经营目标，从全局出发，结合生产流程的实际情况和生产能力进行排产优化，合理调配物料和能源，协调和均衡各装置的生产任务，使各生产环节能有效配合和紧密衔接。同时，通过及时掌握生产动态，对生产过程中的各种矛盾和问题进行综合分析，确保生产均衡稳定、安全、长周期地进行，以保证企业生产作业计划的完成。

生产调度要素分析如图 6-8 所示。

（2）建设方案

为了实现智能化的生产调度，可针对设备、生产状态数据、调度指令和操作指令等方面构建数字化基础，搭建生产过程数据与企业资源管理、高级排程、实验室管理等系统集成的网络架构，实现生产过程的流程模拟、生产计划的智能优化、生产调度的数据分析等智能化功能。生产调度的应用范围包含了计划管理、系统平衡、生产优化、操作优化和调度优化的全过程，能够及时有效地进行资源协调，完成生产目标。生产调度管理系统如图 6-9 所示。

① 基础数字化。生产调度基础数字化建设主要通过传感器的新增或改造，实现设备、计量仪表、生产实时状态的数据采集。通过调度系统，将调度指令和

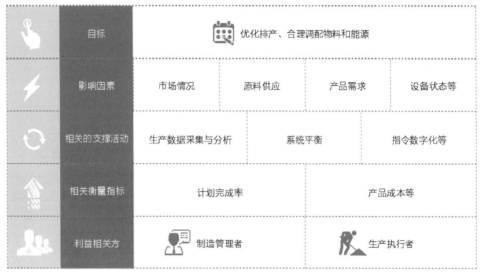

图 6-8　生产调度要素分析

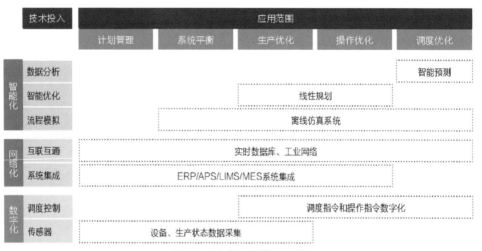

图 6-9　生产调度管理系统

操作指令数字化，为操作优化分析积累相关数据。

② 网络化互联。生产调度的网络化互联，首先实现实时数据库系统、生产控制系统、制造管理系统、设备管理系统之间的互联互通，进而实现生产过程数据与生产计划数据、设备状态数据，原材料数据、生产执行数据的有机集成。

③ 智能化应用。调度的智能化要综合考量生产计划、设备检修周期、检修节点及产品价格，结合产品利润最大化和设备运行状态最优化得出最优的调度策略。智能化调度基于统一的工厂模型，实现调度指令、生产监控、物料平衡、统

计分析的无缝衔接与闭环管理。调度的模式由传统的人工驱动提升为基于系统规则的自动化驱动，实现标准业务流程的自动化与实时化，提升企业生产管理协同水平。生产调度智能化功能如图 6-10 所示。

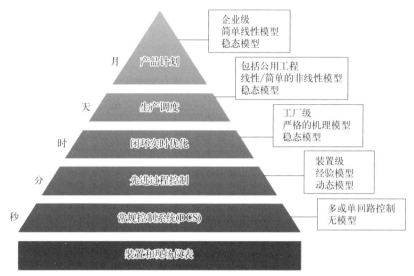

图 6-10　生产调度智能化功能

(3) 应用效果及成效

智能化生产调度可以提高生产计划的准确性，促进企业资源的优化配置；通过优化生产计划可最大限度地提高原材料采购的合理性，优化原料组合，降低采购成本；通过设置合理的生产操作条件，能够最大限度提升设备综合利用率；此外，通过生产调度的执行，还可以及时发现企业生产瓶颈和制约因素，不断优化生产过程，实现生产效率的最大化。

6.5.4　物料管理系统

(1) 建设需求

工业企业生产经营管理工作的重点之一就是对供产销存环节进行集中统一的计划和配置、协调和优化。对流程型企业来说，从原料采购、加工到产品销售这样一个过程其距离非常之长，特别是生产环节的加工路线错综复杂，生产的连续性、物料的流动性、产品的联产性、品种的多样性、产耗的同步性、质量的差异性、形态的可变性，使得企业进行全方位全过程的监管和监控受到了一定程度的限制。流程行业物料统计平衡依据生产平衡量后的和物料相关的生产数据进行归并汇总，按照逻辑节点量和逻辑移动关系与物理节点量和物理移动关系之间的对应关系，实现统计层逻辑节点拓扑模型的动态生成，并以规则库、模型库和求解器完成模型平衡计算，达到企业的区域、工厂、子公司三级物料统计平衡。

在流程行业生产过程中，原料、半成品、成品始终处于流动状态，整个企业的物流过程呈"网状"结构。从原材料入厂到成品出厂的整个过程，各阶段物料的具体构成都是动态变化的。流程行业的物料平衡能够合理解决废气废水废渣排放问题，或者数据仪表测量不准确带来的原材料计量值和产品计量值之间存在差异的问题。采用物料移动模型实现物料实时跟踪，使得管理人员能更为准确地了解生产过程的真实状态，提高生产效率。

物料平衡要素分析如图 6-11 所示。

图 6-11　物料平衡要素分析

（2）建设方案

为了实现智能化的物料平衡，可结合生产仪表、流量、液位、罐容等实时生产数据以及厂区、装置、管线模型等构建数字化基础，搭建企业资源管理、仓储管理、生产管理等系统集成的网络架构，实现生产过程的流程模拟、物料平衡的数据分析等智能化功能。物料平衡的应用范围包含了计量管理、罐区管理、仓储管理、进出场管理和物料平衡管理的全过程，能够快速准确地实现物料平衡计算，实现日平衡、旬结算的管理目标。

物料管理系统结构图如图 6-12 所示。

① 基础数字化。物料平衡基础数字化建设主要包括工厂模型的建立与完善和生产过程的实时数据采集。工厂模型包括管线、装置、厂区范围的建模，生产过程实时数据采集包含实现传感器在生产仪表、流量、液位、罐容及地磅等数据的实时采集，为物料平衡计算提供数据基础。

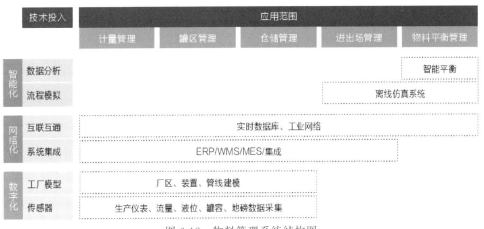

图 6-12 物料管理系统结构图

② 网络化互联。物料平衡网络化互联包含互联互通架构建设和系统集成建设。通过实时数据库整合不同控制系统数据，为信息化系统提供数据源，实现生产数据与物料信息、库存信息及生产执行信息的集成。

③ 智能化应用。物料平衡智能化应用主要是通过物料信息自动采集分析，实现物料移动数据的自动解析，按照规则和模型，实现移动组数据的自动平衡，达到企业的区域、工厂、子公司三级物料统计平衡。

（3）应用效果及成效

物料管理系统建设，可以为生产经营提供科学的决策依据，规范企业生产业务管理流程，优化资源利用，降低物耗，提高企业生产管理的精细化水平，增强企业盈利能力和核心竞争力；可以促进工艺系统稳定运行，物料流程平衡顺畅；能大幅提高设备利用率和企业生产效率；可以为工艺控制提供精准工艺调度指令，满足设计工艺参数和设计工艺条件，达到最佳产品质量；可增加物料流转率，降低库存率，减少因物料失衡造成的非计划停车，从而实现节能降本。

6.5.5 设备运维管理系统

（1）建设需求

对于流程型制造，任何设备的非计划停机可能会对整个生产过程造成影响，产生巨大经济损失，引发安全事故。保证设备的安全可靠运行对于流程型制造至关重要。流程型制造一方面产品比较固定，一旦投产可能十几年不发生变化，另一方面设备投资比较大、工艺流程固定，需最大限度降低停机和检修时间，克服装备的可靠性和准确性不足等问题。因此，需要对关键设备的参数进行监控，基于设备健康程度实行有效的设备管理，同时挖掘设备潜能，监控场景需覆盖设备巡检点检、大修的管理、设备资产管理、设备知识库管理等，并能够根据不同设备对应的特性进行定制化的维护。

随着生产设备日益集约化和复杂化，设备运维在流程型企业生产中的作用越来越大。同时，与设备有关的费用在产品成本中的比重也越来越大。流程行业设备运维主要具有以下特点：

——设备内物流和化学反应多，可能出现堵塞、沉淀、腐蚀等异常，产生设备故障，进而影响生产进度。

——生产过程中某一最薄弱环节设备的产能、稳定性、质量、故障停机等指标直接影响生产能力的上限。

——局部停机导致全流程停机，经济损失严重。流程型企业非计划停机会造成严重经济损失，这些损失主要由丢失的产量、材料、能源以及人工浪费构成。

——生产运行中无法停机排除故障隐患。流程型企业设备运行中，一些微小故障即使被发现，只要此故障隐患不会造成质量下降、成本升高、安全事故发生等严重后果，就允许设备"带病工作"。

——设备的运维成本占生产运行成本的比例很高，资金和人员投入较大。

设备运维要素分析如图 6-13 所示。

图 6-13　设备运维要素分析

（2）建设方案

为了实现智能化的设备运维，可结合设备的电流、振动、温度等设备实时动态数据采集以及设备状态数据、故障类型数据和静态档案数据存储等构建数字化基础。搭建设备状态管理与企业资源管理、实验室管理、生产执行管理等系统集成的网络架构，实现设备的状态监测、远程运维、故障预测等智能化功能。设备运维的应用范围覆盖了供应商管理、特种设备管理、点检管理、状态监测管理、维护管理、检修管理、备品备件管理和报废管理等设备管理全生命周期过程。设备运维管理系统如图 6-14 所示。

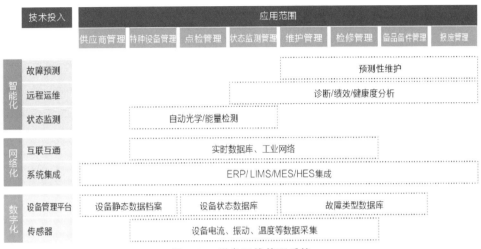

图 6-14　设备运维管理系统

① 基础数字化。设备运维基础数字化主要包括生产设备的振动、温度、电流等实时状态数据的采集和设备静态数据档案和故障类型数据的管理，能够实现设备运维管理数字化，如图 6-15 所示。

图 6-15　设备运维管理基础数字化

设备静态数据档案需针对设备基础管理进行数字化升级，包括对供应商信息、设备出厂信息、属性信息以及类别等信息的数字化管理。设备状态数据管理要求设备具有点巡检数据自动上传、过程自动化仪表数据自动采集、在线监测数据自动上传等功能。设备故障管理数字化,需要建立缺陷标准库、故障标准库以及重要动态设备物理特性机理模型。

② 网络化互联。设备运维的网络化互联,首先实现实时数据库系统、企业资源管理系统、实验室管理系统、生产制造执行系统、安全环保管理系统之间的互联互通,进而实现设备状态实时数据与设备基础数据、备品备件数据,生产执行数据、危险设备运行数据的集成。

实现设备管理网络化互联可通过物联网等技术接入关键设备从而监测相关的数据,将完整的运行参数信息库与工艺、质量等数据相耦合,建立融合各类动静态状态数据、管理经验、专家知识、标准流程的设备远程运维管控平台。

流程型智能工厂设备运维网络架构见图 6-16。

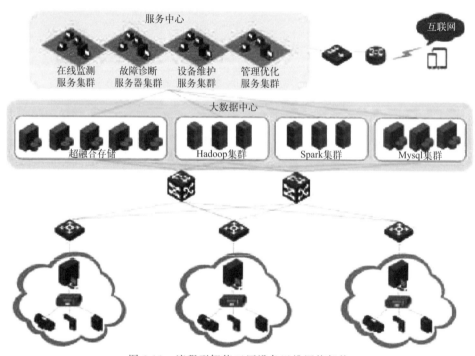

图 6-16　流程型智能工厂设备运维网络架构

③ 智能化应用。设备运维智能化的核心目标是实现预测性维护,如图 6-17所示。在设备状态监测方面,企业除了利用现有传感器、控制系统和生产系统等系统中的数据外,还可通过新增点检、在线监测等方式,实现对动、静、电、仪等设备数据的全面感知与获取。数据平台通过集成各类智能算法,最终实现设备、生产线或工厂的设备故障预测,并对分析的结果进行展示与呈现。

目前设备建模主要有两种思路:一种基于机理辨别,对未知对象建立参数估计、进行阶次判定、时域分析、频域分析,或者建立多变量系统进行线性和非线性、随机或稳定的系统分析等，研究系统的内在规律和运行机理；另一种则是基于 AI 相关的灰度建模思路，利用专家系统、决策树、基于主元分析的聚类算法、SVM 和深度学习等深度学习相关方法，对数据进行分析和预测。当前来看，在故障诊断预测性维护领域，智能化程度仍处于起步阶段，诊断专家的人工分析仍是不可替代的。无论是智能分析还是人工分析，目的在于准确预测设备运行状态，实现对异常设备的预警和故障的精准定位，并通过预测技术实现设备寿命的滚动预测。

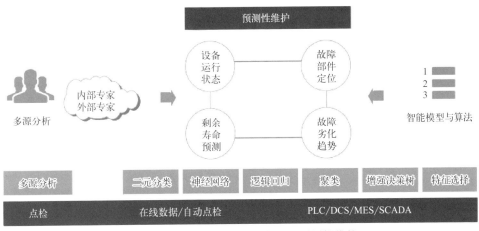

图 6-17　设备运维智能化功能——预测性维护

设备运维智能化建设还可以利用多维多尺度数字孪生建模技术，进行数字孪生体系建设，如图 6-18 所示。通过采集物理模型、传感器、运行历史等数据，

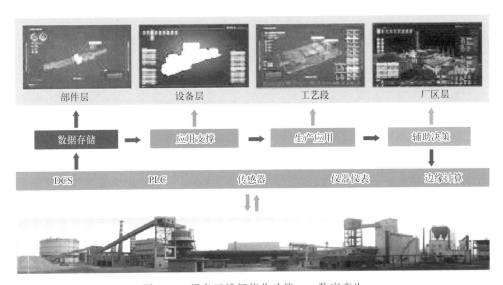

图 6-18　设备运维智能化功能——数字孪生

集成多学科、多物理量、多尺度、多维度的仿真技术，实现虚拟空间映射。数字化建模技术系统的模型在功能结构上等价于真实的系统，可以反映出内在关系和外在表现，并且具有一致性。数字孪生采用图形化技术，通过图形、图表、动画等形式显示仿真对象的各种状态，使得仿真数据更加直观、丰富和详尽。

设备运维管理数字孪生一般具有以下几个功能特点：

——可以通过三维数字化虚拟空间的数据访问接口，让企业不同层级人员在不同场景下随时随地获取装置、设备设施的工程设计、工艺、运行数据，提高数据可见性，实现信息透明化。

——可以借助设备三维模型管理焊缝、检测点等部位的全生命周期业务数据，实现由设备级管理向安全要素级管理的转变，让压力容器和压力管线管理回归安全本质。

——可以借助设备三维模型进行设备培训，通过建立与现场机组完全一致的精细化模型，向设备人员、检修人员、操作人员提供直观、准确的认知培训和维修培训，并可进行实操模拟，提高管理、技术、操作人员业务水平和应变处置能力。

——可以借助三维可视化虚拟场景，集成现场各种传感器数据，模拟人在现场巡检时的真实场景，解决大范围厂区、高危区域、恶劣天气下巡检难问题。

（3）应用效果及成效

通过设备运维管理的应用，可以为企业带来很多价值。例如，设备运维智能化可以增强工作计划性，加强企业执行力，能够合理配置部门结构和岗位，增加有效工作时间；可以降低设备故障率，确保生产稳定，提升设备综合利用率；可以降低维修成本，减少备品备件库存，实现库存资金降低。

6.5.6 质量管理系统

（1）建设需求

流程行业生产原料和生产过程中的精确计量及品质鉴定，是产品质量的基础保障。一方面，考虑到取样检测的结果对于后续工艺的控制和成品质量影响较大，需要在生产原料配给端进行严格的检验，涉及材料追踪、重量核算、供应商确认等环节，保证材料取样、检测的客观性；另一方面，在生产过程中和成品阶段进行抽样检测，保证各项质量指标满足工艺要求。由于流程型行业往往涉及大量的化学、物理反应，实验室的管理也是质量管理的重要组成部分，对实验过程、实验数据、检测样本、历史数据等进行全流程信息化管理，是企业控制质量、提升工艺的重要手段。同时，基于实验室信息管理系统，结合自动化技术与数字化实验仪器，实现实验过程本身的少人化、无人化、智能化。

产品质量是公司赖以生存和持续发展的根本因素。流程行业质量控制的关键环节是对生产过程的控制，而加强生产过程控制的有效手段之一就是提升质量检验的时效性和准确性。通过分析检验结果可以更好地了解产品现状、发展趋势、工艺缺陷以及应采取的工艺措施。质量检验为产品的加工、调和、销售、运输、储藏提供依据。检验分析数据是高层领导正确决策的基础，也是进行产品质量管理控制的标尺。目前，流程企业质量检验主要存在以下问题：

——原料取样的准确性问题。对流程型企业原料质量检验检测来说，首要环节是进行取样，取样的准确性会在很大程度上影响原料质量检验检测效果。实际作业中，流程型企业原料取样通常采取随机方式，而在该环节如果客观性不足的话，极易导致原料质量检验检测结果的准确度因取样准确性不足而无法保证。

——检测方案和操作问题。首先，检测人员在质量检验检测中如果没有严格根据物质类别以及相关规范要求选择正确的方法，那么势必会导致其所测结果不准确。其次，在质量检验操作上，人员的操作熟练度、专业性等因素也会对结果的正确性造成影响。

——实验室环境问题。环境质量检验检测工作对于实验环境有着严格的要求。通常在质量检测中，密闭性、温度、湿度等指标的变化都会造成实验结果偏差。

——质量追溯问题。部分企业质量检验的方法是检验人员手工记录原始实验数据，容易存在误差，实验结论受主观因素影响较大。在质量追溯时，查验纸质原始资料费时费力，且存在效率低、劳动强度大、时效性差、结果误差大等问题，因此，难以满足产品全性能检验、验收检验以及快速获取检验产品多角度汇总质量信息的要求。

质量检验要素分析如图 6-19 所示。

图 6-19　质量检验要素分析

（2）建设方案

为了实现智能化的质量检验，可结合在线监测仪器、实验室仪器和质量建模等构建数字化基础，并搭建实验仪器与企业资源管理、实验室管理、生产执行等系统集成的网络架构，实现关键节点在线检测、质量数据智能分析等智能化功能。质量检验的应用范围包含了质量策划、过程管控、质量保证、质量改进的全过程，能够实现质量检验准确高效，进而指导生产进行优化。质量管理系统结构如图6-20所示。

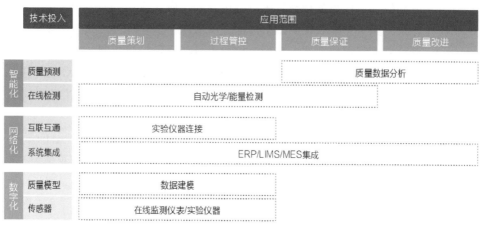

图6-20 质量管理系统结构图

① 基础数字化。质量检验基础数字化主要是通过在线监测仪表、实验室仪器等数据的采集和质量检测管理系统模型的建立，实现质量检测管理数字化。

② 网络化互联。企业资源管理系统、实验室管理系统、生产制造执行系统之间互联互通，进而实现检验数据与原材料基础数据、供应商数据、实际生产过程数据的集成。

③ 智能化应用。质量检测智能化应用主要包含提升智能检验设备、智能检验技术和建立质量分析系统。智能检测技术涉及物理学、电子学等多种学科。采用智能化检验设备和技术，可以减少人员的干扰、减轻工作压力、提高结果的可靠性。质量技术分析系统依靠智能化质量检验设备传送的实时数据完成实时监控和质量分析。系统依据检验的原始数据和后台设定的检验标准自动计算结果，生成检验结论和检验报告。系统可以根据不同业务自动生成相应的分析报表和图形，可以根据统计分析结果，生成包括多层链接的图表，这些图表可以直接链接到产品的检验报告和检验原始记录，从而实现质量溯源。

（3）应用效果及成效

质量检测智能化可以通过对监测设备进行数字化改造，实现采集实时测量数据，为数字化平台的应用提供基础数据支撑；可以延伸监测数据溯本求源，追溯监测数据形成的每一个关键环节和过程，使每个监测结果都有据可查，增强监测数据的溯源性；可以提升检验工作质量，使技术监测更加科学、监测数据更加透明公正、监测过程更加高效规范，减少主客观影响因素，工作质量显著提升；可以降低监测过程安全风险，改善员工工作环境，降低劳动强度，提升工作效率。

6.5.7　能源管控系统

（1）建设需求

流程型制造对于能源的消耗巨大，能源管理存在滞后，需对产线、工艺段、设备、单品的能源耗用进行详细评估，改造加装数字化计量仪表，建立能源平衡体系。除此之外，为保证制造过程连续性，需保证能源的持续供应。同时，对水、电、气、风进行精细管理，通过优化设备运行参数、改造设备、杜绝跑冒滴漏、合理利用能源阶梯价格、对比不同班次数据、优化控制参数等方式，提升能源利用效率，降低生产成本。

随着流程行业能源使用成本及消耗处理成本的日益增加，能源管控对流程型企业生产经营管理的影响也越来越大。持续对能源实施管理和优化已经成为企业经营管理的重点活动之一。当前，流程型企业能源消耗主要具有以下特点：

——企业作业区域分散，管道及流程复杂，过程能耗使用及过程损耗追踪困难。

——随着企业生产设备及设施的使用年限日益增加以及隐性消耗的持续增加，导致企业耗能成本日益增加。

——随着国家节能减排管理要求的系统化和全面化，企业用能成本持续提升。

——企业在厂区能源的平衡及计量、控制管理缺乏数据基础，内部能源转换后调度平衡及资源负载无法实现最优化调控，造成企业能耗成本控制困难。

所以，利用高科技信息技术作为平台，综合新技术、新工艺、配套技术和管理措施，减少消耗，形成安全、稳定、可靠、经济和高效的能源管理系统，对于降低企业生产成本、改善环境质量以及提高产品的市场竞争力具有极为重要的意义。

能源管理要素分析见图 6-21。

（2）建设方案

为了实现智能化的能源管理，可结合生产过程中的关键节点的流量、液位、压力、电耗等实时数据与能源消耗模型、能源监测数据库和异常数据库构建数字化基础，搭建能源管理与企业资源管理、实验室管理、生产执行管理等系统集成的网络架构，实现能耗监测、能耗分析和能耗预测等智能化功能。能源管理的应

图 6-21　能源管理要素分析

用范围包含了能源设计、入场管理、能源转化、计量管理、耗用管理、模型建设、调度与平衡、能源优化等全过程管理，如图 6-22 所示。

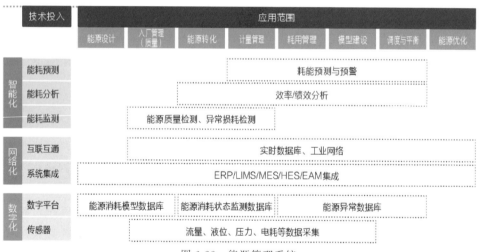

图 6-22　能源管理系统

① 基础数字化。能源管理基础数字化主要包括能源消耗等实时状态数据的采集和建立能源系统消耗数字化档案、建立消耗异常数据库、实现数据采集的数字化记录，见图 6-23。

能源消耗数字化档案需包含企业供配电系统、动力系统、给排水系统、环保系统、设备信息，实现对电力耗用、燃气、环保排放的水、气、渣等各种能耗介

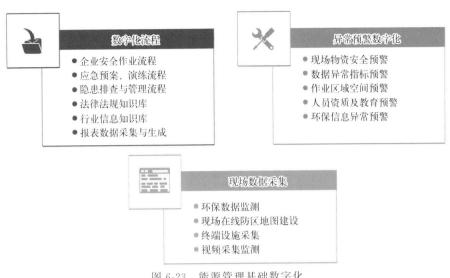

图 6-23　能源管理基础数字化

质及耗能设备及区域耗量的数据关联并形成能源信息模型。

建立故障类型数据库以记录能源应用中故障、历史偏差值、越限等事件关键值，实现对异常耗用故障类型、耗损的故障类型、排放数据故障类型、安全阈值数据的数字化。

实现能源运行数据的数字化记录，通过现场控制层及采集层单元实时采集现场各种模拟量、开关量、脉冲量及温度量，进行工程转换、直采和电子录入，从而实现能耗数据的数字化。

② 网络化互联。能源管理的网络化互联，首先是实现实时数据库系统、企业资源管理系统、实验室管理系统、生产制造执行系统、安全环保管理系统之间的互联互通，进而实现能源消耗实时数据与设备状态数据、过程质量数据，原料采购数据、危险设备运行数据的集成。

能源管理系统通过各种智能和数值通信终端，监测各能耗点的能耗数据和设备运行信息，实现了数据采集单元与各类过程控制系统的数据对接。能源的数据通过通信管理机把监测终端监测到的各类能耗参数、动力环境数据采集后进行前置处理、数据转发（或规约转换、通信管理、数据网关）等处理，在网关进行数据就地分析和存储，或将数据、分析结果汇总，通过有线或无线的方式，传输到服务器进行显示和后续分析加工。流程型智能工厂能源运维网络架构见图 6-24。

③ 智能化应用。能源管理智能化的核心是通过对各类数据的有效利用，实现企业能源的动态化管理，见图 6-25。能源数据是反映设备运转和车间生产状况的最真实有效的数据，企业可以通过数据建模和智能分析，用能耗数据来统计

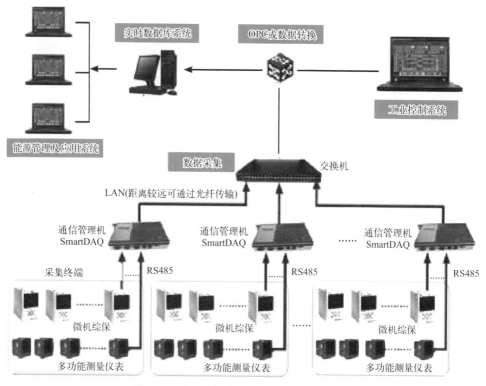

图 6-24 流程型智能工厂能源运维网络架构

设备、线体运行时间,统计生产停机频率和停机时间,以分析设备的可用性;可以通过设备能耗数据来分析和评价工人工作量和工作效率;还可以应用数据分析技术和自动化技术,建立全厂能源优先生产模型,来指导生产设备运转,当订单交付不是很紧迫的情况下,自动切换到能源优先模型,以能源消耗最小化来安排生产。而当订单需要紧急交付时,再自动切换到订单优先模型,调整设备工作模式,保证能源安全、足量供应。

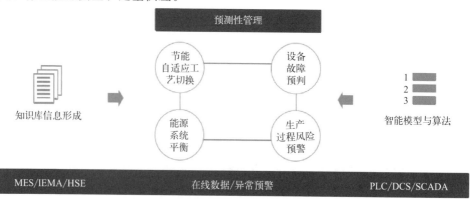

图 6-25 能源管理智能化功能

在日常生产活动的应用中，可以通过能源模型和预测分析，进行各环节的消耗核算和预测，形成基于均衡消耗的关联数据。这些系统数据，能够帮助实现能源消耗所关联的安全耗量管理、异常耗用预警及风险预警等功能。此外，可以通过数据的优化分析实现基于能源管理的数据异常对生产、设备、安全等系统提供预判协同。

（3）应用效果及成效

通过能源管理的智能化应用，可以为企业带来很多价值：可以通过能耗数据来统计运行时间、统计生产停机频率和停机时间，分析和评价设备及人员工作效率，帮助企业优化流程；可以通过实时计算设备的各项参数，对比设备运行过程中偏离目标值对能耗的影响，实现能耗使用的透明化，消除能源异常消耗，提高企业能源的经济运营能力；可以通过能耗数据的预警阈值控制，预测和监控系统消耗异常，降低安全及环保事故的发生率。

6.5.8　安全环保管理系统

（1）建设需求

对于流程型制造企业，由于存在大量高温高压装置、有毒有害物质，安全生产一直都是高优先级的活动。今年以来，化工行业更是安全事故频发，国家对于流程行业的安全要求也是越来越严格。所以，需要借助智能制造相关的技术手段，降低生产过程中安全事故发生的可能性。此外，流程行业是环保重点关注行业，化工、钢铁、有色等更是国家重点关注行业，急需企业提升环保标准和部署相应的措施。

随着流程行业生产管理和自动化水平的提高，企业对经营风险控制的要求愈来愈严苛。当前，流程行业的安全环保管理主要具有以下特点：

——流程行业生产环境复杂、管理体系庞大，安全管理落地与执行难度大，且容易产生安全漏洞。

——对员工安全管理专业知识技能要求高。工业企业的安全工作人员，除了要深刻理解企业安全生产标准化规范外，还要非常熟悉区域安全要素以及设备本身的安全操作规程。

——安全工作繁重，危险防护因素比较多。主要包括特种作业管理、危险作业审批、易燃易爆有毒有害物品管理、危化品管理、防火制度以及各生产岗位、各工种机械设备的安全巡检。

安全环保要素分析见图 6-26。

（2）建设方案

安全生产管理系统要求提供具有行业特征的基础素材，如检查标准库、事故案例库、安全试题库、安全措施库、法律法规库等。通过隐患排查治理、安全作

图 6-26　安全环保要素分析

业许可、应急演练管理、应急资源管理、应急预案管理、记录与报告管理等，实现企业日常监管、预警预测、应急救援，提高应急管理工作的高效化和规范化，并为应急救援指挥决策提供基础数据支撑。信息化建设依靠数据支撑。在获取应急救援、视频监控图像、采集现场图像、环境监测数据、气象监测等数据后，利用前端各类采集数据并结合数学模型，对事件的发展趋势以及影响范围进行分析，得出救援线路、逃生路线等方案。

为了实现智能化的安全环保管理，可结合生产过程中的危害气体、废气、固废等危险源的实时监测数据采集、预警信息、环保数据与安全环保流程打造数字化基础，搭建安全环保管理与企业资源管理、能源管理、设备管理、生产执行管理等系统集成的网络架构，实现安全环保监测、安全环保分析和风险预测等智能化功能。安全环保管理的应用范围包含了法律法规、隐患排查、预案管理、教育培训、应急指挥、调度协同、风险评估、救援管理等全过程管理。安全环保管理系统见图 6-27。

① 基础数字化。

安全环保管理基础数字化主要包括危害气体、可燃气体、废气、废水、固废等危险环保源的监测数据采集，和建立安全环保实施流程、建立安全预警数据库、视频与环保数据的数字化记录。

建立安全环保实施电子流程，将企业隐患排查治理、安全作业许可、应急演练管理、应急资源管理、应急预案管理、记录与报告管理等进行系统梳理与植入。其中，针对导入流程设定电子过程审批与记录，同时建立法律法规和行业信

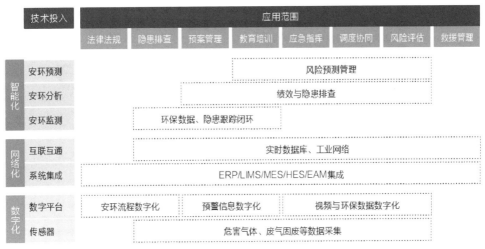

图 6-27　安全环保管理系统

息库与流程进行互相检索，确保流程处于适用状态。

建立安全预警数据库，同步企业历史安全事故信息异常值，设定生产安全事故等预警指标，为预防管理提供数据支撑。

建立企业安全环保数据采集点，数据涉及人员管理、防区管理、环境检测、排放采集、气象检测等多维度信息，利用前端各类采集设施形成数据集。通过现场数采及各类知识法规知识库建设、电子化记录及检索预警，实现数字化 EHS 过程监控。

② 网络化互联。

安全环保管理的网络化互联，首先是实现实时数据库系统、企业资源管理系统、生产制造执行系统、能源管理系统之间的互联互通，进而实现安全环保实时数据与设备状态数据、能源消耗数据、生产执行数据的有机集成。

将终端设施接入网络，采集设备的数据传到服务器或云平台，是网络化的基础。在实际场景中存在以下两种情况：一是有数据接口的智能化仪器仪表等，这种情况需要将设备数据传输到网关；二是部分无法直接提取数据的设备，可以通过安装传感器或进行智能化改造，增加通信能力，基于有线或无线方式将数据传输到网关。网关进行数据就地分析和存储，或将数据、分析结果汇总，通过有线或无线的方式，传输到公有或私有云服务器进行显示和后续分析。通常在设备接入基础上，发展数据分析及云平台业务。

流程型智能工厂安全环保网络架构见图 6-28。

③ 智能化应用。

安全环保管理智能化的核心是基于安全管理的预警及预测管理，在充分利用现有信息的基础上，实现：

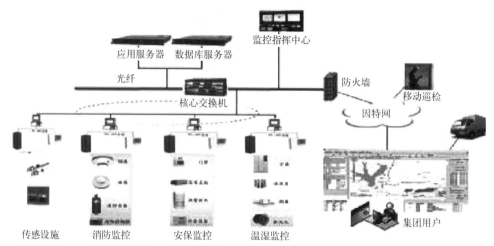

图 6-28　流程型智能工厂安全环保网络架构

——智能预警预测：通过管理系统实现现场数据信息化，自动记录管理范围内的数据、设备、人员等信息，实现现场资源透明化，同时利用数据集成对比，排查现场安全环境及控制区域内指标环境，针对异常数据趋势进行预警提报，对现场异常实施预警干预。

——危险区域告警：根据全厂不同区域的安全管理等级，规划、设置区域的危险点，实现危险点防控结合，达到风险的预先防控。

——地理信息的联动应用：通过 GIS 地图、GPS 定位等系统，构建现场作业告警功能，与工作票系统及检修工程管理模块集成，形成工作区域识别，识别作业流程的符合性，实现环境与流程一致。基于地理信息，通过人员定位管控、安全区域管理、人员状态管理确保人的安全，通过车辆定位管理、路线管理实现物的安全，通过统一报警管理、应急管理与指挥联动、地理信息系统、疏散逃生指引等基于高精度定位的管控实现异常应急的快速处理。

安全环保管理智能化功能见图 6-29。

（3）应用效果及成效

企业经营过程中，通过安全环保管理系统的智能化应用，可以在为企业提供安全保障的同时提升管理的效益，提升过程执行效率；事件自动提醒与督办，可避免因安全环保事务繁杂而产生的遗漏，同时系统自动生成所需的台账和报表，便于安全环保工作开展；建立企业自身的检查标准库，方便隐患排查的开展；消除安全隐患，安全管理从被动到主动，科学进行安全环保工作规划，实现事前的充分管控，事中的监控预警及快速应对，大幅降低企业安全环保管理成本及企业经营风险。

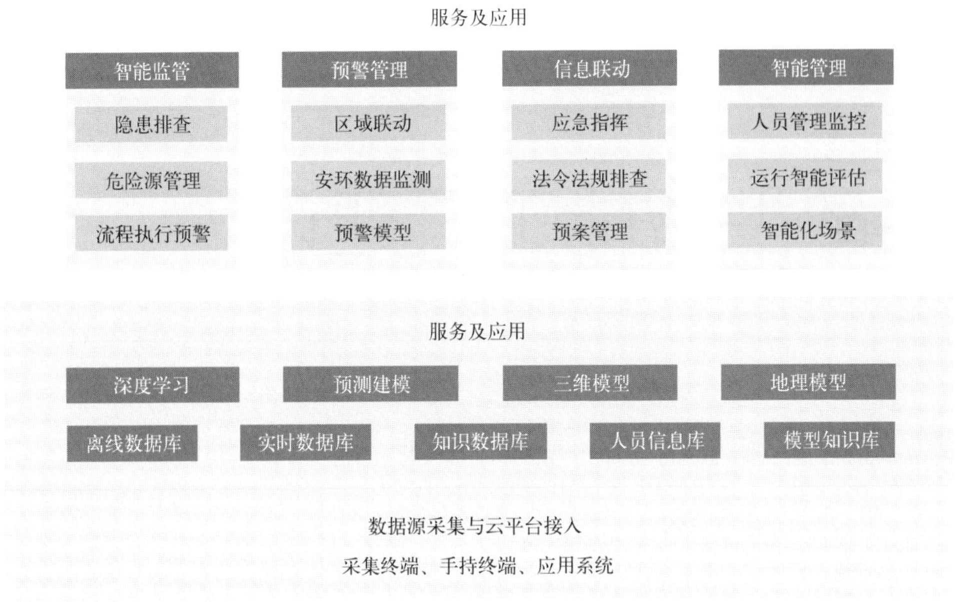

服务及应用

智能监管	预警管理	信息联动	智能管理
隐患排查	区域联动	应急指挥	人员管理监控
危险源管理	安环数据监测	法令法规排查	运行智能评估
流程执行预警	预警模型	预案管理	智能化场景

服务及应用

深度学习	预测建模	三维模型	地理模型
离线数据库	实时数据库	知识数据库	人员信息库	模型知识库

数据源采集与云平台接入

采集终端、手持终端、应用系统

图 6-29　安全环保管理智能化功能

第**7**章

离散型智能工厂建设

离散行业主要将原材料加工成零件后再组装成产品，如机械加工、装备制造、飞机轮船、汽车生产、电子电器等。离散行业在我国工业领域长期占据重要位置，但是传统的离散行业在创新能力、生产效率和效益、生产模式、信息化建设、研发能力等方面仍有待提高，这也制约着智能制造模式在我国工业中的快速发展。

由于产品制造工艺过程的明显差异，离散行业和流程行业在智能工厂建设中的重点有所不同。对于离散行业而言，产品往往由多个零部件经过一系列不连续的工序装配而成，其过程包含很多变化和不确定因素，在一定程度上增加了离散型制造生产组织的难度和配套复杂性。企业常常按照主要的工艺流程安排生产设备的位置，以使物料的传输最有效、生产设备在厂区的占用面积最小。面向订单的离散行业企业具有多品种、小批量的特点，其工艺路线和设备的使用较灵活，因此，离散行业企业更加重视生产的柔性，其智能工厂建设的重点是智能制造生产线。

7.1　总体情况

7.1.1　主要特征

制造业按其产品制造工艺过程特点，总体上可概括为连续制造和离散制造两种。相对于连续制造，离散制造的产品往往由多个零件经过一系列不连续的加工后最终装配而成。

离散行业的特征是，在生产过程中物料的材质基本上没有发生变化，只是改变其形状和组合，即最终产品是由各种物料装配而成，并且产品与所需物料之间有确定的数量比例。离散加工的生产设备布置是按照工艺进行编排的，由于每个产品的工艺过程存在差异且一种工艺可能由多台设备进行加工，因此，需要对加工的物料进行分配，对过程品进行搬运。基于离散行业的特点，呈现出对供应物流响应速度快、产品上市周期短、生产效率高、产品质量高、生产成本低以及柔性生产等需求。

（1）特征之一：工厂制造物料流动过程的高度自动化

离散制造过程中的物流搬运、管理与调度完全依赖机器人、传送带、无人小车等自动化设备。图 7-1 是一种汽车零部件自动化制造工厂设备分布图，这种离散制造物流自动化形态在高端装备、汽车制造、电子制造等先进发达的制造领域得到充分发挥。例如，日本 FANUC 公司的机器人制造工厂完全实现了机器人与加工设备之间的协同，车间的物料搬运、刀具管理、产品的出入等完全实现了无人化。离散制造物流的自动化、无人化是构建智能工厂的重要基础，近年来的机器人换人浪潮，其实就是建设智能工厂的重要组成。在工信部实施的智能制造工程推动下，一些试点企业通过集成国内外自动化技术和产品，开始实施数字化制造工程应用和智能化制造示范，很多企业就是利用机器人、无人小车等自动化设备，将分散的工厂制造物料连接起来，实现制造过程的自动化建设。

图 7-1　一种汽车零部件自动化制造工厂设备分布图

（2）特征之二：工厂内部的设备、材料、环节、方法以及人等参与产品制造过程的全要素有机互联与泛在感知

图 7-2 是智能工厂各功能单元之间的组网和数据通信协议。为实现数据在异构网络的高速、高安全的互通互联，网络通信及协议是技术的核心关键。围绕这一方面的发展，以 OPC-UA 通信协议和高速以太网为代表的有线/无线工业物联网技术得到发展，如时间敏感网络 TSN 与 OPC-UA 的结合，能实现从现场层、

控制层、管理层直到云端的数据通信。

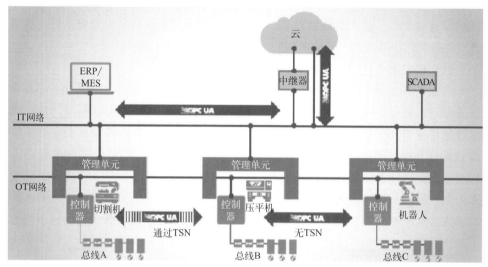

图 7-2　智能工厂功能单元之间的组网和数据通信协议

美国和德国在智能工厂网络协议、高速总线、控制系统接口、软件标准等先进制造领域标准制订上具有主导地位。国际电工委员会（IEC）成立了 IEC/TC65WG16 数字化工厂标准制订工作组，专门从事数字化工厂技术研究和标准的制订。IEC 又陆续成立了一系列专门工作组，包括 IEC/SMB/SG8 工业 4.0 战略研究组和 IEC/MSB "未来工厂" 白皮书项目组等，开展智能制造/工业 4.0 相关的战略研究、体系构建和技术标准研制。目前，工业 4.0 涉及的直接相关的国际标准包括数字化工厂、安全与保障、能效、系统集成、控制网络等几个大的技术领域，最著名的智能制造标准应该是由工业 4.0 和 NIST 组织发布的 RAMI4.0 和 NIST 智能制造生态系统模型。

近年来，新型网络技术的发展为智能工厂的信息物联带来了重大的变革，OPC-UA 数据通信标准的出现，使得车间从传感层、设备层与应用层、管理层实现了贯通，实现了各类异构网的数据交换的标准化、扁平化、高速化管理。德国西门子、力士乐、美国的 GE 等企业成立了基于 OPC-UA 协议的国际组织，一批围绕 OPC-UA 协议的仪器仪表、控制器、系统软件应运而生。我国在网络通信协议的国际标准制定方面能够与国际同步，中国科学院沈阳自动化所、浙江大学等单位都参与了国际上有关无线网络接口方面的技术标准制订；机械工业仪器仪表综合技术经济研究所作为 IEC/SMB/SEG7 的国内技术对口单位，在智能工厂标准制订中发挥了重要作用；国家智能制造标准化总体组（IMSG）参与了 OPU-UA 数据协议的制订，为促进 IT 与 OT 的融合，提出了由生命周期、系统层级和智能功能 3 个维度组成的智能制造系统体系架构，该标准已经由国际电工委员会（IEC）发布。华为等公司在 5G 移动通信协议方面成为国际行业的领军人物，在相关国际标准等方面取得了主动权，有望在工业物联网方面发挥作用。

（3）特征之三：对制造过程的信息物联系统建模与仿真，以及利用制造大数据对制造过程的决策分析与应用等人工智能在制造业中的应用

当前，对制造过程的设计仿真已经有相应的软硬件出现，如图 7-3 所示，采用 Visual Component 软件可以对工厂实际设备进行 3D 动态模拟，通过用 Visual Component 软件实现对工厂的布局、设备选择及生产流程等仿真分析，可构建带机床、机器人、传送带、检测设备、包装等生产设备的虚拟生产线，同时，把一个具体的 PLC 控制器和人机界面的操控平台通过 OPC-UA 通信协议与这个虚拟环境连接，就可以实现用实际的控制器控制运行虚拟工厂的过程，并可以与实际工厂进行交互。人机界面上显示的结果和真实系统是一致的。

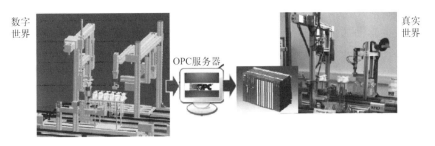

图 7-3　制造要素的信息物联系统建模与仿真

在基于大数据决策方面，如对于离散加工类工厂，现阶段复杂的工艺规划主要依赖于设计人员的经验，然而人的直觉经验很难保证对问题理解的一致性，并且工艺设计人员在设计前期难以考虑生产设备的状况以及生产工程中生产资源的变化情况，这使得零件的加工质量、效率和能耗不能够达到最优。如图 7-4 所示，智能工厂将基于各种智能算法对工艺数据进行分析处理，监测制造过程的加

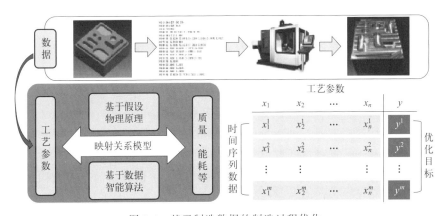

图 7-4　基于制造数据的制造过程优化

工状态，从工艺流程自动生成和工艺参数优化等多个角度来体现加工过程中的自主决策，以替代人实现加工过程的最优解决方案，实现加工过程的效率、质量、能耗等最优化。

7.1.2 发展趋势

(1)"数据驱动"：数据成为智能应用关键使能

传统生产要素逐步数字化，数控机床、工业机器人等广泛应用和深度互联，大量工业数据随之产生，同时研发、运营等制造业务逐渐向数字空间转移，进一步加速了工业数据的积累。加之大数据、人工智能等技术突破与融合应用，为海量工业数据挖掘分析提供了有效手段。构建"采集、建模、分析、决策"的数据优化闭环，应用"数据＋模型"对物理世界进行状态描述、规律洞察和预测优化，已成为智能化实现的关键路径，在工厂各个领域展现出巨大赋能潜力。

一是数据驱动的增强研发范式。数据与研发创新全流程相结合，应用数据模型、智能算法和工业知识，建立超越传统认识边界的创新能力，推动研发创新范式从实物试验验证，转向虚拟仿真优化，进而迈向基于数据的设计空间探索、创新方案发现和敏捷迭代开发。例如，宁德时代结合材料机理、大数据分析和人工智能算法探索各种材料基因的结合点，加速电解液、正极、包覆等电池材料的开发，促使研发周期缩短30％，研发成本降低30％。

二是基于数据的生产过程智能优化。基于海量制造数据采集、汇聚、挖掘与分析，融合工业机理，构建具有感知分析和洞察解析复杂制造过程的数字模型系统，通过对工艺流程、参数的闭环优化与动态调整，实现自决策和自优化生产制造过程。例如，宝武鄂城钢铁，基于"数据＋机理"构建转炉工艺过程模型，破解转炉炼钢过程"黑箱"，动态优化和实时控制氧枪、副枪及加料等操作参数，促使炼制效率提升23％，炼制能耗降低15％。

三是基于数据的精准管控与智能决策。通过对工厂中人、机、料、法、环等全要素的深度互联与动态感知，打通生产过程的数据流，通过数据自动流动化解复杂制造系统管控的不确定性，实现精准感知、动态配置和智能决策的生产运营管理。例如，潍柴动力构建智能管理与决策分析平台，汇聚生产数据，基于大数据分析结合人工智能算法，开展动态资源调度、设备预测维护、能耗智能优化等数据应用，促使生产效率提升30％，生产成本降低15％。

四是数据加速模式业态创新与价值链重构。通过数字技术连接各类终端、产品、设备等，基于数据分析开展远程运维、分时租赁、产融结合等新服务与新业态，进而推动价值链高价值环节的产生或转移以及价值网络的全面重构。例如，帕菲特机械构建售后增值服务运维平台，基于产品数据分析开展租赁、运输、金融等增值服务，促使服务效益提升30％；山河智能装备基于数据实时监控装备状态，探索工程机械融资租赁服务，2022 年 4 月通过融资租赁方式推动工程机械出口 RCEP 成员国，首期合同资金 1000 万元。

（2）"虚实融合"：在数字空间中超越实际生产

数字传感、物联网、云计算、系统建模、信息融合、虚拟现实等技术的推广应用，实现了物理系统和数字空间的全面互联与深度协同，以及在此过程中的智能分析与决策优化，使得工业领域能够在数字空间中对现实生产过程进行高精度刻画和实时映射，以数字比特代替物理原子，更高效和近乎零成本地开展验证分析和预测优化，进而以获得的较优结果或决策来控制和驱动现实生产过程。数字孪生是在数字空间中对物理世界的等价映射，能够以实时性、高保真性、高集成性在虚拟空间中模拟物理实体的状态，已成为在工业领域虚实融合实现的关键纽带。

一是基于数字孪生样机的仿真分析与优化。通过建立集成多学科、多物理量、多尺度的、可复现物理样机的设计状态，且可实现实时仿真的虚拟样机，在数字空间中完成设计方案的仿真分析及功能、性能测试验证、多学科设计优化以及可制造性分析等，加速设计迭代。例如，莱克电气应用结构、电子、电磁等CAD（计算机辅助设计）工具，基于设计资源库，构建电机产品多学科虚拟样机，并开展机械、电磁、热等多学科联合仿真分析与优化，促使产品研制周期缩短 55％。

二是基于生产数字孪生的制造过程监控与优化。依托装备、产线、车间、工厂等不同层级的工厂数字孪生模型，通过生产数据采集和分析，在数字空间中实时映射真实生产制造过程，进而实现仿真分析、虚拟调试、可视监控、资源调度、过程优化以及诊断预测等。例如，一汽红旗采用三维可视化和资产建模技术，实时接入车间生产数据和业务系统数据，建立了整车制造工厂数字孪生模型，从全局/产线/细节等不同角度实时洞察生产状态，对故障/异常状况进行实时识别、精准定位和追踪还原分析，促使生产异常处理效率提升 30％，工厂产能提升 5％。

三是基于产品运行数字孪生的智能运维与运行优化。在产品机械、电子、气液压等多领域的系统性、全面性和真实性描述的基础上，通过采集产品运行与工况数据，构建能够实时映射物理产品运行状态，以及功能、性能衰减分析的运行数字孪生模型，从而为产品状态监控、效能分析、寿命预测、故障诊断等提供分析决策支持。例如，陕鼓动力依托设备智能运维工业互联网平台，通过装备数据采集、识别和分析，结合工业机理，构建透平装备运维数字孪生模型，实现产品健康评估、故障诊断和预测性维护，促使维护效率提高 20％以上，维修生产成本降低 8％以上。

（3）"柔性敏捷"：柔性化制造将成为主导模式

目前，消费方式正逐步由标准化、单调统一向定制化、个性差异转变，如服装行业积极落地多种成衣的在线定制，家具行业大力推广全屋家居的客户定制，汽车行业加速探索乘用车用户直连制造，钢铁行业小批量订单需求增长等。传统大规模量产的生产模式已无法在可控成本范围内满足敏捷响应和快速交付的需求。工厂亟须通过构建柔性化生产能力，以大批量规模化生产的低成本，实现多品种、变批量和短交期的个性化订单生产和交付。主要通过四个方面的协同来实现"柔性"。

一是产品模块化快速开发。基于数字化建模工具和数据管控平台，依托产品模块库、设计知识库和配置规则库等，根据设计需求，选择、配置和组合产品模块，并通过参数化设计快速修改模块设计，进而产生定制化产品的设计方案、工艺方案等。例如，曲美家居应用三维家居设计工具，依托一千余个设计案例库和五万余套设计样本库，通过设计配置规则和参数化设计，快速根据客户要求选配生成定制产品设计模型和工艺流程，使得店面定制家居设计效率提高。

二是柔性资源配置与动态调度。泛在连接各类生产资源，实时感知生产要素状态，面向小批量定制工单，精确制订主生产计划、物料需求计划、车间任务排产，柔性配置和组织生产资源，并实时根据订单状态和异常扰动，动态调整计划排程，调度生产资源。例如，老板电器通过生产要素的全面互联感知，构建工业指挥大脑，以小批量定制工单驱动，基于数据模型和智能算法优化生产资源配置，实时进行调度，促使设备综合效率提升 23%，生产效率提升 45%。

三是柔性与自适应加工。依托柔性可重构产线、柔性工装夹具和柔性线上物流搬运系统，基于数据对单件或小批量产品进行精准识别、资源匹配和生产全过程的精确控制，进而实现工艺流程不同、作业内容差异的多品种变批量定制产品的柔性生产。例如，TCL 构建基于 5G 的可重构柔性液晶生产线，结合 5G 边缘计算，实现按订单快速调整产线布局、自动更新设备参数等，促使转产时间缩短93%，产能提升 10%。

四是柔性供应链系统。打通产业链供应链，建立面向研发、生产、运营等业务的供应链协同机制，基于跨企业的数据共享和实时反馈增强供应链资源柔性配置、业务动态协同和变化快速适应能力，进而实现供应链对定制需求的敏捷响应和快速交付。例如，广汽埃安构建供应商协同平台，打通多级供应商数据渠道，推动客户、生产、供应、物流各个环节紧密协同，建立定制订单联动的柔性供应链体系，能够准确传递定制订单的供货需求，快速组织生产和交付采购订单，促使定制化能力提升 35%。

（4）"全局协同"：单点优化迈向全局协同变革

随着 5G、物联网等网络技术的全面应用，泛在互联、万物互联已成为数字时代的典型特征。网络使得制造系统可以不断超越时空的限制进行更广泛的连接，将人、设备、系统和产品等要素连接起来，打通全要素、全价值链和全产业链的"信息孤岛"，使数据能够在不同系统、不同业务和不同企业之间高效流动。进而基于数据协同，通过网络化方式进行资源要素的共享、调度，将企业内外业务集成打通，推动从数字化设计、智能化生产等局部业务优化，向网络化协同、共享制造等全局资源协同优化迈进。

一是生产全流程集成控制与协同优化。基于设备、控制、管控和运营多层次制造系统和信息系统集成，通过数据协同开展计划排程、资源调度、生产作业和运营管控的集成联动，进而实现全生产流程各环节的统筹调度、资源组织、集中控制、高效衔接和动态优化。例如，宝武钢铁依托工业互联网平台打通炼钢、连铸和轧钢三大工艺流程，整合传统分布式操作室，构建集控中心，实现炼钢、连铸、轧钢全流程一体化排程、调度、控制、监视和运维，促使生产效率提升12%，人员比例优化30%。

二是全供应链一体化集成与协同。依托跨企业信息系统集成或构建供应链协同平台，打造供应链协作入口，连接采购、库存、物流、销售等前后端的供应链环节，实现数据联动的供应链集成优化，提升内外部整体协作效能。例如，蓝思科技构建供应商管理协同平台，向上游供应商提供云协作门户，集成供应商的生产、仓储、运输管理等系统，实时传递订单、计划等信息，同时采集供应商生产、物流信息，实现可视化管控与资源调度，促使采购成本降低8%。

三是生产端与消费端打通和协同优化。打通生产系统和消费互联网，以消费者精准洞察、需求敏捷响应和全生命周期体验交付为核心，重构生产模式、运营方式和商业模式，优化全链条资源配置与协作效率，进而快速创新产品服务来满足个性化需求，挖掘长尾市场，推动规模经济向范围经济转变，进而构建新竞争优势。例如，酷特智能基于工业互联网打通成衣消费端和生产端，用户可在线定制服装，自动匹配版型和服装设计，依托高度柔性化智能生产系统实现"一人一单"定制生产与直接交付，推动收入增长16%。

四是基于网络化协同的产业资源配置与全局优化。通过打造产业级平台，泛在连接全产业资源要素，构建全局资源共享平台，在更大范围、更广领域内组织、配置和协同制造资源，并基于资源状态实时感知，应用智能算法和大数据分析，动态优化资源配置，实现全局资源效率提升。例如，博创智能构建注塑行业的工业互联网平台——塑云平台，推动企业注塑机上云上平台，基于实时感知设备运行状态，租赁闲置设备产能，提高行业资源配置效率，并在此基础上创新预测性维护等增值服务，创造新收益。

（5）"绿色安全"：资源效率与社会效益相统一

安全生产和绿色环保是工厂经营发展的生命线，是构建和谐社会的重要保障，是保证国民经济可持续发展的重大问题。近年来，在"双碳"目标引领下，开展智能工厂建设和数字化转型的同时，以数字技术赋能节能环保安全技术创新，应用人工智能、大数据、5G、工业互联网等提升工厂能耗、排放、污染、安全等管控能力，逐步发展绿色制造、绿色工厂和绿色供应链，加快制造业绿色化转型，创造良好的经济效益和社会效益。

一是能耗监控分析与能源效率优化。基于数字传感、智能电表、5G等实时采集多能源介质的消耗数据，构建多介质能耗分析模型，预测多种能源介质的消耗需求，分析影响能源效率的相关因素，进而可视化展示能耗数据，开展能源计划优化、平衡调度和高能耗设备能效优化等。例如，长城汽车通过实时采集室内外温度和制冷机系统负荷，利用校核系统模型实时决策制冷运行的最佳效率点，动态控制制冷机并联回路压力平衡和水泵运行频率，降低制冷站整体能耗，促使节能率达到16%以上。

二是安全监控预警与联动应急响应。针对主要危险源进行实时监控，基于采集数据分析自动识别安全风险隐患并实时预警；广泛连接各类安全应急资源，构建应急预案库，自动定位安全事故，推荐应急响应预案，并实时联动调度应急资源，快速处置安全事故。例如，万华化学建设应急智慧系统，集成视频、报警、气象仪器等数据源，构建应急预案库，实现事故定位、预案启动、应急响应、出警通知以及相关设备和资源自动化联动，能够高效处置安全事故，降低损失。

三是全过程环境监测与污染优化。依托污染物监测仪表，采集生产全过程多种污染物排放数据，建立多维度环保质量分析和评价模型，实现排放数据可视化监控、污染物超限排放预警与控制、污染物溯源分析及环保控制策略优化等。例如，南京钢铁通过对220个总悬浮微粒无组织排放监控点的实时数据采集，构建和应用智慧环保模型，实现环保排放的预测预警与环保控制策略优化，生产异常带来的超标排放风险降低80%，加热炉排口硫超标现象下降90%。

四是全链条碳资产管理。通过采集和汇聚原料、能源、物流、生产、供应链等全价值链条的碳排放数据，依托全生命周期环境负荷评价模型，实现全流程碳排放分布可视比较、碳排放趋势分析、管控优化以及碳足迹追踪等。例如，中石化镇海炼化构建碳排放管理系统，可在线计算各环节碳排放、碳资产数据，实现碳资源采集、计算、盘查和交易全过程管控，按照单台装置每月减少碳资产计算工作量1天测算，全年可降低成本130多万元。

7.2 建设框架

《智能工厂 通用技术要求》（GB/T 41255—2022）中提出了离散行业智能工厂建设的总体框架和基本要求。

7.2.1　总体框架

智能工厂应实现多个数字化车间的统一管理和协同生产，应将车间的各类生产数据进行采集、分析与决策，并将优化信息再次传送到数字化车间，实现车间的精准、柔性、高效、节能生产。

智能工厂总体框架如图 7-5 所示。

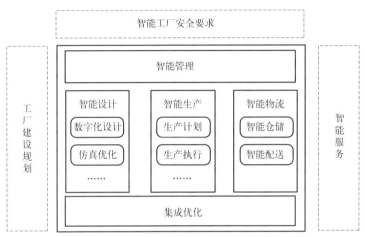

图 7-5　智能工厂总体框架图

数据在智能工厂的智能设计、生产、管理与物流环节中，承载工厂内各个层次之间，以及同一层次的各个功能模块和系统之间的信息。数据的交互通过连接各个功能模块的通信网络完成，其内容服从于智能工厂系统集成建设和运营的需要。数据的格式和内容定义遵从通信网络和执行层、资源层的各应用功能模块的协议。数据的一致性和连贯性将产品的智能设计、生产管理、物流等环节组成有机整体。智能工厂关键技术之间形成的数据流如图 7-6 所示。

7.2.2　逻辑架构

智能工厂的逻辑架构可通过三个维度进行描述，如图 7-7 所示。

（1）功能维：产品从虚拟设计到物理实现

——**智能设计**。通过大数据智能分析手段精确获取产品需求与设计定位，通过智能创成方法进行产品概念设计，通过智能仿真和优化策略实现产品高性能设计，并通过并行协同策略实现设计制造信息的有效反馈。智能设计保证了精良产品的设计，可快速完成产品的开发上市。

——**智能工艺**。包括工厂虚拟仿真与优化、基于规则的工艺创成、工艺仿真分析与优化、基于信息物理系统（CPS）的工艺感知、预测与控制等。智能工艺

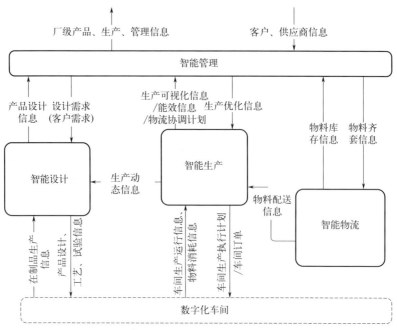

图 7-6　智能工厂关键技术和数据流示意图

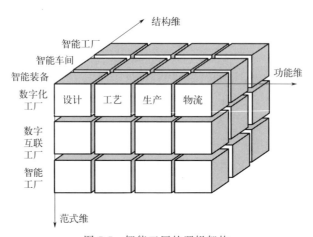

图 7-7　智能工厂的逻辑架构

保证了产品质量一致性，降低了制造成本。

——**智能生产**。针对生产过程，通过智能技术手段，实现生产资源最优化配置、生产任务和物流实时优化调度、生产过程精细化管理和智慧科学管理决策。智能制造保证了设备的优化利用，从而提升了对市场的响应能力，摊薄了在每件产品上的设备折旧。智能生产保证了敏捷生产，做到"just in case"，保证了生产线的充分柔性，使企业能快速响应市场的变化，以在竞争中取胜。

——**智能物流**。通过物联网技术，实现物料的主动识别和物流全程可视化跟踪；通过智能仓储物流设施，实现物料自动配送与配套防错；通过智能协同优化技术，实现生产物流与计划的精准同步。另外，工具流等其他辅助流有时比物料流更为复杂，如金属加工工厂中，一个物料就可能需要上百种刀具。智能物流保证生产制造的 "just in time"，从而降低在制品的资金消耗。

（2）范式维：从数字化工厂、数字互联工厂到智能工厂的演变

数字化、网络化、智能化技术是实现制造业创新发展、转型升级的三项关键技术，对应到制造工厂层面，体现为从数字化工厂、数字互联工厂到智能工厂的演变。数字化是实现自动化制造和互联，实现智能制造的基础。网络化是使原来的数字化孤岛连为一体，并提供制造系统在工厂范围内乃至全社会范围内实施智能化和全局优化的环境。智能化则充分利用这一环境，用人工智能取代了人对生产制造的干预，加快了响应速度，提高了准确性和科学性，使制造系统高效、稳定、安全地运行。

——**数字化工厂**。数字化工厂是工业化与信息化融合的应用体现，它借助于信息化和数字化技术，通过集成、仿真、分析、控制等手段，为制造工厂的生产全过程提供全面管控的整体解决方案，它不限于虚拟工厂，更重要的是实现实际工厂的集成。

——**数字互联工厂**。数字互联工厂是指将物联网（IoT）技术全面应用于工厂运作的各个环节，实现工厂内部人、机、料、法、环、测的泛在感知和万物互联，互联的范围甚至可以延伸到供应链和客户环节。通过工厂互联化，一方面可以缩短时空距离，为制造过程中 "人-人" "人-机" "机-机" 之间的信息共享和协同工作奠定基础，另一方面还可以获得制造过程更为全面的状态数据，使得数据驱动的决策支持与优化成为可能。

——**智能工厂**。制造工厂层面的两化深度融合，是数字化工厂、数字互联工厂和自动化工厂的延伸和发展，将人工智能技术应用于产品设计、工艺、生产等过程，使得制造工厂在其关键环节或过程中能够体现出一定的智能化特征，即自主性的感知、学习、分析、预测、决策、通信与协调控制能力，能动态地适应制造环境的变化，从而实现提质增效、节能降本的目标。

（3）结构维：从智能装备、智能车间到智能工厂的进阶

智能可在不同层次上得以体现，可以是单个制造设备层面的智能、生产线的智能、单元等车间层面的智能，也可以是工厂层面的智能。

——**智能装备**。制造装备作为最小的制造单元，能对自身和制造过程进行自感知，对与装备、加工状态、工件材料和环境有关的信息进行自分析，根据产品的设计要求与实时动态信息进行自决策，依据决策指令进行自执行，通过 "感知→分析→决策→执行与反馈" 大闭环过程，不断提升性能及其适应能力，实现高效、高品质及安全可靠的加工。

——**智能车间（生产线）**。如图 7-8 所示，车间（生产线）由多台（条）智能装备（产线）构成，除了基本的加工/装配活动外，还涉及计划调度、物流配送、质量控制、生产跟踪、设备维护等业务活动。智能生产管控能力体现为通过"优化计划—智能感知—动态调度—协调控制"闭环流程来提升生产运作适应性，以及对异常变化的快速响应能力。

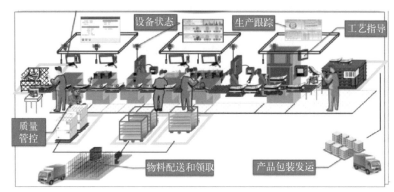

图 7-8　制造车间（生产线）的主要活动

——**智能工厂**。制造工厂除了生产活动外，还包括产品设计与工艺、工厂运营等业务活动，如图 7-9 所示。智能工厂是以打通企业生产经营全部流程为着眼

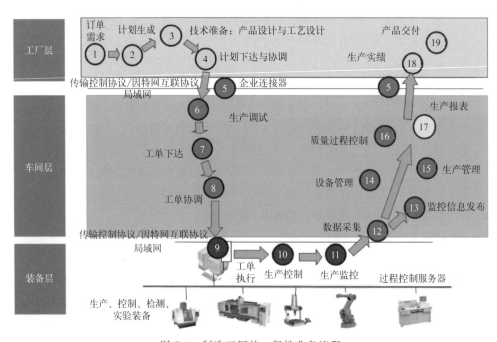

图 7-9　制造工厂的一般性业务流程

点，实现从产品设计到销售、从设备控制到企业资源管理所有环节的信息快速交换、传递、存储、处理和无缝智能化集成。

7.2.3　平台架构

智能工厂的平台架构一般由五层组成，这五层分别是：企业层（ERP、PLM）、管理层（MES）、操作层（SCADA 系统等）、控制层（工业控制等）和现场层（自动化设备等）。图 7-10 展示了智能工厂平台架构实例，其中，现场层、控制层、操作层对应物理车间的软硬件系统。

现场层由场内物流单元（包括立体仓库、物料传送带/AGV 小车）、机加车间（机械加工车间）和装配车间构成。现场层设备与传感器通过工业以太网及现场总线与控制层的控制系统连接，构成车间现场的物联网系统。

在操作层，设备监控与采集系统（SCADA/DCS）通过控制层的控制设备管理现场层的硬件设备。

在管理层，MES 完成生产运营管理和生产工艺管理，工厂规划系统通过仿真技术，对工厂布局、生产进行仿真与优化。仓库物流管理系统管理车间及外部物流。

在企业层，通过 PLM 系统，对产品从研发到售后的全生命周期进行管理，实现产品创新设计与客户个性化定制。ERP 系统实现企业的顶层管理。

随着信息集成程度的提高，层与层之间的间隔日益模糊，原有的多层结构会日益扁平化。随着 PLM、ERP 与 MES 系统的日益融合，企业层与管理层逐步合并，同时由于智能设备的增多，控制设备越来越多地以嵌入式系统的形式安装在生产设备上，使得控制层与现场层变得密不可分。智能工厂的信息流如图 7-11 所示。

7.2.4　基本要求

智能工厂的基本要求如下：

① 数字化要求：数字化是智能工厂的基础，对工厂所有资产建立数字化描述和数字化模型，使所有资产都可在整个生命周期中识别、交互、实施、验证和维护，同时能够实现数字化的产品开发和自动测试，以适应工厂内外部的不确定性（部门协调、客户需求、供应链变化等）。

② 网络化要求：在数字化的基础上，建有相互连接的计算机网络、数控设备网络、生产物联/物流网络和工厂网络，从而实现所有资产数据在整个生命周期上的自由流动，打通物理世界与网络世界的连接，实现基于网络的互联互通。

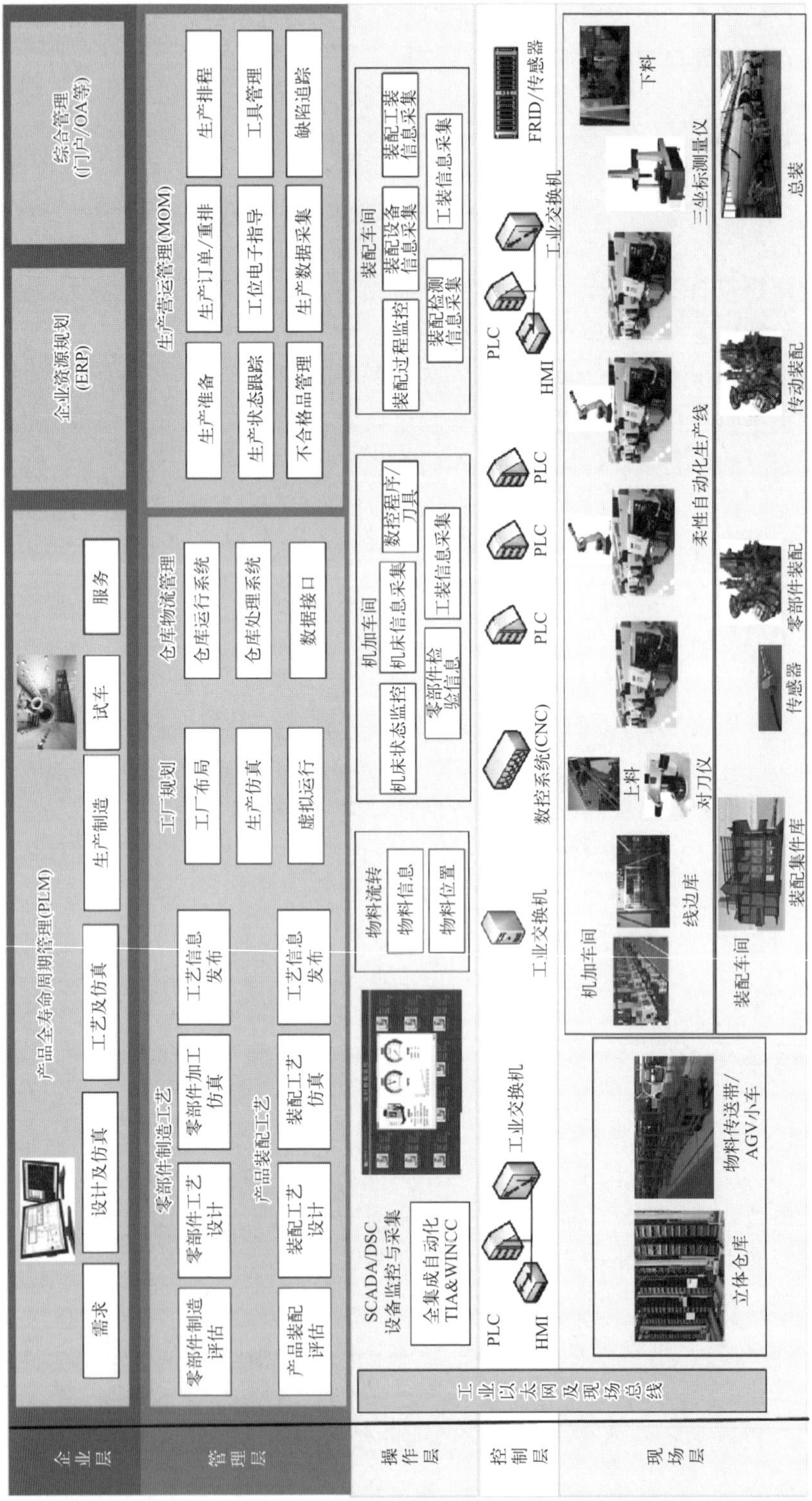

图 7-10 智能工厂的平台架构

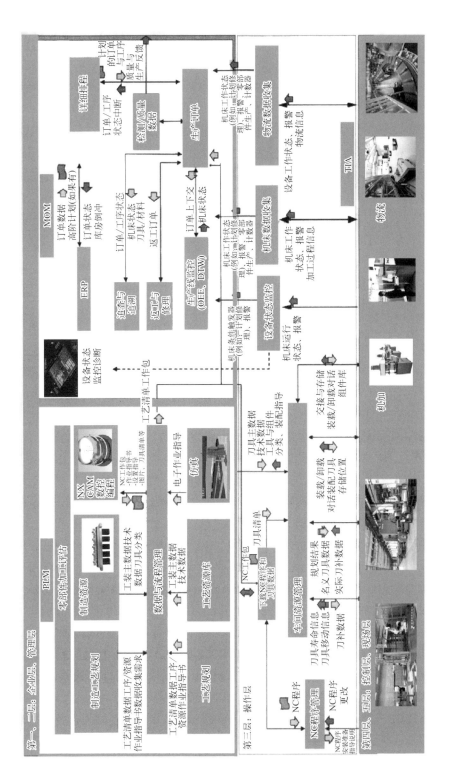

图 7-11　智能工厂的信息流

③ 智能化要求：具有能够感知和储存外部信息的能力，即整个制造系统在各种辅助设备的帮助下可以自动地监控生产流程，并能够及时捕捉到产品在整个生命周期中的各种状态信息，对信息进行分析、计算、比较、判断与联想，实现感知、执行与控制决策的闭环。

④ 能效要求：智能工厂应能实现车间协同，上下游协同，从而达到精准生产或调度现有资源、减少多余成本与浪费，同时具备能效管理功能，缩短生产节拍，提升产能，降低成本，创建具有适应性、资源效率的工厂。

7.3 关键技术

离散行业智能工厂的核心技术是构建 CPS，但 CPS 不是某项特定的专业性的技术，而是一个综合了网络通信技术、大数据技术、传感器技术等诸多先进技术的有机体。

（1）智能工厂的基础建设：智能制造装备与工业大数据技术

围绕智能工厂的底层——制造装备的智能化及多源异构数据的获取与转换、大数据安全可靠传递与高效计算、制造业务驱动的工业大数据分析等关键问题，重点开展如下研究：①制造过程的信息采集与制造装备的智能化；②智能工厂信息物理系统；③制造大数据标准与信息安全；④智能工厂大数据分析应用平台；⑤制造云数据组织与实时运行。

（2）制造资源建模与优化组织

针对动态多变的市场，需要优化利用社会资源及企业内部资源，需要对制造资源建模。具体包括：①工厂资源建模（开发能力、制造能力、管理）；②制造任务描述建模（质量、成本、交货期）；③制造资源的柔性设计与动态管理；④基于交货期、制造资源、资金链建模。

（3）智能工厂使能技术

智能工厂的核心软、硬件是智能制造的重要使能技术，具体包括：①适应个性化需求的设计研发（包括增材制造技术）；②面向任务的物联网构建；③面向智能工厂应用的虚拟现实/增强现实（VR/AR）系统；④制造装备智能监测与安全保障技术与系统；⑤制造工程智能控制及软件，如切削工艺、刀具优化控制；⑥生产线管控系统；⑦效益约束的制造任务智能决策软件；⑧智能物流技术与装备。

（4）技术验证与示范企业规划

提供示范验证技术，推动发展与推广应用，具体包括：①各项使能技术的技术验证；②新一代人工智能技术（大数据智能、人机混合智能、群体智能、跨媒体智能、自主智能等）在智能工厂中的应用；③培育智能技术服务型产业；④企业示范，选择有代表性的示范企业；⑤行业示范，航空航天、数控机床与基础制造装备、电子信息、工程机械、轨道交通、家电等；⑥3D 打印生产线示范，3D打印已经呈现其颠覆性，将成为 21 世纪的重要生产模式。

7.4　建设内容

7.4.1　智能设计

（1）总体要求

参照《智能工厂 通用技术要求》（GB/T 41255—2022）标准要求，智能设计基于数字技术和智能技术，对产品和工艺进行设计，用数字模型和文档描述和传递设计输出，主要包括：

——产品的设计与仿真：产品的功能/性能定义、造型设计、功能设计、结构设计等。

——工艺的设计与仿真：制造工艺设计、检验检测工艺设计等。

——试验设计与仿真：产品试验仿真、试验测试工艺设计等。

智能设计宜考虑与智能制造技术、智能制造装备、智能制造服务的协同，宜做到研发、设计、生产、服务协同一体化。智能设计的关键要素如下。

——数字设计：应从概念设计阶段开始就采用协同数字设计平台，利用参数化对象建模等工具，进行产品的造型设计、功能设计、结构设计、工艺设计等。应采用标准数据格式，输出基于开放标准的设计品，便于产品生命周期各阶段的数据交互，实现信息的高效利用，满足产品生命周期各阶段对信息的不同需求。

——虚拟设计：设计平台集成 VR、AR 等功能/工具，可实现沉浸式、交互式（如三维操作、语言指令、手势等）三维实体建模和装配建模，快速生成产品虚拟样机。进而还可在虚拟环境下进行产品虚拟样机的评审、优化、共享、应用培训，为虚拟制造创造条件。

——仿真优化：在产品设计、工艺设计、试验设计等设计各阶段，结合产品生命周期各阶段反馈的信息，基于包含精准造型、结构、功能/性能和数据的计算机虚拟模型，在协同数字设计平台上利用仿真优化工具，针对不同目标开展计算机仿真优化，确保或提升产品对设计需求的符合性以及产品的可靠性、可制造性、经济性，确保产品的适应性、可扩充性。

——面向产品生命周期的设计：在设计阶段，应充分考虑产品制造、使用、服务、维修、退役等后续各阶段需求，实现产品设计的全局最优。在产品生命周期内，应采用同一计算机产品模型，各阶段发生的任何变更均应实时更新到同一计算机产品模型中，以确保产品数据在产品全生命周期内的一致性和非冗余性。

——大数据分析/知识工程：采集产品生命周期各阶段的数据，建立产品大数据，形成并丰富知识工程，在大数据分析和知识工程支撑下，实现对需求（如市场需求、功能需求等）的快速智能分析、对产品的精准设计和仿真优化，提供功能、性能、质量、可靠性与成本方面全局最优产品。

智能设计示意图如图 7-12 所示。

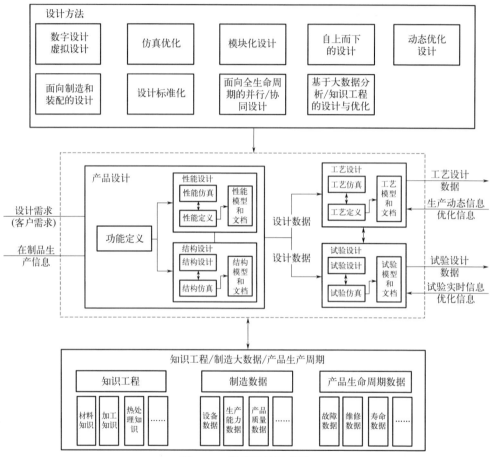

图 7-12　智能设计示意图

（2）智能设计概述

① 概念及特征。

智能设计可以一般性地理解为计算机化的人类设计智能，它是 CAD 的一个重要组成部分。因此，下面从 CAD 的发展历程入手，对智能设计的概念内涵加以说明。

以依据算法的结构性能分析和计算机辅助绘图为主要特征的传统 CAD 技术

在产品设计中成功地获得广泛应用，已成为提高产品设计质量、效率和水平的一种现代化工具，从而引起了设计领域内的一场深刻的变革。传统 CAD 技术在数值计算和图形绘制上扩展了人的能力，但难以胜任基于符号知识模型的推理型工作。

由于产品设计是人的创造力与环境条件交互作用的物化过程，是一种智能行为，所以在产品设计方案的确定、分析模型的建立、主要参数的决策、几何结构设计的评价选优等设计环节中，有相当多的工作是不能建立起精确的数学模型并用数值计算方法求解的，而是需要设计人员发挥自己的创造性，应用多学科知识和实践经验，进行分析推理、运筹决策、综合评价，才能取得合理的结果。

为了对设计的全过程提供有效的计算机支持，传统 CAD 系统有必要扩展为智能 CAD 系统。通常我们把提供了诸如推理、知识库管理、查询机制等信息处理能力的系统定义为知识处理系统，例如，专家系统就是一种知识处理系统。具有传统计算机能力的 CAD 系统被这种知识处理技术加强后称为智能 CAD（Intelligent CAD，ICAD）系统。ICAD 系统把专家系统等人工智能技术与优化设计、有限元分析、计算机绘图等各种数值计算技术结合起来，各取所长，相得益彰，其目的就是尽可能地使计算机参与方案决策、结构设计、性能分析、图形处理等设计全过程。ICAD 最明显的特征是拥有解决设计问题的知识库，具有选择知识、协调工程数据库和图形库等资源共同完成设计任务的推理决策机制，因此，ICAD 系统除了具有工程数据库、图形库等 CAD 功能部件外，还应具有知识库、推理机等智能模块。

虽然 ICAD 可以提供对整个设计过程的计算机支持，但其功能模块是彼此相间、松散耦合的，它们之间的连接仍然要由人类专家来集成。近年来，随着高新技术的发展和社会需求的多样化，小批量多品种生产方式的比重不断加大，这对提高产品性能和质量、缩短生产周期、降低生产成本提出了新的要求。从根本上讲，就是要使包括设计活动在内的广义制造系统具有更大的柔性，以便对市场进行快速响应。计算机集成制造系统（CIMS）就是在这种需求的推动下产生的。计算机集成制造（CIM）作为一种新的制造理念正从体系结构、设计与制造方法论、信息处理模型等方面影响并决定着以小批量多品种占主导地位的现代制造业的生产模式，而作为 CIM 具体实现的 CIMS 则代表了制造业发展的方向和未来。

在智能设计发展的不同阶段，解决的主要问题也不同。设计型专家系统解决的主要问题是模式设计，方案设计作为其典型代表，基本上属于常规设计的范畴，但同时也包含着一些革新设计的问题。与设计型专家系统不同，人机智能化设计系统要解决的主要问题是创造性设计，包括创新设计和革新设计。这是由于在大规模知识集成系统中，设计活动涉及多领域、多学科的知识，其影响因素错综复杂。当前引人注目的并行工程与并行设计就鲜明地反映出了面向集成的设计这一特点。CIMS 环境对设计活动的柔性提出了更高的要求，很难抽象提炼出有限的稳态模式，即设计模式千变万化且无穷无尽，这样的设计活动必定更多地带有创造性色彩。

智能设计具有以下五个特点。

——以设计方法学为指导。智能设计的发展，从根本上取决于对设计本质的理解，设计方法学对设计本质、过程设计思维特征及其方法学的深入研究，是智能设计模拟人工设计的基本依据。

——以人工智能技术为实现手段。借助专家系统技术在知识处理上的强大功能，结合人工神经网络和机器学习技术，较好地支持设计过程自动化。

——以传统 CAD 技术为数值计算和图形处理的工具。提供对设计对象的优化设计、有限元分析和图形显示输出上的支持。

——面向集成智能化。不但支持设计的全过程，而且考虑到与 CIM 的集成，提供统一的数据模型和数据交换接口。

——提供强大的人机交互功能。使设计师对智能设计过程的干预，即与人工智能融合成为可能。

② 发展现状。

产品设计是为实现一定的目标而进行的一种创造性活动，其历史伴随了人类文明的整个进程。随着人类市场需求的不断增加和竞争程度的不断加剧，对于复杂产品的设计，无论在设计的方式还是手段上都在不断发生着深刻的变化，如何使用智能化的方法以实现产品设计的智能化也就成为当下产品设计的研究重点。

网络的出现和网络技术的不断发展不仅极大地改变了人类的工作和生活方式，而且使异地间快速联系与数据通信成为可能。因此，大规模的网络技术也极大地改变了产品设计的方式和方法，产品设计不再局限于本地，使用的设计知识可以在限定的范围内得到智能共享，在保护了知识产权的前提下，异地分布式协作设计成为现实。产品设计资源的异地化，不仅使复杂的设计任务可以由分布式的团队来完成，也为产品全生命周期的各个环节参与到产品设计中提供了高效有利的途径，而且网络协议的不断发展，使得多学科、多领域的设计知识可以得到智能集成应用。充分利用大规模网络技术的智能设计，可以极大地减少复杂产品更新时间与开发成本。产品设计知识智能建模理论在分析产品设计过程需求和特点的基础上，系统地提出了递归化的产品信息智能集成建模的思想，以知识作为驱动复杂机电产品设计的意图和指标，可以实现从抽象概念到具体产品的复杂产品智能设计，逐步求精和细化多元技术集成耦合与演化的过程。基于该理论，面向设计过程的产品装配信息自适应与自组织智能建模理论也已接近成熟。借助符号单元所具有的形状载体作用及其丰富的高层次工程语义，智能化实现产品模型的高层功能描述与低层几何表示的统一的方法同样取得了一定的成果。

产品设计知识的符号智能建模理论是基于装配符号的约束规则集描述，实现产品装配设计信息的智能传递，并采用装配符号关系图对产品装配设计语义与约束进行动态维护。基于符号功能构建映射关系的产品概念方案智能建模方法已经发展成完善的系统，基于符号关联约束关系的产品装配关系智能建模和基于图形单元符号的零件详细结构智能建模等关键技术也逐渐成熟。基于符号智能建模理论的面向方案的形式化智能设计方法深入研究了多层次形式化符号系统的定义、分类、描述和建库方法。基于多层次形式化符号演变的运动方案智能设计方法、基于形式化图元符号的装配方案智能设计方法、基于形式化模板符号的配置智能设计方法、基于形式化字符符号的设计方案重用方法是产品设计知识的符号智能建模理论的研究重点。

基于知识智能演化的产品进化设计方法是将设计知识的演化过程与产品全生命周期的各个阶段紧密结合，从而提出关于各设计阶段知识智能演化的基本原理。基于该理论的产品进化设计与配置产品定制生产理论和方法，对产品运动进化智能设计、装配进化智能设计、结构进化智能设计以及配置产品进化重用的定制生产中的关键技术进行了深入研究并已有一定成果。通过该理论建立的产品基本构造物元模型和产品智能设计过程蕴含系统，通过可拓推理的方法，分别运用拓展与变换的手段，对产品设计模型知识与产品设计过程知识进行有效的演化和派生。

产品多学科耦合与多目标智能优化方法认为复杂机电产品是由机、电、液等多物理过程、多单元技术集成于机械载体而形成的具有整体功能的复杂系统。其设计问题是一个多过程、多源、多部件、多学科的智能耦合过程。智能优化方法是针对复杂机电产品设计过程、设计质量、知识数据的有效组织、处理与利用，以产品过程质量知识耦合特征要素为对象，并且关联产品结构特征，进行数据挖掘和知识发现的理论与方法。目前，通过改进强度 Pareto 进化算法、引入模糊 C 均值聚类，可加快外部种群的聚类过程。采用约束 Pareto 支配和浮点数、二进制混合染色体编码等智能优化策略的智能算法，一次运行就能求得分布均匀的机电产品多学科优化 Pareto 最优解集。以上述研究成果为基础，结合智能设计理论和应用对产品设计理论和方法进行系统深入的研究，是当下智能设计研究的重点。

③ 发展趋势。

智能设计最初产生于解决设计中某些困难问题的局部需要，近年来，智能设计的迅速发展应归功于 CIM 技术的推动。智能设计作为 CIM 技术的一个重要环节和方面，在整体上要服从 CIM 的全局需要和特点。

CIM 技术是一种新的生产哲理，它是为适应现代市场瞬息多变、小批量多品种、不断推陈出新的产品需求而产生的。CIM 技术强调企业生产、管理与经营集成优化的模式，力图从全局上追求企业的最佳效益。CIM 技术可以大大提高制造系统对市场的迅速反应能力，即制造的柔性。决策的依据是知识，要实现决策自动化，就必须采用基于知识的自动化处理技术。产品设计作为制造业的关键环节，在 CIMS 中占有极其重要的地位。同时，在 CIMS 这样的大规模知识集成环境中，设计活动也与多领域、多学科的知识集成问题相关。在 CIMS 环境中实施的并行设计要求在设计阶段就要考虑整个产品生命周期的需求（制造、装配、成本、维护、环境保护、使用功能），它必然涉及广泛领域和众多学科的知识。因此，智能设计是面向集成的设计自动化。

由于 CIM 技术的发展和推动，智能设计由最初的设计型专家系统发展到人机智能化设计系统，虽然人机智能化设计系统也需要采用专家系统技术，但它只是将其作为自己的技术基础之一，两者仍有较大的区别，主要表现在以下四个方面：

——设计型专家系统只处理单一领域知识的符号推理问题；而人机智能化设计系统则要处理多领域知识和多种描述形式的知识，是集成化的大规模知识处理环境。

——设计型专家系统一般只能解决某一领域的特定问题，因此比较孤立和封闭，难以与其他知识系统集成；而人机智能化设计系统则是面向整个设计过程，是一种开放的体系结构。

——设计型专家系统一般局限于单一知识领域范畴，相当于模拟设计专家个体的推理活动，属于简单系统；而人机智能化设计系统涉及多领域、多学科的知识范畴，用于模拟和协助人类专家群体的推理决策活动，属于人机复杂系统。这种人机复杂系统的集成特性要求对跨领域知识子系统进行协调、管理、控制和冲突消解进行决策，而且应有必要的机制（如智能界面）保证人和机器的有机结合，使得计算机系统真正成为得力的决策支持手段，而人类设计专家则能借助计算机系统得到这种支持并发挥出关键和权威决策的作用。

——从知识模型角度看，设计型专家系统只是围绕具体产品设计模型或针对设计过程某些特定环节（如有限元分析或优化设计）的模型进行符号推理；而人机智能化设计系统则要考虑整个设计过程的模型，设计专家思维、推理和决策的模型（认知模型）以及设计对象（产品）的模型，特别是在 CIMS 环境下的并行设计，更鲜明地体现了智能设计的这种整体性、集成性、并行性，因此在智能设计的现阶段，对设计过程及设计对象的建模理论、方法和技术加以研究探讨是很有必要的。

综上所述，智能设计从单一的设计型专家系统发展到现在的人机智能化设计系统乃是历史的必然，它顺应了市场对制造业的柔性、多样化、低成本、高质量、快速响应能力的要求，它是面向集成的决策自动化，是高级的设计自动化。当然，正如我们一再强调的，这种决策自动化不会完全排斥人类专家的作用。随着知识自动化处理技术的发展，计算机可以越来越多地承担以往由人类专家所担当的大量决策工作，但不会完全取代人类专家作为最有创造性的知识源的角色。在一个合理协调、有机集成的人机智能化设计系统中，计算机做得好的工作应由计算机做，而且我们还要不断地提高机器的智能，使之可做更多的事情。而如果智能设计的高质量和高可靠性现阶段机器无法实现，则这些事情应由人类专家去做。这样一个系统可以保证设计的高质量和高效率。

（3）产品设计与仿真

产品设计是从制订出新产品设计任务书起，到设计出产品样品为止的一系列技术工作。在产品设计过程中，需要把握整个产品的战略、形象、构造和功能实现，并根据产品设计需求确定生产线的设计布局，因此，产品设计的重要性不言而喻。通过智能化的产品设计实现了从纸质设计书到仿真设计的过渡，可将产品设计所涉及的概念开发和产品规划阶段、详细设计阶段这两个阶段分为数字化与模块化设计仿真模拟、产品设计试验仿真、产品虚拟流水线与生产模拟仿真、产品设计公差仿真、产品物流仿真、产品并行/协同设计等六个方面。

① 数字化与模块化设计仿真模拟。采用数字化模型的虚拟仿真分析优化产品设计，保证产品全生命期最优；同时，考虑到模块系列的未来扩展及对特殊产品和变型产品的辐射，采用模块化设计来保持模块在功能和结构上的独立性和完整性，以满足不同需求和产品的升级。对于光伏组件的制造，可采用三维 CAD 技术重点解决光伏组件在生产周期的优化方案；对于新设备，如串焊机、层压机、叠焊机等，采用 CAM 控制系统，在实现作业自动化的同时，还可以进行作业情景的虚拟仿真，提升设备作业稳定性及作业效率。

② 产品设计试验仿真。其主要包括产品功能、性能仿真分析，产品的安全性、可靠性、维修性、经济性仿真分析，产品结构、制造工艺、检验检测工艺仿真分析，以及产品生产效率仿真分析等。采用 Plant Simulation 仿真软件，可模拟光伏组件生产，通过调整组件生产过程中的人员匹配、产品结构等，进行制造工艺、产品可靠性分析。

③ 产品虚拟流水线与生产模拟仿真。利用计算机技术、虚拟仿真软件对整个产品的生产过程进行全面仿真设计；在模拟仿真过程中对可能存在的生产异常进行前期优化及修改，以确保实际生产过程能够顺利生产。采用 Plant Simulation 仿真软件，实现组件新产品生产线的人力、设备需求量、岗位节拍及效率管理等的数据化，不断调整人员和设备，以达到生产效率最高。

④ 产品设计公差仿真。采用公差仿真软件（CAT）对产品及其零部件尺寸

公差进行仿真实验，是在满足客户需求的前提下，不断优化尺寸公差并实时监控公差范围内的产品匹配度，持续优化尺寸公差的过程。目前，光伏组件制造行业因涉及产品匹配性的内容较少，因此，对于 CAT 技术的应用较少，针对这方面的文献及工厂端应用也较为少见。

⑤ 产品物流仿真。采用排队论、Petri 网、线性规划等建模方法对产品物流系统进行建模仿真，通过电子计算机和手机 APP 软件编制对应的物流控制程序，仿真实际物流的运输情况，建模分析，以此来指导实际生产过程中物流系统的规划设计与运行管理。

⑥ 产品并行/协同设计。在系统建模仿真过程中需要进行产品的全生命周期管理（PLM），在设计阶段需要将产品的原料、生产、使用、回收等所有因素进行综合分析与规划设计，并将客户需求的产品功能、性能和设计结构考虑进来。

智能化产品设计实现了产品量产的模拟化作业，能够有效地为企业管理者及生产者提供产品的模拟数据，减少产品前期的试验费用，有效提高产品的生产能力和企业效益。作为自动化程度相对较高的光伏组件制造行业，目前其专注于以自动化和信息化驱动智能化变革，将生产线硬件改善及产品数据化作为改革重点，但忽视了对产品生产前的设计进行信息化处理，同时，在技术产品与工程阶段也缺乏专业的模拟仿真软件及专业人才。因此，光伏组件制造行业智能设计升级的方向应为智能产品设计相关人才、技术的引进，尤其是在能够快速降低新产品成本投入且相对薄弱的产品设计试验仿真、产品虚拟流水线与生产模拟仿真等方面。

（4）工艺设计与仿真

工艺设计的初衷是便于组织生产、指导车间作业、保障产品质量、提升设备效率，其通过长久作业不断总结，并结合实际生产条件不断改善和优化得到科学经验。虽然新产品在尚未进行生产时无法准确得到其所需的制造工艺清单（BOM）、规格书等，但是通过计算机仿真可以实现工艺数据的搜集，并确定所需的相关文件资料。智能化工艺设计从 BOM 模拟、虚拟生产工艺规格书、制造工艺基础数据库、人因仿真、虚拟装配仿真、虚拟产线与生产模拟仿真等 6 个方面进行仿真模拟。

① BOM 模拟。BOM 阐述了产品在生产过程中的零配件组装方式及加工装配先后顺序，可反映产品生产过程中的标准作业流程。根据 BOM 对生产流程进行区域性划分，可实现对新产品流水线的布局设计。通过对 BOM 模拟仿真，能够简化新产品虚拟产线与生产模拟仿真方案，可快速有效地导入虚拟产线，降低设计难度。

② 虚拟生产工艺规格书。通过计算机仿真模拟工艺生产，实现产品数据及指标的搜集，可提前预知产品参数及技术指标，以降低新产品小试过程中不良产

品的产生概率，同时减少实际生产过程中原辅材料的消耗。

③ 制造工艺基础数据库。根据数据库管理系统对产品生产信息数据进行统一管理，实现数据分类入库管控，制造工艺基础数据库由计算机辅助工艺过程设计（CAPP）系统提供支持，并与计算机辅助设计软件（CAD）/CAM/计算机辅助质量管理（CAQ）结合，进而为整个数字化生产线提供支撑，实现制造工艺的数字化。

④ 人因仿真。人机一体化系统、适度自动化系统、自适应自动化系统、自主生产单元、智能制造系统、敏捷制造和精益生产系统等新的制造系统模式都强调了人这一因素在系统中的重要作用。通过人因仿真，不仅可以对系统的工作效率、误差水平等指标进行分析，而且还可以量化操作员的任务结构、工作要求等指标。通过调整系统的设计方案或对员工进行培训，可以实现人机优化，充分发挥人的积极性和主动性。

⑤ 虚拟装配仿真。在新产品导入过程中，员工为适应新的装配方式往往会消耗太多精力，并会造成批量产品不合格的情况。在产品虚拟装配环境中，员工使用各种方式联合作业以模拟现实生产环境，在模拟装配过程中会发现新装配要求的差异及改善重点。在系统仿真结束后，系统会自动生成装配过程中的全部数据，为改善装配方式提供技术及数据支撑。通过增强现实技术（AR）连接已通过 Plant Simulation 仿真软件仿真出的光伏组件生产线，让员工在虚拟仿真环境下进行光伏组件生产，重点培训，以提升技能。

⑥ 虚拟产线与生产模拟仿真。通过计算机图形系统及虚拟现实技术，使员工在虚拟环境中以一种现实状态进行作业、操作及设计活动；特别是进行产品技术培训时，模拟实际生产状况，让员工在虚拟现实环境中进行技术培训，提升员工对新产品的适应能力及纠错能力。

智能化工艺设计解决了产品生产前期基础数据的来源问题，提供了较为准确的模拟数值，减少了产品生产过程中不良产品的产生与二次试验，为公司技术人员提交了可靠的数据基础。光伏组件的新产品导入相对频繁，尤其是在采用新工艺、新技术的产品研制阶段，对工艺设计仿真模拟的需求更加紧迫，通过使用 Plant Simulation 仿真软件或 Solidworks 进行虚拟产线与生产模拟仿真，可以直接获取工艺基础数据库，通过分析数据库数据可在仿真阶段直接解决错误或异常设计，降低了由于人员适应新产品生产工艺导致的不良损失，提升了工作人员对新产品生产过程的管控能力。

（5）试验设计与仿真

以信息技术为代表的现代高新技术的飞速发展及其在制造业试验与测试领域的广泛应用，正带动着试验与测试技术向分布式、综合化、通用化、网络化、虚拟化和智能化的方向发展。

智能试验设计与仿真，是基于数字样机模型的复杂产品关键系统试验数据产生、获取和分析的系统工程过程，它以建模仿真、信息集成与管理技术、虚拟现实和知识工程方法为基础，在一个由性能模型、耦合环境、流程引擎和可视化交互机制构成的数字化试验平台中模拟真实产品的物理试验过程。

① 技术特点。

基于"产品＋服务"方式的智能试验设计与仿真具有柔性敏捷化、开放服务化、并行协同化、集成虚拟化、知识智能化的技术特点，开展相关研究与实践，将有利于加速制造业试验水平的提高，进而推进制造装备的发展。

——柔性敏捷化。大大缩短了智能虚拟环境下产品的研发周期，能够快速部署和智能构建规模庞大的智能虚拟试验运行环境和智能虚拟试验验证系统。同时支持多学科、多模态、多层次和多体的模型组件及其设计过程，具有图形化交互环境，能进行可视化建模和分析，允许各学科、各部门和设计研制、生产单位交换模型组件，实时地参与设计和试验。

——开放服务化。基于云计算按需租用服务模式和服务为核心的原则，以降本增效化解风险为前提，分布在产品各研制单位共享智能虚拟试验资源、获取智能虚拟试验服务用以支持产品研制全生命周期各阶段验证活动的需求将大大增加。智能试验设计与仿真的分布式虚拟试验环境具有良好的开放性，能提供功能丰富完整的工具集，支持产品全生命周期的设计和性能评估，以及功能系统与全机的功能与性能验证。

——并行协同化。随着智能试验设计与仿真环境中被验证系统（如复杂产品、子系统、分系统等）规模的不断扩大和结构的日趋复杂，以及工程管理技术、多学科虚拟协同仿真技术、前期概念规划和后期性能评估技术、设计优化技术、虚拟环境技术、模型的校验、验证和确认技术的不断融合，需要多用户不断获取稳定的虚拟试验服务来协同虚拟试验任务。

——集成虚拟化。数量庞大的试验用户要求同时在线使用智能试验设计与仿真服务，智能试验设计与仿真支撑平台/系统必须有效支持对分散和集中的各类智能虚拟试验资源进行全方位的优化管理、共享和服务，以降低能耗，进一步提高资源利用率，实现共享资源增效。同时需要实现异构智能虚拟试验资源的虚拟化封装和抽象，加强对共享资源的统一管理和控制，屏蔽各类智能虚拟试验资源的地域分散、形态不同等异构性。智能虚拟试验系统采用组件模块化框架结构，模型组件大多数由市场上COTS产品组成，易于扩展，且具有良好的可重用性；模型组件及试验环境具有通用性、可扩展性和可重用性，能够完成多种类型装备以及组成装备系统的虚拟试验。

——知识智能化。智能试验设计与仿真中的应用复杂度日益增加，智能试验设计与仿真支撑平台/系统能够智能地获取用户的需求和组织虚拟试验服务，促使用户可以专注于解决试验任务空间的问题。其提供功能完备的模型组件的维护功能，允许增加经过校核与验证后的模型，更新和升级原有的模型组件，提供标准实时的界面接口，在不影响系统性能情况下允许真实部件或子系统与模型组件替换。其可进行产品的可制造性、可维护性、可适用性、可测试性、安全性和保障性评估。

② 系统架构。

智能试验设计与仿真系统不但支持产品协同研制开发过程的部件、子系统验证，而且支持子系统、分系统的综合验证和系统集成验证，还支持产品全周期整机试验。为了更好地说明该试验系统的层次结构，采用分层的体系结构进行说明，从底向上依次为物理对象、智能试验资源层、智能试验核心服务层、智能试验用户界面层、智能试验应用层，其中对智能试验核心服务层和智能试验用户界面层进一步具体化，从逻辑视图上细化提出试验核心服务。该试验系统的层次结构如图 7-13 所示。

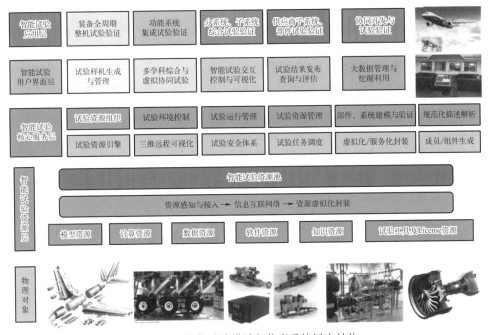

图 7-13　智能试验设计与仿真系统层次结构

a. 物理对象。

物理对象是需要进行试验验证的对象，以产品结构系统的功能划分。试验物理对象涵盖了待试验验证的功能系统、分系统以及子系统或部件等。

b. 智能试验资源层。

包括智能试验资源池、资源感知与接入→信息互联网络→资源虚拟化封装以及模型资源、计算资源、数据资源、软件资源、知识资源、试验工具及 License 资源。

智能试验资源层主要存储虚拟化/服务化的虚拟试验资源，含有语义本体库、服务资源库、虚拟资源库等。语义本体库主要存储概念定义、专业领域的分类和概念关系信息，服务资源库主要存储静态服务资源以及动态服务资源的目录信息，虚拟资源库拥有经过虚拟化封装的各类虚拟试验资源。

c. 智能试验核心服务层。

智能试验核心服务层可实现试验资源组织与管理、试验环境控制、部件和系统建模与验证、规范化描述解析、虚拟化/服务化封装、试验资源引擎、试验任务调度、三维远程可视化、试验安全体系、成员/组件生成等功能。

试验资源组织服务用于组织试验资源，构建试验系统。试验资源具有虚拟化、服务化、物理资源等不同的形态，还存在可用和待部署的显著区别，该服务用于组织属性异构的虚拟试验资源。试验任务管理服务提供对试验任务的创建、查看和管理，响应试验任务发起者并智能化地定制虚拟试验的工作流程，按照流程信息链自动调度各服务工作节点的文档、模型、数据等仿真资源至用户工作节点，智能化协调地域分布的试验人员共同完成虚拟试验任务。

试验资源管理服务包括试验资源智能管理、监控、容错迁移、任务调度等服务。其中，试验资源管理服务包括虚拟试验资源的智能搜索/匹配、浏览/查看、上传/下载、更改/删除、注册、发布等；试验资源监控服务实时智能化采集试验资源和试验任务的状态；试验资源容错迁移服务支持资源在非运行状态下的智能化容错恢复；试验任务调度服务根据物理计算节点的监控信息智能化进行任务的静态分配和动态调整。

试验环境控制服务根据需要智能构建虚拟试验运行环境、控制和存储虚拟试验运行环境的状态，以便在虚拟试验任务完成后撤销虚拟运行环境的服务。部件和系统建模与验证服务可以为用户提供系统顶层建模服务和专业领域部件、子系统、分系统和系统建模服务。将多学科耦合的复杂系统划分为分系统、子系统及元件，建立由元素模型、成员模型及模型之间交互信息模型组成的顶层系统模型，利用各专业领域的商用软件建立应用领域元件、子系统、系统模型。成员/组件自动生成服务，完成对应用领域元件、子系统、系统模型的个性化定制，在元件、子系统、系统模型的基础上按照业务逻辑集成为实体模型，生成可执行或可被试验引擎调用的组件模型。

试验规范化描述解析服务从配置文件中自动解析并获取试验任务中各个成员模型运行环境的语义描述信息，为虚拟试验资源的组织服务提供所需资源的属性及配置信息。语义本体服务包括定义虚拟试验领域的概念、建立概念分类与关系等服务，实现面向语义的资源检索和不同领域之间仿真数据、模型与知识的交换、共享和复用。

远程虚拟桌面服务能够远程连接动态构建的虚拟机，进而获取运行试验任务的虚拟机桌面环境。基于该服务，用户在浏览器中能够远程访问环境，进而开展试验任务，并通过三维模型远程可视化服务支持用户通过浏览器来远程查看试验动态过程。

虚拟化/服务化封装服务包含创建、注册、发布虚拟化/服务化试验资源。对实验用户而言，试验资源通常为虚拟机镜像，它是可共享、可重用的试验运行环境载体，能够将常用的虚拟试验软件资源和系统支撑环境进行组合封装，进而制作智能虚拟机模板。智能服务化虚拟试验资源指符合浏览器服务规范的各种试验服务，可以是模型服务、设备服务等形式。

试验引擎服务支持对虚拟试验组件模型、服务化试验资源进行有效的重新构架，能够实现复杂虚拟试验任务的要求，提高试验组件模型或服务化虚拟试验资源的共享与重用。

d. 智能试验用户界面层。

智能试验用户界面层实现试验样机生成与管理、多学科综合与虚拟协同试验、智能试验交互控制与可视化、试验结果发布查询与评估、大数据管理与挖掘利用等功能。

试验用户界面层采取浏览器形式的试验方式，为各种试验提供服务，由用户人机界面提交试验任务并获取试验结果，以及提供可视化的运行界面，以便直观进行试验初始参数、状态的设置，或者是运行过程参数和状态的设置。通过试验结果发布查询与评估服务能够系统地采集到运行周期过程中产生的动态数据，方便用户通过浏览器全面了解所采集的有效数据，监视试验过程参数和状态，以及按照特定方法评估虚拟试验结果，甚至开展人在回路的试验。

e. 智能试验应用层。

智能试验应用层面向航空装备全周期整机试验验证、功能系统集成试验验证、分系统和子系统综合试验验证、供应商子系统和部件试验验证、协同开发过程试验验证等各类试验验证，覆盖了装备全周期的验证试验。

③ 试验流程。

分别为产品各系统的功能分配功能代号，试验时将功能代号按照试验主要操作步骤顺序发送给对应系统，系统接收到代号执行对应动作从而实现多系统间的协调运行。每个代号对应一个指令，用于人机交互时描述该代号的具体功能。将调用的代号按行依次存储在类似 Excel 格式的逻辑表中，逻辑表中顺序即为试验开展时实际操作各系统的顺序，该顺序可以通过手动配置或解析的大纲参数自动生成。智能试验设计流程如图 7-14 所示。

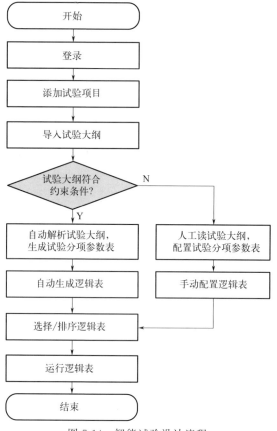

图 7-14 智能试验设计流程

7.4.2 智能生产

（1）总体要求

参照《智能工厂 通用技术要求》（GB/T 41255—2022）标准要求，智能生产是基于信息化、自动化、数据分析等技术和管理手段，实现柔性化、网络化、智能化、可预测、协同生产模式，对产品质量、成本、能效、交期等进行闭环、持续的优化提升的过程。主要包括：

——生产计划：计划仿真、多级计划协同、可视化排产、动态计划优化调度。

——生产执行：生产准备、作业调度、协同生产。

——质量管控：质量数据采集、质量档案和追溯、分析与改进。

——设备管理：设备状态监测、设备运行分析、设备运行维护、设备故障管理。

智能生产示意图如图 7-15 所示。

图 7-15　智能生产示意图

（2）智能装备建设

① 智能装备的内涵。

智能装备是智能工厂实施和运行的保障。智能装备是在现有数控装备所具备的数字控制能力基础上，增强感知决策功能，提升制造装备的智能处理能力。智能装备是控制执行层完成产品加工的基本场所，其保障生产数据或指令的执行和实施，完成产品的加工。

从逻辑构成的角度，智能制造装备由智能决策单元、总线接口、制造执行单元、数据存储单元、数据接口、人机交互接口以及其他辅助单元构成。其中：

——智能决策单元：是智能设备的核心，负责设备运行过程中的流程控制、运行参数计算以及设备检测维护等。

——总线接口：负责接收车间总线中传输来的作业指令与数据，同时负责设备运行数据向车间总线的传送。

——制造执行单元：由制造信息感知系统、制造指令执行系统以及制造质量测量系统等构成。

——数据存储单元：用于存储制造过程数据以及制造过程决策知识。

——数据接口：分布于智能设备的各个组成模块之间，用于封装、传送制造指令与数据。

——人机交互接口：负责提供人与智能设备之间传递、交换信息的媒介和对话接口。

——辅助单元：主要是指刀具库、一体化管控终端等。

智能装备的整机结构、功能部件、控制原理等都与工艺方法有关，涉及的关键技术主要有：工况的动态感知与信息采集、位置或状态判定及误差分析、基于工艺知识的决策处理技术等。不同工艺方法有其特有的工艺参数——加工目标关系曲线和制造知识，这些工艺曲线和制造知识嵌入到智能装备的控制系统中，支持基于工况的实时分析和决策处理。

——通过集成位置、力、热、振动、视觉识别等传感元件实现工件位置、几何形状、加工工况的实时采集。

——通过信号分析处理、位置误差分析、运动状态分析等确定工况状态、工作曲线等。

——在现有控制装置上通过嵌入工艺参数，如加工目标关系决策规则、基于工艺知识的决策处理实现、基于加工工况的处理等，控制系统按决策结果给出的工艺参数、针对工况的处理措施等驱动执行机构运行。

——针对制造工艺特点，引入一批数字化、自动化、柔性化装备，提升效率、柔性和质量一致性。例如，加工工艺引入智能数控加工和中心、FMS 等；装配工艺引入自动拧紧等；检测环节引入坐标机、激光跟踪仪、视觉/超声在线检测装置等；物流环节引入 AGV/RGV、智能叉车、立体物料和刀具仓库等；同时，采用机器人/机械手，从事上下料、翻转、搬运、焊接、检测等，针对零件高效高精加工要求，通过加装传感器实现设备在线监测和零件在线检测，进而通过自适应控制实现智能加工。

② 智能装备的基础。

——控制器（Controller）：智能工厂的大脑，是指按照预定顺序改变主电路或控制电路的接线和改变电路中电阻值来控制电动机的启动、调速、制动和反向的主令装置。其由程序计数器、指令寄存器、指令译码器、时序产生器和操作控制器组成，是发布命令的"决策机构"，即完成协调和指挥整个计算机系统的操作。智能工厂中常用的控制器有 PLC、工控机等。可编程逻辑控制器（Programmable Logic Controller，PLC），采用一类可编程的存储器，用于其内部存储程序，并执行逻辑运算、顺序控制、定时、计数与算术操作等面向用户的指令，并通过数字或模拟输入/输出控制各种类型的机械或生产过程。

——机器人（Robot）：智能工厂的执行者。机器人是自动执行工作的机器装置，它既可以接受人类指挥，又可以运行预先编排的程序，也可以根据以人工智能技术制订的原则纲领行动。它的任务是协助或取代人类的工作，如生产业、建筑业，或是危险的工作。机器人一般由执行机构、驱动装置、检测装置和控制系统和复杂机械等组成。

——伺服电机（Servomotor）：智能工厂提供动力的肌肉，是指在伺服系统中控制机械元件运转的发动机，是一种辅助电机间接变速装置。伺服电机可使控制速度、位置精度非常准确，可以将电压信号转化为转矩和转速以驱动控制对象。伺服电机转子转速受输入信号控制，并能快速反应，在自动控制系统中，用作执行元件，且具有机电时间常数小、线性度高等特性，可把所收到的电信号转换成电动机轴上的角位移或角速度输出。其有直流和交流伺服电动机两大类，主要特点是，当信号电压为零时无自转现象，转速随着转矩的增加而匀速下降。

——传感器（Transducer/Sensor）：智能工厂的触觉。传感器是一种检测装置，能感受到被测量的信息，并能将感受到的信息按一定规律变换成为电信号或其他所需形式的信息输出，以满足信息的传输、处理、存储、显示、记录和控制等要求。它是实现自动检测和自动控制的首要环节。在智能生产过程中，要用各种传感器来监视和控制生产过程中的各个参数，使设备工作在正常状态或最佳状态，并使产品达到最好的质量。因此可以说，没有众多的优良的传感器，智能生产也就失去了基础。

——变频器（Variable-frequency Drive，VFD）：智能工厂的交换器。变频器是应用变频技术与微电子技术，通过改变电机工作电源频率方式来控制交流电动机的电力控制设备。变频器主要由整流（交流变直流）、滤波、逆变（直流变交流）、制动单元、驱动单元、检测单元、微处理单元等组成。变频器靠内部 IGBT 的开断来调整输出电源的电压和频率，根据电机的实际需要来提供其所需要的电源电压，进而达到节能、调速的目的。另外，变频器还有很多的保护功能，如过流、过压、过载保护等。

——电磁阀（Electromagnetic Valve）：智能工厂的开关。电磁阀是用电磁控制的工业设备，是用来控制流体的自动化基础元件，属于执行器，并不限于液压、气动。用在工业控制系统中调整介质的方向、流量、速度和其他的参数。电磁阀可以配合不同的电路来实现预期的控制，而控制的精度和灵活性都能够保证。电磁阀有很多种，不同的电磁阀在控制系统的不同位置发挥作用，最常用的是单向阀、安全阀、方向控制阀、速度调节阀等。

——工业相机：智能工厂的眼睛。工业相机是机器视觉系统中的一个关键组件，其最本质的功能就是将光信号转变成有序的电信号。工业相机一般安装在机器流水线上，代替人眼来进行测量和判断，通过数字图像摄取目标并转换成图像信号，传送给专用的图像处理系统。图像系统对这些信号进行各种运算来抽取目标的特征，进而根据判别的结果来控制现场的设备动作。

——仪器仪表（Instrumentation）：智能工厂的调节系统。仪器仪表是用以检出、测量、观察、计算各种物理量、物质成分、物性参数等的器具或设备。真空检漏仪、压力表、测长仪、显微镜、乘法器等均属于仪器。智能工厂中需要应用各种仪器仪表。比如测量压力、液位、流量、温度等一些控制过程所需要的参数值，就需要相关的仪器仪表。

——自动化软件（Automation Software）：智能工厂的心脏。由于工业控制系统的管控一体化趋势控制，使得工业控制系统与传统 IT 管理系统以及互联网相连通，其内部也越来越多地采用了通用软件、通用硬件和通用协议。比较常见的是 SCADA 自动化软件。SCADA 自动化系统（Supervisory Control And Data Acquisition）就是我们所说的数据采集与监控系统。它主要是受计算机技术的支撑，对各种生产过程进行调度。SCADA 自动化软件可以在无人看管的情况下，自动化地对生产进行长时间的精准监控，并且从中获取有效的信息数据，为监管的管理者提供有力的评价参考。

——控制柜（Control Panel）：智能工厂的中枢系统。控制柜又包括许多种，有电气控制柜、变频控制柜、低压控制柜、高压控制柜、水泵控制柜、电源控制柜、防爆控制柜、电梯控制柜、PLC 控制柜、消防控制柜、砖机控制柜等。智能工厂中涉及电气、变频、电源、水泵等控制柜，根据不同的需求选择不同的控制柜，实现不同的控制功能。

（3）智能生产线建设

生产线按范围大小分为产品生产线和零部件生产线；按节奏快慢，分为流水生产线和非流水生产线；按自动化程度，分为自动化生产线和非自动化生产线。柔性生产线是自动化生产线的一种，构成元素有制造系统、物流系统、信息化系统。

智能生产线规划是智能工厂规划的核心环节。生产线规划就是指将原材料（如毛坯、半成品等）、生产设备、物流设备、附属设施和各种作业（如仓储、搬运等）依照工厂生产流程作适当的安排与布置，以达到工艺流程排布合理、生产物料运输合理，从而使工厂的生产活动顺利有序进行。

① 主要特征。

智能生产线可实时存储、提取、分析与处理工艺、工装等各类制造数据，以及设备运行参数、运行状态等过程数据，并能够通过对数据的分析实时调整设备运行参数、监测设备健康状态等，并据此进行故障诊断、维护报警等行为。对于生产线内难以自动处理的情况，还可将其上传至车间中央管控系统。此外，生产线内不同的制造单元具有协同关系，可根据不同的生产需求对工装、毛料、刀具、加工方案等进行实时优化与重组，优化配置生产线内各生产资源。

智能生产线的特点是：

——在生产和装配的过程中，能够通过传感器、数控系统或 RFID 自动进行生产、质量、能耗、设备绩效（OEE）等数据采集，并通过电子看板显示实时的生产状态，能够防呆防错；

——通过安灯系统实现工序之间的协作；

——生产线能够实现快速换模，实现柔性自动化；能够支持多种相似产品的混线生产和装配，灵活调整工艺，适应小批量、多品种的生产模式；

——具有一定冗余，如果出现设备故障，能够调整到其他设备生产；

——针对人工操作的工位，能够给予智能的提示，并充分利用人机协作。

②　建设原则。

——整体原则。统一把制造相关要素"人""机""物""法""环""测""信息"有机统一起来，合理分配资源，充分保持平衡。

——工艺原则。生产线布置应符合生产工艺要求的原则。

——顺畅原则。布局时应使产品在生产过程中流动顺畅，消除无谓停滞，生产流程连续化，无迂回或倒退。

——搬运原则。尽量将生产中物料的搬运移动减至最低限度，缩短搬运时间，增强生产效率，降低成本。

——空间原则。各种设备以及生产单元间保留适当的空间，以利于操作人员的活动与物料的必要搬运；充分利用立体空间。

——通用原则。要考虑相同设备或相似设备互相使用的可能性和方便性（系统的选择）。

——安装原则。根据设备大小及结构，考虑设备安装、检修及拆卸所需要的空间和面积以及顺利进出车间的要求和相应的起重吊装设备。

——柔性原则。面对工序变化、增加等能随机应变、充满柔性，以便于以后的扩展和调整。

——管理原则。规划适当的附属设施及信息化区域，便于生产线的总体管理（如仓库管理、物流管理、计划管理、刀具管理、MES 机分布、看板）。

——安全原则。布置得使工人既能保证安全又能轻松作业，要考虑工人疏散和防火灭火措施等。

③　建设思路。

——整体工艺布局思路：车间规划要有利于进行专业化、流程化管理，为信息化奠定基础；整体布局符合一个流原则、辅助功能板块就近原则、物流进出口独立原则、人车料分流原则，实现工艺流、物流、产品流、信息流的有效融合；车间布局尽量采用装、机加、涂装一体化及装配试验一体化原则；装配生产线重点提升装配过程中的物料、质量流程管理和质量追溯，强化试验数字化管理；机加单元及柔性线功能区清晰，物流简洁，严控线边物料及物流次数，减少工序转运，工序间转运充分考虑智能化；装配生产线及分线部分物料采用拉式配送制，装配生产线设计实现专业化流水化设计，物流尽量柔性自动化，分装总装进行合理分流；为大幅度提升装配生产效率，物流采用桁架、辊道、穿梭车、KBK、积放链等复合物流，尽量支持自动化及半自动化柔性生产；通过虚拟数字技术远程编程，与设备数据互联，短时间内完成换型；打磨、焊接、打磨、涂胶、去毛刺等劳动密集型工序对环境影响比较大，采用在线应用机器人配吸尘装置完成；各车间根据对生产资源的需求，设置工装、模具、刀具库，采用高位立体库和高位回转库，可以快速根据订单和工艺进行自动配料；仓库设置有打读码装置、扫码枪、管理软件，可以对出入库设备进行有效的数据管理；物料由订单驱动，RGV 或 AGV 小车按照订单通过 MES 系统的优化路径将物料从仓库配送到指定地点。工具和工装按照订单配送到指定地点。

——物流布局思路：在充分研究产品与工艺的基础上，最大程度规划与设计出一个流模式的精益生产方式（同步）、外部零件入口、成品出口，降低外部车辆对车间的影响；车间物流弱化对天车、叉车等车间唯一及非环保类物流资源的依赖；根据零件不同，多姿态零件以 AGV 为主，少姿态零件以辊道、链板、滑橇输送线为主。

——能源规划思路：通过智能制造大幅度提高设备的有效利用率；在满足工艺要求的前提下，合理设计厂房结构，最大程度减少能源浪费；利用节能技术和节能装备与设施；充分利用储能技术、利用峰谷平电价降低成本；实施能源的智能管理；科学规划设计建筑空间布局与隔热防热措施与技术；完善照明、通风，大幅度降低建筑能耗。

④ 建设准备。

智能生产线规划设计的前期工作主要包括 4 个方面的内容：

——明确产品需求。通过初步沟通，了解产品真正的需求和痛点；了解产品需求及行业现有设备及工艺和管理模式；针对性提出智能化自动加工工艺再造的技术方案，并和产品需求方就其可行性进行仔细探讨；与产品需求方详细交流，达成比较明确的需求文件。

——确定各种限制性条件。生产线工作环境条件包括温度、湿度、振动、粉尘、噪声、电磁、化学气体等；场地和空间（设备进出及安装）条件、设备布局规划、前期自动仓库和无人小车运行线路、安全通道限制；水、电（容量、电压波动、接地）、气（压力、流量）、除尘设施条件；车间生产组织和管理形式、安全管理强制要求的限制；生产线操作和维护维修人员能力水平的限制等。

——生产线的初步方案设计。仔细研究被加工零件的材料和结构特点、成型过程、加工精度、使用要求等，确定适合智能化自动加工的工艺流程，确定工件输入和输出的状态和方式，选定主要加工工序的加工方法及设备（含工件定位及装夹方法）；初步确定工件检测方法及仪器设备，确定工件传送的方式及其装置或设备；初步估算主要工序的加工或检测时间节拍，分解主要工位的动作，确定不可分解的最长工位的节拍时间；根据用户需求和节拍平衡原则，分别确定各主要的加工工位数量；初步规划生产线的布局方案，根据初步方案设计，选定控制系统和确定控制方案；确定伺服电机系列；完成生产线时序图的初步设计；根据时序图给定的各动作节拍以及估算的负载，初步计算各驱动电机的转速、转矩、功率和惯量；初步选定伺服电机。

——有关工艺设备和技术的实验验证。加工设备和工艺，特别是新工艺的验证能否满足精度和效率的要求；检测设备，特别是激光检测和视觉检测能否满足精度、效率及环境适应性的要求；传感器的准确性（重复精度）和响应特性；控制系统的抗干扰能力。

⑤ 建设方案。

智能生产线的规划，需要根据生产线要生产的产品族、产能和生产节拍，采用价值流图（VSM）等方法来合理规划。智能生产线的规划如图 7-16 所示。

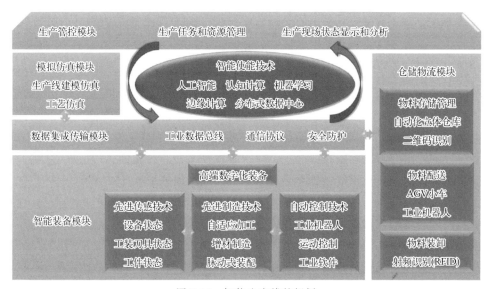

图 7-16　智能生产线的规划

智能装备和仓储物流构成智能生产线的自动化、数字化硬件基础。智能装备和仓储物流配备有传感器、二维码和射频识别装置，传感器和识别装置所采集的设备监控、制造检测和物料信息数据，按照一定的安全通信协议收集起来，与虚拟仿真数据一起，经工业数据总线交由生产管控模块进行分析处理，显示实时生产状态并生成决策，并由工业数据总线传输到各个执行端迭代循环。生产线网络是双向数据集成传输模块的支撑，分为总控系统网络和执行系统子网络，分别对接生产管控模块和各功能硬件子模块。

智能生产线的智能性主要取决于上述软硬件模块，但真正的智能特征体现在系列智能使能技术对人员分析和决策过程的支撑。智能使能技术将人从繁重的数据分析计算工作中解放出来，以超高效率和准确性为人类决策提供依据（甚至直接决策），其将从数据中提炼形成的经验知识应用到生产线中，重新收集分析数据并不断获取新的知识。

智能生产线的详细规划，主要包括如下几个方面：

——机台布局的详细规划。符合车间总体布局规划，包括生产线主机、外观、操作站（控制面板）、外电柜及电缆（桥架）、冷却机组及管道、压缩空气系统、真空泵及管道、除尘设备及管道等，需要满足工件加工检测工艺流程的要求，满足工件传送要求，满足精加工和检测对环境（振动、粉尘、电磁干扰等）的要求，同时方便人工巡检观察，满足生产线上下料及安装调试、设备维护空间的要求。

——机械结构设计。包括3D模型及工程图绘制；功能部件（如电主轴、滚珠丝杠、直线导轨、减速机、气缸及气液增压缸等）的计算选型，传感器（如光栅尺、对刀仪、位置/压力/温度传感器等）的选型；同时，需要校核伺服电机选型、重要结构和部件的强度、刚度以及动态特性等。

——检测方案及算法程序设计。电子塞规、对刀仪等接触式检测；各型号光电传感器的光电感应检测；气缸活塞位置传感器等磁感应检测；点光源、线光源距传感器的激光检测；相机、光源配置的机器视觉检测；另外，还包括各种图像识别和数据处理算法及其程序设计。

——控制方案及软硬件设计。包括选定控制系统、控制信息传送方式及控制系统硬件结构设计、控制系统功能模块和界面设计以及PLC程序设计。

——外观设计。外观的功能方面，包括操作面板、线/管等安装的基础，设备和人员的安全防护，环境保护和装饰美化设备等。外观设计的要求方面，要满足功能需求，适合车间总体环境要求（造型、颜色等风格协调），方便设备维护维修，以及尽量减少占地面积。

——仿真验证。包括模型结构验证、运动的正确性验证、检验设计虚拟模型的干涉、辅助PLC控制程序设计等。

⑥ 关键技术。

智能生产线建设与运行中涉及的关键技术主要有：生产布局建模仿真与优化、生产资源规划与动态调度、对多源信息的全面和实时采集、多源信息在生产系统各要素间的动态通信、基于实时生产状态的数据资源聚合和分析决策、数字量驱动的车间/生产线精准运行等关键技术。这些关键技术是赛博物理生产系统技术的重要组成部分，是建立自组织、自学习、自适应和自优化的生产系统的核心技术。

⑦ 建设要点。

——生产线工艺布局。产品批量较小且种类多样，单个零件加工工序数量和种类都较多，且存在多型号混线生产情况，实际生产过程中会出现很多问题且较难解决。通过虚拟仿真技术建立大量设备模型，可以快速实现智能生产线布局设计，在虚拟环境快速模拟生产线布局及生产线上的工艺流程、制造过程、物流过程、人因工程，达到生产线综合性能最优化。在虚拟空间实现各生产要素的集成和优化，将生产过程中的冲突与失误暴露在仿真验证阶段，最大程度解决生产线工艺布局不合理带来的物流浪费、任务负荷不合理等问题。生产线的流畅运行，必须建立在每个生产节点正常工作的基础上，智能生产线获取零件数字化模型后，应用数字化三维工艺设计与仿真技术完成现有资源状态下的工艺规划、工艺设计和工装设计，预先分析、评估产品制造过程的工艺性，降低物理验证成本。

——生产线智能化集成。集成代表制造企业核心能力的先进制造工艺技术和管理流程，配以信息化和智能化技术集成来实现核心工艺过程的自动化、数字化和智能化是智能升级的必修课。另外，数字化编程技术是实现先进工艺技术和发挥高端数字装备潜力的重要辅助技术。开展关键零部件基于模型特征的自动识别和自动化编程技术，实现工艺参数自动加载和刀具的自动选取调用，是实现生产线智能化集成的重要技术环节。另外，依赖先进传感技术，实现智能生产线对数据的实时获取，最终实现从定性定量相结合的检测到全定量检测的转换、从模拟检测到数字化检测的转换。首先，零件形貌尺寸的检测在传统制造过程中就是关键的检验工序，用以表征复杂零件的加工能否满足设计图样要求。传统生产线允许不同工序间的装夹以保证核心参数的必要检测，但是在智能生产线中，对流程的自动化要求迫使必要的检验环节在线实时化。其次，贯穿设计、工艺、制造、检测的唯一零件数据源要求在加工过程中的全尺寸符合性，集成在智能装备上的在线传感装置获取的零件状态与三维数据源的反复比对反馈是智能生产线自决策和自执行的依据。基于以上情况分析，针对相应典型零件开发适用的先进传感技术是智能生产线集成的必须技术之一。

——生产线实时监控。自动化是智能化的基础，所以要达成传统装备向智能装备的升级，通过自动控制技术完成软硬件的集成运行是必不可少的。实现自动化的基础包括自动化设备、工业机器人、工业芯片等设备器件，还有与硬件配套的运动控制逻辑、可编程逻辑控制器（PLC）程序以及外化的嵌入式软件或工业软件。各种工业软件被植入生产设备的嵌入式系统中，按照预先设定的逻辑算法控制相关硬件完成受控动作，通过电子看板显示生产线实时的生产状态，达到自动控制、监测、管理各种设备和系统运行的目的。

——生产线的自动识别。物物互通以及人物互通是智能制造的基本特征，也是完成智能生产线集成的重要方面。智能生产线的建设包括各种设备、工装、物料、产品甚至人员的集成，其中工装、物料、产品和人员的频繁流动，要求智能生产线具备精确识别各种生产资料的能力，这既是达到数字化生产的要求，也是航空发动机行业保密和安全生产的要求。对工装物料等生产资料的自动识别技术一般包括射频识别和二维码识别技术，还包括在检测过程中使用的机器视觉等技术；对人员的自动识别技术一般包括虹膜、指纹、声音和面部识别等生物识别技术。

——生产线的仓储物流。在生产线层级范围内，仓储物流涉及物料存储及管理、物料传送和物料装卸等方面的技术，执行系统在自动识别技术的辅助下完成相应的物料运送任务。物料存储设备一般为自动化立体仓库，配有二维码打标识别技术，能根据生产线要求管理并准确提供所需物料；物料传送通常采用工业机器人及其控制系统来实现，配合 AGV 小车及传送带等自动化设备完成零件物料的搬运和装卸，实现物料在智能生产线的有序流动；装卸单元需要具备物料信息读取和传输功能，一般采用射频识别（RFID）技术识别刀具及工装夹具信息。

——生产线的数据传输。数据集成传输技术是实现设备及系统互联互通，支撑装备、软件、测量仪器等各种指令及数据传递的通道，是集成各要素形成有机整体的纽带，涉及接口层、互联层和传输层相关技术。面对庞大的数据量和数据类型，单一要求数据集成传输网络的兼容性是远远不够的，如何梳理和表达不同来源的数据类型、考虑在不丢失数据价值的前提下完成数据的集成与传输才是建设企业网络的最终目的。数据集成与传输网络要解决企业内信息集成中实现异构数据整合与实时分析的问题，涉及工业数据总线和通信协议等技术。

⑧ 装配调试及优化。

——生产线装配。认真制订装配工艺及其检验标准，严格按照工艺规定的方法和标准执行，同时注意细节，如螺钉防松、电线及气管的排布等。

——生产线的调试。划分调试阶段，明确各阶段的调试内容，制订调试方案，注意调试顺序及有关细节，如确认极限开关及有关传感器的有效性，确认有关逻辑关系的正确性等。

——生产线的优化。主要是生产线机械结构的优化、传感器及功能部件的选型优化、动作顺序及逻辑关系的优化、生产线时序图的优化、检测方案硬件及算法优化、控制系统软件优化等。

（4）生产管控建设

智能生产管控平台建设，按照工艺设计要求，实现整个生产制造过程的智能化生产、有限能力排产、物料自动配送、状态跟踪、优化控制、智能调度、设备运行状态监控、质量追溯和管理、车间绩效等；对生产、设备、质量的异常做出正确的判断和处置；实现制造执行与运营管理、研发设计、智能装备的集成；实现设计制造一体化，管控一体化。

智能生产管控平台建设要达到的目标是：通过对智能装备、智能物流、智能管理的集成，排除影响生产的一切不利因素，优化车间资源利用，提高设备利用率，降低车间物料在制数，提高产品质量，提高准时交货率，提高车间的生产制造能力和综合管理水平，提高企业快速响应客户需求的能力和竞争能力。

① 总体框架。

智能生产管控平台的总体框架如图 7-17 所示。智能生产管控平台在信息物

理系统和标准规范的支持下，主要由智能装备与控制系统、智能制造执行系统和
生产指挥系统组成。

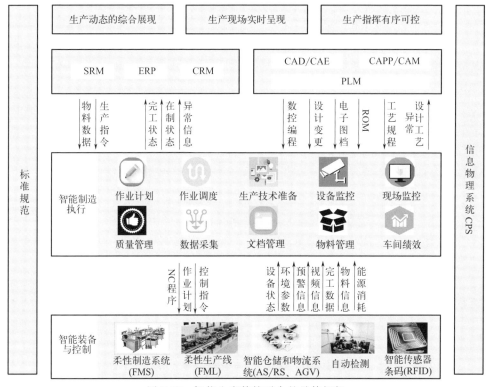

图 7-17　智能生产管控平台的总体框架

② 智能装备与控制系统。

生产设备控制是智能生产的基础，它由若干柔性制造系统 FMS 组成。按照
国家标准定义："柔性制造系统是由数控加工设备、物料运储装置和计算机控制
系统组成的自动化制造系统，它包括多个柔性制造单元，能根据制造任务或生产
环境的变化迅速进行调整，适用于多品种、中小批量生产"，柔性制造系统有以
下特征。

——机器柔性：系统的机器设备具有随产品的变化而加工不同零件的能力。

——工艺柔性：系统能够根据加工对象的变化或原材料的变化而确定相应的
工艺流程。

——生产能力柔性：当生产量改变时，系统能及时做出反应而经济地运行。

——维护柔性：系统能采用在线监控方式、故障诊断技术，保障设备正常
进行。

——扩展柔性：当生产需要的时候，可以很容易地扩展系统结构，增加模

块，构成一个更大的制造系统。

——运行柔性：利用不同的机器、材料、工艺流程来生产一系列产品的能力，以及同样的产品改用不同工序加工的能力。

柔性制造系统有如下主要功能：

——能自动管理零件的生产过程，自感知加工状态，自适应控制、自动控制制造质量，自动进行故障诊断及处理，自动进行信息收集及传输。要做到这些，知识库和专家系统是必不可少的。

——简单地改变加工工艺过程，加载不同的数控程序，改变加工参数就能制造出某一零件族的多种零件。

——在柔性制造系统的线边，设有物料储存和运输系统，对零件的毛坯随行夹具、刀具、零件进行存储，并按照系统指令将这些物流自动化传送。

——能解决多机床条件下零件的混流加工问题，且无需额外增加费用。

——具有优化调度管理功能，能实现无人化或少人化加工。

柔性制造系统分为柔性制造系统（FMS）、柔性制造单元（FMC）、柔性生产线（FML）三类：

——柔性制造系统：由 3～5 台数控设备、物料运送存储装置和计算机控制系统组成。它能比较完整地完成一组零部件的加工任务。

——柔性制造单元：可视为一个规模最小的 FMS，它是由 1～2 台加工中心、工业机器人、数控机床及物料运送存储设备构成，其特点是实现单机柔性化及自动化，具有适应多品种加工甚至单件生产的灵活性。目前已进入普及应用阶段。

——柔性生产线：由数控机床、工业机器人、专用设备、检测设备组成的自动化生产线，用于少品种、中大批量生产，是相对专用的 FMS。其特点是实现生产线柔性化及自动化，如焊接自动线、装配自动线。

典型的柔性制造系统由 5 个部分组成：智能加工系统、线边仓储和物流系统、智能控制系统、智能调度系统和辅助系统。

a. 智能加工系统。

智能加工系统随制造工艺的不同而不同，金属切削加工、钣金加工主要使用数控机床、数控加工中心、专用数控机床；焊接、装配主要使用工业机器人、检测设备。

设备的配置按照成组工艺的原理，将形状相似、尺寸相近、加工工艺相似的零件按加工要求配置成一组设备，让这组零件基本上在一条 FMS 上完成。这样一个企业会建设若干条 FMS，如回转体加工线、箱体加工线、非回转体加工线、钣金加工线、焊接加工线、装配线等。这些线或制造单元，通过信息物理系统CPS实现物与物、物与控制系统、研发设计系统、经营管理系统、制造执行系统的集成，实现智能制造。

b. 线边仓储和物流系统。

为了让柔性制造系统在无人或少人的环境下工作，一般在 FMS 线边设小型自动化立体仓库，储存毛坯、零件、随行夹具、刀具等物料；物料配送装置由工件装卸站、托盘缓冲站、工件中间存储站、物料运送装置（如传送带、自动运输小车、搬运机器人）组成。物料和位置识别系统可实现物料自动储存和自动配送作业；仓储和物流系统的控制，接收 FMS 单元控制器的生产指令，完成移动托盘、装夹毛坯、送机床加工、移动到下道工序、卸载零件、托盘返回等操作。

c. 智能控制系统。

智能控制系统由五级递阶控制系统组成，从上往下依次是工厂层、车间层、单元层、工作站层和设备层，如图 7-18 所示。

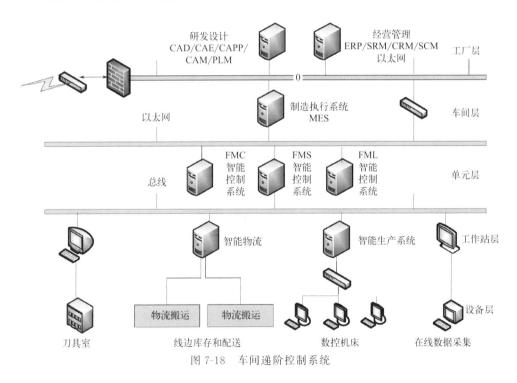

图 7-18　车间递阶控制系统

——工厂层：工厂层由研发设计系统 CAD/CAE/CAPP/CAM/PLM 及经营管理系统 ERP/CRM/SRM/SCM 组成。研发设计系统向智能生产系统传递物料主数据、产品设计图档、加工工艺路线、数控程序、生产准备需求、设计变更信息等。经营管理系统向智能生产系统传递生产指令（物料需要计划经确认的生产订单）、采购供应信息、库存信息、计划变更信息。

——车间层：设置制造执行系统 MES，对车间的多条柔性制造系统进行管理和控制，对整个车间的人、机、料、法、环进行管理。根据车间作业计划的安排，向柔性制造单元下达生产指令；按生产指令的要求，进行生产技术准备；向工厂的物流系统下达物料配送要求，将物料送达线边库；将设计图档、工艺文件、数控程序下达单元控制器，经数据采集系统采集实际执行情况，做出智能调度指令。

——单元层：单元控制器负责柔性线内部的管理和控制，按照 MES 下达的生产指令，获取工艺路径规划、NC 程序，进行刀具准备、工装与工件毛坯准备、系统配置与数据核对。执行加工过程的控制：工件装夹，送工件至指定机床，下载数控程序，加工，送工件至下道工序，直至加工完成，卸下工件，托盘返回装夹站。单元控制器在系统加工过程中，依据系统当前的状态，对生产活动进行动态优化控制。

——工作站层：制造工作站对机床运行进行控制，物流工作站对线边库存和物流传送进行控制，刀具工作站对刀具刃磨及对刀进行管理和控制。有的系统不设工作站层，将其功能分配到单元控制层。

——设备层：设备控制器通常由设备制造商提供，运行在设备控制系统上的有数控系统 NC、计算机数控系统 CNC 等。设备控制器的主要功能是对设备进行控制和管理，实现相应的功能。对于集成到 FMS 中的设备还必须实现与 FMS 的接口功能。

d. 智能调度系统。

车间智能调度系统分为两级：一级是制造执行系统（MES），它接受物料需求计划的生产指令，按照车间的生产布局（机群式生产、流水生产）将生产任务分配到机群、FMS、流水生产线，这部分将在"制造执行系统"中讲述；另一级是智能装备与控制层，它的智能调度体现为在一条柔性制造系统（FMS）内部或一条流水生产线内部，将生产任务分配给每台机床，其根据生产任务调度并控制零件的装卡、运输、装载、加工、检验全流程。

e. 辅助系统。

除上面讲的柔性生产系统、线边仓储和物流系统外，为了保障系统的运行，根据加工对象的不同，还需要配备一些辅助系统，如刀具储运习磨和对刀系统、夹具量具储运系统、切削清理和处理系统等。

③ 智能制造执行系统。

制造执行系统（Manufacturing Execution System，MES）作为智能工厂的枢纽，已经成为企业应打造的核心应用。

a. MES 的内涵。

MES 作为生产形态变革的产物，其起源为工厂的内部需求。20 世纪 80 年代后期，美国在总结 MRP II 实施成功率较低的教训，并吸收日本准时制生产系统（T）经验的基础上，提出既重视计划又重视执行的管理新思想，提出制造执行系统（MES）的概念。

美国制造执行系统协会（Manufacturing Execution System Association，MESA）对 MES 所下的定义是："MES 能通过信息传递对从订单下达到产品完成的整个生产过程进行优化管理。当工厂发生实时事件时，MES 能对此及时做出反应、报告，并用当前的准确数据对它们进行指导和处理。这种对状态变化的迅速响应，使 MES 能够减少企业内部没有附加值的活动，有效地指导工厂的生产运作过程，从而既能提高工厂的及时交货能力，改善物料的流通性能，又提高生产回报率。MES 还通过双向的直接通信，在企业内部和整个产品供应链中提供有关产品行为的关键任务信息。"

MESA 在 MES 定义中强调了以下 3 点：

——MES 是对整个车间制造过程的优化，而不是单一地解决某个生产瓶颈。

——MES 必须提供实时收集生产过程中数据的功能，并做出相应的分析和处理。

——MES 需要与计划层和控制层进行信息交互，通过企业的连续信息流来实现企业信息全集成。

b. MES 的发展。

MES 的发展经历了以下三个阶段：

——单点 MES（Point MES）。针对某个单一的生产问题（如制造周期长、在制品库存过大、产品质量得不到保证、设备利用率低、缺乏过程控制等）提供相应软件（如作业计划与控制、物料管理、质量管理、设备维护和过程管理等）。

——项目型 MES。实现了与计划层和控制层的集成，具有丰富的功能、统一的数据库。但其依赖特定客户环境，柔性差，缺少通用性、灵活性和扩展性

——产品型 MES。参数化、平台化的 MES 软件产品，通用，可客户化，易扩展。

c. MES 的特点。

MES 具有如下功能特点：

——实时指挥。基于生产目标和生产现场的实际情况，全面指挥人、机、物，包括对机加、装配、测试、质检、物流、现场工艺和设备维护人员的指挥，以便大家协同高效地工作。

——精益生产。精益生产是 MES 的指导思想，MES 围绕精益生产展开，解决生产什么（计划、调度）、如何生产（工艺、现场指示、设备控制）、用什么生产（人工管理、物料调达和设备维护）、质量控制和完成情况的实时获取（同步采集），其核心目标是"保质保量低成本"地完成生产目标。

——即时协调。俗话说"计划赶不上变化"，实际生产难免发生异常，如物料调达异常、零件质量异常、设备异常等。当这些异常发生时，MES通过调度和同步两个层次，完成详细进度计划的更新，使进度计划重新回到"协调"状态。

——智能化。MES对自控设备进行集中控制和采集，实现生产线的智能化。MES实现的智能化，在单个设备智能化或单个自控系统智能化之上，是设备联网以及设备与生产计划/进度的协同，是管控一体化。

——同步（期）物流。物流管控是精益生产的重要内容，MES的物流体系，不但包括各种物料上线调达方式、在线库管理，而且支持从拉料指示、外购库/自制件库管理，直至成品库和成品物流的全方位物流管理，并与生产实绩关联实现同步（期）物流。

d. MES的作用。

MES系统可为工厂带来的好处如下：

——优化企业生产制造管理模式，强化过程管理和控制，达到精细化管理目的。

——加强各生产部门的协同办公能力，提高工作效率、降低生产成本。

——提高生产数据统计分析的及时性、准确性，避免人为干扰，促使企业管理标准化。

——为企业的产品、中间产品、原材料等质量检验提供有效、规范的管理支持。

——实时掌控计划、调度、质量、工艺、装置运行等信息情况，使各相关部门及时发现问题和解决问题。

——最终可利用MES建立起规范的生产管理信息平台，使企业内部的现场控制层与管理层之间的信息互联互通，以此提高企业的核心竞争力。

e. MES与其他信息系统之间的关系。

美国先进制造研究机构（AMR）通过对大量企业的调查，发现现有的企业管理系统普遍采用以ERP为代表的企业管理软件，以SCADA、HMI（Human-Machine Interface）为代表的生产过程监控软件实现操作过程自动化，支持企业全面集成模型。一个制造企业的制造车间是物流与信息流的交汇点，企业的经济效益最终将在这里被物化出来。随着市场经济的完善，车间在制造企业中逐步向分厂制造过渡，导致其角色也由传统的企业成本中心向利润中心转化，强化了车间的作用。因此，在车间内承担执行功能的MES具有十分重要的作用。从这个模型可以看出，MES在计划管理层与底层控制之间架起了一座桥梁，填补了两者之间的空隙。

一方面，MES可以对来自ERP软件的生产管理信息细化、分解，将操作指令传给底层控制；另一方面，MES可以实时监控底层设备的运行状态，采集设备、仪表的状态数据，经过分析、计算与处理，触发新的事件，从而方便、可靠地将控制系统与信息系统联系在一起，并将生产状况及时反馈给计划层。

对车间实时信息的掌握与反馈是 MES 正常运行上层计划系统的保证。车间的生产管理是 MES 的根本任务，而对底层控制的支持则是 MES 的特色。

MES 作为面向制造的系统必然要与企业的其他生产管理系统有密切关系，MES 在其中起到了信息集线器（Information Hub）的作用，它相当于一个通信工具，为其他应用系统提供生产现场的实时数据。

一方面，ERP 系统需要 MES 提供的成本、制造周期和预计产出时间等实时的生产数据；供应链管理系统从 MES 中获取当前的订单状态、当前的生产能力以及企业中生产换班的相互约束关系；客户关系管理的成功报价与准时交货取决于 MES 所提供的有关的生产实时数据；产品数据管理中的产品设计信息是基于 MES 的产品产出和生产质量数据进行优化的；控制模块则需要时刻从 MES 中获取生产工艺和操作技术资料来指导人员与设备进行正确的生产。

另一方面，MES 还要从其他系统中获取相关的数据，以保证 MES 在工厂中的正常运行。例如，MES 进行生产调度时数据来自 ERP 的计划数据；供应链的主计划和调度控制着 MES 中生产活动的时间安排；PDM 为 MES 提供实际生产的工艺文件和各种操作参数；由控制模块反馈的实时生产状态数据被 MES 用于进行实际生产性能评估和操作条件的判断。

MES 与其他分系统之间有功能重叠的关系。例如，MES、CRM、ERP 中都有人力资源管理，MES 和 PDM 两者都具有文档控制功能，MES 和 SCM 中也同样有调度管理等，但各自的侧重点是不同的。各系统重叠范围的大小与工厂的实际执行情况有关，而且每个系统的价值又是唯一的。

f. MES 成为智能工厂的核心。

2000 年，针对生产制造模式新的发展，国际著名的咨询机构 ARC 详细地分析了自动化、制造业以及信息化技术的发展现状，针对科学技术的发展趋势对生产制造可能产生的影响进行了全面的调查，提出了多个导向性的生产自动化管理模式，指导企业制订相应的解决方案，为用户创造更高价值。其中"协同制造模式"（Collaborative Manufacturing Model，CMM）覆盖从生产流程管理、企业业务管理一直到研究开发产品的整个生命周期。按照这一模式，智能工厂可以从三个维度进行描述，如图 7-19 所示。

——生产制造：从 ERP 的产品计划出发，通过计划 MRP 展开上游生产环节的生产计划，把生产计划细化并派分到设备/人工，详细排程，并根据生产进展和异常进行动态排程、分批次管控或单台管控、设备联网采集和控制、采集实绩并报工。

——供应链：通过 SRM、采购物流和制造物流，令外购、自制和外协物料

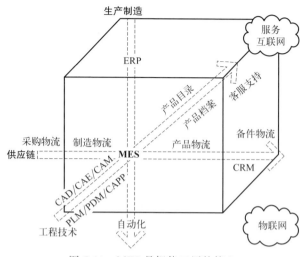

图 7-19 MES 是智能工厂的核心

准时调达生产现场，批量或单件管控，支持智能料架、AGV 和集配等，并对在线库扣料、在制品和成品进行管控，支持生产判断和缺料预警。

——工程技术：MES 管理 MBOM、辅助工艺或现场工艺，支持差异件指示、装配指示、现场看图和装配仿真等，并根据物流追溯和 MBOM 等形成产品档案。在"个性化生产"时代，产品档案是客服支持（CSS）的主要数据源。

生产是工厂所有活动的核心，MES 是智能工厂三个维度的交叉点和关键点，是智能工厂的"大脑"。在智能制造时代，MES 不再是只连接 ERP 与车间现场设备的中间层级，而是智能工厂所有活动的交汇点，是现实工厂智能生产的核心环节。

g. MES 系统的构建与应用。

结合企业当前产品的研制现状，梳理产品生产的主要过程，并与 MES 的功能进行对应，如图 7-20 所示。

基于产品生产过程，形成了 MES 系统的功能框架体系，如图 7-21 所示。MES 系统的功能框架分为资源层、服务层、功能层和展示层。其中：

——资源层主要为支撑系统运行的底层软硬件设施，如服务器、数据库等；

——服务层主要包括操作系统层面及软件底层提供的系统全局功能，如日志、权限、角色及接口等；

——功能层是 MES 系统的核心，包括了以 BOM 管理、生产计划管理、开工报工管理等为代表的十多项主要功能；

——展示层主要为领导、管理人员及操作工人提供查看、操作系统的界面。

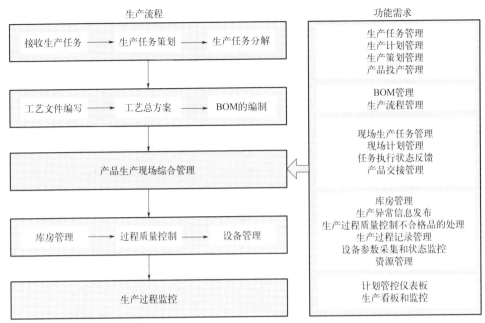

图 7-20　产品生产流程图

以 MES 系统功能框架（图 7-21）为基础，启动了软件系统的构建工作，主要过程包括需求分析与方案设计、二次开发与功能测试、综合联调与用户测试及应用完善与总结验收四个阶段的工作，具体如下。

——需求分析与方案设计。对生产车间的工艺、生产、物料、检验等业务进行业务调研，并结合业务调研工作开展需求分析，经过内外部专家评审，形成调研与需求分析报告。在调研与分析报告的基础上，开展系统构建的方案设计工作，并同时搭建原型系统对部分功能进行预配置，验证其设计方案与实际需求场景的匹配程度。经过方案细化、原型实现、功能确认等多次迭代，最终完成设计方案报告，经过内外部专家的综合评审，形成指导系统建设的建设方案。

——二次开发与功能测试。基于设计方案开展部分功能的二次开发工作，主要包括数据和流程的动态建模、用户使用界面的个性化配置及底层相关功能逻辑的开发实现等。在二次开发的过程中，同步编写测试大纲，准备相关的基础测试数据，实现开发、测试、调优以及完善的流水线迭代作业，提高功能开发的效率。功能开发与测试完备后，开展系统级全局功能的综合功能测试，解决功能交互时出现的问题，并形成二次开发与测试报告，作为后续工作的参考。

——综合联调与用户测试。基于功能测试满足要求的结果，开展系统的软硬件协同联调及终端控制设备的综合调试工作，确保时序工步、通信接口与控制精度等达到使用要求，对服务端的响应性和客户端的操作性进行综合测试，确保系

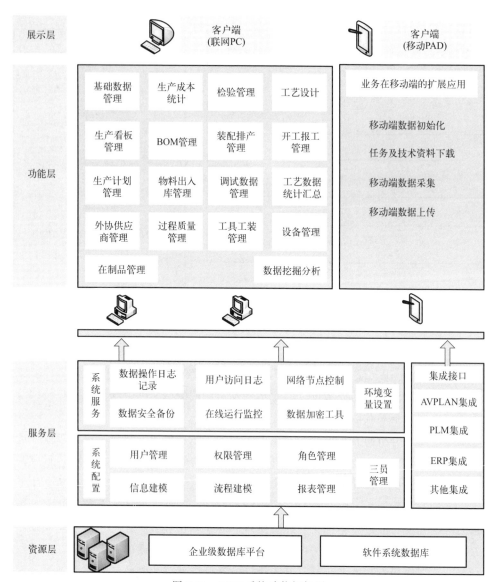

图 7-21　MES 系统功能框架图

统并发访问压力、数据传输时延、前后台同异步处理一致性等方面满足使用要求。完成综合调试工作后，开展系统使用培训，并在培训的过程中结合系统的模拟使用工作，进行 1~3 个月的模拟试运行，检查功能、性能的指标符合度，在完善测试中出现问题的同时，形成综合测试报告。

　　——应用完善与总结验收。基于试运行正常且主要问题得到有效解决的结果，开展正式系统的部署、系统配置信息的迁移及正式数据上线运行等工作。正式运行中实际遇到的情况会比测试运行复杂，需对正式运行中出现的问题进行记录、处理与完善。在系统正式运行一个月后，认定系统满足使用要求，达到了建设的目标，进行总结验收。

④ 生产指挥系统。

企业在发展过程中，面临诸多挑战：成本的持续增加以及需求的长期波动，企业及客户对于价格的变动敏感度持续增强；效益提高与生产平稳安全的矛盾；全球经济一体化导致企业的经营环境更加复杂，供应链壁垒以及各环节的复杂度日益升高；销售的利润空间缩小；低碳时代的环境保护和节能减排等。

为此，各大企业纷纷采用先进的信息技术提升整体竞争实力，陆续建立起集中统一的生产运行指挥系统，全面实时反映企业生产运行动态实际情况的生产营运指挥系统，以实现更高层次的智能化运作，全面提升竞争力，为实现迅速响应提供有力的技术支撑。

从国内外知名企业的生产管理智能化建设可以看出，企业产业链优化和专业化管理的集中集成、协同一体化已成为企业现代化管理的必然，其促进企业运营和战略决策能力提升，推动企业发展。

——实现跨地域、上下游的产业链协同。实时整合企业生产营运数据资源，建立上下贯通、横向融合的信息共享平台，实现企业各生产营运环节信息的上传下达、协同管理应用，提高企业生产营运一体化水平。

——提升生产运营指挥的智能化水平。各大企业广泛建设生产指挥中心，对生产信息、产品市场变化等内容进行全面分析，并实现数据挖掘和决策支持。

——强化生产过程的异常监控。以动态数据为基础，综合监管企业生产营运情况，监控生产运行、物流配送等方面情况，并建立预警、报警的异常监控模式。

生产运行指挥系统围绕"一体化统筹、专业化管理、市场化运作"的经营管理理念，定位在企业生产营运的全局管控视角，充分利用先进的展示技术、音视频融合技术，多系统在线实时集成技术，打造涵盖上、中、下游各个业务条线的生产调度指挥管理体系框架，为生产调度管理提供支撑。

a. 总体架构。

生产运行指挥系统主要包括营运监控、业务协同、预测分析、应急指挥和成果展示五大功能模块，系统架构如图7-22所示。

根据日常监控、应急处置等不同的工作模式、受众及场景构建生产运行指挥系统，分别设计不同的应用内容、数据粒度；基于营运监控、业务协同、预测分析、应急指挥和成果展示五项功能定位设计主题、子主题、业务场景，满足监控、预警、指挥、协同的需要，满足展示宣传的需要；一般情况下，需要设计大屏幕、PC（个人计算机）工作台、移动客户端三种模式，以适用于不同应用场景。

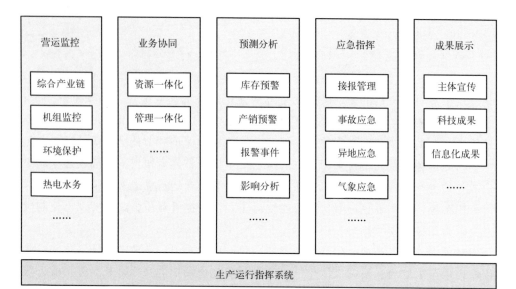

图 7-22　生产运行指挥系统

b. 主要模块。

生产运行指挥系统是企业上中下游生产运行的监控和指挥中枢，用于企业日常生产调度综合管理以及对各部门的营运监控、业务协同、预测分析、应急指挥和成果展示，为企业领导全面洞察业务运营情况、开展一体化优化运行、促进安全生产和提高综合收益提供决策支持。生产运行指挥系统主要包括以下功能。

• 营运监控

从产业链全景监测、专业域重点业务展示两种方式反映生产经营管理业绩。

——综合产业链。突出企业价值引领和资源统筹战略，坚持一体化运营和协同的主导思想，以加工生产、采购为起点，成品销售为终点，贯穿行业上下游完整的产业链，综合反映企业的生产经营业绩和运行动态，结合综合营运数据和市场经济指标，支撑资源科学合理配置，增强资源保障能力，全面促进面向市场的统筹优化与高效协同。

——环境保护。基于地理信息系统，通过点面结合方式，反映企业环境污染源控制指标达标情况、各部门污染排放情况以及主要环保指标信息。

——机组监控。监控大型机组、关键机组的启停及运行状况，为大型设备高效、平稳、安全运营提供支撑。

——热电水务。基于地理信息系统，以其电站锅炉和汽轮发电机及其产物蒸汽和电力的业务为主线，综合监控企业热电业务运营信息。

• 业务协同

——资源一体化。分析资源业务协同完成情况，以原材料资源计划为开局，以供产销业务为主线展开，即原材料计划、采与产、运输、库存，结合运输位置跟踪与月度运输计划完成情况，全局掌控原材料等资源的保障供应情况。

——管理一体化。从全局上对生产管理、财务管理、经营管理协同进行整体监测，以业务链为主线，综合反映企业生产经营和业务运作情况，结合深度实时数据和关键绩效指标，支撑精准安全营运，不断提升企业资源保障能力。

• 预测分析

预测分析聚焦生产及销售业务，通过综合监测，对比产销计划，对计划执行情况进行预警。预测分析包括生产计划完成情况预警、销售业务和销售计划完成情况预警。系统根据生产关键机组启停情况，对相关设备运行情况进行预警。

• 应急指挥

实现企业级、部门级的不同应急指挥模式，应对流程行业突发应急事件、灾害预警以及一般事故事件。接警后，由日常模式切换至应急模式，以事故发展动态跟踪、现场视频监控、应急会商为主线，突出互联互通、多方联动应急机制，支撑企业对应急支持业务的需求。

• 成果展示

覆盖设计、生产、销售、环保、工程等业务信息。根据生产调度指挥中心的业务职能，建立首页、调度日志、值班管理、调度快报、生产监测、协同预警、防灾减灾、营运数据维护等项目，整合与销售等相关的生产调度系统，如销售、生产执行系统（MES）、销售企业零售管理以及企业技术经济指标、下属部门调度中心等系统，扩大对企业视频监控与实时监测的范围。

——综合展示。实现生产经营情况、生产计划跟踪、数据检查、防灾减灾、应用系统、调度快报、例会材料、本周值班等业务数据应用功能。

——调度日志。主要包括日常值班记录、交接班管理、当日值班记录、历史值班记录管理、值班计划考勤及实际考勤查询、日志统计等功能。

——值班管理。实现在线排班、调班、值班通讯录管理、调度通讯录管理、短信通知、短信配置及节假日配置等功能。

——调度快报。简讯及快报管理的在线编辑、发布、模板化下载、查询功能。

——生产监测。包括生产经营日报，库存情况日报、生产调度日报、生产调度周报、生产调度月报及生产经营周报等功能，为每日的早调会提供数据支持。

——协同预警。完成生产、进厂、加工与销售等生产计划跟踪展示功能。

——视频访问。实现企业视频全覆盖。

7.4.3 智能物流

（1）总体要求

参照《智能工厂 通用技术要求》（GB/T 41255—2022）标准要求，智能物流是智能工厂中重要组成部分，其关键要素主要包括智能制造环境下厂内物流的智能仓储和智能配送。智能物流的关键要素如下：

① 智能仓储。

智能物流应部署智能仓储系统，在 WMS 系统的基础上，结合智能生产与智能管理系统，优化仓储布局和策略。智能工厂中的智能仓储应满足以下技术要求：

——利用射频识别（RFID）、二维码、标签等技术实现对原材料、半成品、成品的数字化标识，并在 WMS 中存储物料基础信息，如物料的编码、名称、规格型号、储存位置、存储安全信息等；

——能与生产调度实时交互物料信息，及时响应智能生产的物料需求，并反馈物料配送信息；

——以物料为核心，采集物料的全生命周期信息，实现全过程信息可追溯；

——通过与智能管理、智能生产等业务的集成，分析与优化现有库存，实现库存低位、高位预警。

② 智能配送。

智能物流应充分利用自动化技术和路径优化方法，围绕物料智能分拣系统、配送路径规划、配送状态跟踪等方面提升物料配送效率。智能工厂中的智能配送应满足以下技术要求：

——在智能工厂内，应用自动化配送设备，如自动导引车（AGV）、悬挂链、传输带等实现物料配送自动化；

——通过与智能管理与智能生产等业务的集成优化，根据生产计划实现智能配送，降低工位库存；

——能结合生产线布局和物料需求，对物流配送路径和运输模式进行精益化规划，实现物流配送路径与装载优化；

——能实时监控物料和运输工具，利用传感器获取货物数据，实时定位和追踪原材料、半成品、成品、运输工具的位置与动向。

另外，工厂内各个车间之间的工艺流程应具有关联性与交互性的特征，应建立智能化物料调配体系：ERP 采购来的原材料、配件、外购零部件等物料在工厂的各级仓库（工厂大库房、车间的原材料库、半成品、成品库等）里登记、检验、退货、入库、备料、发料、完工退库、销账、移库、包装、发货等；并建立智能工厂工作物流协同中心，遵从生产需求拉动的原则，并以精益化、零库存为目标，实现工厂仓库车间三者之间智能化的物流调配。

在智能工厂中，一个运营卓越的智能物流系统，不仅仅需要选择合理、可靠、稳定、性价比高的物流设备，更需在规划时从场景出发，通过对不同物料或产品的包装单元、作业特点、流程节点进行详细分析，选择出匹配度最佳的物流集成技术。在智能工厂复杂的运行环境下，一种物流技术已无法满足其运作要求，需采用集成化的思维，将不同功能特点的多种物流技术进行集成组合应用。

（2）智能物流要素

① 包装。

智能工厂内，物流包装作为物料集装单元，在运输、搬运、装卸、存储、拣选、配送等诸多物流作业环节中，须全程保障信息的有效与顺畅传递，因此需要包装单元具备"会说话""会听话""会指挥"的能力。

包装单元智能化设计过程中，既要满足智能工厂全过程场景的要求，又要遵循包装单元通用化、标准化、单元化、安全性、环保和符合人机工程等基本规则。包装单元化技术要求主要包括以下三类。

a. 包装单元标准化。

针对小件且通用物料的单元化包装，需要重点考虑符合人机工程学、物流包装合理化、有助于物流作业高效化等要素。例如，在家电产品中通用性强的中小件物料，其特点为供应商每次到料批量大且物料通用性强，在进行单元化包装规划时通常会考虑使用料箱（欧标 D/H 箱）作为装载单元，并为每类物料制订相应的摆放规则，从而达到过目知数的目的。

b. 包装单元数字化。

包装单元是信息传递的载体，通过在包装单元上加装智能感知与控制单元，实现对各工序间信息（物料信息、生产信息、品质信息、工位信息等）的采集、传递与追溯。

c. 包装单元智能化。

包装单元的智能化更多的是强调包装单元在设计与应用时，须满足与自动化物流设备对接的要求。例如，在料箱的设计与选择上，包装单元与扫描设备对接时，料箱四周需粘贴条码或嵌入 RFID，方便扫描设备快速采集信息，并向上位系统及时报告包装单元的运行状态；与穿梭车对接时，须考虑料箱的外形与凸台尺寸、加工精度、材质设计等满足穿梭车的搬运要求；与输送机对接时，须考虑底部整体平整且减少输送噪声的要求；与工位机器人对接时，须设计相应的隔衬或孔洞，方便机械手灵活、高效抓取物料或产品。

② 搬运。

搬运可分为连续型搬运和离散型搬运两类。

a. 连续型搬运。

指设备连续不断地搬运物料或产品。在工作过程中，设备不停地作业，如输送线、分拣机、有轨穿梭小车 RGV（直线或环形）、地链、悬挂链、空中悬挂小车（EMS）、垂直提升机等。连续搬运主要是对批量大、效率要求高的器具或产品进行搬运，主要在装卸点、自动化立体库前后端、仓库至工位间硬匹配连接、跨楼层间等固定的场所运用较多。其优点是效率高、线体固定受外界环境影响较小、输送批量大、可在立体空间上拓展等；缺点是柔性较差、往往一次性投入大、后期移动需进行改造并可能会增加部分重复投入。

b. 离散型搬运。

指在一定时间内只能进行一次搬运，在运行过程中有满和空两个阶段，主要如叉车、AGV/AMR 等设备。其特点为具有较强的机动性与柔性，一般在平面上进行运作与扩展。其优点是搬运柔性、设备投入时可根据业务量的变化灵活增减使用数量；缺点是受人为或环境影响较大，在相同场景条件下其搬运效率比连续型搬运要低。

③ 装卸货。

在智能工厂中，物料卸货与成品装货两个环节的智能化升级相对最难，其难点主要为运作场景复杂、包装标准化程度低、运输车辆尺寸与样式（平板、厢式、高栏、低栏、飞翼等）较多、车辆所有权分类多、车辆改造难度大、对装载率有较高的诉求等。但是随着智能物流相关技术的发展与应用，物料或产品的装卸货也找到了相对应的解决方案。针对料箱或纸箱类包装物料与产品，可采用伸缩带机与机械手协作的集成装卸货系统、桁架机械手与滑板集成装卸货系统等技术设备，见图 7-23。针对托盘类运输的物料与产品的装卸货，可采用滑链类、链板类、伸缩货叉类、滑轮类、AGV（夹抱式 AGV、货叉式 AGV）等装卸货技术设备。

图 7-23　桁架机械手与滑板集成装卸货系统

④ 存储。

在智能工厂中，为满足实时响应、快速配送与交付、柔性化的生产需求，存储技术需具备库位灵活分配、库存快速识别和定位、库存数据精准、信息实时交互与可视、柔性化存储等特点。自动化存储技术主要包括堆垛机立体库（托盘式、料箱式）、多层穿梭车系统、多层料箱机器人存储系统（CTU）、自动货柜、AutoStore、无货架式垂直立体库等。在实际应用中，需要根据物料或产品的特点、存储要求、应用场景等，选取不同的存储技术。

典型的几种存储介绍如下：

a. 堆垛机立体库。主要是由高层立体货架、堆垛机、输送设备、信息采集设备及信息系统等组成，其特点为充分利用空间、效率高、成熟且稳定。立体库根据场景及设备形式有多种分类，如按搬运包装单元分类可分为料箱式（Mini-load）与托盘式（AS/RS），按货架深度分类可分为单深位与双深位，按载货台数量分类可分为单工位与双工位等。

b. 多层穿梭车系统（料箱/托盘）。主要是由立体货架、穿梭车、提升机、输送设备、信息采集设备、信息系统等组成。其优点主要为柔性化程度高、灵活性强、可拓展性好；缺点为货架普遍不高、调度系统复杂。

c. 多层料箱机器人存储系统（CTU）。主要由多层货架、多层料箱机器人、信息采集设备及信息系统等组成，可实现多个料箱的智能拣选、存取、搬运。其优点主要为建设周期短、灵活性高、扩展性强，在智能工厂的线边库有较好的应用场景；缺点为效率相对较低、货架往往布置不超过 10m、运作受环境或人员影响较大。

d. 自动货柜。主要包括水平旋转式货柜和垂直式货柜。自动货柜实现了"货到人"和智能化管理，充分利用了仓库空间的高度，并且有相对封闭的存放环境，对于有恒温恒湿存储要求的物料（如电子盘料等）较为适用。

e. AutoStore。是一种高密度的自动化料箱存储系统，其料箱存放于立式货架内，从地面垂直向上堆叠，所有的存取动作都由货架顶端的多台机器人完成。机器人借助提升装置，可以向下抓取料箱；而货架既用于料箱存储，同时又是机器人运行的轨道。其特点是存储密度大、空间利用高，但成本也相对较高。

f. 无货架式垂直立体库。在存储区上方安装高架龙门机械手，机械手将料箱或物料直接从地面向上堆叠，达到密集存储目的。此种系统需要上下料箱之间可以嵌套，以便节约空间并保证其稳定性。主要运用于 SKU 数量少、单 SKU 存储批量大的场景。

⑤ 拣选。

按照拣选方式分类，主要分为"人到货"、分布式"人到货""货到人"、闭环"货到人"等拣选方法。拣选作业需要借助不同工具。按照拣选设备的不同，可以分为手持移动终端拣选、语音拣选、灯光拣选、AR 视觉拣选等类型。

a. "人到货"拣选。通过人工或者相应设备移动到分拣对象位置来拣取物料或产品，系统构成简单、柔性高，但劳动强度高、补货不方便。分拣作业策略主要分为顺序拣选、边拣边分、接力拣选、分区拣选等。

b. 分布式"人到货"拣选。作业区被输送机分开，拣出的物料或产品可以直接由拣货人员放至输送机上，并自动输送至集货点。其劳动强度相对较低、拣货效率相对较高，但柔性较差、补货不方便。

c. "货到人"拣选。分拣人员不动，分拣对象"移动"到指定的分拣人员面前，通过可视化看板提示进行拣取作业，拣出的物料或产品集中在集货点的容器中，如图 7-24 所示。此方法效率高、工作面紧凑、补货容易，但其分拣周期较长、柔性较差。

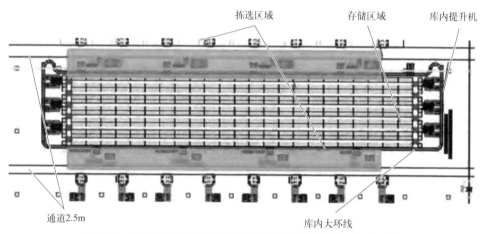

图 7-24　料箱立体库与流利式货架组合的"货到人"拣选系统

d. 闭环"货到人"拣选。物料容器放在固定位置，输送机将分拣单元送到拣选区；拣货人员根据拣货单拣取货架中的物料或产品，放到载货容器中；然后移动分拣单元，再由其他分拣人员拣选；最后通过另一条输送机将拣空后的分拣单元送回。该系统拣货路线短、拣选效率高、系统柔性好；但其作业时间长，出货和返回问题处理复杂。

⑥ 码垛。

码垛应用于将同一品种或批次的产品按照提前在系统内设定好的垛型规则进行码垛。一般而言，自动码垛的产品生产批量大、码垛规则简单、码垛效率高。码垛技术主要分为机械手码垛系统、桁架机器人码垛系统、高位码垛系统等。对于智能工厂而言，客户需求往往呈现小批量、多样化的特点，对码垛技术提出了多品种、多批次的产品混合码垛的要求。主要运行逻辑为：通过识别产品外箱的条形码自动区分产品的品种与批次，对于同一订单产品分至不同道口，码垛机根据系统垛型设计规则，自动将不同产品码垛至相同托盘上。

（3）智能物流集成

关键物流集成涉及物流软件、多维监控及可视化、自动识别、物流系统仿真等。

① 物流软件。

由于智能工厂中物流场景具有复杂化与柔性化、物流设备具有自动化与智能化的特点，传统物流相关软件（如 WMS、WCS 等）的功能已无法满足智能工厂物流运行的需求。因此，在智能工厂中，迫切需要一个能够满足多样化、柔性化、复杂化的场景需求，能够实现对厂内所有物料、在制品、产成品、容器具等统一管理，能够实现不同厂家、不同种类的物流设备之间多维度、立体化、多元化互联互通的物流软件平台。

② 多维监控及可视化。

需要对物流运行过程、仓储管理、配送运输、物料或产品追溯等每一个步骤进行跟踪，并实现可视化，保证整个物流过程信息的流畅与准确。

③ 自动识别。

通过自动采集、识别、读取标识载体承载的标识信息，并自动上传至上位系统的技术。主要包括条形码技术、语音识别技术、图像识别技术与射频技术等。

④ 物流系统仿真。

工厂物流仿真根据其应用场景主要分为以下 3 类：虚拟现实流程动画仿真、物流离散事件数据仿真、物流系统运营仿真。虚拟现实流程动画仿真主要展示物流系统的物理空间位置以及与生产线体等其他相关设施的相对关系、工厂物流运作场景展示等。物流离散事件数据仿真主要研究多种约束条件下，计算物流系统的综合运行效率、物流设备关键节点的负荷情况等，其中物流系统布局优化分析、物料全流程方案优化、作业排序与调度、物流设备负荷等方面有较多应用。物流系统运营仿真是建立在运作计划驱动下的物流系统仿真模型，通过对工厂生产全流程进行建模，以排程系统的运作计划为驱动，以生产制造执行系统的生产环境资源作为约束，并结合物流随机事件的动态调度策略，来运行整个生产物流系统仿真模型，进行分析优化。

（4）物流应用场景

① 生产线内的智能物流。

智能制造车间中的仓储物流系统主要涉及 AGV/RGV 系统、码垛机以及立体仓库等。

——AGV/RGV 系统主要包括地面控制系统及车载控制系统。其中，地面控制系统与车间中央管控系统实现集成，主要负责任务分配、车辆管理、交通管理及通信管理等，车载控制系统负责 AGV/RGV 单机的导航、导引、路径选择、车辆驱动及装卸操作等。

——码垛机的控制系统是码垛机研制中的关键。码垛机控制系统主要是通过模块化、层次化的控制软件来实现码垛机运动位置、姿态和轨迹、操作顺序及动作时间的控制，以及码垛机的故障诊断与安全维护等。

——立体仓库由仓库建筑体、货架、托盘系统、码垛机、托盘输送机系统、仓储管理与调度系统等组成。其中，仓储管理与调度系统是立体仓库的关键，主要负责仓储优化调度、物料出入库、库存管理等。

② 进出厂的智能物流。

从精益生产的角度，库存越少越好，但是受到供货批量、供货半径、运输成本等因素的影响，有时库存又是必需的。建设智能仓储和配送系统是实现智能物流的重要组成部分。

智能仓储和物流系统的建设首先要根据企业存放物料的要求，进行全厂的物流规划，包括仓库的选址、仓库的形式、作业方式、货位单元的形式及规格、库存的容量、货位运输配送的方式等。这里仅就系统的基本构成和应该具备的功能进行描述。

智能仓储和物流系统由信息管理系统、自动控制系统、设施设备系统组成，如图 7-25 所示。

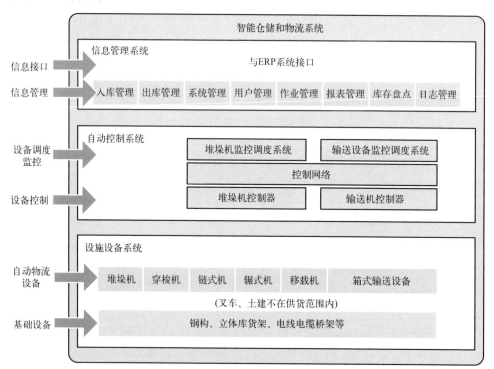

图 7-25　智能仓储和物流系统总体框架

a. 信息管理系统。

信息管理系统对整个进出厂物流、生产过程物流进行管理。

——入库管理：从 ERP 系统读取采购订单、供应商到货单，开具质检单，进行质量检测，合格后分配货区货位、配盘、上架，完成入库记录的维护。一般用条形码或 RFID 进行物流的跟踪。

——出库管理：出库包括销售出库和生产领用出库。机械制造业最复杂的出库是生产出库。生产出库是生产计划部门根据生产计划（可以是批量的，也可以是准时制 Just in Time）、物料清单 BOM，开具领（送）料单，库房读取出库单，指挥堆垛机械进行出库作业。堆垛机械可以按照准时化生产的要求进行多品种物料自动下架处理，经过运输机构送至分拣台。分拣工按照车间和生产线的不同进行物料的分拣、配盘，通过传送带、AGV 等运输工具将物流送至缓冲区或者工位，车间签收完成出库。销售出库指销售部门开具销售出库单，装载机出货，按照客户订单装箱、装车。

——盘库管理：根据周期盘点、分区盘点、动态盘点等不同的盘点策略，在堆垛机和条形码的配合下，进行实物盘点作业，生成盘亏盘盈表，经过流程审批，更正库存数据。

——库存分析：进行库存资金占用分析、呆滞物料分析、盘亏盘盈分析、库存周转天数分析等。

——对仓储物流装置的管理：向仓储物流装置的装载机、运输机、自动引导小车下达作业指令。

b. 仓储物流自动控制系统。

仓储物流自动控制系统由堆垛机控制器、输送机控制器（包括 AGV 车载控制器）、堆垛机监控调度系统、输送设备监控调度系统、控制网络等构成。它们按照管理系统下达的生产指令，以及设备运行逻辑程序进行堆垛机、输送机、AGV 小车的运行控制。其中，有一些优化算法，如装载机、AGV 的最短路径计算，装载机的自动回位，AGV 的自动充电策略等。每个控制系统都会接收传感器、监测设备的信息，实现对运行设备的监控。

c. 仓储物流设施设备系统。

仓储物流设施设备系统由自动物流设备和基础设备组成。自动物流设备包括堆垛机、入出库输送机（如穿梭机、链式机、辊式机、移载机等）、立体仓库货架、电线电缆等。

——堆垛机。有轨巷道堆垛起重机是高层货架内存取货物的主要起重运输设备。

——入出库输送机。入出库输送机是将入库托盘货物输送至有轨巷道堆垛机作业原始位置，或将出库托盘货物输运至出库端口的水平输送设备。

——自动导向（AGV）小车。AGV 小车是无轨道、可以由外部控制的自由运行的电动小车，以蓄电池作为电源，用某种制导方法（电磁制导及光学制导）控制其运行路线，无须设置导轨。其有最好的柔性，通过编程可以向任意位置配送物料，适应生产布局的变化。在柔性制造系统中被广泛使用。

——立体仓库货架。立体仓库货架是高层货架存储区中存放托盘货物的主要设备，要求有足够的强度和刚度及整体稳定性（抗震等级按 8 级考虑），而且尺寸要求精度高，形式采用组合装配横梁式，货架主要由货架片、立柱、横梁、纵梁、斜拉筋等组成。

7.4.4　智能管理

（1）总体要求

参照《智能工厂 通用技术要求》（GB/T 41255—2022）标准要求，智能管理是指在企业研发、生产、经营的数字化、信息化、网络化的基础上，应用虚拟仿真、人工智能、大数据分析、云计算等技术，对企业的采购、销售、资产、能源、安全、环保和健康，以及产品设计、生产、物流等管理模块进行信息化提升、系统化集成及精益化协同，并形成可迭代、可优化、具有智能特征、面向全局的管理系统，为企业各管理层的智能决策提供支撑。智能管理示意图如图 7-26 所示。

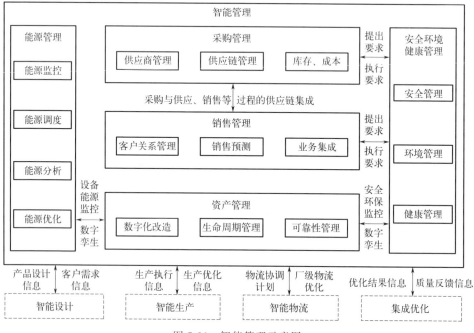

图 7-26　智能管理示意图

（2）企业资源计划（ERP）

ERP 系统是企业资源计划（Enterprise Resource Planning）的简称，是指建立在信息技术基础上，以系统化的管理思想，为企业决策层及员工提供决策运行手段的管理平台。它是从 MRP（物料需求计划）发展而来的新一代集成化管理信息系统，它扩展了 MRP 的功能，其核心思想是供应链管理。它跳出了传统企业边界，从供应链范围去优化企业的资源。ERP 系统集信息技术与先进管理思想于一身，优化了现代企业的运行模式，反映了时代对于企业合理调配资源的要求，最大化地创造社会财富，成为企业在信息时代生存、发展的基石。它对于改善企业业务流程、提高企业核心竞争力具有显著作用。

（3）能源管理

参照《智能工厂 通用技术要求》（GB/T 41255—2022）标准要求，智能工厂的能源管理应能够实现工厂内部协同、上下游协同。优化能源和资源的使用，降低能源消耗、提高能源利用效率。

应建立面向内部的能源计量数据采集系统，实现能源的生产、消耗数据实时自动采集、监控与预警。宜根据企业实际能源消耗的历史数据及趋势建立对应的机理和统计模型，结合重点能耗设备的运行数据，在能源管理信息系统中形成基于本企业能源管控的专家模型。能源管理要求还应满足 GB/T 23331—2020 的要求。

随着我国经济快速增长，国家对节能减排、推进生态文明建设高度重视。离散行业围绕加快建立安全、清洁、高效、可持续的现代工业体系的任务要求，大力提高生产效率，以较少的投入支撑流程行业平稳健康发展。

因此，利用信息化手段持续改进、提升、完善工业能源管理效率和水平，无疑是支撑节能减排工作的有效路径之一。

首先，通过建设能源管理系统，建立起能源供应、转换、输配和消耗的能流体系，实现能流、能耗的动态监控及能源的集中统一管理和优化利用，形成能源管理业务从用能计划、用能监控、用能统计到用能改进的业务完整闭环，做到能源用前有计划、使用过程有跟踪、成效结果有评价。

其次，通过信息技术，将国内外先进、成熟的技术转化为节能减排的生产力。尤其是一些成熟的公用工程模型、实时优化技术、模拟技术，它们与信息系统结合将大幅度提高能源管理的定量管理水平。

最后，能源管理的信息化也是工业化与信息化两化深度融合的重要标志，是两化融合的具体要求。信息技术是第三次工业革命的重要引擎，国际上先进的流程企业无不把信息技术作为能源管理的重要工具。

① 建设思路。

智能能源管理通常通过能源管控中心系统（Energy Management System，

EMS）对工厂用能单位及供应源头实施全面数据采集、实时监控、分析和优化。EMS是现代信息技术在企业能源管理中的综合应用，是工业化和信息化相结合、实现节能减排的重要手段，通过自动化、信息化和集约化管理模式，对能源的生产、输送、分配和使用环节实施集中监控管理和优化配置；EMS是推动企业节能降耗、改造提升的重要举措，是建立有效节能机制的基础。在工业领域，EMS旨在对企业的水、电、气、汽、可再生能源等的输配和使用环节实施集中扁平化动态监控和数字化管理，改进和优化能源供需平衡，实现系统性节能降耗，使能源高效管理与生产装备自动化、生产过程管控形成一体的工厂级管控体系。

② 建设原则。

——先进性、成熟性和实用性原则。根据不同能源系统的工艺特点，选用目前成熟且具有良好发展前景的新技术和新设备，使设计的系统在较长时间内保持技术的先进性和运行的安全稳定性；同时，设计时不仅要求系统能够满足企业目前的需要，而且需适应企业未来发展的需要。

——可靠性原则。系统稳定可靠，可实现全年、全天24小时的连续运行。

——可操作性原则。具有先进且友好的人机操作界面，可实现信息共享，有便于查询使用的数据库等。

——高效率性原则。能与相关系统的数据共享，提升工厂能源管理系统的整体运行效率。

——实时性原则。设备与终端信息交互快，可实现多终端实时监控。

——完整性原则。依靠设计过程中的良好集成和完善配置，完整、全面地实现系统运行功能，充分满足能源的生产、供需平衡、调度、计量、能效分析等管理需求。

——安全性原则。通过在系统部署相关的安全措施，有效确保系统、网络、应用与工艺配套等层面的安全。

——可拓展性和开放性原则。考虑到能源管理系统需随主工艺系统不断拓展的特点，在设计时要考虑好能源管理系统拓展的便利性和技术的可行性，同时还要考虑拓展后的能源管理系统与其他系统的兼容性、交互性。

——可维护性原则。从应用系统的规划和设计、硬件选型和软件系统开发等方面通盘考虑通用性、兼容性、开放性；出现局部故障时，运行维护人员能及时发现问题并处理，避免影响整体系统的运行。

③ 平台建设。

智能工厂能源管理平台的主要功能是综合监控与基础能源管理，通过将设置的各能源监管设施进行系统整合，形成工厂能源管理平台，实现对能源供需的判断处理与劳动生产率的调整，在客观信息基础上对能源实绩进行分析和评价。

其中：

综合监控功能包括能源数据采集与基本处理、系统集中监控与重点用能设备状态及能耗监视、在线能效分析、能源信息归档和管理、能源系统时间及故障记录、工艺与设备故障报警与分析等功能。

基础能源管理功能包括能源计划管理、能源对标管理、能源平衡管理、能源质量管理、能源综合分析、能源运行支持管理等。该部分是能源管理过程信息化的应用平台，其功能是解决能源管理各核心业务的主要问题，通过数据统计分析，对能源生产、使用、过程、质量、设备以及辅助生产安全等信息进行管理，为能源调度、人员及用户管理等提供信息查询，实现能源系统的全面、规范、精细化管理。基础能源管理作为能源管理系统在线调度、管理的补充，以友好的界面为能源管理人员提供一体化的操作平台，是能源管理中心的离线数据中心、报表与统计展示平台、对比分析平台、决策平台、无纸化办公平台。

具体而言，智能工厂能源管理平台需实现的功能如下。

——能耗实时监控。通过能源流程图（包括电力系统、水系统、燃气系统、热力系统、冷风系统、循环水系统等）的监控画面、历史趋势、报警等实时监控能源系统的运行状态。

——能耗统计分析。报表统计分析是衡量能源管理系统运行质量的主要依据，能够通过系统生成的多种图表（如曲线图、折线图、柱状图等）清晰地展现能耗设备的各项指标，全面呈现系统的能耗情况、设备情况、报警统计、运行统计等，为故障诊断、量化评比、生产决策提供科学依据，并可通过分析确定重点耗能设备，以加强重点耗能设备的管理力度。

——能源报警管理。能源管理系统出现异常或报警时，企业能够通过综合监控作出及时、快速、准确的判断及处理，把因能源系统故障引发的事故影响降到最低，确保能源供应系统的安全稳定运行；同时，可以对一段时间内系统记录的报警信息进行统计分析，获取设备详细报警信息，以便对设备作出预测性维护决策。

——能源计划管理。企业可以建立能源网络模型，实现能源供需平衡，进而编制能源供需计划，作为生产经营管理过程中制订能源消耗计划或外购计划的依据。

——能源优化管理。通过对年度、季度、月、周、日、班组等的综合能耗数据进行统计、分析，实现产品单耗、厂级能耗、车间能耗、班组能耗的多角度分析，对标行业能耗先进水平，及时进行相关工艺或设备的优化。

——能源质量管理。据工厂对电能、蒸汽、水等的质量、消耗要求，设定预警、报警值，对能够反映能源、介质质量的数据及时进行监控、分析，提前针对能源质量问题采取应对措施，从而避免不必要事故的发生。

——能源调度管理。通过能源管理的调度决策功能，能源调度管理人员可以对系统的设备状态、运行情况、各相关系统的运行工况、能源供需平衡的动态趋势、调度日志、运行事故预案等进行全面监控，平台可以根据系统记录的历史数据和当前数据建立起来的数据库进行过滤、整理，自动分析、计算、统计、分类、显示，预测能源在未来一段时间内的自产、外购和消耗情况，以帮助调度人员发现能源供需不平衡的趋势及运行趋向，确保能源供应安全稳定，进而达到节能增效的目的。

（4）采购管理

参照《智能工厂 通用技术要求》（GB/T 41255—2022）标准要求，智能工厂的采购管理应通过对供应链中的供应商、原材料质量、供货期、各类库存、生产及销售计划等流程中动态信息的感知和获取，结合物料预测与分析及高级计划排程等系统而自动形成物料采购计划，同时应对物流进行监控并以信息化的方式来辅助采购业务；应实现企业级的供应商管理、比价采购、合同管理等，实现采购内部的数据共享。宜实现采购管理系统与生产、WMS 的集成，实现计划、流水、库存、单据的同步与优化。

① 供应链管理。

供应链管理主要包括原物料采购、生产加工、仓储物流、流通、供应商管理等环节，每一个环节的运作情况都会影响整个供应链。

——供应链同步。对精益供应链同步化而言，循环供货（Milk Run）、供应商管理库存（Vendor Managed Inventory，VMI）、协同规划、预测与补货（Collaborative Planning Forecasting and Replenishment，CPFR）等方法促进供应与需求同步。这种同步具体体现为市场销售同步化、产品交付同步化、外购零件同步化供货、自制零件同步化供给、产品节拍制造同步化等。通过这些同步化工程，缩短产品生产周期和交货期。协同供应链管理的一般模式如图 7-27 所示。

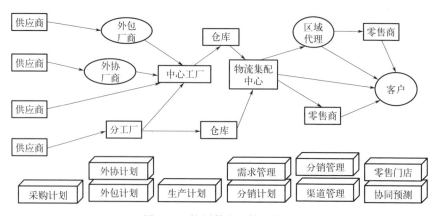

图 7-27　协同供应链管理模式

　　——供应链的柔性。对供应链的业务流程开展再设计，实现延迟制造，是实现供应链柔性的重要手段。在产品整个生产流程中，将不同产品需求中的相同工艺尽可能标准化和最大化，而定制需求或最终需求的差异化工艺过程尽可能被延迟。通过大批量定制生产方式，实现产品的多样化和生产的经济批量化。生产与供应链的柔性包括两个环节：一个对下游企业，一个对上游企业。智能工厂的自动化和生产能力水平很高，但如果上游的原料、零部件供应跟不上，工厂的产能就无法得以充分发挥。同样，如果生产的大量成品，形成库存积压无法及时运出去，也会造成巨大浪费。因此，供应链管理需要内外兼顾。

　　——供应链信息系统。供应链的一个重要功能是传递信息。然而，受到需求预测修正、价格波动、订货批量、短缺博弈等因素的影响，需求信息在供应链传导时，会导致需求信息的扭曲和失真。这种情况会危害整个供应链的运作，导致总库存增加、生产无序和失衡、市场混乱、风险增加、企业适应能力削弱。因此，需要提高供应链的信息透明度，建立需求与供应的信息共享系统，确保需求信息在供应链中的畅通，供应链上的每个企业都应能够及时获取最终用户和各级用户的实时需求信息，并以最快的速度予以响应。

　　总而言之，对生产物流与供应链而言，从生产到供应必须保持及时、同步的物流周转。在生产运作中，需要严格监控不同种类产品的生命周期，防止缺货或高库存。对外强化供应商管理，将精益管理方法导入供应链，强化各级供应链管理水平。

　　② 供应商管理。

　　供应商管理交易系统，提供供应链管理最前端的信息化支撑，帮助客户实现采购的自动化，同时实现集中、高效的采购管理；通过供应商管理交易系统协同采购流程，帮助客户缩短采购周期；通过供应商管理交易系统全面的供应优化与分析，改进采购战略；通过采购自动化与电子化，降低采购成本；帮助客户寻找提高业务流程效率的机会，为最终顾客提供更多价值和服务。

　　供应商管理交易系统功能架构如图 7-28 所示。

　　供应商管理交易系统采用模块化分层结构，主要有系统集成层、基础活动层、支持活动层、协同采购层、流程集成层及数据分析层，同时还包括贯穿各层的系统配置及安全体系保障模块。

　　系统集成层用于同外部系统集成，提供灵活、标准的集成方法，支持应用流程的集成及数据层面集成。

　　基础活动与支持活动层主要用于进行协同采购前期、后期辅助管理以及谈判过程需要用到的一些基础信息的管理。

　　协同采购是供应商管理交易系统的核心，同流程集成工具一起，完成采购寻源、采购谈判的过程。

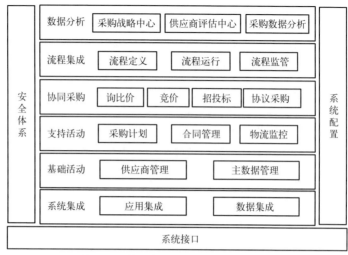

图 7-28　供应商管理交易系统功能架构

数据分析层帮助客户对各类采购活动进行分析，从战略上对采购活动进行指导。

安全体系模块统一管理各类活动（主要是协同采购活动）所需要的安全策略，统一进行安全策略的执行与监控。

a. 系统架构。

利用供应商管理交易系统可以构架全面的企业 B2B 物资采购电子商务解决方案，如图 7-29 所示。

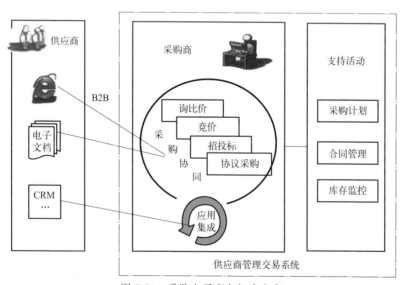

图 7-29　采购电子商务解决方案

供应商管理交易系统的核心功能包括招投标过程管理、供应商管理及采购计划、合同管理等支持活动。

供应商可选择通过登录 B2B 采购电子商务网与采购商进行交易谈判，也可通过电子文档进行数据交换或通过与供应商内部系统集成等方式进行采购协同操作。

采购商可根据需要，选择使用招投标采购、询比价采购、竞价采购、协议采购等不同方式进行采购。

b. 主要功能。

供应商数据：管理供应商基本信息、对应物料分类信息等，包括供应商入网注册、供应商入网审批、供应商产品目录申请、供应商交易行为综合评分等。

采购需求管理：对需求计划进行管理，确定需要采购物资的相关信息。与物资管理系统（如 ERP 系统或其他物资管理系统）集成，减少需求计划的手工录入，提高数据的准确性。与库存管理系统集成，实现集团内库存信息共享和集团内库存物资调拨。

物资编码数据：包括物资分类管理、物料管理和集团、下属企业物资目录划分以及功能强大的物资信息搜索引擎。

采购过程管理：采购方案管理、竞价采购、询比价采购、协议采购。

采购订单：订单管理是采购业务的关键环节，是一次采购活动的重要结果。在采购订单中具体规定采购的物资、数量、价格等信息和供货供应商，并向主管领导报批。根据审批规则，主管领导审批采购订单确定本次采购是否执行。

合同管理：合同是采购业务的重要环节，是交易双方采购、供货的重要依据，依据采购订单编制，包括合同的审批规则、合同审批、合同评分以及合同归档等。

信息发布：对指定的用户发布物资要闻、政策法规、重要通知等信息。

综合查询：对业务各关键环节进行综合查询。

统计分析：对业务各关键环节进行统计分析。

c. 采购计划管理。

对采购计划进行分析，采购计划可直接生成或通过外部接口从其他系统产生。

可以对采购计划进行合并、拆分形成新的采购计划，一个采购计划可以包含多种物资（是否限制只能是同一大类的物资，可以由系统来配置）。可针对采购计划制订完整、灵活的询价方案。

采购计划可以整体合并，也可以由明细项合并。

采购计划的合并方式可根据采购物资分类特性进行约束，也可根据采购计划的交货日期、采购类型等进行约束。

d. 招投标管理。

通过供应商管理交易系统通用招投标管理平台，采购商能发布采购信息、进行采购说明，快速地搜索符合目标的供应商，并通过对比与分析供应商的投标情况进行采购决策，向供应商发布采购结果。

通过供应商管理交易系统通用招投标管理平台，采购商可定义符合不同采购要求的采购方式。

通过供应商管理交易系统通用招投标管理平台，供应商可以在线进行投标并与采购商进行信息交流。

询价方案处理：供应商管理交易系统询价方案用来定义采购策略。询价方案根据采购计划生成，也可以通过选择模板或选择历史方案来快速生成，其内容主要包括询价方案名称、预计询价开始时间、预计询价结束时间、确定供应商范围、是否竞价采购等。询价方案包括采购计划中的重要数据，如采购商名称、物资名称、物资数量等，同时包括询价方案名称、计划询价的开始/结束时间、市场参考价、编制人以及预算金额等。可以根据采购计划编制询价方案，也可以直接生成询价方案。可以根据询价方案模板或者历史询价方案来自动生成询价方案。

标书处理：标书根据询价方案生成，标书定义招投标的细则，其内容主要包括标书名称、开标时间、开标地址、运输方式、技术要求、报价要求、招标咨询联系人信息、招标技术咨询联系人信息、投标商联系人信息等。支持供应商选择在线、离线投标方式。可对整体采购进行分包，可以按采购物资进行分包招标，各个包可以对应统一或不同的中标供应商。审核后发出的标书，相关供应商可进行查询，也可通过邮件、短信通知供应商。

投标确认：供应商获知招标邀请后，可在系统中查看标书信息，如标书名称、开标时间、开标地址、运输方式、技术要求、报价要求、标书分包信息、投标咨询联系人信息、投标技术咨询联系人信息等。同时，供应商须在招标邀请要求的反馈时间内，填写投标反馈信息，包括是否参加投标、供应商联系人信息、供应商账户信息等。

投标处理：供应商可在线上直接进行投标，也可根据标书要求，下载标书电子文档，填写必要的投标信息后将投标书发送给采购商进行离线投标。根据采购商定义，供应商可进行投标报价或竞价，供应商可选择招标书中的包进行投标报价。

决标处理：采购商对所有投标书进行评分，生成招标结果并进行公示，公示结束后向供应商发中标通知。其主要过程如下。

——抽取招标专家：在决标阶段，首先需要聘请招标专家。招标专家可以对标书以及供应商进行全面的评定。

——生成招标专家评审单：按照标书和供应商的基本情况以及报价记录生成专家评审单。在专家评审单中，专家可以根据实际情况，对供应商的各个方面进行打分。

——发送专家审批单：对于线上招标，专家审批单通过系统发送给招标专家，招标专家可在线打分。

——填写专家审批单：招标专家根据实际情况填写业务员发来的评标专家审批单，对供应商的相关方面进行评分。

——提交专家审批单：评标专家在填写完成评标专家审批单之后，需要再次提交给招标业务员。

——记录评审结果：招标业务员在收到招标专家发回的评标专家审批单后，须按照审批单的内容录入审批结果。在现场招标会结束后，招标业务员须将现场专家的打分录入审批结果。

——编写评标报告：评标结束后，招标业务员须编写评标报告书，生成一份详细的评标报告供相关人员查看与审批。

——编写定标审批单：由招标人员根据评标结果编制定标审批单并提交给相应的招标主管人员进行审批；即确定中标供应商的文件，包括第一中标商和第二中标商，其中第二中标商是作为第一中标商的替补。

——招标结果公示：审批通过或者合格的定标审批单返回到招标业务员处，由业务员对招标结果进行公示。公示期间如果有供应商质疑或其他原因需要对招标结果进行更改，可以撤销公示。撤销公示后，由招标业务员修改定标审批单重新报领导审批，重新公示。对参加此次招投标活动的供应商发布招标结果，中标供应商将收到中标通知并提示进行分项报价，非中标的供应商将收到落选通知。

——供应商分项报价：中标供应商对本次招标所涉及的明细物资填写单价价格，其分项报价价值总和不可大于中标总价。

e. 流程管理。

供应商管理交易系统可集成专业的流程管理工具，对采购流程定义、执行及监控等进行全面的管理。

供应商管理交易系统本身同时提供高效灵活的流程配置，方便用户快速简便地进行流程定义。

f. 供应商交易管理。

供应商管理交易系统支持供应商自助注册、推荐注册。

支持建立供应商评估中心，提供供应商资质、质量、服务进行全方位的评估数据。

供应商评估数据从供应商协同活动中产生。可以建立供应商统一评估规则，支持供应商评估中心的运行，其交易系统如图 7-30 所示。

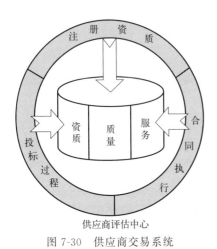

图 7-30 供应商交易系统

g. 系统特性。

灵活性：

——流程配置灵活性：供应商管理交易系统可通过集成专业的流程管理工具，对采购流程进行定义、执行及监控管理，同时系统本身提供高效灵活的流程配置，方便用户快速简便地进行流程定义。

——采购方式定义灵活性：供应商管理交易系统可以通过对协同采购活动中询价方案处理、标书处理等环节的配置，定义出符合采购商要求的采购方式，如询比价、竞价、招投标、协议采购等。

——集成灵活性：供应商管理交易系统在采购计划、询价方案、标书处理等众多环节提供标准的接口方法，用于与外部系统进行集成。

——系统部署灵活性：系统支持按子系统（子模块）分布式部署，同时支持关键功能的分布式部署。

可扩展性：

——纵向分层化结构：供应商管理交易系统设计上采用纵向分层结构，将通用事务处理层与业务逻辑层进行分离，业务逻辑层与表示层进行分离，将各层功能的扩充与变更影响降至最低，同时便于各层功能的复用。

——横向元素化结构：供应商管理交易系统各层由细化的元素元数据组成，通过灵活定义元素间接口，提高元素适应变化的能力。

可靠性：

供应商管理交易系统支持 7×24 小时不间断运行。系统支持大并发用户使用下的稳定运行，同时支持大数据量（如大量投标文件下载上传）操作下的快速稳定运行。

（5）销售管理

参照《智能工厂 通用技术要求》（GB/T 41255—2022）标准要求，智能工厂的销售管理应建立客户管理系统，并与企业资源管理（如 ERP）实现数据集成；应建立详细的客户数字化档案，以及客户跟踪、关系（及变更）、商业机会、订单、产品维护、销售过程、回款、服务等记录，并做到实时的数据更新；应通过信息系统对企业内部的销售业务及销售过程进行管理并与财务等信息系统集成，形成对销售业务及过程中的费用、绩效、成本考核等动态的核算与管理。经销商、销售渠道等应用共享信息系统的管理模式，形成对产品流向、产品串货、市场分配等进行远程管理的信息化系统，而经销商也可利用该系统完成下单、对账、结算等业务。

① 系统概述。

企业信息化管理中的资源计划系统是最为重要的系统之一，它能够实现企业远程业务审批、网上监控、在线管理、业务办公以及数据统计等功能，使信息化销售管理范围得到扩展，提高企业的决策效率与市场反应速度。目前，各类资源计划系统具体包含人力资源管理模块、设备管理模块、成本管理模块、财务管理模块以及销售管理模块等。其中，资源计划系统中的销售管理系统是其最为重要的组成部分。销售管理系统涉及经销商、供应商等方面的往来合作优化，并集成了业务流程中人力资源、财务以及业务等部门的数据共享，能够实现企业价值的用户创新，提高企业在市场竞争中的生存能力与发展能力。

② 系统设计。

a. 集成的 ERP 软件体系架构。

ERP 系统中内置有各种不同的工业行业解决方案，信息集成模块通过知识管理和商业智能对数据进行管理。流程集成包含业务流程管理和信息交换，应用平台包括 ABAP 和 J2EE 两部分，能够为操作系统和数据库提供支持。

b. 逻辑设计。

——在系统架构模式方面，ERP 系统应用层包含数据库层、应用层以及表现层三个层次，其对维护工作量进行简化，提高系统对于网络性能的兼容性。另外，也能够通过 Web 浏览的手段，在不安装客户端的情况下实现系统与外部的协同。通过对整体布局进行调整能够使推广策略的高效性进一步体现出来，在形成统一逻辑结构平台的基础上，也要实现技术架构方面的相对集成。为了能够使网络系统在运行过程中体现出更加优秀的平稳性，可以通过专线连接的方式对网络运行费用进行控制。分散的经营户和重要的业务岗位要允许使用虚拟网络。

——在系统实例架构方面，ERP 系统具有一套可备份的数据库实例和中心实例，能够依照业务的需求，对实例搭配方案进行有针对性的选择，使系统信息处理能力达到最高水平。另外，为了能够维持系统的平稳运行，可以将 HA 方案与 ERP 系统有机结合起来并随时切换备份机，对服务器共享磁盘和 SAPDB/CI 服务器进行备份。

——在系统逻辑架构方面，ERP 系统能够在开发环境的支持下将数据传递至传输目录和测试环境，所输入的数据通过传输目录被输送至生产环境，通过输入数据实现测试环境向生产环境的转化，构成系统逻辑架构。

——在应用架构方面，ERP 系统通过 FI、PP、MM、SD 等程序完成财务管理、生产运行、物料管理以及销售与分销等业务流程。

c. 数据显示。

为了能够有效解决核心业务领域中库存、财务、销售以及采购等环节的信息化工作，系统管理风格和设计理念需要借鉴。SAPECC6.0软件。该软件能够通过汇总和整理业务管理模块，高效融合数据库内的信息，使第三方数据与该系统之间的融合问题得到有效的解决。

d. 数据架构。

通常情况下，业务信息仓库通过种类信息系统架构，采取指定的传输方式与数据提取方式完成信息融合。对于大体量的数据分析和数据查询，通常由信息仓库分析操作和数据查询来实现，以得到企业所需要的分析结果，同时也能够有效减轻系统荷载。

（6）资产管理

参照《智能工厂 通用技术要求》（GB/T 41255—2022）标准要求，智能工厂的资产管理对象为制造企业生产经营活动应具备的设备资源。应以数字化描述的方式建立设备的数字档案，并与企业资源管理、生产过程管理等信息化系统实现信息与数据的对接，实现资产的全生命周期管理。

智能资产管理应包括：资产台账、资产状态在线监控（如 OEE）、故障检测、资产使用效率实时统计与分析以及设备点巡检、资产维护维修等。同时，还应支持包括但不限于设备资产故障预测、在线故障诊断及原因分析、报废管理等功能，以及面向大规模个性化生产的资产动态优化调度。

① 系统概述。

资产管理是根据资产的特点和运作方式对其进行全生命周期管理。资产全生命周期管理（Life Cycle Asset Management，LCAM），是一种从资产规划直到资产报废全过程的管理思想，内容包括设计、采购、建设安装、运行、租赁、维护和翻新、报废。包括以下环节：采购前规划管理、购置验收管理、配发领用管理、运行使用管理、维护维修管理、报废处置管理。基于全生命周期管理思想的企业资产管理系统（Enterprise Asset Management，EAM），将企业管理理念、基础数据积累、业务流程优化、人力物力管理、计算机应用系统集为一体，在统一的数据管理平台下，以仪器设备台账为管理核心，以工单提交、审批与执行为主线，实现采购验收模块、维护维修模块、封存报废模块的仪器设备全生命周期管理。

基于 Maximo 平台的 EAM 结合自身资产管理的业务特点建造了资产管理信息系统，实现了对全部资产全生命周期的可视化、可控化及流程化的管理局面。一线使用人员、资产管理部门、领导层都可以即时查询每台设备的资产状态和业务流程，管理信息得到最大化的收集与共享，不仅提高了设备可靠性和资产管理水平，同时降低了管理成本与维修成本，帮助提升企业运行效率和内部竞争力。

企业资产管理（Enterprise Asset Management，EAM）是一个以计算机技术及网络通信技术为基础的运行平台，是面向资产密集型企业的资产管理软件。EAM 将企业管理理念、基础数据积累、业务流程优化、人力物力管理、计算机软硬件应用系统集为一体。它可将设备管理、采购管理、人力资源管理信息充分共享，从而实现提高维修效率、降低维护成本的目标；建立以设备为中心，设备运行历史记录及台账为基础，工单的创建、审批、执行、关闭为主线，链接库存、采购等资源信息，形成设备动态管理、数据充分共享的管理信息系统。

② 系统设计。

在应用架构方面，使用 IBM 公司的 WebSphere 作为中间件平台，并以此形成企业资产管理 IT 应用架构，形成统一的集成应用环境，有效实现应用的集成化。在应用方面，使用 IBM 公司的 Maximo 平台（Maximo 为 IBM 公司推出的资产管理软件系统，基于 WEB 架构，用纯 JAVA/JSP 工具开发）作为资产管理平台，实现资产全生命周期的管理。在数据中心方面，使用 ORACLE 10g 作为数据库系统。

系统架构图如图 7-31 所示，功能模块图如图 7-32 所示。

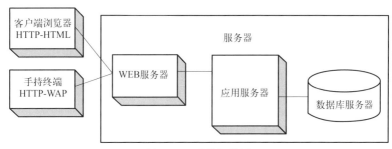

图 7-31　系统架构图

其中，系统按照多层体系结构设计。在服务器端，数据库层、应用层、表示层，每一层均可分布于多个物理的服务器上。随着对服务器性能要求的提高，其可在水平层面和垂直层面上做不受限制的扩展。在客户端，只需要有 IE 浏览器，就可进行工作。也就是说，用户可以使用桌面计算机及各种手持终端（包括有线及无线终端）来进行工作。

科研生产中使用的各类仪器设备种类繁多，各类仪器设备的管理属性各有特点，业务流程也相对独立，从企业管理者的角度来说，就会形成各业务自成体系的孤岛问题。这种"多账管理、相对隔离"的模式既不利于管理者全局把握企业资产情况，也不利于企业资产的全生命周期管理，还会造成具有多重属性资产出现账目重复或信息不同步的问题。

本项目在台账数据建立的初期，即明确要建立统一的资产平台的构架，将全部资产台账集中整合形成一级台账。在统一台账中将各类资产共有属性（基本属性、管理属性和使用属性）定义为"一级属性"，在此基础上将各类业务特有属性（工艺装备属性、计量器具属性、信息设备属性）定义为"二级属性"。"一级属性" ＋ "二级属性"构成各业务分台账，台账结构图如图 7-33 所示。

仪器设备管理	信息设备管理	工装管理	计量器具管理	采购管理	维护维修管理
• 仪器设备台账 • 仪器设备库存 • 仪器设备调整通知 • 仪器设备封存 • 仪器设备报废 • 仪器设备报废呈送 • 仪器设备台账变更	• 信息设备台账 • 信息设备领用申请 • 计算机特殊需求申请 • 信息设备退还申请 • 信息设备借用申请 • 计算机变更领用人申请 • 信息设备台账更改申请 • 计算机维修申请 • 计算机维修记录 • 便携机定期维护管理 • 信息设备移库申请 • 信息设备库内管理 • 信息设备发放	• 工装台账 • 工装合同 • 工装验收 • 工装复验 • 工装外借 • 工装报废 • 工装封存 • 工装启用 • 工装信息变更 • 工装出库记录 • 工装入库记录	• 计量器具台账 • 计量送检交接 • 外协器具送检 • 计量器具使用状态变更 • 计量周检月计划 • 计量送检提醒 • 不合格追溯 • 计量校准确认 • 圆角合格确认 • 延期送检申请 • 返回送检计量器具 • 计量台账入账申请 • 送检结构 • 计量送检交接确认	• 采购购置计划 • 计划外采购 • 采购需求申请 • 仪器设备接收 • 仪器设备领用 • 固定资产建账单 • 任务号字典	• 维修工单 • 维护工单 • 标准作业计划 • 预防性维护

工作流设置、系统配置、权限配置、接口设置、报表设置

图 7-32 功能模块图

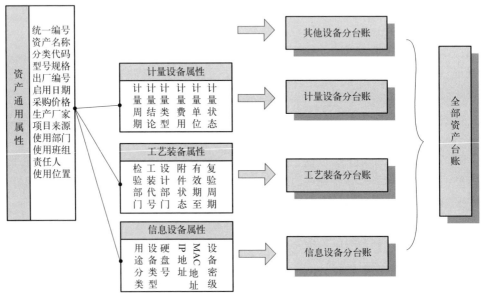

图 7-33 台账结构图

③ 系统建设关键要点。

a. 系统的建设和运行。企业使用 ERP 时，技术性因素往往被放到重要的地位，组织内"非技术"因素常常被忽视。企业在实施 EAM 时，通常伴随着大规模的业务、人员及组织变革。尽管技术问题很复杂，但企业内部成员间角色与责任的分配则往往关乎系统运行的成败。EAM 作为整合企业资源的技术平台，不应作为一个孤立的技术手段，而应与组织和人的管理相结合，只有这样才能发挥最大的效用。大量实践表明，系统的建立仅仅是信息化应用的起点，真正提高业务效率和提升管理水平还是在后期的日常应用和维护升级工作中。只有不断应用才能不断发现问题、优化流程、改造系统，才能真正地发挥建设信息系统的作用。

b. 业务流程的再造和优化。信息系统的建立不是将现有业务流程单纯地电子化实现，还应在现有企业管理制度的框架下，综合考虑以下因素：

——制订整体策略。着眼于所有业务领域和资产管理的各个环节，明确主业务流程和分支业务流程的执行次序、优先等级，避免相互重复、相互影响甚至相互矛盾的情况出现。

——面向用户的流程体验。信息系统投入使用后往往遇到功能强大和用户体验差的矛盾，专业类软件管理要素多、信息量大、逻辑性强，对操作人员的业务水平和专业素养要求较高。企业资产的管理者、使用者、保管者等不同人员的教育背景和文化素养参差不齐，需要面向不同用户定制差异化流程体验，过滤海量数据信息，聚焦日常工作重点。

——减少反复环节、信息一步到位。电子化流程提高效率的前提是充分梳理业务流程，合并减少不必要审批环节，采集录入信息一步到位，避免反复审批、重复审批、冗余审批、过度审批。

c. 需求分析的收集与整理。在系统建设的过程中，软件开发过程对业务需求分析不够重视，导致项目开发的功能实现不能够满足用户的真正需求，建成的系统也不是他们想要的业务信息系统。根本原因是没有软件需求，分析不够彻底、深入，导致在后期实施开发的过程中，由于用户不满意或发现错误，需要对系统功能不断完善、修改甚至反复，造成了前期需求调研阶段精力和时间的浪费，也导致系统上线测试等工作的延期。因此，深入细致的软件需求分析是非常重要的工作，开发者站在用户角度的需求分析和方案设计显得尤为重要。这就要求项目的产品经理作为双方的桥梁，除准确把握用户深层诉求外，还应能够评估用户需求的准确性、全面性和可行性，引导和启发用户的横向和纵向需求，必要时对用户进行可行性分析和必要性论证，力求接近用户的真实需求。

d. 基础数据工作。数据是系统建设和成功应用的基础，没有这些良好的数据基础，信息系统就不能有效地发挥作用。建立企业资产管理系统的基础数据工作有三个阶段，即数据整理、数据收集和数据分析。在系统建设的初期，业务人员需要做大量基础数据的准备工作，建立和维护完整的基础数据库，包括台账字段整合、初始数据的搜集、域值结构化的整理、位置体系的建立、成套设备祖代关系的关联和故障代码的梳理等内容。当系统运行过程中，随着业务工单的生成和流转，产生了大量的动态数据，如设备运行数据、维修数据、移动数据、备件库存数据、工单数据等。

（7）安全环境健康管理

参照《智能工厂 通用技术要求》（GB/T 41255—2022）标准要求，智能工厂中，安全管理应满足 GB/T 38129—2019，并应实现与企业资源管理、生产管理系统的信息集成。环境管理应满足 GB/T 24001—2016。健康管理应满足 GB/T 45001—2020，对其中涉及的资源要素应建立数字化档案，宜基于实时、动态的数据采集与监测，应用企业知识库、云计算等技术，完成分析、预测、预警及可优化的信息管理系统。

① 系统概述。

健康、安全、环境管理等相结合的新型管理体系（Health，Safety and Environment management system，HSE），是指做好全面的风险评估与分析预测，确定活动产生的后果，进而针对性采取有效措施进行预防，进而保证人与环境和谐统一的管理方式。HSE 管理真正体现着"以人为本"的指导思想，重视领导的责任与承诺，重在预防，着眼于持续、不间断的改进，积极吸收全体员工参与，强调"零事故"的安全性目标，强调风险评估与隐患管理。

HSE 管理模式用于指导企业通过规范化、经常性的管理活动，建立安全、健康、环境的新型管理目标，从而建立与此目标相吻合的管理体系，通过定期评估、管理、审核、持续推动 HSE 管理的实施，进而达到安全、健康、环境持续提高的最终目的。

实施企业 HSE 系统，降低各类事故的发生，节约能源资源、降低生产成本，减少生产过程对环境的响应以及保证员工的健康，是企业进一步发展的必经之路。

② 系统设计。

——平台门户。平台门户是整个系统交互和展示的接口。通过平台门户，经授权的用户可以查看系统整体或授权应用模块。需要进行业务操作的授权用户进入系统后可执行业务操作，授权的管理用户可进入系统后台进行配置操作。首页门户可视化程度高，操作简单，根据登录用户显示定制的主页及相关信息，同时系统支持 PC 端及移动端操作。

——基础信息。可以配置企业的基础信息，包括组织结构，岗位设置，应急资源等，作为其他应用模块的基础数据共享使用。

——人员管理。可以单独进行人员管理或者与企业已有人员系统进行对接。

通过与其他应用模块的员工数据共享，对人员的培训教育、操作资质、岗位安全等进行全面的管理描述。

——一企一图。结合 GIS 系统、建模及全景拍摄技术对企业进行展示和管理，通过叠加位置、状态、基本信息、实时信息以及分级报警信息，基于厂区地图可以全面直观掌握企业的 HSE 实时状态。

——档案文档管理。档案管理系统管理相关的法律法规、企业的管理体系文件和规章制度以及审批文件、培训教材课件等。提供档案的分类设置、填报上传、在线查看、下载以及搜索等功能。

——重大危险源及危险工艺。在系统中配置重大危险源和危险工艺的相关信息，通过读取重大危险源及危险工艺的过程数据和报警信息，实时评估其风险等级，给出报警信息和相应的操作建议。保证对企业重大危险源和危险工艺的在线风险评估。

——安全设备管理。针对安全相关的设备，如特种设备、压力容器等建设设备管理系统，对日常状态、维修维护、检定等信息进行综合管理。

——执行管理。执行管理包括年度计划、许可证申请、隐患排查巡检、安全检查等多种功能模块，涵盖了安全计划、安全检查和安全督查，是日常主要业务流程，实现安全相关业务流的管理。

——实时监管。对现场的传感器、摄像头、报警信号进行接入，结合企业地图进行实时状态显示，并且构建实时风险评估模型，综合传感器数据、设备信息、人员信息等进行实时风险评估并显示，帮助企业了解 HSE 运行动态。

——应急响应。系统集成了应急通信功能，可以结合电话、短信、微信进行信息发布及互动，当出现紧急事件时，结合企业地图、实时信息及预置信息，作为应急响应中枢，对应急状态进行处理调度。

——预案管理演练模块。针对应急预案进行管理，并且可以设置预案脚本，人工或者自动触发，进行预案的演练或实际执行，对过程进行监控、记录，可回放并实现对演练执行的分析。

——培训教育管理。针对员工的教育培训、安全活动、安全资质、考试情况及其他教育信息的整合，构建职工的个人教育档案，与员工信息相结合。可以制订教育计划并进行执行跟踪，包含考试系统，支持 PC 端和移动端操作。

——职业健康管理。职业健康管理包含岗位风险管理、职工体检管理。岗位风险矩阵可以对每个岗位在岗时间内可能接触到的安全因素，结合职工的培训、健康情况、在岗时间以及现场相关的传感器数据进行实时评估，得出风险矩阵实时值，进行相应的管理跟踪以及相关岗位矩阵参数的调整。体检管理可以根据自身情况制定对应的体检计划，对应各自的模板，并且将体检结果反馈到系统中，根据体检结果及人员岗位进行岗位适应性分析和风险评估。

——统计分析模块。对 HSE 的执行情况进行统计汇总，对关键点构建分析模型进行分析，支持导出功能，可以导出为文档方便日常使用。

——数据接口。包括与企业其他信息系统的对接及数据共享以及域认证和单点登录接口。

③ HSE 管理体系信息化建设步骤。

——HSE 管理体系建立，包括初始状态评审、风险评估、文件编制。

——根据管理体系构建 HSE 管理体系的信息化平台。

——给予 HSE 的信息化平台实施 HSE 管理体系。

——HSE 管理体系的执行评审。

7.4.5 智能服务

（1）概述

智能服务有多种定义：

——通过互联系统和机器智能，由客户和提供商共同创造价值的服务；

——智能服务是物理世界与数字世界的桥梁；

——智能服务是提高价值创造和经济运行效率的服务；

——在现有产品和服务上的数字化拓展；

——将产品转化为服务的一部分；

——以产品为中心转变为以客户为中心的商业模式。

——一种个性化的、高度动态的、基于质量的服务解决方案，方便客户通过现场智能和技术、环境和社会背景数据（部分实时）来实现，从而在战略发展到智能服务的改进的各个阶段，在客户和提供者之间共同创造价值。

智能服务的概念与当前火热的应用和研究方向结合较深，主要关键词包括硬件互联通信、智能计算、环境感知、数字化、以客户为中心、个性化、创造价值。

据此，智能服务的内涵与定义总结为：智能服务是指以现有产品和服务为基础，结合新技术，利用可互联的硬件设备收集环境数据并利用集中或分布式的计算资源实现智能计算，围绕客户的基本和潜在需求，为客户提供主动、高效、个性化、高质量的产品和附加服务，在客户与供应商之间创造新的价值。

（2）特征

智能服务的特征有以下 5 点：

——延异性。总体来说，智能服务的内容会随着科技热点而改变，新的科技手段会催生新型的应用场景，导致用户基数、用户需求等发生巨变，从而对智能服务的内容甚至企业的商业模式带来影响。此外，新技术在逐渐应用过程中，也会经历量变到质变的变化过程，如 4G 通信技术逐渐成熟并大规模应用后，短视频软件才逐渐火爆起来。因此，智能服务的最大特征就是其概念和内涵是随时间不断变化的，具有延异性。

——感知性、数据化和快速响应。智能的前提是即时地获取大量可靠的数据用于智能分析。目前，主流的人工智能算法都需要大量数据进行训练，才能获得较好的输出结果。训练模型的准确性取决于数据有多可靠，结果的时效性取决于数据的获取有多及时。智能服务必须有感知性强的硬件及软件算法配合，才能为系统适应环境变化打好基础。除此以外，系统要对环境的变化作出快速响应，最终做到提高终端感知部件覆盖率，提高快速响应能力。

——自动化和系统优化决策支持。智能服务的"智能"首先表现在对简单服务流程的自动化上，将人力从服务环节上的简单、重复工作中解放出来，一方面提高服务效率和质量，降低服务成本；另一方面为高级的服务流程自动化打好基础。"智能"还表现在对高级业务流程的自动化上，随着对服务的质量、时效性的要求进一步提高，在大数据处理方面人力首次落后于机器。建立在感知化和数据化上的系统仍需进一步解决大量的优化决策问题，便于系统高效运行和管理，这时服务过程中的关键决策也不再适合由人来做，需要由机器对服务系统进行决策支持。

——大规模个性化和主动服务。随着基于硬件的物联网技术和计算能力的发展，服务系统的感知性和数据处理能力增强，使得全方位收集环境与用户的数据成为可能。大规模的个性化服务采用数据驱动方法，通过跟踪客户的行为来捕获其偏好、态度和支付意愿等有价值的信息，并结合合适的推送策略，增加用户黏性。在用户产生实质需求前，对其可能出现的需求进行预测和覆盖，降低用户的使用成本，创造服务的"包裹感"。

——在低利润空间内开发新的增值服务。共享经济就是一种低利润空间的新型增值服务，通过出售单次低利润的服务，吸引大量客户购买，凭借规模效应扩大业务范围，维持业务的生存和发展。

（3）模型

服务系统可以用结构、输入、过程以及输出 4 个维度的内容来展开和描述，表 7-1 给出了智能服务系统的四维表达模型的定义，并以能源智能服务系统为例对不同维度的内容进行了分析。从定义来看，系统的"结构"维度表示决定具有系统特征、属性和功能的系统要素，包括系统资源、系统子系统及其之间关系、系统运行的规则等；"输入"维度表示在一定的系统结构下，待系统流程处理的对象或服务要素；"过程"维度表示在系统运行规则控制下，利用系统资源将输入转换为输出的过程；"输出"维度表示在系统结构下，流程产生的结果，或者输入状态、属性的变化。

表 7-1　智能服务系统四维表达模型

系统维度	定义
结构	决定具有系统特征、属性和功能的系统要素
输入	待系统流程处理的对象或服务要素
过程	利用系统资源将输入转换为输出的过程
输出	流程产生的结果、输入状态或属性的编号

7.4.6　系统集成

（1）总体要求

参照《智能工厂　通用技术要求》（GB/T 41255—2022）标准要求，智能工厂的系统集成是指系统间、系统与系统之间实现网络连接，并且实现数据在不同层级、不同设备、不同系统间的传输，最终和各类产品信息、生产信息、管理信息和系统信息等实现互联互通和系统间互操作，支撑智能工厂持续运营的各类业务流程的实现和优化的技术过程。智能工厂系统集成包括：

——网络互联：实现连续的、相互连接的计算机网络、数控设备网络、生产物联/物流网络以及工厂网络。

——数据通信：在系统架构定义和网络互联的基础上，按照数据通信协议要求，定义数据类型和格式，实现从车间层到工厂层、集团层双边的传输、存储等。

——信息互通：定义系统间消息传输和内容解析，并基于数据通信实现系统间信息交互。

——集成优化与闭环操作：实现信息空间与物理空间之间基于数据自动流动的信息感知、实时分析、科学决策、优化执行的闭环体系。

（2）网络建设

① 工业物联网定位（图 7-34）。

在智能工厂内部，工业物联网和工业互联网是两大通信设施。

工业互联网连接供应商，并支持生产计划、物流、能源和经营管理相关的 ERP、PLM 等系统的信息通信集成。

工业物联网支持制造过程的设备、操作者与产品的互联，实现 MES、数控机床、机器人等物理单元的信息通信，还通过 CPS 手段实现与信息空间的集成。

工业物联网环境下的智能工厂，至少可以实现以下五个功能：电子工单、生产过程透明化、生产过程可控化、产能精确统计、车间电子看板。通过这五大功能，不但可实现制造过程信息的视觉化，对于生产管理和决策也会产生许多作用。

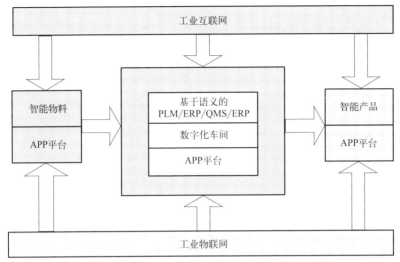

图 7-34　工业物联网在智能工厂的定位

处于体系结构顶端的各种应用是工业物联网的价值所在，通过对生产流程的监控和生产设备运行状况的跟踪，利用 ERP、MES 实现资源的最佳配置和生产流程的优化，以此降低能源消耗、提高生产效率。例如，计划与工厂现场信息共享，可以用更科学的方式排定生产流程；促进生产现场与支持协调同步，减少停机损失；及时发现设备人员等异常，快速做出回应；提高人均效率，减少人工使用；自动采集加工绩效，创造公平的劳动环境；资料采集和利用，支持企业管理层面的科学决策。

工业物联网环境下的智能工厂，可以将企业信息化的效能延伸到生产工厂，直达最底层的生产设备，并通过实时监控和预报警机制，弥补企业管理资源的不足，而详尽的原始资料可让企业了解如何快速、大幅度地降低生产成本，持续地提高管理水平、经营绩效和综合竞争力，推进传统制造业转型升级。

② 工业物联网环境要求。

——自组织网络。在智能工厂中，大量终端例如移动机器人、手持 PDA 等设备都是随机移动的，即使是固定设备也会在一个时段内表现不同的加工状态（如电机的旋转或者停止）。这些联网设备的网络拓扑、信道的环境、业务模式都是随着这些节点状态动态改变的。因此，面向复杂制造环境建立一个节点能够动态地、随意地、频繁地进入和离开网络的多跳自组织网络十分必要。

——工业物联网的实时性。智能工厂中部署的大量传感器节点，搜集不同的参数，这些信息根据重要性，被划分为不同的传输优先级。工业过程数据传输的时效一般在 0.001～0.5 秒之间，需要很高的实时性和可靠性，但是现场设备检测数据时效性则长达 1s 以上。因此，工业过程数据传输比设备环境检测数据具

227

有更高的优先级，这对工业联网实时性提出了更高的挑战。

——工业物联网智能信息处理。智能工厂感知层中成千上万的传感器时刻产生海量的数据，而物联网智能信息处理的目标就是把这些信息收集起来，通过数据挖掘等技术从原始数据中提取有用信息，为 MES 层提供数据支持。信息处理的流程一般分为信息获取、表达、量化、提取和推理阶段，每个阶段的数据处理得好坏都关系着物联网技术能否得到大规模的应用。

——与设备智能互联。智能工厂中的设备来自不同厂家，出于利益原因他们会采用不同标准和协议，这种不统一阻碍了物联网的发展。鉴于目前业内多总线体系已经形成，更换设备至统一标准不现实，因此找到一个多协议、多接口的中间平台对不同通信协议数据进行标准化处理、实现不同设备之间互联互通是关键。

③ 工业物联网建设的关键。

——全互联制造网络。工业物联网的最终目标是实现"广泛互联互通、透彻信息融合、综合智慧服务"。因此，智能工厂中的网络必须要实现不同设备之间互联和异构传输网络之间的互通。但是，目前由于缺乏标准化的可互操作的信息交换协议，物联网中采集的信息往往是封闭的、孤立的，这严重阻碍物联网的大规模应用。因此，需要研究出一套能够解决多源异构信息的融合方法。

——物联网中的数据采集。工业互联网领域的传感器不但要追求低成本，更要具备较高性能。智能数据采集是工业物联网在智能工厂中应用的一个重要内容，但应用成本较高、系统可靠性较差等问题有待解决。

——物联网中的数据处理。智能工厂中底端设备层是数据的来源，时刻产生 GB 级甚至 TB 级的海量感知数据，这些数据除了具有海量性以外，还表现为来自不同设备的数据异构性、网络传输和控制的实时性以及现实环境下受工艺、硬件资源限制导致的数据不确定性。因此，对不同特征的数据进行高效处理、分析，提炼对工业生产有指导性的信息，是工业物联网信息处理的核心所在。

——工业网络安全性。物联网的信息安全涉及感知层、传输层和应用层。感知层是数据的来源，其安全性也是围绕如何保证数据收集完整性和机密性展开的。传输层中海量的信息面临网络拥塞、异构网络跨网认证、DoS 攻击、异步攻击等诸多问题。应用层收集和分析大量隐私数据，在处理和应用过程中都需要对其进行安全保护。

④ 工业物联网的体系结构。

工业物联网是整个智能工厂的控制层，用于完成数据的传输、集成等任务。它主要包括数据采集与监控系统、安灯管理系统、设备设施能源监测系统、机器视觉识别系统、在线质量检测系统、车间环境监控系统、设备联网系统及人机交互系统等，如图 7-35 所示。

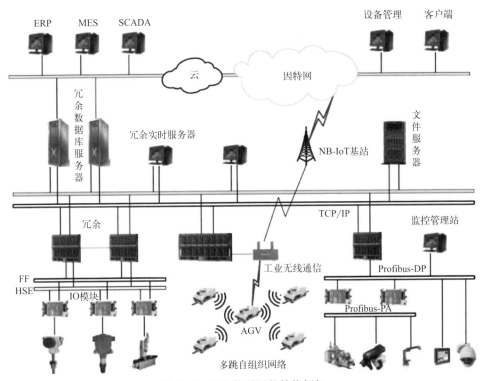

图 7-35　工业物联网的结构框架

如图 7-35 所示，处于智能工厂底端的现场设备（各种传感器、机床、AGV）和控制设备（PLC 控制器等），通过现场总线控制网络（CAN 总线、Profibus 等）实现工业环境的数据感知和控制命令的下发。同时，工业无线传感器网络（WISN）以其灵活组网、可靠通信的优势与现有总线网络并存，在工业控制领域发挥巨大作用。

与传统物联网框架不同的是，该框架加入了由工业数据服务器、文件服务器、实时服务器构成的 SCADA 系统，一方面对一些实时性较高的控制命令，能够快速响应及时做出决策，另一方面通过数据库服务器把来自工厂底端的数据发布到顶端应用层，实现对数据的进一步分析和处理；数据分析和处理的结果通过以太网或因特网随时随地进行传送。

⑤ 工业物联网平台搭建。

在智能工厂中，工业物联网是涵盖了从生产到服务、从设备层到网络层、从制造资源到信息融合的宽域、多级、深度的融合体。在智能工厂中，通过物联网平台，充分应用云计算、大数据、数字虚拟等新一代信息技术创新成果，可以达到提高生产力和工作效率、降低成本、减少资源使用的目标。

根据物联网网络内相关数据的流动方向及数据处理方式，可以将智能工厂的物联网平台分为三个层次，如图 7-36 所示。

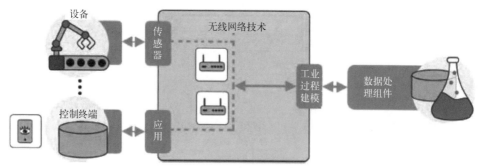

图 7-36　智能工厂的物联网平台

——传感网络层：以二维码、RFID、传感器为主，主要对制造业的加工设备、流水线等工业设备进行识别，并将感知信号进行数据采集。作为一种检测装置的工业传感器，它能够测量或感知制造业设备或产品的位置状态、温度变化、浓度大小、流量趋势等，将离散制造或流程制造中相应的物理量转化为可信号传输、可数据处理、可数字存储的电量信号、通信代码或其他形式信息。它是实现制造业智能检测和智能控制的前提，通过各个有效参数信号的读取操作，来监控生产过程。

——传输网络层：通过 Zigbee、Wi-Fi、Lora、广电网、移动通信网等无线网络技术，实现数据的传输和计算。在智能工厂中，无线网络是一种大量随机分布的网状网络，连接相关各个传感器节点，其网络构成具有自组织能力，同时以泛在协同、异构互连的特点来进行信号传输。

——应用网络层：各种输入和输出的控制终端，包括电脑、触摸屏、PAD、手机等智能终端。在智能终端上显示的各类应用，都是经过了数据处理组建后的工业过程建模，并以一定的可具象方式进行表达。

在智能工厂的物联网平台中，还需要解决两个标准化问题：

① 硬件接口标准化。保持一致规则的硬件接口，确保不同的物联网传感设备厂商，在接入无线网络后数据传输有效。

② 数据协议标准化。数据协议指物联网平台的三个层横向与纵向的数据流交换协议，该数据流可以分为控制数据流和管理数据流。

(3) 大数据管理和应用

《工业大数据白皮书（2017）》将工业大数据定义为：在工业领域中，围绕典型智能制造模式，从需求到订单、计划、研发、设计、工艺、制造、采购、供应、库存、发货和交付、售后服务、运维、报废或回收再制造等整个产品全生命周期各个环节所产生的各类数据及相关技术和应用的总称。智能工厂作为智能制造的重要实践模式，核心在于工业大数据的智能化应用。科研生产产生的大数据处理技术将成为提升企业核心竞争力的关键。

① 重要意义。

近年来，离散型产品在科研生产领域的数据呈爆炸式增长态势。为了更好地管理并利用好这些数据，各单位也在利用现代化信息手段，挖掘数据的内在价值。不少信息化专家认为，大数据的应用，将带来产品科研生产模式和管理模式的大变革。

a. "大数据＋科研生产"成为可能。

大数据技术的不断突破，使"大数据＋科研生产"成为可能，这种组合势必带来行业数据意识的提升、科研生产全业务的"上线"、数据应用思路的变化和科研生产模式的变革。

产品科研生产及其管理是行业最核心的业务内容。任何一个时期，产品科研生产的各项活动都与数据的创造、传输和使用直接相关。而大数据技术的不断突破，使"大数据＋科研生产"成为可能，这种组合势必带来新变化：

一是数据意识的提升。大数据给产品科研生产带来的最直接改变是，科研生产人员数据意识的提升，即形成"数据即是资产"的意识，将从单纯保存数据，转变为科学合理地持有并利用数据，从仅关注于结构化数据、结果数据、重要数据，转变为积累多类型数据、全过程数据、全要素数据，对数据的应用理念将从"把数据带进业务"转变为"在数据中挖掘处理业务"。

二是科研生产全业务的"上线"。大数据给产品科研生产带来的最明显改变，是促进全业务的"上线"。大数据本质是传统产业的在线化，就如同网络零售、跨境电商等一样，大数据也必然推动产品科研生产领域各类业务的在线化。在线数据流动性强，不会封闭在某个部门、某个环节，它随时在科研生产的上下游、协作单位之间，以最低成本流动和交换，最大限度地发挥价值。

三是数据应用思路的变化。大数据给产品科研生产带来的内在改变，是数据应用思路的改变。面对大数据，产品科研生产及其管理将不再满足于为解决某个问题、回答某个指标，而去有目的地组织数据和生成报表，更重要的是不断在大数据之中去探寻还有什么问题能够被解答、什么规律能够被发现、什么经验能够被复用。

数据不再有重要与不重要、有用与无用之分，员工将通过对产品科研生产中海量数据的积累和交换、分析与运用，不断尝试挖掘数据背后的知识，形成前所未有的见解，以获取新的核心竞争力，从而促进科研生产能力和效率的跨越式提升。

四是科研生产模式的变革。大数据给科研生产带来的核心改变，是科研生产模式的变革。大数据理念及相关技术应用的逐步深入，势必对科研生产的业务、流程、技术甚至组织机构带来重大影响，进而促进业务模式变革。这种变革会带动产品数据、运营数据、价值链数据和外部环境数据的不断完善，带来企业内部结构的优化调整，为企业的运营管理提供更多依据；这种变革能支撑产品科研生产、经营管理及新兴产业协调发展的需求，也有利于形成可复制、可推广的智能工厂数据产品与服务，支持企业的持续创新发展。

b.由"数字"向"智能"迈进。

随着大数据技术在科研、生产、管理和决策中的广泛应用，由"数字"向"智能"迈进将成为工业发展的重要里程碑。

行业关系多方主体，覆盖科研、生产、维保、流通、贸易、管理等多个环节，需要管理的数据种类繁多，涉及大量产品数据、运营数据、价值链数据、外部数据等。

信息物理系统（CPS）的推广、智能装备和终端的普及、各种各样传感器的使用，将使感知和连接无所不在。所有的生产装备、感知设备、联网终端，包括生产者本身都在源源不断地产生数据。企业的数据呈爆炸式增长态势。大数据将会渗透到企业运营全流程、全价值链乃至产品的整个生命周期，成为智能模式的基石。

——在需求调研阶段，利用大数据技术进行趋势跟踪与需求分析。企业依托急速膨胀的科技信息数据，可以梳理产品发展趋势，精准分析各类用户的个性化、多样化需求，指导产品研制方向，提高对技术发展趋势的前瞻性和对客户需求的敏感性。

——在型号产品研制中，利用大数据技术优化产品设计与验证。企业对海量数据进行收集、存储、融合、分析和处理，可以帮助型号队伍在设计各环节获取有价值的产品信息，并与设计过程智能化集成，加强产品功能、性能、可制造性、可保障性等数字化验证，优化产品设计，并对需求快速反应。

——在型号产品生产阶段，综合应用大数据、物联网、智能控制等新兴技术，实现智能制造。企业通过构建智能工厂，逐步实现设备级、车间级、工厂级的数字化、网络化、智能化，持续改进生产工艺、生产计划、生产过程、供应链、生产质量等，最终建成具有自适应、自组织能力的智能生产网络，实现工业控制和生产管理最优化。

——型号产品投入使用后，采用大数据技术进行故障诊断与预测。通过收集产品的运行状态、使用效果和故障性能信息，支撑产品故障的远程诊断和动态预测、预警，实现实时精准的综合保障，提高产品的可靠性，延长服务寿命；深入挖掘保障大数据，改进保障性协同设计与评估，实现设计保障一体化，持续优化产品和服务质量。

——在型号产品科研生产全过程，应用大数据技术，实现前瞻的战略管理和精准的业务决策。通过对企业内外部信息全面、透彻、精准的感知，智能识别客户、供应商，以及企业组织/人、管理、技术和信息流、物流、资金流、知识流、服务流等信息的全方位变化，对未来产品发展趋势做出预测，主动优化战略目标、产业布局和投资组合，提前进行风险识别，确保实际业绩与战略目标相匹配。

大数据是智能工厂的核心，智能工厂建设应构建完整、高效、安全的大数据应用服务体系，推动大数据在产品全生命周期、全业务流程、全价值链的集成应用，支撑工业转型升级、创新发展。

c. 革新现有的科研生产思维方式和科研模式。

大数据的出现，抛弃了对因果关系的追求，而是把重心放到了寻找相关关系上。在未来大数据时代，科研人员或将逐步放弃还原论的分解建模研究，代之以整体数据分析，将承认对复杂事物无法建模，直接从现实中去寻找问题的答案。

大数据带来了全新的思维方式，为整体分析提供了条件，同时也带来了一些新思考。例如，它提供了一个解释不明现象的新颖视角，为复杂系统建模仿真提供了一种绕开理论直接走向应用的新途径。

传统的建模仿真技术建立在相似性原理上，还原研究对象的特征以研究其存在形式和工作机理。建模与仿真本质上是建立在精确化和定量化基础上的科研方法。

但是，大数据时代的新科学研究方式一定是非精确化方式。其带给建模与仿真技术的影响为：在目的明确的情况下，提出假设并验证的方式被颠覆，无假设的科学发现不断出现；以往没有被参考的科学现象和因果关系，可以通过查找匹配方式为科学研究提供可能；对研究对象模糊化和非精确化的处理方式，为科研的方法创新提供有力依据；被大量数据佐证或经过多次试验验证的现象，虽然未被理论推导和因果关系验证，但根据概率论理论依然可作为科学结论来使用。

大数据对于"仿真科学"来说，不仅仅是挑战，同样也是机遇。

首先，大数据为仿真结果分析提供了更好手段。传统的仿真结果分析大都比较简单，大数据可以提供更深入的分析和预先处理手段。

其次，大数据为复杂系统建模仿真提供了新思路。放弃还原论的分解建模研究，代之以对"整体数据"的分析，承认对复杂事物无法建模，直接从"现实"中寻找答案。

再次，大数据有助于实现智能仿真。因为大量数据使找到知识关联更为可行，而不需要建立起某种固定的因果关系模型。这虽然不像数学那么精密，但利用相关性就可以解决那些似是而非、多重隐含的问题，从中找到正确答案。中国工程院李伯虎院士指出，将大数据方法与仿真建模方法融合，将为仿真技术及其

233

应用发展带来新机遇。大数据的出现提供了更为高效的研究模式和手段，将革新现有仿真的思维方式和科研模式。

d. 迅速直观地应对复杂系统和问题。

通过大数据框架和建模研究，可以突破数据存储、建模、计算分析等关键技术，迅速、直观、理性地对复杂系统或问题进行分析、预测、评估、决策和实施管理。

首先，可通过数据谱系管理数据之间的相互依赖关系，将来自系统级的产品需求和性能规范传递到子系统级别上，对设计方案演变历程进行管理，形成历史数据的对比分析。

其次，通过大数据挖掘技术促进多学科设计优化。在复杂系统设计过程中，利用分布式计算机网络技术来集成各个学科（子系统）的知识，应用有效的设计优化策略，组织和管理设计过程。其目的是利用各个学科（子系统）之间的相互作用所产生的协同效应，获取系统的整体最优解，缩短设计周期，从而使研制生产出的产品更具有竞争力。

再次，产品的研制生产属于体量大、周期长的大工程，运用大数据技术，有助于实现更加高质高效的管理。以产品可靠性工作为例，现有的成功经验只能靠质量复查，通过"可靠性数据包"这类预防性手段试图提前暴露问题。运用大数据技术，可以把这种"正向质量确认"进一步推向极致。

最后，通过对产品进行监测，综合保障部门能够主动为客户提供预防性维护建议，以便提供更好的服务。制造商可在复杂产品中配备传感器，这些传感器能够收集产品运行数据，并发出预防性维护通知。通过分析大数据，这些维护建议能够在第一时间发出，客户也就能够从中获得更多的价值。

② 大数据特征。

企业在研制生产过程中，产生的大数据具有如下特征：

——非结构化数据比例大。产品研制生产中的数据来源广泛且分散。有来源于产品生产现场、工业控制网络的监控数据，有来源于企业现有的信息化系统的数据，也有来源于供应商、产品需求方数据。

——数据相关性强。产品研制生产中的数据既存在关联关系，也存在因果关系。这些数据的产生和应用，都围绕产品全生命周期、优化生产线、改善供应链等，数据之间存在很强的关联性，并且分析准确性要求高。

——时空序列特性。产品研制生产中的数据来源于工业控制网络和各种传感设备，具有产生频率快、严重依赖采集时间、测点多、信息量大和稳定性要求高等特点，需要采用可靠的数据采集、高效的数据存储、快速的海量数据处理工具进行管理。

——专业性强。产品研制生产大数据需要解决面向特性的智能设备和智能产品的全生命周期、故障检测、健康预测等深层次分析和应用的问题。

③ 管理和应用问题。

a. 大数据管理问题。

目前的产品生产，一方面，面临着满足产品生产需求的挑战，另一方面，面临着企业化运营的压力，这意味着企业需要花更少的时间、更少的资源去完成更多产品的研制生产任务。为了达到这个目标，企业面临着管理精细化及生产现代化的变革。同样，设备设施管理应用范围也越来越大，功能越来越强，这些都意味着海量的数据将在企业日常生产与运营过程中产生和应用，这使企业对海量数据管理提出了需求：

——海量数据集中存取。随着企业的管理越来越精细，对质量控制越来越严格，对外协作越来越密切，企业内部系统自身产生的信息，如文档、报表、图像、测试数据、试验数据等，增长得越来越快。据统计，一个单机产品结束时，往往能产生上 GB（10^9 Byte）的文档及上 TB（10^{12} Byte）的测试数据，这些数据日常就分散在各个研发人员和技术负责人电脑的硬盘里。一方面，平时查找非常不方便，科研生产人员大量的时间浪费在资料收集上；另一方面，一旦相关人员出现变动或设备出现故障，这些数据就会丢失，给科研生产带来损失。因此，如何把这些数据集中存储、统一管理起来，一直是企业数据管理迫切需要解决的问题。

——高性能并行计算。一些企业曾有过建设仿真、比对分析、故障诊断系统及专家系统的想法，也尝试过建设一些类似的系统，但这些信息系统的应用一直没有大规模推广，且应用并不是很理想。从技术上讲，这些系统没有足够的计算能力，所以处理海量数据困难。因此，要把这些庞大的工程数据利用起来，为分析仿真系统提供高性能并行计算是必要的。

——便捷历史数据追溯查询。在产品科研生产过程中，产生的工程数据具有数据量大、数据类型复杂多样及关联性强的特点，如何在这些数据之间建立连接，为用户提供一个便捷的数据浏览界面，是数据管理成败的关键。利用对全部历史数据的自由追溯查询能力，质量过程控制的力度可大幅度提升，同型号自初样起各单件数据、不同型号不同阶段间所有数据内容均可横纵比对，成为追溯数据以提升型号质量的利器。

——高效统一的数据分析。在当前情况下，一方面，由于计算能力不足，很难对大数据量及复杂的算法进行处理分析；另一方面，科研生产人员每一次分析都是一次思考的过程，而这个思考过程没有任何记录，一旦下一名科研生产人员遇到同样的问题，还需要从头进行尝试，极大地浪费了科研生产人员的精力。因此，迫切需要建设一个高效统一的数据分析平台，以提升科研生产的知识积累，加速科研生产活动的知识传播。

——安全的数据架构。产品科研生产过程中产生的数据非常重要，如何保证这些数据安全，也是数据管理的一个难题。一方面，大量数据如何安全存储，如何实现远程的备份与容灾，以保证其物理安全；另一方面，如何控制数据的密级，防止数据泄密，以保证数据传播安全。这都是工程数据管理的难题。

b. 大数据应用面临的问题。

在开展大数据应用过程中，由于不具备行业标准制订主导权、关键技术掌握程度不足、核心器件设计制造依赖进口、主流操作系统与数据库及相关工具软件被国外垄断等多方面的因素，大数据技术在我国产品研制生产应用中面临了一些问题：

——大数据技术研究与应用起步稍晚，缺乏严格统一的技术规范标准，因此，现有的各企业的信息系统在技术体制上存在一定的数据对接和兼容问题，这给创建统一的大数据技术开发平台带来了难度。

——信息化的建设发展过程中，通用化的数据共享平台有待加强，不同企业信息数据平台的系统架构、管理机制、存储模式、交互接口存在差异，在一定程度上影响了大数据共享与处理的高效性与便捷性。

——产品科研生产的信息来源的种类、数量众多，其信息化程度越来越高，已经具备了丰富的大数据资源，但是，相应技术设施的建设规模、开发深度还需要提升，存在信息体系的数据积累、存储、应用程度跟不上数据资源衍生的速度的问题。

——产品科研生产对于大数据存储、整合、挖掘、应用等核心技术的研究与应用，在时间上投入尚浅，积累不足。仅就研发平台而言，在大数据的软硬件核心技术和基础产品方面支撑不足，科研生产过程中数据应用深度和智能决策水平都有待提升，这就意味着产品科研生产从底层未能向核心能力提供充分的数据服务支持。

——在科研生产管理中应用大数据思维则需要加强网络建设。科研生产系统产生的数据往往广泛散布于不同的数据管理系统中，传统的网络架构已经不能满足海量数据传输与应用的需求，为了便于进行数据的收集与分析，需要加强基础网络建设，提高系统的数据集成性。

——要发挥大数据思维在科研生产管理中的价值，需要加强对数据分析人员的培养，提高其对数据的敏感性。大数据分析人员必须深入了解企业业务与组织，具有统计应用知识，同时又熟悉大数据数据分析工具的运用。另外，由于很多工作长期以来并没有充分依赖数据进行判断决策，对数据价值的理解还比较片面，因此还要提高数据分析人员的数据敏感性，积极挖掘大数据的价值，开拓新的问题解决思路。

——将大数据思维应用于科研生产管理的同时，也要格外注意其将带来的潜在风险。针对美国等西方国家窃密技术的不断升级，企业在应用大数据、云计算、物联网等新技术的同时，要更加重视自身的信息安全问题。一方面要尽量提高国产化信息安全硬件设备和软件系统的使用率，另一方面要进行自身信息安全保障体系的规划和建设。

④ 平台建设。

a. 总体架构。

从技术架构上来看，大数据应用平台由三大部分组成，即两个基础、一个综合。两个基础是数据存储中心和并行计算平台，一个综合是工程数据管理平台，见图 7-37。

图 7-37　大数据平台架构图

数据存储中心主要解决海量数据的存储问题，并行计算平台主要解决大数据量的复杂计算问题，工程数据管理平台主要解决数据的转移、浏览、查询、分析等数据管理及可视化的问题。数据存储中心与并行计算平台是工程数据管理平台的基础，只有具备这两个基础能力，工程数据管理平台才能为客户提供多样的数据管理方式，提供高性能的分析手段。大数据平台功能设备如图 7-38所示。

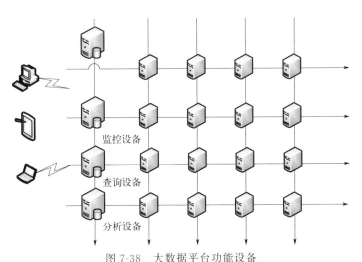

图 7-38　大数据平台功能设备

b. 大数据的管理。

——基础能力。对于传统的存储技术，SAN（SAN 网络存储是一种高速网络或子网络，SAN 存储系统提供在计算机与存储系统之间的数据传输）架构因扩展性有限、跨平台数据共享困难、管理复杂等问题，不能很好地满足非结构化数据的存储需求。传统 NAS（NAS 是一种采用直接与网络介质相连的特殊设备实现数据存储的机制）架构和设备由于协议开销大、带宽小、延迟高、可扩展性差等原因，不利于海量数据的并发访问。因此，大数据平台采用并行数据存储系统，这些并行存储系统具有高性能、高扩展性，高可用性等特点，使得建立一个集中统一存储的数据中心成为可能。

——实时数据查询、分析、诊断。对于传统的科研生产试验，一般情况，每一个测试终端均是一台单独的计算机，对实时数据进行显示与分析。这样，由于内存及 CPU 的限制，能处理的数据量相当有限，远远不能满足设计人员的需要；而且实时数据查询也会被限制在一个很短的时间范围内，要做大数据量的查询、分析诊断的话，终端机器与服务器的资源会明显不足。大数据平台提供并行计算平台，能高效地对大数据量的试验数据进行处理。同时，每一次的分析过程也可以统一存储在数据平台中。

——历史数据的追溯。大数据平台是一个统一的数据中心，通过型号、设备、任务等将研制过程当中的工程数据组织到了一起。用户可以对历史任务的工程数据进行查询浏览回放，甚至对于历史任务的分析过程都可以进行回放，以避免不同设计人员针对相同问题进行重复分析，节约系统资源与设计人员的精力。

——故障诊断、系统仿真与健康预测。航天器的故障诊断、系统仿真与健康预测是一个复杂的过程，牵涉到大量的试验数据、在轨数据与复杂的计算模型，大数据平台为实现这些工作提供了基础能力。

c. 大数据的应用。

——创新研发设计模式。一是利用大数据进行虚拟仿真。传统生产企业在测试、验证环节需要生产出实物来评测其性能等指标，成本随测试次数增加而不断提升。利用虚拟仿真技术，可以实现对原有研发设计环节过程的模拟、分析、评估、验证和优化，从而减少工程更改量，优化生产工艺，降低成本和能耗。二是促进研发资源集成共享和创新协同。企业通过建设和完善研发设计知识库，促进数字化图纸、标准零部件库等设计数据在企业内部以及供应链上下游间的资源共享和创新协同，提升跨区域研发资源统筹管理和产业链协同设计能力，提升企业管理利用全球研发资源能力，优化重组研发流程，提高研发效率。三是培育研发新模式。基于设计资源的共享和参与，企业能够立足自身研发需求，开展行业间的众创、众包等研发新模式，提升企业利用外部创新和资金资源能力。

——实现智能化生产。一是提升车间管理水平。现代化工业制造生产线安装有数以千计的小型传感器，来探测温度、压力、热能、振动和噪声等，利用这些数据可以实现很多形式的分析，包括设备诊断、用电量分析、能耗分析、质量事故分析（包括违反生产规定、零部件故障）等。在生产过程中使用这些大数据，就能分析整个生产流程。一旦某个流程偏离了标准工艺，就会发出报警信号，快速地发现错误或者瓶颈所在，从而实现问题的快速发现和定位。二是优化生产流程。将生产制造各个环节的数据整合集聚，并对工业产品的生产过程建立虚拟模型，仿真并优化生产流程。当所有流程和绩效数据都能在系统中重建时，对各环节制造数据的集成分析有助于企业改进其生产流程。三是推动现代化生产体系的建立。通过对产品科研生产全过程的自动控制和智能化控制，促进信息共享、系统整合和业务协同，实现制造过程的科学决策，最大程度实现生产流程的自动化、个性化、柔性化和自我优化，提高精准制造、高端制造、敏捷制造的能力，实现智能生产。

——实现精益化管理。一是优化工业供应链。RFID 等电子标识技术、物联网技术以及移动互联网技术能帮助企业获得完整的产品供应链的大数据，利用这些数据进行分析，将带来仓储、配送、销售效率的大幅提升和成本的大幅下降。二是推动经营管理全流程的衔接和优化。整合企业生产数据、财务数据、管理数据、采购数据、销售数据和消费者行为数据等资源，通过数据挖掘分析，能够帮助企业找到生产要素的最佳投入比例，实现研产供销、经营管理、生产控制、业务与财务全流程的无缝衔接和业务协同，促进业务流程、决策流程、运营流程的整合、重组和优化，推动企业管理从金字塔静态管理组织向扁平化动态管理组织转变。

（4）安全管控建设

① 安全防护需求。

a. 数据跨域实时传输的安全防护需求。行业在实施智能工厂建设中，需要实现各类信息系统的互联互通，尤其是重要信息系统办公网络、生产制造网络、测试试验网络、生产辅助网络跨安全域的实时、安全与可靠的传输，不仅需要保证数据的实时性安全传递，同时要保障涉及秘密核心数据的安全；产品生产过程中逐渐累积形成的海量数据，在汇集、存储和应用过程中，都需要得到有效的安全防护和访问控制。

b. 协同设计与制造的安全防护需求。产品生产全生命周期包含设计、仿真、制造、试验等多个环节，涉及不同性质的单位实体，配套企业数量大、分布范围广，协同制造特色鲜明，需求迫切。面向单个系统、单个企业独立考虑安全防护措施，已经无法满足当前产品生产的整体安全需求，急需体系化防护方法，保证基于云平台的产品协同设计与制造的网络安全。

c. 新兴技术应用的安全防护需求。产品生产过程会大量应用云计算、大数据、虚拟化等新兴技术以及工业机器人、传感器、加工中心等软硬件设备，带来了更多的安全漏洞；智能工厂的业务流程柔性组合，设计、生产、物流、销售、服务甚至制造平台的一体化运转，导致网络信息边界进一步向外扩展，对智能工厂的虚拟化安全、数据安全、应用安全、管理安全以及物联网信息采集安全、信息传输安全、信息处理安全等提出了新的要求。

② 安全体系架构。

在智能工厂自动化与信息化高度融合的情况下，原有的安全保障措施已经远远不能满足智能工厂对网络安全的需求，必须从智能工厂的网络安全体系架构入手，构建智能工厂的安全防御体系。智能工厂安全体系架构如图 7-39 所示。

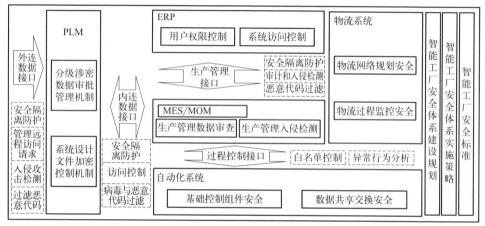

图 7-39　智能工厂安全体系架构

构建智能工厂安全体系，可从智能工厂整体安全、内部安全和接口安全三方面进行考虑：一是建立智能工厂整体安全体系，二是构建智能工厂内部安全体系，三是搭建智能工厂接口安全体系。

③ 整体安全设计

在顶层设计方面加强智能工厂安全总体规划。在开展智能工厂安全顶层设计时，第一，应从智能工厂全局的角度出发，量身制订安全规划蓝图；第二，与企业生产紧密结合，提出适用性强的智能工厂建设模型；第三，加强示范推进的设计，选取有条件的车间或配套生产企业，制订试点计划；第四，在有条件的企业，设置专门的智能工厂安全规划师，全程跟踪安全规划的制订、运维和实施。

在智能工厂安全策略方面，技术策略与建设管理策略需两手抓。一方面，在技术策略上，需要在物理安全、运行安全、数据安全、内容安全、信息对抗等 5 个层面上采取自主可控的技术产品。另一方面，在建设管理策略上，一般需要有系统化策略、全面保护策略等，而在智能工厂安全的建设管理中，尤其要关注 3 个策略：规避风险策略、保护投资策略和分步实施策略。

　　a. 安全体系建设规划。

工厂安全。工厂安全是指防止未经授权人员通过各种手段获取访问关键信息组件的权限，通过隔离未经授权的人员访问，防止智能工厂中可能存在的恶意入侵和其他工业间谍活动。

网络安全。网络安全是指通过安全单元防护及网络边界划分等技术，保护智能工厂各系统内部和系统之间的通信安全。对于规避智能工厂生产管理中不可预测的风险来说，网络安全的作用至关重要。

系统完整性。系统完整性是指智能工厂网络安全系统在面对干扰和破坏时，能够有效地抵御内部和外部攻击，在保护自动化系统和控制系统安全的同时，保持自身防御功能完整而不被破坏的能力。

　　b. 安全体系实施策略。

物理安全策略。为不可移动的网络安全设备加装物理保护，保证可移动的网络安全设备的物理安全受控，对网络安全设备环境进行监控。

运行管理策略。识别网络安全系统内部每项工作的网络安全职责，网络安全设备及存储介质应当具有身份标识。

病毒防护策略。控制病毒入侵途径，安装可靠的防病毒软件，对系统进行实时检测和过滤，定期杀毒并及时更新病毒库。

安全审计策略。网络安全审计应当至少每三个月进行一次，并形成文档化的网络安全审计报告。在系统建设前或系统进行重大变更之前，必须进行风险评估工作。

　　c. 安全标准。

国家安全政策。包括国务院《关于大力推进信息化发展和切实保障网络安全的若干意见》等。国家发展和改革委员会等部门也开始从政策和科研层面上积极部署智能工厂网络安全系统的安全保障工作，研究和制订相关规范及要求。

产业安全标准。国内信息系统安全标准在建设推进过程中，先后引进了国际上著名的 ISO/IE C27001：2005 等网络安全管理标准，同时配合网络安全等级保护的实施和推进，制订发布了《计算机信息系统　安全保护等级划分准则》(GB 17859—1999) 等标准。

　　④ 内部安全设计

在内在安全方面，构成智能工厂的重点技术和产品装备都应实现自主可控。重点技术包括工业传感器核心技术、人工智能技术、增强现实技术。重点产品和装备包括智能制造基础通信设备、智能制造控制系统、新型工业传感器、制造物联设备、仪器仪表和检测设备。

在外在安全防护方面，加强对智能功能工厂系统和网络的综合防护，同时加强对咨询服务的可控管理。一方面，强化体系化防护，着力发展工业控制系统防火墙/网闸、容灾备份系统、入侵检测设备等，提高智能工厂系统和网络安全的防护能力；另一方面，强化对服务的安全可控管理，对于智能工厂咨询、智能工厂测评、智能工厂培训等在内的一系列服务保障，实行严格的管理和审查。

a. 自动化系统（Automation）。

基础控制组件安全。在自动化系统实施的全过程中必须全面考虑系统网络安全的要求，优先选择集成有安全控制功能的控制设备和控制系统。

数据共享交换安全。建立生产系统的整体业务模型和信息服务总线，利用统一安全可信的数据交换机制，在不同的工序和车间共享基础生产数据，为上层应用的数据集成和流程整合提供安全基础。

b. 制造运营管理系统（MES/MOM）。

生产管理数据审查。实时监控、核验数据库操作并向网络安全系统提供审计跟踪。审计跟踪在监控到生产管理数据变动不合适或者存在未授权变动的情况下，需要向网络安全系统发出警告并阻止敏感数据泄露。

生产管理入侵检测。部署入侵检测系统以控制病毒流转和网络异常通信，便于网络安全系统管理人员及时发现安全问题并采取相应措施。

c. 企业资源计划（ERP）。

用户权限控制。对企业资源计划系统各个模块中的数据信息和操作功能进行分级授权管理，确保不同等级用户只能访问自己所属等级的信息和功能，同时，还需要对系统中涉及等级安全的行为进行监控和分析，实现数据风险威胁的预判和拦截。

系统访问控制。利用动态建模技术确认用户访问数据的正常模式，建立所有用户活动的基线，检测异常模式下用户提出的访问请求，查找用户工作模式和预定访问规则的冲突情况，组织自动化的访问审核流程，当用户违背访问政策时，警告或拦截用户。

d. 物流系统（Logistic）。

物流网络规划安全。物流系统在网络规划上必须按照物流系统实际业务需要，明确网络的设计需求，利用网络分段隔离技术，将物流系统和工厂内部网络分割开来。

物流过程监控安全。运用通信技术、传感技术、自动控制技术等先进技术手段，对物流过程中的重要环节和场所进行监视控制。

e. 产品生命周期管理（PLM）。

建立分级涉密数据审批管理机制。在产品生命周期管理系统内建立对涉密数据访问的分级动态审批机制，在产品设计的流程节点中动态赋予参与者权限，流程参与者根据所参与活动类型的不同具有相对应的流程对象操作权限。

建立系统设计文件加密控制机制。为了防止非法访问，系统文件读写控制权交由超级管理用户控制，普通权限用户无法找到所需的文件。产品生命周期管理系统在收到设计文件后，会生成产品生命周期管理系统自身才可以解释的文件对应关系并负责其读写控制。

⑤ 接口安全设计。

a. 智能工厂数据接口划分。

按照智能工厂的数据传输逻辑，在生产管理系统 5 个层级中产生了 4 种不同类型的数据接口，分别是控制层的过程控制网络与操作层的生产操作网络之间的过程控制接口，操作层的生产操作网络与管理层的计划管理网络之间的生产管理接口，管理层的计划管理网络与企业层的企业局域网之间的内联数据接口，以及企业层的企业局域网与外部访问请求对应的互联网之间的外联数据接口。

b. 数据接口安全控制要素。

各个接口的安全控制要素存在差异：过程控制接口需要实现工业协议与工控指令的白名单控制；生产管理接口需要实现生产网络与应用网络之间的安全隔离防护；内联数据接口需要实现工厂不同业务系统之间的安全隔离防护、阻止不同业务人员的跨系统安全操作；外联数据接口需要实现工厂内部系统与互联网的安全隔离防护。

c. 强化智能工厂标准化建设。

从实际需求来看，智能工厂安全的核心标准体系建设主要应包括以下标准、规范和协议：制造信息互联互通的技术标准、智能装备技术标准、数字化车间/工厂技术标准和规范等，以及制造信息互联互通的接口技术规范，设备与设备之间、设备与系统之间协议互操作整体框架、协议互操作服务接口定义，异构协议设备的互联互通与协同框架等。

7.4.7　工艺及管理优化

从当前其他行业在开展智能工厂建设过程中遇到的障碍来看，许多问题并不是技术能解决的。智能工厂建设，表面上是聚焦在各种技术上，但如果没有企业工艺、组织及管理变革的推动，技术将无法真正发挥它的价值。技术在于创造价值，而管理在于发挥价值，没有管理，技术创造的过程和结果都无法良好控制。当企业通过智能工厂技术发生"革命性的变化"的时候，企业管理模式也必然会遇到相应的挑战。当企业的管理落后于技术发展时，企业的运营成本提升，效率降低。因此，在开展智能工厂建设的同时，必须对现有的科研生产体系、工艺流程、组织管理进行优化和改进。

（1）工艺改进

在智能工厂的生产全流程相关业务中，生产工艺处于基础与先导地位。如果说，设备是工厂的肌肉，传感器和网络是工厂的神经，那么，工艺则是智能工的灵魂。因此，智能工厂建设硬件条件的同时，必须同步进行生产工艺改进工作。

企业现有工艺路线是基于现有的设备，工序十分分散，还有大量的手工工序，严重依赖工艺人员的技能。这种工序过于复杂的现象，不适于自动化生产线的加工。智能工厂的加工工艺必须重新编制，对现有工序进行大幅度整合，充分利用智能制造线的自动化设备优势，采取工序集中原则，大幅减少工序，减少装夹次数，利用设备的功能优势保证加工的一致性及加工质量，减少对操作技能的依赖，实现零件在线内的高效加工与流转。

① 改进思路。

首先，智能工厂中生产线的设计基础是进线零件的加工工艺设计，工艺设计应先行开展，并要经过充分讨论。在这里，工艺将起到如下作用：

——设计了零件的加工工艺流程、零件在线内各设备之间的流转顺序；

——工序种类直接影响生产线的设备种类，设备是最大的投资；

——设计了各工序的加工内容，工序的加工时间决定了设备的需求数量；

——切削参数决定了加工的质量及节拍、刀库容量、托盘缓冲站数量。

例如，某液压关键件结构复杂、加工精度要求高，现工艺路线工序十分复杂，有大量的非数控加工及非机加手工工序穿插其中。这种复杂工序的传统工艺显然不适合智能制造，必须使制造工艺模式有大的变革，需要大幅度工艺优化甚至推倒重来，向具有"基于CPS系统支持、智能生产调度、大量采用自动化智能设备、大量采用高精度快换工装、自动装夹、自动物流配送、工序集中的智能加工"方式转换。智能制造工艺与传统工艺的差别在于极大减少对人工技能的依赖，发挥高端设备优势。经过重新设计的智能制造工艺，将原来40多道工序压缩为10道，把毛坯粗加工、热表面处理及特种检验都放在线外，这样就较适合智能制造的工艺了。

第二，智能制造工艺必须考虑自动化运行所带来的新问题及特殊性，主要是对加工过程中的异常情况能够及时判断并处理。例如，刀具的寿命管理，因为无人加工，所以刀具必须在崩刃或断裂前进行自动更换，或者在加工过程中监测到刀具异常后立即处理。这在工艺规程中主要是严格控制切削参数，控制数控程序的加工时间，规定刀具的使用寿命并进行管理。对所涉及的数控程序名称、刀具类型、刀具规格、切削参数、加工时间、设备选择、装夹方案等都务必详细准确。

第三，智能制造生产线的投资巨大，需要考虑投资回报率。例如，某些零件的某些工序加工量很小，造成某些设备利用率很低，工艺设计需要平衡；再如，发动机机匣加工线，绝大部分是铣工序，车削的工作量很小，因此选择铣车复合加工中心，以铣为主，兼顾车削。若选择数控立车，此设备利用率将很低。智能工厂的终极目标是要实现"批量定制"的产品需求，因此，智能工厂的生产工艺设计，也要考虑到批量定制的加工需求，要考虑到产品的系列化及兼容问题。

② 改进内容。

第一，智能工厂的生产工艺改进，要从精益优化现有工艺开始，实行工艺标准化，推广工艺精益化，研究工艺稳健化。智能制造环境下的智能工厂，需要有精益稳定的制造工艺，这也是解决目前效率和质量问题的根本途径。所谓智能工厂的"智能"，是工艺人员将一系列的判断因素、思考逻辑，根据具体业务流程进行提炼而形成的，与人类的智能不可相提并论。因此，其对制造工艺的要求比传统的生产方式要高很多。不完善的工艺在目前的状况下只会导致生产效率低下、产品质量不稳定，但在智能制造环境下，不稳定的工艺规程则会出现预测外错误，使智能工厂终止运行，造成重大损失。

第二，为使工艺精益稳健，不能再使用依靠实际生产进行验证的方式，而要引入"数字双胞胎"。即将现实中的环境与状态，在虚拟的数字空间中模拟出来，创造一个与真实工厂一模一样的虚拟数字化工厂，利用虚拟现实环境对工艺、流程、规划等进行验证、反馈和完善。无论是加工过程中的细节，还是宏观工艺布局规划的运行情况，都可以在虚拟的数字化工厂中进行验证测试，这将极大地提高工作的成熟度，节省大量的时间与资源。在工艺中，如铸造、焊接、钣金、加工等，已经开始采用模拟仿真，但目前使用范围较小，规范性也不够，应制订详细计划，建立好模拟仿真环境，拓展模拟仿真领域，使模拟仿真真正起到作用，逐步实现全环境的实时模拟。

第三，转变工艺思想。一切变革最开始都是源于思想的转变，传统工艺人员的主要工作，是编制单一流程的工艺规程。在智能工厂里，工艺技术人员的主要工作将是提炼工艺思考逻辑，不断地补充、完善、优化庞大的工艺数据库，维护工艺知识数据，而实际的工艺设计工作将可能由计算机来完成。工艺规程也将不再是单一流程的形式，而是多流程离散型的工艺流程。在保证产品质量的情况下，使工艺路线尽可能地灵活，以便为智能工厂的决策系统提供尽可能多的选择，通过统筹分析各影响因素，安排最优的路线。不合时宜的传统工艺思想也要摒除，最典型的是装夹找正和入体公差的标注习惯。在目前的生产过程中，机床上的装夹找正浪费了大量的机床工作时间，严重影响了生产效率。由于机械加工精度的不断提高和机床功能的增多，装夹找正问题已经可以通过精密定位夹具和机床的自找正功能实现。入体公差的标注习惯则是因为过去以普通机床加工为主，为了降低人为加工超差概率，提高产品合格率而采取的手段，这使得产品的实际加工尺寸偏离了正态分布，不利于保证批量产品的质量稳定性。目前，数控加工设备已大范围应用，加工精度较以前也大为提高，不必再要求工艺尺寸采用入体公差标注。

第四，研究机器人和快换夹具的应用。智能制造要实现的智能化并不是要取代人，智能工厂并不是无人工厂，而是为了使人和机器更好地配合，实现更高的劳动生产率。为此，在智能工厂中，要努力消除人的不稳定因素。根据制造业目前的状况，想要实现高度的无人自动化生产，既不现实，也不经济。在适合的环节引入机器人，是提高稳定性和效率最好的选择。机器人与快换夹具的配合使用，可以适应多品种少批量的生产，在保证柔性的情况下提高生产效率与稳定性。

第五，对现有的各工艺信息系统进行集成，实现单一数据源，保证互联互通。实现所有业务在统一平台下的运作是智能制造的重要目标之一。此前，在信息化建设方面投入了很多资源，尤其是工艺信息化，在各项业务中，工艺信息化的水平是比较高的，但现有的信息化建设缺乏整体的统筹策划，各信息系统相对独立，没有共享信息资源，形成了一个个信息孤岛，对于提升整体业务效率造成了很大障碍。因此，现在需要站在企业整体的层面，对工艺信息系统进行统一平台的集成工作，将信息化系统的作用真正发挥出来。

（2）组织优化

各行业之间多为直线职能制组织模式，各职能、各专业从上到下均有自己的管理线条，像"烟囱"一样，独立发挥作用。这种模式对新兴技术业务、跨专业技术业务较难产生效果。同时，传统企业采用单一的直线制、职能制或事业部制等刚性组织结构，与智能工厂的分布式、自组织的柔性组织结构不相适应，难以满足未来快速、灵敏、高度适应性的产品科研生产活动需求。因此，在智能工厂建设中，必须推进各行业、专业的"矩阵"及柔性协同的组织结构，提升管理绩效。

①"矩阵式"组织结构。

矩阵组织结构是为了某一工作目标，把同一领域内具备相当水平的创新元素组成一个纵横交错的矩阵。根据行业发展特点，可考虑在生产运维和智能化转型升级方面实施必要的组织矩阵管理。

——创建横向办公组织。集中生产经营、设备运维、安全保密、IT支持等专业支持人员，实行联合办公，形成装置日常生产运维团队，及时解决日常生产运行保障中遇到的各种问题。组合生产经营管理、计量和基层工艺与核算等岗位，形成生产管理系统运维组织，强化生产管理系统数据日常运维，有效支撑智能工厂"神经中枢"的运行管理。

——创建横向专业组织。深度开展全流程优化和单装置生产优化工作，以设备管理和基层设备岗位为核心，组建三维数字化装置建模团队，实施正逆向建模，集成全部生产装置及辅助系统，打造与"实体空间"高度一致的全三维数字化工厂，实现企业级超大场景全覆盖、海量数据实时动态交互、全业务深化应用单一入口操作，推进工艺管理、设备管理、质量管理、HSE 管理、操作管理、视频监控基于流程行业 CPS 的深化应用。

②"柔性协同"组织结构。

智能工厂的运营，要求组织内部、组织之间的协同关系更紧密、响应速度更快。为适应这种要求，企业需要突破传统思维方式，从线性的刚性组织结构向非线性的柔性组织结构调整。

一是扁平化，由集权向分权过渡。

二是组织单元由以分工为依据转变为以特定任务为导向，以适应异质性特点，各组织单元既能保证相对的独立性，又能完成协同组合或对接。

三是淡化组织横向与纵向边界，保持开放，以强调速度、整合与创新。建立由"烟囱"到"矩阵"刚柔并济的组织结构，在企业管理中打破部门和级别的界限，实施无边界管理，将静态管理变为动态管理，增强管理协同能力，为推动智能制造奠定管理基础。

（3）管理变革

① 管理变革的理论依据。

智能工厂的建设，促进了企业中组织和人连接关系的重构，为管理模式创新提供了技术基础平台，使得组织管理中不同层次的人有机会接触到跨越时间和空间的信息，组织不再需要多层管理遵循等级上下传递信息。智能工厂背景下，企业的人力资源结构将呈现两极分化的特点，从而促进企业向扁平化的组织架构以及高度灵活性的组织模式发展。

第一，知识型员工真正成为企业价值创造的主体，企业人力资源结构呈现两极分化。智能工厂中，以工业大数据为支撑的智能设备、智能感知、智能决策系统等先进技术，将取代大部分的基层管理工作及操作作业，代替人工做出基础性标准化的操控指令，以及为上层决策者提供更准确全面的决策依据。从决策层面来说，业务活动决策集中化程度更高，决策者面临的问题范围进一步扩大，且类型多元、深度加大，管理者将向具备综合性、应急性决策的综合性人才发展。从执行层面来看，一线的常规作业逐渐无人化，取而代之的是设备或计算机故障情况下的应急操作和维修；要求执行层级的员工具备快速处理复杂问题的能力，一线员工向技术型专家方向过渡。

第二，以智能化技术为支撑平台，以纵向层级缩减及横向界面融合为核心的扁平化组织架构是组织变革的趋势。传统企业管理中，由于信息的获取、分析及挖掘基本以人为主，管理者面对纷繁复杂的信息，智力、精力和时间有限，其有效管理幅度相对较小。因此，企业通过设置不同管理层次，来分析和过滤生产管理过程信息，以确保管理者的管理幅度处于有效范围内。随着企业规模的扩大，管理层次的增加，导致管理成本不断上升，上下层沟通难度和复杂性增加，企业管理效率不断下降。智能工厂中，组织业务将从"以人为主"转换到"以系统为主"的模式。通过智能支持系统的应用，取代人工完成数据采集存储挖掘、基础行政管理、基础技术管理、基础生产决策等基础性管理工作。通过对企业生产、管理过程数据的深度挖掘，实现企业所有高价值信息向高层决策者、供货商、经销商与合作伙伴等的定向推送，为高层管理者提供快速准确全面的决策支持。

② 传统管理面临的挑战。

一是对技术创新的挑战。企业的传统创新是被动型创新，而智能工厂建设背景下，对企业创新提出了更高的要求，主动型创新成为趋势。主动型创新可以使企业根据技术发展和产品发展需求进行创新，具有更强的灵活性，可以为企业获取先发优势。目前，如何实现主动型创新是智能工厂建设中亟待探索的问题。

二是对运营效率的挑战。当今时代的竞争也是效率的竞争，企业运营效率低下，会使企业付出巨大成本，包括时间成本、人力成本、库存成本等，导致企业失去竞争甚至生存优势。因此，企业要通过管理变革提升运营效率。

三是对企业文化的挑战。传统企业组织管理已经逐渐形成了非常固化的结构和"专业"的流程，包括完整的考核、行为规范等，而在智能工厂环境中，很多"四平八稳"的方式需要改变，强调等级、稳定的文化氛围需要调整，鼓励学习、创新的文化氛围应该加强，团队应该具有应对变化、面临挑战时更为系统的问题解决能力。

③ 管理变革的主要内容。

第一，产品是企业的核心竞争力。在智能工厂中，企业通过结合数字化技术（如人工智能、物联网、大数据等）来实现智能制造，以提升装备质量和生产效率，并降低产品成本。此外，通过产品乃至制造设备采集的大量数据，可用于故障诊断等，帮助改进设备或者生产流程，从而进一步地实现成本降低和效率提升。

第二，提高对人的因素的认识。人的因素包含两个方面。一方面，企业外部人员，在互联网、云计算、数据分析、社交媒体等工具的帮助下，海量的可收集数据可以对其供需信息、行为特点等做出更准确的描述，使企业对其更加了解，从而开发出更受欢迎的产品或服务。另一方面，对于企业内部员工来说，新时代的技术变革和商业模式变革对他们的主观能动性和能力提出了更高的要求。由于组织惰性的存在，可能增加的工作量以及变化巨大的工作内容会让员工产生消极情绪，也会对员工的能力提出更高的要求。企业需要通过合理的人力资源管理，实现顺利的转型升级。在这个过程中，企业领导应以身作则，降低文化阻力，并平衡传统制造和转型模式之间的资源，从而降低企业变革可能造成的效率下降的风险。

第三，采用智能管理模式。传统制造企业采用以 ERP 为代表的组织信息技术工具进行日常的运营管理，在智能制造背景下，新一代信息技术驱动运营管理方式的变革。传统企业垂直化的组织结构可能不再适用于智能工厂的运营，数字化的发展使水平化组织结构成为主流，因此可以促进高效率的决策。例如，设备上传感器的应用可以帮助企业优化制造流程，提升产品质量和效率；产品上的传感器可以实现对产品状态的实时监测，并采集产品相关数据，帮助企业了解产品使用情况，进而对产品进行改进或优化。智能化的发展在改变制造模式的基础上，也改变了相应的服务模式，即驱动了智能化服务。智能化产品和服务需要相应的管理模式作为支撑，企业应采取智能化管理模式。智能化管理模式主要体现在对数据的分析与应用——不仅仅是生产过程中的数据，还包括企业运营流程以及企业外部的数据，通过智能化工具对生产和管理的各个方面进行不断优化，提高运营效率。很多制造企业在这方面遇到了困难，一方面是缺少对应打通数据接口的能力，另一方面是缺少对智能化管理重要性的认识。另外，智能化管理除了需要引入智能化技术之外，还需要对企业的组织结构、人力资源管理、流程以及企业文化等方面进行大幅的调整。总而言之，在以数字化、智能化为特点的制造新时代，技术和管理缺一不可，智能制造和智能管理应受到同等重视。

第 **8** 章

数字化车间建设

车间是工厂的一线生产部门，也是工厂核心的组成部分。建设智能工厂，其中最为关键的一个环节是实现车间层面生产过程的数字化和智能化。数字化车间是数字化、网络化技术在生产车间的综合应用，实质是将人、机、料、法、环、测等关键生产要素进行互联互通，形成车间级的网状通信，对生产环节上各元素进行全面集成，消除信息孤岛，实现信息的无缝衔接，使得人与机器和谐相处，发挥各自特长，从整体上改善生产的组织与管理，提高制造系统的柔性，提高数字化设备的效率。

智能工厂的基本属性包括信息流和实物流的自主感知分析、制造过程的自主控制和自主优化运行等，其体系框架可分为三个层面：在企业层，以 PLM 系统和 ERP 系统为核心，实现产品设计数据和企业资源的数字化定义和透明化管理；在车间层，以 MES 系统为核心，实现生产过程的全面管控；在执行层，以智能化生产设备和物联网为核心，实现数字化管控和数据信息的全面采集。数字化车间处于智能工厂框架的车间层和执行层，其主要实现途径包括以 MES 为核心的车间级管控系统的建设、以 SCADA/MDC/DNC 为核心的数据采集和设备集控系统的建设、以数字化硬件设备为核心的底层工艺设备改造更新和传感物联网络建设等，涵盖了从生产计划接收、数字化工艺设计、生产执行到检验交付的全部生产流程。

8.1 数字化车间标准化要求

在《数字化车间 通用技术要求》（GB/T 37393—2019）与《数字化车间 术语和定义》（GB/T 37413—2019）中对数字化车间的定义、体系结构、基本要求、车间信息交互、数字化技术要求等内容进行了说明。其中，数字化车间（Digital Factory，Digital Workshop）是指，以生产对象所要求的工艺和设备为基础，以信息技术、自动化、测控技术等为手段，用数据连接车间不同单元，对生产运行过程进行规划、管理、诊断和优化的实施单元。数字化车间作为智能制造的核心单元，涉及信息技术、自动化技术、机械制造、物流管理等多个技术领域。

8.1.1　体系架构

数字化车间的体系结构如图 8-1 所示，分为基础层和执行层，管理层在数字化车间之外。

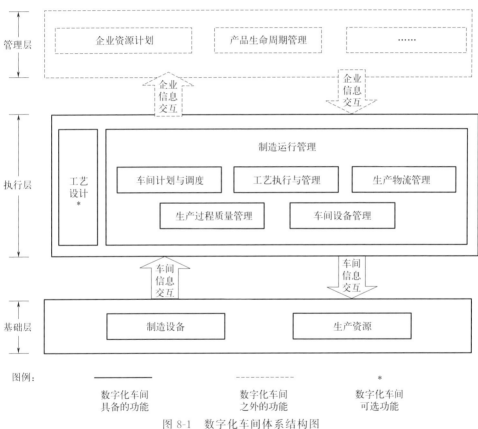

图 8-1　数字化车间体系结构图

基础层主要包括数字化车间生产制造必需的各种制造设备及生产资源，其中，制造设备承担生产、检验、物料运送等任务，其大量采用数字化设备，可自动进行信息的采集或指令执行；生产资源是生产用到的物料、托盘、工装辅具、人、传感器等，本身不具备数字化通信能力，但可借助条形码、RFID 等技术进行标识，参与生产过程并通过其数字化标识与系统进行自动或半自动交互。

执行层主要包括车间计划与调度、生产物流管理、工艺执行与管理、生产过程质量管理、车间设备管理5个功能模块，对生产过程中的各类业务、活动或相关资产进行管理，实现车间制造过程的数字化、精益化、透明化。由于数字化工艺是生产执行的重要源头，对于部分中小企业没有独立的产品设计和工艺管理情况，可在数字化车间中建设工艺设计系统，为制造运行管理提供数字化工艺信息。

数字化车间各功能模块之间主要数据流如图8-2所示，具体如下。

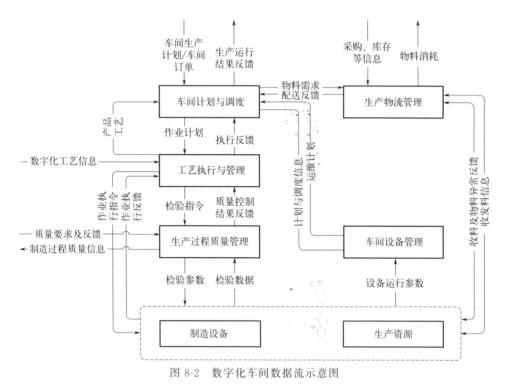

图 8-2　数字化车间数据流示意图

——系统从企业资源计划承接分配到车间的生产订单，在车间计划与调度模块依据工艺路线分解为工序作业计划，排产后下发到现场。

——工艺执行与管理模块指导现场作业人员或者设备按照数字化工艺要求进行生产，并采集执行反馈给车间计划与调度。若生产过程出现异常情况，不能按计划完成，需敏捷协调各方资源，通过系统进行调度以满足订单需求。

——工艺执行过程中若需进行检验控制，由生产过程质量管理模块将检验要求发送给检验员或检验设备执行检验，并采集检验结果，进行质量监控和追溯。

——生产现场需要物料时，根据详细计划排产与调度结果，发送相应物料需求给生产物流管理模块，由仓库及时出库并配送到指定位置；生产完成将成品入库，实现生产物料的管理、追踪及防错。

——生产执行过程的工艺执行、质量控制等结果反馈到车间计划与调度，进行实时监控及生产调度，并形成完工报告反馈到更高一层企业资源计划。

——数字化车间中大量的设备运维，通过车间设备管理模块统一维护，提醒和指导设备人员定期保养，记录维修保养结果。设备维保计划与工序作业计划需相互协调，以保证生产正常进行。

8.1.2　基本要求

数字化车间的基本要求包括资产和制造过程数字化要求、网络化要求、系统化要求、集成化要求和安全性要求。

① 数字化要求。

——制造设备数字化：数字化设备的比率应不低于 70%。各行业可根据自身特点规定相应行业数字化车间制造设备的数字化率。

——生产信息的采集：90%的数据可通过数字化车间信息系统进行自动采集。

——生产资源的识别：应能对数字化车间制造过程所需要的生产资源的信息进行识别。

——生产现场可视化：可通过车间级通信与监测系统，实现车间生产与管理的可视化。

——工艺设计数字化：数字化车间的工艺设计宜采用数字化设计方法。

② 网络化要求。数字化车间应兼有互联互通的网络，可实现设备、生产资源与系统之间的信息交互。

③ 系统化要求。数字化车间应建有制造执行系统或其他的信息化生产管理系统，支撑制造运营管理的功能。

④ 集成化要求。数字化车间应实现执行层与基础层、执行层与管理层系统间的信息集成。

⑤ 安全性要求。数字化车间应开展危险分析和风险评估，提出车间安全控制和数字化管理方案，并实施数字化生产安全管控。

8.1.3　基础层数字化要求

(1) 制造设备的数字化要求

——应具备完善的档案信息，包括编号、描述、模型及参数的数字化描述。

——应具备通信接口，能够与其他设备、装置以及执行层实现信息互通。

——应能接收执行层下达的活动定义信息，包括为满足各项制造运行活动的参数定义和操作指令等。

——应能向执行层提供制造的活动反馈信息，包括产品的加工信息、设备的状态信息及故障信息等。

——应具备一定的可视化能力和人机交互能力，能在车间现场显示设备的实时信息及满足操作的授权和处理相关的人机交互。

（2）生产资源的数字化要求

——在条形码及电子标签等编码技术的基础上满足生产资源的可识别性，包括生产资源的编号、参数及使用对象等的属性定义。

——上述信息应采用自动或者半自动方式进行读取，并自动上传到相应设备或者执行层，便于生产过程的控制与信息追溯。

——识别信息可具备一定的可扩展性，如利用 RFID 进行设备及执行层的数据写入。

8.1.4 工艺设计数字化要求

根据生产过程需求，数字化车间的工艺设计宜采用数字化设计方法，并满足以下要求：

——采用辅助工艺设计，如三维工艺设计；

——能进行工艺路线和工艺布局仿真；

——能进行加工过程仿真/装配过程仿真；

——建立工艺知识库，包括工艺相关规范、成功的工艺设计案例、专家知识库等；

——提供电子化的工艺文件，并可下达到生产现场指导生产；

——向制造执行系统输出工艺清单（BOM）。

8.1.5 制造运行管理数字化要求

数字化车间制造运行管理涵盖车间计划与调度、工艺执行与管理、生产过程质量管理、生产物流管理和车间设备管理模块。各功能模块的基本要求如下：

① 能与数据中心进行信息的双向交换。

② 应具有信息集成模型，通过对所有相关信息进行集成，实现自决策。

③ 模块间应能进行数据调用。

④ 模块能与企业其他管理系统（如 ERP、PDM）实现信息双向交互。

8.2 数字化车间构建分析

8.2.1 模拟软件层次划分

首先，数字化车间层主要是根据现场空间等实际情况以及车间功能要求，对车间智能化生产、管理网络以及相关设备的分布进行分析和研究。

其次，数字化生产线层的主要任务，一方面是根据数字化车间生产制造实际需求，对生产线进行设计并对设计方案的合理性以及可行性进行核查和验证；另一方面则需要根据生产线设计方案，对其生产效率以及运行维护成本等情况进行模拟分析，并以此为参考依据对数字化生产线设计方案进行进一步改进和优化。

再次，数字化加工单元层的任务，主要是对数字化车间各个智能化设备之间以及设备内部的运行状态进行模拟分析，并对其中存在的相互干涉情况进行研究和掌握，从而为生产制造工艺的规划以及加工指令的制订提供必要的参考资料。

最后，数字化操作层则是从生产制造细节处进行分析，对数字化车间生产系统以及制造工艺实际性能进行校验，从而对数字化车间生产系统以及管理系统设计方案进行深度优化。

8.2.2　软件架构

首先，界面层是工作人员与生产系统、管理系统交互的主要窗口。工作人员一方面需要通过界面层进行仿真模型构建等操作，另一方面也需要通过界面层去了解模拟分析结果等相关数据信息。

其次，功能层是一系列功能模块的集合，对数字化车间产品制造质量以及生产效率有着重要影响，其功能模块主要包括如下几项：

① 接收并整合产品模型以及生产工艺等相关数据信息，为后续工作的开展提供必要的数据支持；

② 根据产品以及工艺相关信息构建相关设备以及加工环境仿真模型；

③ 通过仿真模拟对产品加工方案的可行性以及加工工艺相关参数进行分析和评价。

再次，数据层主要是对产品相关数据、各类模型数据以及模拟分析相关数据进行收集、汇总、整理和存储，是为功能层提供必要参考数据的重要结构。

8.2.3　系统构建策略

首先，数字化车间软件系统基本框架的搭建，需要以车间内相关设备等各类对象为主要依据，也就是对车间内所有与生产制造以及管理有关的设备、仪器进行抽象分类。然后，在软件系统中一一建立相对应的类。同时，为了用户能够更加便捷、高效地利用软件系统对车间一应设备仪器进行操控，相关技术人员还应根据软件系统各项功能以及使用需要建立人机界面。最后，再进行数字化车间内的布局规划，如生产线走向以及设备仪器选用和安置等。

向数字化车间软件系统中添加仿真和调度控制模块，其作用主要包括几个方面：

① 对产品设计方案、生产制造工艺方案等进行模拟分析和管控，可以根据模拟过程以及分析结果对各个设计方案的合理性以及存在的不足进行挖掘和掌握，并对各设计方案进行及时、合理的改进，确保产品质量以及生产效率能够达到预期目标；

② 还可以借助仿真模拟系统对生产计划以及生产调度管理方案进行试验和检测，并根据模拟分析结果对生产计划以及调度管理方案进行优化，可以保证数字化车间生产和管理活动的正常、有序开展。

建立软件系统与数字化车间内相关设备仪器的连接接口，其作用包括：

① 为了实现通过软件系统将生产制造指令发送给相应智能化生产设备，从而让车间相关设备同步执行相应的生产动作，这是数字化车间软件系统以及生产设备得以正常运行的重要环节之一。

② 为了实现对车间内各个设备运行情况以及车间内其他事件进行实时监控和管理，以便相关工作人员能够根据生产计划对车间内仪器设备以及生产活动予以及时的干预和控制。

8.2.4 生产状态实时监测系统关键技术

首先，三维虚拟车间环境构建主要是借助虚拟现实等技术手段予以实现，需要由相关工作人员对车间生产现场相关信息进行采集，然后通过三维建模等技术手段构建相应的数据模型，最后利用这些数据模型构建三维虚拟车间环境。

其次，可视化信息集成技术，主要是借助人机交互界面，使相关工作人员能够通过点击三维虚拟车间中的相关设备，对此设备的位置、运行状况等信息进行了解，还可以通过人机交互界面对车间相关设备进行一定程度的操控。

再次，设备状态分析技术，主要是传感器等设备数据采集装置以及管理系统中设备状态监测模块的结合运用。通过传感器等装置收集的设备运行状况数据，只能简单地呈现设备运行状态，想要深入、详细地了解设备的运行情况，还需要采取一系列措施以及对设备运行数据进行深度分析。例如，在设备状态分析系统中设置温度、均温等相应的设备阈值以及设置预警功能。借助设备运行状态分析系统对设备运行数据进行分析，从而对设备的运行效能进行掌握，当某项设备运行数据超过预先设置的阈值，则发送系统预警信息并在人机交互界面对存在运行故障或运行隐患的设备进行显示，以便相关技术人员能够及时进行处理。

8.3　数字化车间的建设内容

以精益管理为指导思想，以互联互通为基础，以数字化为手段，采用新一代信息通信技术、先进制造技术和自动化技术等，重点提升生产过程信息化管控、车间仓储及物流配送等能力，完善设备、刀具和程序管理，实施系统集成，实现管理高效协同，实现产品生产制造全过程可视化管理，产品信息全流程可采集、可追溯，建设以高档数控机床为核心的精密零部件加工数字化车间。

同时，建立全车间覆盖的工业互联网，采集车间内数控装备、工业机器人、智能检测设备、物流装备、仓储装备、工装夹具及刀具等数据，并建立中心数据库，利用数据资源，完善工业生产管理、优化生产流程、减少能源消耗、节约生产成本。

具体包括：

① 对数控加工设备进行数字化、智能化改造提升，实现设备运行及产品加工状态的实时监控。

② 采用加工中心、自动化夹具、机器人、AGV 智能物流系统及智能仓储系统等智能装备，通过协同控制，实现车间多种智能装备之间协同自动化作业。

③ 对车间总体布局、网络架构及软件体系进行系统规划，搭建柔性工作单元、柔性仓储物流系统，组成柔性制造车间，通过数字化车间三维建模、仿真手段对自动化协同建设方案进行规划验证。

④ 通过车间集中控制，车间生产数据、设备运行状态参数及产品质量检测数据自动采集，实现车间制造信息数字化。

⑤ 部署 RFID 识别系统，建立产品及刀具过程信息追溯系统。

⑥ 在线采集产品的质量数据，传输至 MES 系统，通过软件分析，实时优化制造工艺，实现产品质量闭环控制。

⑦ 根据发展需要，自研或联合开发新型制造执行系统，实现车间整体信息化、智能化。

8.4　数字化车间的建设路线

8.4.1　车间布局

根据产品的工艺要求和布局原则，进行车间布局设计，构建三维车间模型。在数字化车间环境中，可以进一步对布局进行优化调整，从工序内容的角度出发，设计每个工位的作业范围、空间等，针对工位具体的作业内容，确定操作者动作内容等信息。

借助三维车间布局平台，可以定性和定量地分析设备和装置之间的相互关系，通过仿真分析车间物流是否合理、设备的利用率以及设备位置是否发生干涉；通过虚拟操作仿真，进行人机工程分析，验证工作空间是否合理，工作域的可达性，以及人与机器的能力是否匹配；同时考虑到工作环境问题，综合考虑以上因素及其相互作用。

8.4.2 车间业务流程规划

车间业务流程设计如图 8-3 所示，将车间业务流程细分为车间计划、制造资源、生产计划与制造信息四个主要业务流程。车间计划主要包括车间整体生产任

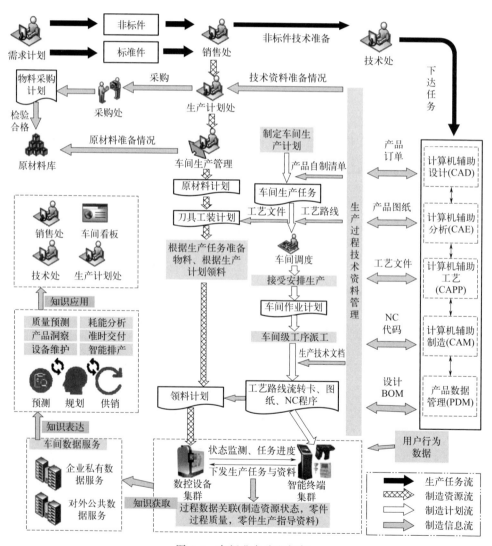

图 8-3 车间业务流程框架

务的安排，依据车间生产知识模型、结合车间实时生产状态，优化安排生产维护作业；生产计划包括依据车间计划安排生产任务、工序派工、制造技术资料匹配等；制造资源计划基于机床、物料、工装夹具等制造资源，是车间生产计划正常施行的保障；车间制造信息系统是一个跨时域、地域的复杂系统，主要包含在制品工艺设计、生产流转、生产过程进度与质量、制造资源生产状态、操作人员行为与用户反馈等信息。如何实现上述业务流程信息的可靠采集处理分析与动态关联并实现相关知识的主动发现、为车间运维计划提供依据，是解决制造智能化运作维护的关键所在。

8.4.3　数据信息采集处理

（1）采集需求分析

数控设备作为制造资源流的终点，智能终端作为制造信息流的终点，两者依据零件制造计划实现数据动态匹配关联。依据企业未来发展目标，车间数据采集存储系统需要实现对设备运行状态、在制品加工、检测等信息实时采集，并通过合理的存储方法实现底层数据与知识应用层软件信息共享。现将需求归纳为以下几点：

① 车间设备联网。实现智能终端与不同类型机床之间可靠通信，智能终端集群与车间主节点服务器通过局域网统一组网、数据可靠传输共享。

② 设备运行状态实时采集。实现对机床实时切削参数、切削 NC 代码版本、刀具切削时间、设备维护事件记录、设备耗能水平等信息采集，并提供车间生产状态实时监控与可视化。

③ 在制品生产状态信息实时采集。实现对在制品物料信息、生产技术资料信息、加工进度信息、质量水平信息的实时关联采集，实时定位物料流转、动态报检与入半成品库。

（2）采集系统设计

① 系统硬件设计。

该企业金加工离散制造车间共有 30 台数控加工装备，设备主要类型为 FANUC 系列与 Brother 系列数控加工中心，设备普遍开放 RS232 接口，部分 FANUC 系列开放以太网接口。系统硬件与组网方案设计如图 8-4 所示。

图 8-4 中，硬件网络框架共分为制造资源、数据服务、知识表达三层。制造资源层基于智能终端实现与数控机床通信、机床状态采集，智能传感设备通过采集机床消耗、振动等状态信息实时进行特征提取并与终端通信。基于标签识别器与智能终端的通信实现车间计划执行过程监测。针对设备运行状态，可基于数控宏指令与 FOCAS 库函数的方法，通过系统地址变量读取对应机床信息，实现设备数据采集。

图 8-4　车间硬件组网方案设计

② 系统软件流程设计。

在制品制造过程信息采集流程如图 8-5 所示。基于信息采集流程开发如图 8-6 所示采集系统。工人登录到车间生产管理系统，当系统检测到物料到位后显示工人待加工工序任务，工人选定生产任务后方可查询相关图纸、工艺信息，以及启

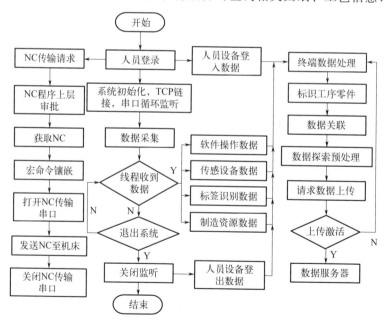

图 8-5　信息采集流程设计

动机床通信。如图 8-6(a) 所示，与机床建立通信后，可在获取 NC 文档后启用编辑，自动镶嵌宏命令，将其传输到数控机床，零件加工开始后可实时获取设备切削参数、零件加工时间、零件加工数量、设备消耗与运行状态、刀具使用寿命等实时信息；终端可记录设备历史维护数据、工装维护数据，以用于制造资源可靠性评估。每当一个零件加工完成，智能终端即对其加工过程数据进行预处理；

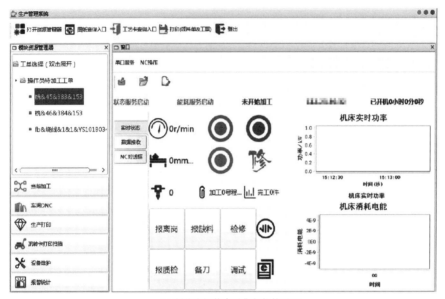

(a) 制造资源状态采集与维护界面

(b) 零件制造执行信息采集交互界面

图 8-6 采集系统

图 8-6（b）为零件电子流转卡，二维码用于扫描报工，工人完成工序所有加工任务后终端进行数据关联与集成，传输到数据服务层，触发工序制造过程案例知识自动获取；同时零件入半成品库，触发生产计划软件进行生产任务派工，等待物料转移到下一工序。

8.4.4 设备改造及升级

对现有设备进行功能改造和提升，引进配置自动对刀系统、工件自动寻边找正系统以及在线加工自动检测等系统，提高加工设备的柔性化水平；加强现有单机设备的精益化管理，加强对设备的年检、精度校正和精度恢复调整工作。

联合自动化设备设计及生产厂家，针对企业产品及加工工艺过程特点进行分析论证，以改变现有部分离散、多工序及多工步的生产现状，通过自动化生产设备（或生产线）的方式进行生产制造，提高自动化、柔性化制造能力。根据产品结构设计的发展趋势，逐步引进四轴、五轴及车铣复合等先进设备及生产线，以适应当前的发展趋势。

8.4.5 提升完善信息化基础能力

车间信息化建设应该主要开发、升级和完善车间制造执行系统、分布式数字控制系统、数控程序管理系统、数控刀具精益管理能力、机床监控与数据采集能力、网络及显示终端等。

（1）开发车间制造执行系统（MES）

制造执行系统体现的是企业的生产制造管理思想。基于当前企业在制造环节面临的问题，应依托制造执行系统，结合智能物流系统、智能仓储系统，形成一种基于计划信息、现场工位实时进度信息进行工位物料配送的按需生产的精益制造新模式，即基于数据驱动的精益智能制造新模式。

制造执行系统建设方面，主要以数字化和智能化为主，利用车间网络将车间加工设备、物流仓储设施、数据采集系统接入，实现加工程序下载执行、刀具管理、物流及路径规划和现场数据采集均根据 MES 指令动态执行，形成数据驱动的制造车间决策支持系统。通过一套平台化的车间管理系统，围绕零部件数字化车间建设，建立统一的数字化制造管理协同工作平台。

（2）升级分布式数字控制系统（DNC）

分布式数字控制系统（DNC）是以计算机技术、通信技术、数控技术等为基础，把数控机床（含其他数字化设备）与上层控制计算机集成起来，从而实现数字化生产设备的集中控制管理，以及设备与上层控制计算机间的信息交换。

DNC 系统属于工厂信息化建设重要组成部分，是数字化车间的前提和基础，它负责对车间现场的生产设备进行数字化、集群化和网络化管理，负责数控设备的网络传输、程序集中统一管理，是 MES 系统与数控设备之间信息沟通的桥梁，是分布在车间的 MES 子系统。DNC 系统接收来自上层 MES 系统的计划指令，并将生产指令、数控程序等信息传递给车间现场和设备。

DNC 系统需要满足以下功能要求：

① 网络通信功能；

② 在线加工功能；

③ 远程操作功能；

④ 透明的传输过程；

⑤ 传输管理功能；

⑥ 强制上传功能；

⑦ 良好的内部集成性；

⑧ 稳定性和可靠性；

⑨ 良好的兼容性。

（3）引进数控程序管理系统（MDM）

建立基于数据库的程序数据库管理，对数控程序及相关联的工艺及加工文档进行集中的科学管理，对程序实现严格的权限管理、版本管理、流程管理，实现数控程序的全生命周期管理，满足企业当前及未来的程序管理模式。系统可以根据用户的需求进行自定义配置和定制，解决文档的共享、查询、安全控制及版本管理问题。

数控程序管理系统应具备如下功能：

① 产品结构树管理；

② 多类文件管理；

③ 生产文档的流程管理；

④ 人员角色权限管理。

⑤ MDM 与 DNC 机床联网通信系统集成。

（4）建立数控刀具精益管理系统（Wintool）

刀具管理在机械加工企业，尤其是数字化车间中扮演着重要的角色，而数字化车间除了需要将所有硬件软件设备（包括计算机、CAM 系统、MES 系统和数控设备等）通过 DNC 连接起来，将刀具管理系统与 CAM 系统、MES 系统和 DNC 系统进行整合外，最重要的是进行业务流、信息流上的无缝衔接。这包括所有的零件数据、设备数据和工具数据能够在各个部门间进行共享，达到实时传输的目的，杜绝生产过程中的死角，尽量做到不发生问题或者发生问题能够第一时间解决。

通过建立刀具管理系统，实现加工等待时间（如刀具准备等）的减少，如

NC 编程、刀具订单、刀具计划编排、刀具库存和刀具设定等环节会导致正常使用的机床在做刀具准备时的等待的发生；实现串行工作流转变成并行工作流，提高工作效率，降低工作成本。

刀具管理系统至少应包括如下功能要求：

① 刀具信息管理；

② 文档管理；

③ 版本控制；

④ 库存管理；

⑤ 流程管理；

⑥ 条形码扫描。

（5）完善机床监控与数据采集能力（MDC）

通过 MDC 系统，实现对全部机床的实时监控，实时获知每台机床的运行效率、工件生产数量，实现生产信息的自动、准确和实时采集，形成生产计划的闭环管理，从总体上实现柔性生产管理。通过条形码扫描枪或操作屏幕在现场的应用，统计操作者的工作效率，可以清楚地分析不同的操作者在操作同一设备时的工作效率，以及分析一个操作者操作不同设备时的工作效率等。

（6）更新改造网络及显示终端

对企业现有网络的分析，已经不能满足企业未来数字化制造转型发展的要求，可联合社会资源，根据企业发展的需求，更新改造建立数字化车间设备网络，从而满足企业发展要求。

同时，为适应未来无纸化制造的实际要求，需要配置满足三维数模显示要求的计算机等设备。

8.4.6 升级开发多车协同物流系统

根据工艺流程和生产计划实际情况，使用近似算法（NPC）实现智能物流配送。AGV 调度系统从 MES 系统获取生产计划信息以及物料配送计划，根据配送计划自动将待加工零件托盘从待加工存放区转运至相应的机床加工工位，加工过程中数据采集系统自动采集机床数据，并上传给 MES 系统。当托盘上零件加工完成后，MES 系统通知 AGV 调度系统自动将加工完工件托盘转运至检验区。

多车协同智能物流系统能大幅减少人工周转工作，提高物流周转效率和准确性，是车间物流运送智能化的集中展示。

8.4.7 升级开发智能仓储系统

（1）建立以仓储管理系统（WMS）为核心的物料存储中心库房

为实现高效的面向工位的配送机制，同时减少库房人员工作量、提高拣货效率，需要建立起有效的仓储管理系统（WMS），对库房库位进行精确管理。能够按照工位生产需要进行快速的拣货、出库配送，同时可以精确地实现出入库信息管理、上下架、库存盘点和齐套性分析提示等工作。

（2）建立以 AGV 为执行设备的仓储系统

针对可以通过物料箱进行标准化放置并上架的物料，由仓储管理系统（WMS）控制 AGV 设备搬运标准料架，结合辅助拣选系统，高效地实现"货到人"的分拣方式，达到实现工位需求物料快速分拣的要求。信息流上，实现与 AGV 调度系统的无缝对接，保证物料存储过程和配送过程的平滑过渡。

8.4.8　异构系统集成

（1）MES 与 PDM/CAPP 系统集成

MES 从 PDM/CAPP 系统中获得设计数据，包括设计图纸、物料和工艺文件等信息。这些信息可以在 MES 中进行浏览和查询，用于指导排产和生产控制。

（2）MES 与 ERP/WMS 系统集成

在生产、物流、仓储管理、财务和质量管理等方面通过 ERP/WMS 系统进行管理，而 MES 系统主要实现车间生产订单的过程管理及监控；为了使 MES 信息化系统更好地进行数据共享，减少操作人员手工录入数据的工作并减少失误，需建立完整的生产订单信息互通机制，需要两个系统间通过接口实现数据传输。

（3）MES 与 MDM 系统集成

MES 系统负责向 MDM 管理系统推送生产计划、图纸和工艺等信息；试车流程处理和意见反馈，即数控程序确认反馈。MDM 管理系统负责向 MES 系统提供数控程序准备信息、是否需要进行数控程序确认信息；手工编制的数控程序上传至 MDM 制造数据管理系统后反馈信息到 MES 系统。

（4）MES 与 MDC 集成

通过准确、及时、客观、自动的数据采集系统，为 MES 系统提供准确、及时的生产完工信息，以及所有机床可用状态等。实现实时获知每台机床当前加工的工件和工件生产数量；实现 MES 系统对生产制造管理系统的车间作业子系统中的派工单进行管理；实现 MDC 系统采集机床运行信息后实时添加到 MES 中相关数据库，MES 系统提供对设备实时运行状态和历史运行数据的显示；实现 MDC 可以访问 MES 中生产作业计划的产品信息。

（5）Wintool 与 CAM、VERICUT 集成

将刀具管理系统与 CAM、VERICUT 系统结合起来，在数控编程时给予实际现场可使用的刀具，并给出实际的刀具参数值和几何轮廓，减少由于现场无法找到刀具和刀具实际值和编程值不一致造成的修正时间。同时，刀具管理系统将刀具的实际测量数据在每次加工结束后记录下来，在下次编程时直接输出给CAM系统，这样做到了理论和实际的匹配，提高工作效率。

（6）Wintool 与 ERP、MES 集成

将刀具管理系统接入 MES 和易飞系统中，实现通过 MES 系统自动触发获取生产零件的准备文件；实现与易飞系统协同获取采购状态。

（7）Wintool 与 DNC、MDC 集成

刀具管理系统与 DNC、MDC 系统集成，实现刀具寿命控制管理，避免由于断刀导致的非正常使用的机床等待时间。

案例篇

第**9**章

流程型智能工厂案例

近年来，流程型制造企业的智能制造水平不断提升，在化工、石化、有色、钢铁、食品饮料、医药等行业形成了一批示范性智能工厂，如稀土冶炼智能工厂试点示范、氟化工智能工厂试点示范、石化智能工厂试点示范、铜冶炼智能工程试点示范、钢铁热轧智能车间试点示范、水泥智能工厂试点示范、乳制品智能工厂试点示范、现代中药智能制造试点示范等，尤其在化工、石化、钢铁、医药行业的试点示范项目数量较多，标杆作用明显，起到了显著的行业带动作用。

9.1 化工行业

（1）建设需求

某乙烷制乙烯项目，依托油田丰富的天然气资源和中国石油自主成套乙烯工艺技术建设，由年产 60 万吨乙烯装置、30 万吨全密度聚乙烯装置、30 万吨高密度聚乙烯装置以及配套公用工程、辅助生产设施和厂外工程组成。项目的建成，加快了油田公司上下游一体化高质量发展，助力数字油田、智慧油田建设，为该油田建成 3000 万吨现代化大油气田打下坚实的基础。项目投产后，形成以乙烯为龙头和主导的产业集群，有效带动下游产业发展和人员就业，更好地带动当地经济社会的快速发展。

（2）建设目标

将该乙烷制乙烯项目建设成为符合"自动化、数字化、集成化、可视化、模型化、智能化"六化标准的智能化工厂，重点打造乙烷制乙烯项目智能工厂在全面感知、安全受控、生产智能、全厂优化、高效经营 5 个方面的能力，提高信息化应用和运维管理水平，持续完善企业信息安全体系，实现"数字化工厂、信息化企业"的建设目标，达到国际先进水平。具体目标如下：

① 产供销存协同优化。通过计划优化、效益测算、产供销存的协同来把控

市场，以产供销存全流程数据分析、更多参变量的优化模型为技术手段，及时、准确地与上下游合作伙伴协作，快速响应市场供应和需求，执行采购、生产和交付，实现敏捷弹性的运营。

② 实现共享生产。以全厂统一协同的生产优化、效益预测、平衡统计、绩效预警等为手段，实现生产集约化管理、生产闭环控制，实现从计划、调度、模拟到操作的一体化优化执行，提高计划执行准确率，稳定产品质量，保障生产执行效益最优。

③ 安全管控与环保监测。强化装置、工艺、操作、现场等环节的监测、分析和流程联动，以物联网、监测预警等技术为手段，构建事前预防、事发应对、事中处置、善后管理的全过程指挥能力，保障企业及人身安全、控制三废排放，实现企业安全、绿色、可持续发展。

④ 端到端的设备全生命周期管理。实现设备购置、维修到报废和设备监测、预知、诊断的端到端管理，以预知性维护、智能诊断、备件优化为依托，提高设备利用率和在线时间，并减少故障率，确保资产的长周期稳定运行，提升设备资产价值。

⑤ 能源实时监测加强能源管控。对生产环节能耗进行监测分析，利用先进能量优化手段，对蒸汽、循环水、燃料气等优化能源供给和配备。在满足装置用能需求的基础上，提升能源利用效率，降低装置能耗，节能减排，实现能源优化。

⑥ 全面感知和智能分析实现预知决策。融合企业内外部信息，以云计算、物联网、大数据、人工智能等技术为手段，对各类数据进行采集分析，洞悉瓶颈，捕捉先机，实现基于数据的、科学的、有预知性的决策或决策支持。同时，集中、标准的数据向各层级应用无壁垒共享。

⑦ 基于三维模型的数字化工厂建设。以"数字孪生"为基础，应用三维模型技术，实现从项目设计、工程施工、交付到运营期的工厂高精度三维模型建设，集成工厂设计、设备、施工、生产、采购、HSE 等信息，运用 VR、AR 等人工智能技术，实现生产运行监控、人员培训、应急演练、设备管理、装置检维修、工程辅助与施工方案优化等方面的应用。

（3）建设方案

该智能工厂建设遵循"信息采集、信息传输、信息存储、办公、工控、员工交流"六大领域，采用统一架构建设，具有符合业务发展的前瞻性与可拓展性、资源合理配置和有效利用、避免重复投入与建设、标准化体系确保互联共享基础、支持业务创新与变革等优势。

① 信息采集系统。按照"先自动、后移动、再手工"的设计思想，建立信息采集体系。通过生产物联网的自动化采集、生产现场的标准化采集和业务办公

数据的规范化采集 3 种信息采集模式，真正实现结构化数据、非结构化数据和实时数据严格遵循业务规则实现规范采集，减少手动采集工作量，避免重复录入，保护核心数据资产和应用价值。

a. 生产物联网的自动化采集。按照网络通信协议和信息安全要求，建设装置自动控制系统、视频监控系统、环保在线监测系统、危险源监测系统、设备状态监测系统等，实现生产物联网数据的自动化采集。

b. 生产现场标准化采集。主要应用物联网、移动应用等技术，以现场工作任务化管理、操作过程标准化管控、日常数据标准化采集为核心，统筹开发信息系统移动 APP，配套智能终端一体机，内置、外接或无线连接智能传感器，将业务数字化管理层次落实到现场实际操作过程，支持智能巡检、人员定位、作业安全受控、设备状态监测、音视频通信、移动视频监控、现场监督检查等。

② 业务办公数据规范化采集。将业务办公数据采集完全融合于业务管理系统规范化、流程化的业务管理过程之中。系统功能设计完整支持业务开展，即用户应用系统完成业务工作的同时，也完成了相关数据录入。

③ 信息传输系统。采用有线光缆、厂区无线宽带、卫星通信网络等信息传输网络模式建设生产网、办公网、公共信息网等，网络覆盖全厂，满足专业、高效、安全、稳定和全面覆盖的业务需要，支持移动互联网、边缘计算、智能终端等先进技术的应用网络环境。严格按照信息系统等级保护，配套、部署敏感信息防泄露模块和信息安全风险评估等技术手段，进行网络安全能力建设，满足国家与集团公司网络安全合规性要求，确保网络安全运行。特别是无线宽带对厂区100％覆盖拓宽了先进信息与工业技术应用范围，提高信息技术应用经济性和实用性，如移动应用 APP、无线监测传感器、移动视频监控等。

④ 信息存储系统。依托数字油田云计算中心，解决信息系统软硬件资源配套、容灾备份、运维保障等问题，应用数据银行和数据库技术进行数据全生命周期管理、信息共享服务与数据治理，确保数据的标准性、及时性、完整性、准确性和唯一性，满足数据查询与定位、高性能计算、大数据分析等信息应用需求。

⑤ 工控系统。以工控系统整合集成、生产集中监视和业务管理信息集成为基础，建设厂级生产管控指挥中心，实现集中统一的生产指挥与决策支持，包括全厂生产运营综合展示、远程视频会议、音视频融合通信、视频监控集中管控、应急响应处置等基本能力建设，具备生产指挥、工艺操作、运行控制、储运计量等业务一体化管控能力。

装置配套了分布式控制系统（DCS）、安全仪表系统（SIS）、压缩机控制系统（CCS）、可编程逻辑控制器（PLC）等自动控制系统，配套先进智能的现场仪表和在线监测分析仪表，建立完善生产运行与控制优化基础。

根据 DCS、仪控现场仪表和运行控制情况，开展计划优化、流程模拟、仿真培训、PID 参数整定优化、报警管理及预警、先进控制 APC、在线实时优化 RTO 等先进技术在乙烷制乙烯工厂的应用，搭建生产全流程优化环境。

在物流仓储管理方面，与销售公司信息协作，建立"市场—库存—生产"信息联动，实现"票证—进厂—装卸—运输"全过程的自动化、数字化，实现票证自动验证办理、人员车辆轨迹定位和自动识别、自动化出入库、自动计量和出票、库区少人甚至无人值守。

⑥ 办公系统。以 ERP、MES、HSE 等统建、统推信息系统为基础，功能性业务系统为辅，实现业务主线的贯通，确保与工程建设"三同时"，动态跟踪物料移动和质量，优化控制生产活动，优化生产资源配置与供应链管理。另外，基于统一的数字化工厂平台和技术开发体系确保功能性业务系统符合标准规范。

统一的数字化工厂平台，利用流程模拟软件和三维数字化技术进行工厂总体设计和工程设计，实现工厂设备设施数据资产从设计、建设到运行的整个生命周期的数字化管理，搭建三维数字化工厂平台。按照数字油田工程数字化交付标准，建设三维协同设计、数字化交付和三维场景服务，与统一工厂数据中心紧密结合，搭建数字化资产模型三维应用环境，伴随工厂运营期的深化应用，最终将形成面向生产、工艺、能源、设备、安全环保、储运和现场管理等业务互动、直观的组织管理模式支持平台。

统一技术开发体系，基于勘探开发梦想云平台提供的统一软件研发和应用运行环境，按照"突破专业条块分割瓶颈，实现跨地域、跨部门、跨学科的工作协同和数据共享"的设想，进行其他智能工厂信息系统建设与应用，实现业务应用从"竖井式"接口交互向"积木式"协同共享转变。其优势在于快速响应业务需求，敏捷应对业务创新与变革，研发、部署、运维及拓展升级成本低，效率高。

⑦ 员工交流系统。应用移动互联网等技术，建设员工交流基础平台，实现音视频会议、即时通信、在线学习、数字图书馆/档案馆、生产服务、网络/数字电视等应用，满足员工工作、学习和生活需要，使员工充分体验到信息化建设的成果，缩短员工的距离感，增强员工幸福感。

(4) 建设效果

该乙烷制乙烯项目智能工厂建设，依托油田丰富的天然气资源及"数字油田"建设资源，根据自身的业务发展特点和需求，围绕乙烯主要业务领域，以信息系统建设与应用为核心，以全生产过程智能化优化技术研究与应用为重点，探索人工智能、大数据分析、边缘计算等先进技术的应用，探索乙烷制乙烯项目智能制造之路。乙烷制乙烯项目智能工厂在基建期打好信息化基础和实现部分成熟智能应用，在运营期由业务驱动进行智能化技术探索与应用，提高资金利用效率和智能化应用水平。

9.2 石化行业

（1）建设需求

某石化集团公司是国家特大型炼化一体化企业。该石化公司充分利用互联网、云计算、物联网、大数据等信息技术和现代化企业管理理念，以建设"智能工厂"为核心，推进信息化与工业化的深度融合，形成感知、预测、优化、协同的信息化能力，持续深化信息系统集中集成和深化应用，构建新型能力体系，着力提升业务应用数字化和智能化的水平，为建设"国内领先、世界一流"现代化石油化工企业提供有效保障。目前，该公司的信息化业务现状主要体现在：

① 炼化生产受国际原油市场的价格波动影响，加工原油油种变化频繁，石脑油保供任务重，为降低原油加工成本，提升企业盈利空间，供应链一体化优化手段急需提升。

② 炼化生产集成管控，存在生产调度指令下发缺乏有效指令下达、反馈、监控手段，现有生产相关数据系统分散且监控频度、粒度不一致，缺乏大数据分析支撑等问题。

③ 全生命周期资产管理还是依托于传统的计算机分析；设备在线数据没有实时同步到分析系统中，仅利用专家经验给出指导建议。

为建设标准统一、关系清晰、数据一致、互联互通的智能化管理统一工作平台的总体目标，该石化公司于2018年开展智能工厂项目建设，打造企业新型竞争能力，提升核心竞争力，支撑企业数字化转型。

（2）建设目标

智能工厂通过2~3年的持续建设，按照"平台＋服务"的模式完成智能工厂2.0的推广建设，各项主要关键指标达到国家智能制造试点示范项目要求，力争成为国家智能制造或制造业与互联网融合发展试点示范企业。智能工厂建设体系架构如图9-1所示。

① 炼化生产一体化优化主线。

围绕炼化企业一体化优化主线，在横向价值链维度上，实现采购、生产、销售供应链全过程的价值增值，降低原料采购成本，统筹资源配置；在纵向优化深度上，通过计划、调度、装置、控制四个层面上的集成优化、协同优化，实现生产经营全过程效益最大化。

计划优化层面侧重于进行全厂资源优化配置以及原油（料）的采购优化，提高整体经济效益。

调度优化层面侧重于进行全厂物料平衡，将生产计划拆分至可执行的日/旬作业计划，保证装置平稳生产。

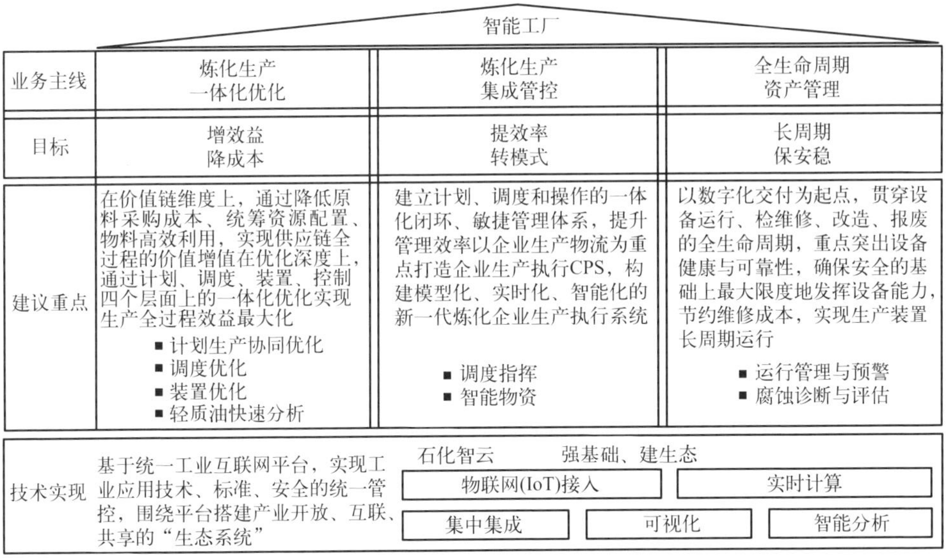

业务主线	智能工厂		
	炼化生产 一体化优化	炼化生产 集成管控	全生命周期 资产管理
目标	增效益 降成本	提效率 转模式	长周期 保安稳
建议重点	在价值链维度上，通过降低原料采购成本、统筹资源配置、物料高效利用，实现供应链全过程的价值增值在优化深度上，通过计划、调度、装置、控制四个层面上的一体化优化实现生产全过程效益最大化 ■ 计划生产协同优化 ■ 调度优化 ■ 装置优化 ■ 轻质油快速分析	建立计划、调度和操作的一体化闭环、敏捷管理体系，提升管理效率以企业生产物流为重点打造企业生产执行CPS，构建模型化、实时化、智能化的新一代炼化企业生产执行系统 ■ 调度指挥 ■ 智能物资	以数字化交付为起点，贯穿设备运行、检维修、改造、报废的全生命周期，重点突出设备健康与可靠性，确保安全的基础上最大限度地发挥设备能力，节约维修成本，实现生产装置长周期运行 ■ 运行管理与预警 ■ 腐蚀诊断与评估
技术实现	基于统一工业互联网平台，实现工业应用技术、标准、安全的统一管控，围绕平台搭建产业开放、互联、共享的"生态系统"	石化智云　强基础、建生态 物联网(IoT)接入　　实时计算 集中集成　　可视化　　智能分析	

图 9-1　某石化智能工厂建设体系架构

装置优化层面侧重于进行装置操作优化，通过操作优化实现日/旬作业计划目标，同时提高附加值产品收率、降低装置能耗，实现单装置效益最大化。

② 炼化生产集成管控主线。

以生产调度指挥为核心，围绕炼化企业进出厂业务、罐区管理业务、装置运行业务、物料平衡业务和公用工程平衡业务，建立识别规则库、预测算法库、预警算法库，实现对工厂生产全过程的监控、预警、预测。提炼业务规则，固化业务逻辑，形成异常处置规则库，自动推送建议方案，辅助生产指挥人员科学决策。建立生产指令一体化闭环管理体系，初步实现方案到指令、执行、反馈的闭环管理，提升协同指挥效率。

重点建设调度指挥，按照 CPS 建设理念，实现主动感知生产异常，生产信息预测预警，营运指挥高效协同，调度指令精准执行。

③ 全生命周期资产管理主线。

设备健康管理聚焦设备运行维护阶段，实现设备智能化管理的"三示"（显示参数、展示性能、揭示规律）和"三控"（事前风险可控、事中状态受控、事后绩效管控），提高设备可靠度和装置安全性、稳定和长周期运行水平。通过建立设备健康管理系列套件，依靠状态监测系统，对状态数据进行挖掘分析，辅助现场技术、管理人员对设备运行状态进行监控、分析、诊断。

设备三维应用基于工程级三维模型，实现检维修管理、专业管理、设备运行管理和运维培训管理等设备三维应用。将设备管理提升到部件级，实现可见式设备管理的新模式，为施工和检修提供便利和成本依据。

④ 智能制造平台。

按照《中国制造 2025》国家战略的要求，面向数字化、网络化、智能化现代工厂的目标，提出"平台＋数据＋服务"的建设模式，围绕平台搭建产业"开放、互联、共享"的生态系统：

——基础平台。构建企业级 ProMACE 智能制造平台，支撑智能工厂建设。

——标准化及集中集成。依据企业信息化现状，继承和完善企业信息化沉淀的信息资源，建立标准化体系和集中集成平台，贯通总部标准化 MDM 至企业应用。以数据集成化、标准化、模型化、可视化为主线，打通因业务条块形成的数据壁垒和流程隔阂，支撑企业业务协同，以数据资产为企业战略目标，规范数据管控流程，确保数据的唯一性、准确性及及时性，提升数据价值。

——三维数字化。搭建企业级数字化工厂三维平台，适用于运营期的三维数字化工厂建设。基于现场及相关图纸资料，进行工程级数据模型构建，所构建的模型精度高、粒度细、属性完整、模型对象间逻辑连接关系准确。工程级三维模型是智能工厂的基础，后期可以根据业务需求利用已有模型开展设备资产管理、装置生产管控、设备检维修、职工仿真培训等形象、直观、沉浸式的综合利用工作。

（3）建设方案

① 炼化优化一体化方面。

目前已完成炼化生产装置计划跟踪模型 5 套、盈利能力分析模型 32 套、边际贡献测算模型 52 套、价格管理模型 4 套，收集配置模型数据 1630 余个；完成 50 套装置调度优化模型、633 条物料侧线、64 个组分罐区模型数据搭建；针对重点关注装置、物料、牌号进行单位边际贡献测算，为企业及时优化调整提供参考依据；对全公司物料进行归口管理，实现价格同源，统一测算口径，为公司业财融合专业精细化管理工作提供价格分析的支撑。

a. 计划生产协同优化（图 9-2）。在企业计划、调度及装置不同层面间建设协同优化系统，集成 8 个系统数据，实现"模型一体化、数据一体化、服务一体化"。搭建炼化一体化优化模型，将装置机理模型与计划优化模型进行集成，实现二次装置 DB 数据的动态调整；在计划、调度优化间实现物料、数据及装置一体化，通过协同优化系统将生产计划进行拆分并进行调度模拟；实现原（料）油进厂与加工、产品产量、装置日加工、产品出厂量等当月累计完成情况的跟踪，确保月计划目标的达成。

b. 生产调度优化（图 9-3）。建立"月计划—周计划—日计划"计划管理体系，根据生产动态和外界条件变化信息，以企业整体效益最大化为出发点，及时做出反馈并测算。通过三个计划的衔接，有力地加强计划与生产沟通协作，始终保证装置是以效益最佳的状态去生产运行。

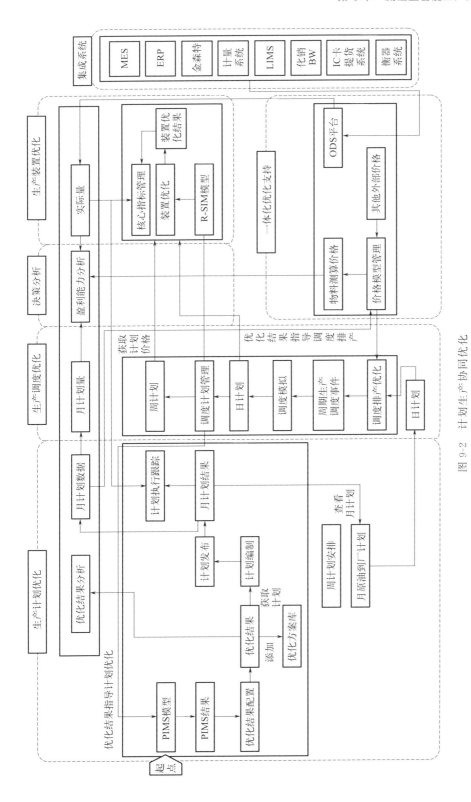

图 9-2　计划生产协同优化

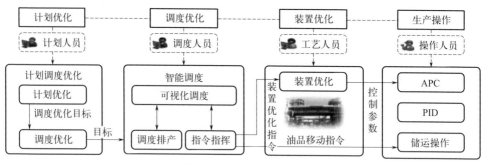

图 9-3　生产调度优化

c. 生产装置优化（图 9-4）。基于调度优化进行全厂测算得到的调度日目标，进行单装置的优化计算，保证了全厂效益最优下的单装置优化，即实现"全局最优"，而非"局部最优"。每日的调度指令，不仅给出优化的装置目标是什么，而且给出如何执行才能达到优化目标。

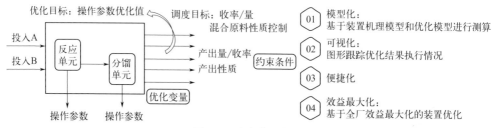

图 9-4　生产装置优化

② 炼化生产集成管控（图 9-5）。

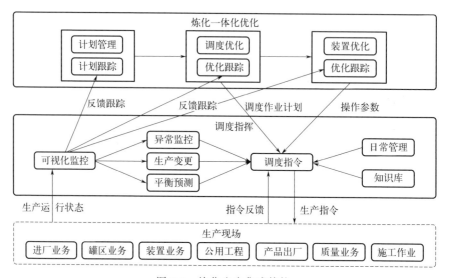

图 9-5　炼化生产集成管控

276

截至目前，完成 42 套装置、1048 条侧线、22 个罐区、445 个储罐、30 个装卸台、634 条物料、2305 个采样点、2320 个度量指标模型建立。绘制火炬系统、氢气系统、燃料气系统等 22 张公司级公用工程流程监控图。配置预报警模型 1936 个，实现异常管理在线闭环，事件可升级，问题可定性分析。

炼化生产集成管控方面主要表现为以下几点：

a. 异常管理在线闭环，事件可升级，问题要定性。包括工艺参数报警、设备异常报警、安全环保指标、原料产品罐存等实时报警的收集和推送。一个是基于计划的偏差、物料移动偏差、公用工程消耗偏差进行异常事件在线闭环管控，针对小波动、小偏差、小异常等"三小"异常事件可在线升级，问题要进行定性分析。

b. 生产变更在线监督，变更要合理，杜绝擅自行动。计划性生产负荷调整及装置检修。审批流程线上化，杜绝擅自行动，全面掌控公司各生产单元、各点动态，将被动调整变为主动。例如，哪些点发生了变化、装置下线或者储罐退出、对一体化生产平衡有哪些影响等，变更进度实时在线反馈。

c. 全厂生产运行状态可模拟，可预测。建立基于一体化平衡模型的预测和预警，对未来一定周期的生产状况进行测算及推演，提前预知未来生产运行状况，便于生产人员对工厂生产进行预调控，为计划性生产负荷调整及装置检修等方案制订提供支撑，提升生产效率。

d. 提升调度指令下达的准确性、严谨性、时效性。建立在线指令执行闭环管理体系，提升调度指令下达的准确性、严谨性、时效性。例如，安排烯烃部向化工部输送加氢混合苯，从取样、出结果、变流程、开泵、流量控制、转输量统计到停泵等全流程，定量、定时、定责，关键步骤增加确认环节。

③ 全生命周期资产管理。

当前，系统已完成 28 台机组、315 台机泵、46 台加热炉、29 套装置卡件、38 套 GDS、259 台关键机泵监控模型搭建工作。绘制模型图加热炉 56 张、动设备 34 张、仪表 190 张、电气监控底图 62 张；完成加热炉 2830 个工艺参数点、泵 9862 个振动及温度监测点、机组 902 个监测点、仪表 5127 个监测点、电气 1498 个共计 2 万余监测点的配置及验证。建立腐蚀回路评估模型 148 个，管道风险评估模型 24 个，管道风险评估规则 53 个，涉及腐蚀案例、分析报告等标准化规则 200 余条。强化设备运行数据的自动采集和全面感知能力，对设备运行状态进行全面监控管理。

石化设备腐蚀管理，基于企业 EM、实时数据库、LIMS 等数采系统的支持，结合平台内置的大数据算法、材质库、标准库等，实现综合监控、腐蚀检测、原料监控、工艺防腐、报警管理、循环水管理等业务功能，同时基于数据实现腐蚀的综合分析、形成腐蚀月报、案例等，如图 9-6 所示。

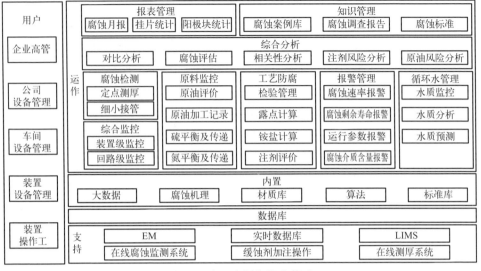

图 9-6　全生命周期资产管理

(4) 建设效果

石化智能工厂项目实现了生产经营全过程效益最大化：提高公司供应链一体化（集成化）运作程度，灵活调整生产方案，实现挖潜增效目标；基于一体化平衡模型的预测和预警，实现全厂生产运行状态实时在线监控，运行动态可模拟、可预测；强化设备运行数据的自动采集和全面感知能力，对设备运行状态进行全面监控管理；建立专业知识库，积累专家经验，形成专业知识库更新机制，辅助设备管理人员进行设备状态分析，提高设备管理人员工作效率；促进石化工业智能制造能力大幅提升，提升企业管理效率、生产优化能力和安全运行水平，提升企业生产营运的智能水平。

9.3　烟草行业

(1) 建设需求

车间数字化是智能工厂的基本条件，只有把车间生产设备数字化后，数据才能被有效采集。而由传感器、控制终端、组态软件、工业网络等构成的分布式控制系统（CPS）是企业数字化的基础。生产设备的自我分析、运行数据产生及收集，均由 CPS 完成。没有 CPS，智能工厂建设就如无水之鱼。智能工厂建设的第一步是改造升级原有设备，进行 CPS 的建设。

(2) 建设目标

某烟草包装印务有限公司的大多数设备都不具备智能基因，设备数据不能被快速采集，必须对设备进行改造升级。PLC 加网络模块、机械信号加装传感器转换成电信号、车间加装温湿度控制系统、车间或设备加装智能电表、设备加装各种传感器等。总之，就是将车间流动的重要生产信息转换成计算机可识别的数据，进而建立一个集调度管理、操作监控、现场仪表系统于一体的管理监控系统，最终实现的功能及目标如下：

① 计数管理、开关机监控；

② 设备运行信息采集：生产数量、设备状态、质量信息、电流、电压、温度、噪声、振动等；

③ 全过程、全周期的设备运行管控；

④ 历史记录管理；

⑤ 所有采集数据能够及时上传 MES 系统，从而使 MES 系统作出判断，合理安排生产流程；

⑥ 排除人为因素，采集数据来源统一，确保采集数据的时效性及准确性；

⑦ 节省人力资源，提高工作效率。

（3）建设方案

① 触摸屏远程监控系统。

触摸屏远程监控系统通过不同的设置，能够监控数量不等的设备，满足不同的客户需求。触摸屏采用威伦公司 MT 系列屏，该屏具有 2 路 RS485 接口（分别用于读取设备的数据和上传数据到 DCS 系统），1 路 RS232 接口（备用），1 路 LAN 接口（物联网备用），1 路 USB 接口（接 U 盘存储运行数据），触摸屏和设备的通信采用 1 路 RS485 接口实现，另 1 路 RS485 接口用于触摸屏与中央处理器通信，中央处理器可通过此路接口，读取触摸屏中监控到的设备数据（具体模型见图 9-7）。

② 数据采集。

根据设备实际情况，配置相应的设备采集卡，并进行数据采集设置，通过不同的接口方式（包括 AA 接口、DA 接口、DO 接口、AO 接口等）进行设备运行监测数据采集（示意图见图 9-8）。公司正在设计的数据采集终端为可扩展物联网络数据终端，联网后可通过互联网同步显示采集到的数据，该终端可采集如下数据：12 路温度，4 路电流模拟量，8 路开关量输入，4 路开关量输出，1 路转速输采集，最多 4 路视频采集录制。该终端受中央处理机的监控。

③ 中央处理器。

数据采集终端与触摸屏整合在一起，通过触摸屏上的 1 路 RS485 接口，可以将终端上的数据上传到中央处理器；采用 RS485 无线通信模块时，有效通信距离为 500m，超过此距离，可采用光缆或 GPRS。

中心处理器与数据终端之间使用 Modbus 协议进行连接。Modbus 协议是工业电子设备之间常用的连接方式，允许多个设备连接在同一个网络上进行通信。

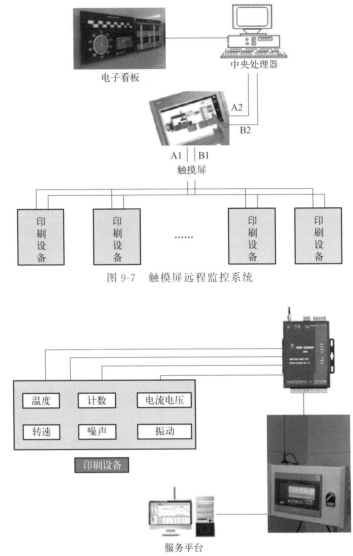

图 9-7 触摸屏远程监控系统

图 9-8 数据采集示意图

许多 RTU 远程数据终端控制系统集数据采集、传输、存储功能于一体，通过 RS485 数据通信模块与中央处理器连接，将其采集到的各类设备数据上传至中央处理器进行数据分类及处理。中央处理器单独使用一台电脑时，用组态软件组态。若需连接到其他数据中心，可单独提供详细数据表。整个功能结构见图 9-9。

④ 电子看板系统。

以动画形式直观地显示在监控画面上。监控画面还将显示实时趋势和报警信息，并提供历史数据查询功能，完成数据统计报表。将实时数据保存到关系数据库中，并进行数据库的查询。

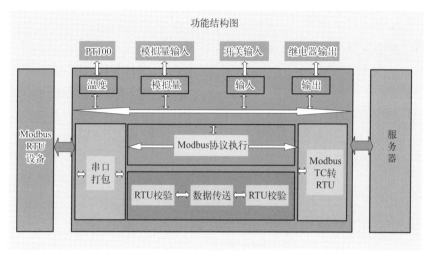

图 9-9　功能结构示意图

（4）建设效果

以信息采集与数据总线组成的生产数据采集系统为基础，以包装印刷生产执行系统（MES 系统）为核心，统一部署企业业务管理（ERP 系统）、智能物流仓储管控（WMS 系统）等模块。其中，每台生产设备的管理、调度、任务的分配均由 MES 系统执行，MES 系统会依据各生产设备的历史数据以及与生产设备的自我分析、运行的数据综合考虑作出判断，从而合理安排生产流程。智能工厂所有的生产信息、业务信息、原材料信息、产品信息等可充分有效共享、可视、可用，使得印刷企业的生产效率、产品质量等均得到大幅提升。

9.4　印刷行业

（1）建设需求

近年来，我国制造业的智能制造水平实现了快速发展，但仍面临着实施难度大、投资高、预期收益不确定等挑战，严重影响了企业的智能化发展进程。聚焦到印刷业，也还存在着诸多难点，包括：缺乏顶层设计和整体考虑；分期建设，存在大量非智能设备；异构系统多，通信协议种类多；产品设计未考虑信息交换，在制品缺少跟踪手段；工艺设计未考虑信息交换，生产系统缺少监视手段等。

（2）建设目标

智能工厂通过物联网、人工智能、虚拟现实、5G 通信等先进的信息处理技术，将工厂生产模式、物流及客户结合起来，形成智能生产线、智能仓储系统、智能物流系统，从而在最大程度上适应印刷企业"定制需求多、交期短、品质高、售价低"的生产模式，达到智能化生产运营。

（3）建设方案

① 人才模型（图 9-10）。

针对智能工厂的人员管理，可通过组织结构改善减少中层管理层级，如去掉副总层、经理层人员，以提高决策的响应速度；还可减少甚至去掉计划、仓库等人员，用 MES 系统实时监测生产数据的变化，用 WMS 系统监测仓储数量的变化，科学规划企业生产。当然，先进的管理手段需要企业引入高级项目管理团队，运用 ERP 企业管理系统、MES 生产信息管理系统、现代企业 6S 等专业管理知识来科学管理工厂的日常生产。

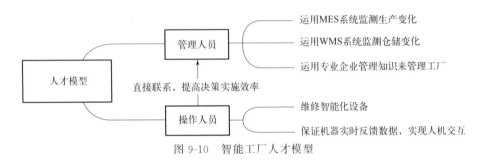

图 9-10　智能工厂人才模型

此外，由于智能工厂以 AGV 替代人工搬运，用传感器等检测产品质量，用智能化、数字化程度高的印刷设备减少操作人员，因而在人才管理方面，还需引入高技术维修人才和工程师团队，以专业的服务维持机器的正常运转，保证机器实时反馈的生产数据，让工厂正常有序地运作。

② 生产模型。

a. 生产模型信息化。

信息的延时传递与执行，会降低生产效率，增加生产成本，可以说，生产模型信息化，是智能工厂建立的基础。

生产信息化，即将设备的生产数据实时反馈到电脑，让生产全程透明化，以便管理人员对日常生产与异常情况做出迅速决策。而 MES 制造执行系统的引进，可以监测生产现场的人、机、料、法、环、测，实现实时管理并及时反馈，对各个系统进行跨越整合。此外，企业还应加强设备信息管理，以第一时间针对设备可能出现的问题，如设备运转超负荷等，进行适当的预防。如此，不仅可以减少企业的设备投入成本，还可以及时发现管理过程中存在的安全隐患问题。

信息化生产模式见图 9-11。

b. 智能化生产线。

智能化生产线的实现，需将印前自动化流程管理软件、MES 等与先进的印

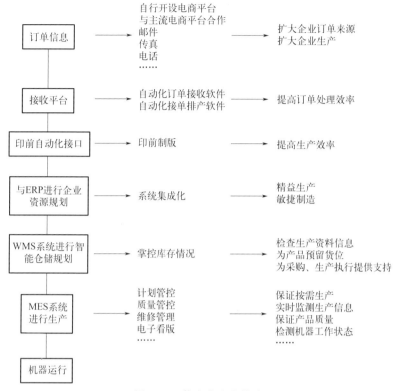

图 9-11 信息化生产模式

前、印刷、印后联动生产线结合起来，同时配合旧设备改造，并加入工业相机、人机界面、RFID、条形码、机械臂等软硬件。工业相机是智能工厂的眼睛，可以实时采集产品质量；人机界面是人与设备沟通的桥梁，方便决策的实施；RFID、条形码可全程监测产品走向，为产品质量检测提供合理的数据；机械臂替代了人工工序，为深加工提供可能。智能化生产线如图 9-12 所示。

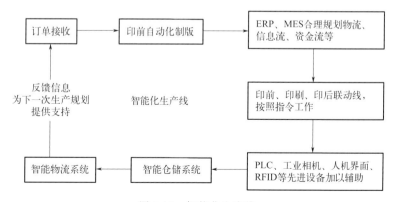

图 9-12 智能化生产线

可以说，智能化生产线可实现设备与设备、人与设备的互联，完成自动化、智能化生产运作，并监测产品生产全程以及单个产品的生产质量，而最终目的是提高企业生产效率与产品质量。

c. 智能仓储系统。

智能仓储系统包括库房货架、堆垛机、进出料对接装置，以及库房管理软件WMS系统。这里要特别谈及的是WMS，其负责对物料信息（条形码或RFID）和货位的动态管理，通过AGV调度模块，使AGV完成物料的运输，并把仓库里物料的实时动态信息准确反馈给MES生产管理系统，为采购计划和生产执行提供有效支持。

传统的商品仓储，依靠人力的搬运和车辆的运输，不可控因素很多，且劳动力成本较高。而智能仓储系统可将物料托盘出柜、物料下架、按需求分拣配送，实现AGV配送指令自动化，以高效、精准地配送内部物料；实现收发指令送货、清点物料数量并与实际数量对比等货单信息的无纸化；此外，通过对批次的生产信息进行自动化采集，还可实时掌控库存情况，不仅可实现及时的数据反馈，而且实现了全程精准管理，提高了工作效率，同时也为生产经营者的决策实施提供了重要的理论依据。

智能仓储系统如图9-13所示。

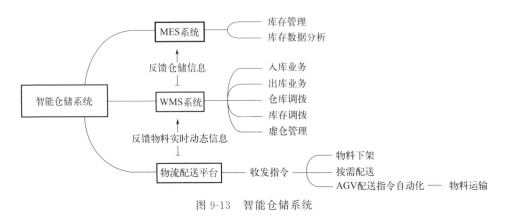

图9-13　智能仓储系统

（4）建设效果

实施印刷业智能化模式，需针对印刷企业性质的不同，按照胶印、凹印、柔印、丝印等印刷方式，单张纸、卷筒纸、薄膜、瓦楞纸、标签等产品类别，分类进行研究，结合具体的自动化数字化水平、企业组织结构、设备工艺布局、厂房布置、工厂环境等，进行总结。针对智能工厂的实现步骤，第一阶段是"透明工厂"，即生产负责人能够随时知道车间发生的事情；第二阶段是"快速响应的工厂"，处理已采集的数据并正确显示，以在车间有任何变动的情况下快速识别负面效应，快速响应并采取定向措施，该阶段是非常重要的；第三阶段是"自主调控的工厂"，基于已实现的快速响应完善各生产流程的内部标准；第四阶段是"有效互联的工厂"，要考虑相关的生产流程和 PLM、能源管理和工厂管理等各个系统。

9.5 冶炼行业

（1）建设需求

某冶炼公司发展面临着资源短缺、人力成本上升、环境约束增强、自主创新能力亟待提高等一系列问题，低能耗、高资源利用率等挑战倒逼企业要转型升级。该公司未来发展不仅需要深挖内潜，在生产管理的精益化、自动化、标准化上下功夫，站在全流程的角度进行更多工序的集成优化和协同运作，更需要建设和改造以智能化、网络化、自动化为核心特征的智能工厂，实现工厂转型升级、提质增效、绿色发展。

2016 年 3 月 31 日，工业和信息化部印发了《关于开展智能制造试点示范 2016 专项行动的通知》，并下发了《智能制造试点示范 2016 专项行动实施方案》，在全国范围内选择了 63 家单位作为试点示范企业。该冶炼公司成为铜冶炼行业唯一一家智能制造试点示范工厂。

（2）建设目标

通过信息技术、工业技术和管理技术的"三元"融合，实现工厂全要素的数字化感知、网络化传输、大数据处理和智能化应用，构筑起"现场识别自动化、信息处理即时化、问题研判协同化、管理决策智能化"的智慧冶炼新模式，实现有特色的技术模式和管控模式的高度集成和全面优化升级，提升工厂数字化、精准化、高效化和现代化生产水平，具体是：

① 建立较完善的系统模型。

② 配置符合设计要求的数据采集系统和先进控制系统，关键生产环节实现基于模型的先进控制和在线优化。

③ 建立实时数据库平台，并与过程控制、生产管理系统实现互通集成。

④ 与集团公司 ERP 进行集成对接，满足公司管控要求。

⑤ 建立制造执行系统（MES），并与企业资源计划管理系统（ERP）集成，生产计划、调度均建立模型，实现生产模型化分析决策、过程量化管理、成本和质量动态跟踪。

（3）建设方案

《国家智能制造标准体系建设指南（2015 年版）》指出，智能制造系统架构通过生命周期、系统层级和智能功能三个维度构建完成。产品全生命周期是由设计、生产、物流、销售、服务等一系列相互联系的价值创造活动组成的链式集合。系统层级自下而上共五层，分别为设备层、控制层、车间层、企业层和协同层。智能制造的系统层级体现了装备的智能化和互联网协议（IP）化，以及网络的扁平化趋势。智能功能包括资源要素、系统集成、互联互通、信息融合和新兴业态等五层。依据标准架构体系，结合工厂实际，构建了智能工厂系统层级图，如图 9-14 所示。

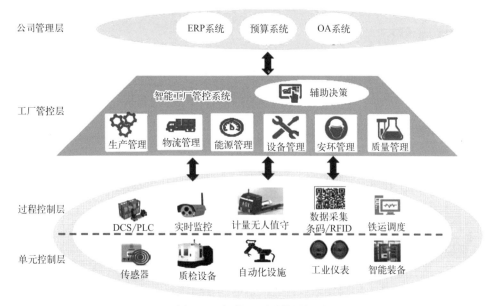

图 9-14　智能工厂系统层级图

在工厂管控层，将建设一个为全厂领导、管理人员、操作人员共同使用的统一、全面的管理信息系统，即"智能工厂管控系统"。该系统上与公司总部ERP、预算管理等系统互联，下与 DCS、监控以及其他过程控制自动化信息系统对接，实现全厂生产、物流、经营、安全环保等环节数据的集中管理，也是整个智能工厂的"总纲"。

在过程控制层，将构建车间产线、铁运、汽运、GIS 等特定领域的专业应用系统。其中，DCS 分布式控制系统需要根据需求进一步扩容，指挥中心、铁运调度、计量无人值守、视频监控系统分别构建，并集成进智能工厂管控大系统中。

在单元控制层，将围绕着需求中需要自动化支撑的关键管控点，装配数据采集、便捷操作等方面的自动化支撑设备与设施，在充分考虑现有网络及服务器等硬件资源基础上，建设 IT 系统支撑平台。

智能化工厂的建设需要同时具备诸多条件，设备的自动化程度在很大程度上决定了后面的数字化和智能化程度。铜冶炼行业相比离散制造企业，自动化实施更加困难。原辅料、中间品及产品的检测技术尚不成熟，普遍重量大且外形不标准，自动化装备行业应用明显较少。目前的主要工作，一是加快本行业自动化、智能化装备的研发，二是充分借鉴其他行业应用，解决一些现有问题。该冶炼公司主要的配套项目是：

① 实时数据库 10 万点升级改造项目：实现企业数据集中统一管理基础数据平台。

② 集中调度指挥中心：实现现场生产调度指挥的协同和可视化统一指挥，提高应急指挥响应能力。

③ 极板自动转运仓储系统：实现阳极板和阴极板的自动转运、质检、喷码、批次跟踪和库位管理，极大提高效率的同时，为下工序的批次管理和工艺参数优化控制提供便捷条件。

④ 尾矿无人行车系统：实现尾矿散料的无人自动装车，提高装车效率，减少超重带来的返车卸货和欠重导致的运费损失。

⑤ 硫酸铜智能仓储系统：替代目前人工装袋、码垛、叉车转储、装车流程，实现硫酸铜全自动全流程智能控制，提高效率，降低损耗。

⑥ 材料备件智能仓储系统：实现材料备件、来料预告、入库、盘存、领料和出库全流程的智能仓储管理，通过条形码实现了材料备件的批次管理和生命周期管理。

(4) 建设效果

智能工厂一期建设按照《国家智能制造标准体系建设指南（2015 年版）》的相关要求，结合铜冶炼行业的特点，在信息集成、互联互通、大数据应用、自动化装备等方面进行了探索，多项技术和装备都是首次应用，基本架构起了智能工厂框架。

从已投入项目的情况看，大部分达到了预期的目标，减员增效的同时对生产的稳定、生产效率的提高以及过程数据的获取起到了重要的作用。成功的项目也起到了内部示范的作用，很多以前敢想但不敢干的工作，通过示范找到了解决办法，二级单位提出了非常多的改造提升需求，积极性很高，为智能工厂下一步建设提供了支撑。

不过，一期项目也存在信息系统涵盖范围过宽、顶层设计不完善、行业特性体现不充分等问题，需要在二期项目建设中进行改进。接下来的工作是用好系统、维护好装备，坚持先固化再优化的原则，把一期建设的效果充分发挥出来。二期建设也明确了基本方向，主要是大数据的深化应用、打造 1～2 个具有行业代表性的数字化车间、自动化装备。

9.6 钢铁行业

（1）建设需求

钢铁企业为了挖潜增效，必须以质量成本为基础，以优化产能为核心，以创新为驱动，落实两化深度融合，打造钢铁工业的升级版。以物联网、云计算、大数据等先进技术与智能设备/装备融合应用为特征的智能工厂建设已成为驱动钢铁企业形成创新发展机制、突破增长极限、保障企业持续稳定发展的主要动力，能够有效解决钢铁企业在提升效率、节能降耗、提高设备服役能力、减少不合格品率、降低资金占用等方面面临的问题，达到生产的最优化、流程的最简化和效率的最大化，使传统工厂升级为智能工厂。从全球范围来看，尤其在德国和美国，智能工厂建设已成为传统制造业升级转型的主要突破方向。由此可见，发展面向钢铁行业的智能工厂技术集成应用，是抢占新一轮竞争制高点的关键一步。

（2）建设目标

一冷轧智能工厂将通过建设产品研发、客户精准服务、协同制造及生产管理等应用平台，实现对硅钢产销研主生产业务流程的全覆盖，并搭建功能完备的企业大数据平台，为硅钢营销、生产、质量、成本等分析层应用提供有效数据支撑。产销研模块信息化项目主要实现硅钢产品在研发、销售、生产及质量管控等环节的闭环管理，从客户需求收集到产品研发设计；从客户使用跟踪到产品优化完善；从销售预测到资源平衡；从订单计划到生产执行，通过系统平台的衔接，实现各业务流程闭环管控，发挥硅钢产销协同优势。一冷轧智能工厂整体架构见图 9-15。

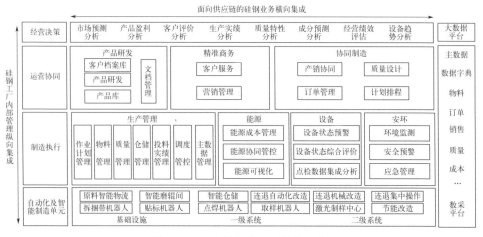

图 9-15　一冷轧智能工厂整体架构

（3）建设方案

智能工厂建设推进智能制造新技术、新装备的应用，串接整个产品生产流程。减少人为干预，实现无人化、少人化生产，实现生产效率、产品质量稳定性大幅提升。在硅钢一冷轧工厂现有基础上，对设备进行升级改造、深入应用新技术，提升智能化程度，显著改善硅钢一冷轧工厂的经济技术指标，建成冷轧示范工厂，形成一系列可示范、可复制、可推广的智能制造技术。

① 智能装备。

逐步推进机器人代替人工作，硅钢一冷轧工厂生产的多工序衔接作业过程中，目前还需要一定量的人工现场作业，这些区域作业环境复杂、危险性高、重复单调、劳动效率低下，为了更好地节省人力资源，提高作业效率、降低安全事故可能性，加强生产衔接工序的产线协作和数据通信交互能力，硅钢一冷轧工厂在建设智能工厂期间将逐步推进机器人代替人工作，提升工厂内部智能化装备水平。

a. 自动拆捆带机器人。实现机器人代替人工完成入口钢卷自动拆捆带和废捆带自动回收功能，和生产线 L1 和 L2 级进行通信，借助柔性化智能交互设备与人交互的方式，取消操作人员现场钢卷的信息识别、钢卷位置的识别、捆带拆除及收集工作，提高劳动效率和正确率，杜绝人工作业安全隐患。

b. 贴标签机器人。实现机器人代替人工完成出口钢卷自动贴标签功能，和生产线 L1 和标签打印机进行通信，取消操作工现场贴标签操作，降低工人误操作带来的信息错误风险，提高劳动效率，减少劳动风险，节约更多的人力成本和物力成本。

c. 取样机器人。实现机器人代替人工完成出口硅钢板自动取样功能，和生产线 L1 和实验室 L2 级进行通信，提高劳动效率，有效保证现场取样的快速性、稳定性、灵活性以及安全性，杜绝人工作业带来的安全隐患。

d. 全面提升轧机配套磨辊间智能化水平。目前，国内轧线配套磨辊间都是通过大量人工实现轧辊吊运、识别、拆解、装配，并人为设定磨床进行自动磨削。其中，人工拆装轴承时效率低下，且操作不当会对轧辊轴和轴承造成不必要的损伤；同时因为没有对轧辊的全生命周期掌控，轧辊在磨削过程中会出现过度磨削，造成不必要的辊耗。本项目将实现智能化磨辊间，工作辊/中间辊自动电动吊具配合无人天车（或地面遥控天车）应用，减少轧辊吊运反复确认过程，提高效率；通过轧线的 MES 系统和磨辊间自主管理 MES 系统进行信息交互，利用传感器技术自动实现辊号识别；增加轴承座拆装机器人实现轴承座的自动拆解、装配工作；改造的 Loader 系统自动控制龙门吊吊运轧辊上磨床，并通过轧辊全自动磨削模型、全生命周期跟踪和探伤检测设备，自动控制磨削和优化磨削量，从而大幅度减少工作人员、提高工作效率、降低辊耗，实现轧辊智能化管控。

② 轧后库无人天车。

无人天车项目：无人天车项目覆盖硅钢一冷轧工厂 5 个钢卷库区，实现无人驾驶、无人指挥，具有规避障碍物、选择最优路径、防止作业干涉、防止吊具摇摆、钢卷识别等功能，与仓储运输系统配合，自动完成库内钢卷吊运作业。

自动规避障碍物：无人天车自动作业时自动识别障碍物，夹钳和吊物自动避让，保证作业安全。

自动选择最优路径：在保证作业安全前提下，采用双轴联动的方式以最短路径完成作业，达到缩短天车运行时间、提高作业效率、降低能耗的目的。

防止作业干涉：采用按作业指令先后与按作业优先级回避两种策略规避多部天车在同一作业区域作业时互相干涉的问题。

防摇摆技术：采用闭环控制电子防摇摆技术，控制大车升降速过程中的加速度，有效解决天车吊运钢卷时吊具摇摆问题。

钢卷防撞技术：在吊运钢卷作业过程中，通过在吊具上增加光电传感器，保证避免吊具对其造成损伤。

③ 冷轧自动仓储运输系统智能化升级。

在现有自动仓储运输系统基础上，采用射频识别、激光 3D 扫描、二维码等技术实现车辆识别、原料自主入库、投料和产出，通过不断的规则引擎算法优化，实现库区智能管理。

来料车辆识别：通过激光 3D 扫描技术，识别运卷车辆，自动开关门，依托无人天车自动完成钢卷装、卸车。

原料自主入库：采用二维码、射频识别技术，依托库区自主决策策略、无人天车自动组织原料入库。

产线自主投料和产出：通过自动化运输链集成，实时监控、跟踪产线入、出口步进梁信息，自动生成作业指令，指挥无人天车自动完成钢卷的投料、产出入库。

库区智能化管理：结合库存、垛位码放原则、物料属性、订单生产和发货及产线排程要求，考虑库内空间的充分利用，通过规则引擎完成智能库区决策。

基于车辆配载模型的配载发货策略：通过汽运、货运车辆配载与路径组合优化模型，对物流车辆配载模型进行参数仿真计算，实现智能钢卷配送。

④ 智能检测与诊断。

硅钢一冷轧工厂产量高，生产节奏快，轧制过程中的轧机、风机等关键装备状态目前缺少有效的监控手段，一旦出现故障将严重影响轧制的稳定性以及产品质量，并由此产生巨大的经济损失。因此需要对生产过程中的关键设备状态进行实时数据采集和分析，用以动态掌握关键设备运行状况，对异常情况进行分析以及定位故障点，并及时作出调整、采取相关措施，保持关键装备的功能精度稳定，保证快节奏、高质量的产品生产。

基于大数据的关键装备服役质量的预警与管控技术，是针对硅钢一冷轧工厂关键装备如酸轧轧机、大风机主电机的本体温度、轴承温度、轧机振动、运行工艺参数等状态数据的采集技术，支持基于工业物联网技术传感器的在线采集和基于移动作业和无线定位技术的离线采集方式。其通过研究基于时空数据的挖掘技术、基于故障知识库的故障诊断、设备状态数据的图形图表可视化，做到数据及时共享、分析、决策，逐步搭建一个基于云服务的集成统一的设备管控平台，实现设备基准管理、点检管理、工单管理、异常故障管理、装备停机管理、备件协同管理等功能，使硅钢一冷轧工厂设备信息分析利用更加快捷，管理水平更加高效，为新常态下工厂开展降本增效工作奠定坚实基础。

⑤ 智能节能。

高效利用能源在当前绿色生产和节能环保的大环境下显得十分重要。一冷轧工厂能源管理采用专家模式经验化管理，没有形成基于数据的智能化决策支持，能源管控过程中缺少针对工艺、生产流程以及工艺参数的优化；能源物流协同管控过程缺乏相关协同模型和能源可视化技术的支撑；能源管网系统缺乏安全防护；节能技术和节能设备的推广应用还有较大提升的空间。

针对以上存在的问题，硅钢一冷轧工厂将在提升能源智能管理水平、推进工艺节能、推广节能技术、装备节能设备应用等方面进行研究和攻关，在提升能源智能管理水平的同时实现能源利用率提高 10% 的目标。

⑥ 智能环保。

硅钢一冷轧工厂在环境监测方面针对重点项目已经建立了一系列的监测系统，基本实现了环境在线监测的功能，但也存在一些问题：已有的监测采集系统自动化程度不够，覆盖范围不足；污染物泄漏预警方面的建设有待完善；缺少一套有效的集成各类环境监测信息的在线应急指挥系统。

针对在环境监测方面存在的问题，可通过基于地理信息的环境在线自动监测、污染物泄漏智能分析与应急处理决策支持等关键技术的应用，实现自动检测监控危险源和有毒有害物质的排放，建立在线应急指挥联动体系。

针对建立安全预防控制体系的需求，参照行业标准进行功能设计和完善，搭建符合行业标准的企业安全预警预测系统，真正实现全面、综合和关键内容的预警预测，为硅钢一冷轧工厂安全生产管理提供辅助决策依据。

(4) 建设效果

经过 3 年的探索和实践，一冷轧智能工厂项目建成具有"状态感知、实时分析、自主决策、精准执行、绿色安全"特点的智能化工厂，产品研发周期缩短 30%，生产效率提高 20%，产品不良品率降低 20%，能源利用率提高 10%，工厂运营成本降低 20%。

9.7 制药行业

(1) 建设需求

近年来，上海制药公司不断加快信息化建设和智能制造实施，建立先进的中药数字化提取车间、药品生产在线检测系统及全过程质量追溯系统，集成 PLC、DCS、PAT、SCADA、MES、ERP 等系统，实现生产流程的可视化，并将智能制造和节能环保有机结合，铸就国药精品，促进高质量可持续发展。

(2) 建设方案

① 分布式控制系统（DCS）：实现中药生产过程自动控制。在中药提取生产过程中 2600 多个关键点处分别对液位、液量、流量、时间、pH 值、温度、压力以及设备、阀门的启动和关闭等进行自动控制，贯穿了从加水、升温、煎煮、浓缩、醇沉、溶剂回收，到精制、干燥等整个提取工艺生产过程。

② 生产制造执行系统（MES）：生产数字化助力药品全生命周期质量管理溯源。建立了以批次为核心的生产过程跟踪与追溯的、统一高效的、多维异构数据管理平台，促进生产精细化和合规性管理，实施完整统一的物料与产品代码体系和电子批次记录管理，实现产品全生命周期的质量管理与溯源，降低生产成本，稳定产品质量。

③ 近红外在线检测系统（NIR）：实时监控药品质量及时指导工艺操作。采用大数据分析和数学建模技术，通过现场检测和在线检测，实现药品生产关键过程实时无损定性定量控制。检测时间较传统离线分析大幅度缩短，可以提前预知质量情况，以便指导工艺操作、减少偏差和质量风险。

④ 全过程质量追溯系统：全流程追溯确保药品质量安全。从药材种子、种苗、种植（养殖）、采收加工、储藏、运输、饮片加工到中成药生产、质量检验、销售全过程实现质量监管，建立药品溯源系统电子档案，还可以对流通在市场上的药品进行跟踪追溯，可以索证索票、实时进货检查验收、建立购销电子台账和缺陷药品召回，对药品实现有效生产、销售、使用以及防伪防窜货。企业通过药品溯源系统，实现了渠道管控和人、货、仓库的统一管理。

⑤ 集团化 ERP 系统：实现数字化管理，打通信息孤岛，提高管理效率。公司利用集团化 ERP 系统，将生产制造管理模块与财务以及仓储、供应链、销售、人力资源信息流进行整合处理分析，结合公司产品质量追溯系统，对公司以及子公司等的生产经营进行统一管理，为公司决策规划提供准确服务。

(3) 建设效果

该制药公司加快信息化建设和智能制造实施，全面集成 DCS、SCADA、MES、ERP 等系统，提高了工作效率，降低了企业运营成本。

在生产质量和经营方面，项目的实施实现了公司信息系统集成，消除了"信息孤岛"，实现企业信息的共享和企业制造流程的贯通，提高了生产效率；建立了中药注射剂生产过程质量控制体系，实现了生产全过程的质量安全管理；建立了中药全产业链质量追溯平台，实现了中药生产全产业链质量管控与追溯；建立了基于大数据分析和人工智能的中药制药数据挖掘与智能调节系统，实现了中药制药过程的反馈优化控制，进一步提高了产品质量。

在绿色生产方面，项目实施的过程中，公司除了在产品生产系统的智能化管理方面进行投入，同时在安全环保方面也进行了自动化升级改造。在废水治理方面，增加废水处理设施的自动化程度，增加自动在线检测系统；对工业废水和生活废水进行分开处理，实时监控废水的处理量、处理数据以及排放量，并且和当地环保部门实时联网，随时可以检测公司废水排放指标的数值情况；增加对车间废气排放的管理，针对不同岗位废气产生的气体性质和成分采用不同的处理方法，同时加装在线连续监测系统，对废气排放连续监测并将监测数据与当地环保部门联网，保证废气达标排放，降低环境污染，实现清洁绿色生产。

在安全消防方面，实施安全监测系统的联网并网，对安全设施进行网络化、智能化改造，实现生产环境检测数据以及报警实时监管；设备设施运行数据与安全生产条件互锁，及时发现处理安全异常情况，保证安全生产，实现安全生产本质化的提升，为公司经营发展创造条件。

智能化项目的实施极大提升了公司生产经营运作的效率，促进公司走上现代中药智能发展的快车道。将大数据、人工智能、物联网以及精密的在线物理和化学检测技术用于制药的生产流程和质量管理，逐步实现生产无人化，为公司今后高质量发展打下良好的基础，也将示范性推动制药行业进入智能化生产的新时代。

9.8 食品行业

（1）建设需求
食品行业面临成本攀升、一体化协同效率低、市场两极化竞争激烈等问题，面对时代发展与企业自身转型升级需求，某乳品公司将"双智"纳入公司发展战略，启动"智慧供应链＋智能制造"建设，并获得工信部智能制造示范项目支持。

2016年，该公司启动了涉及8大业务域、全国56个工厂、88种角色的调研分析，最终明确了智能工厂建设目标、蓝图、业务架构与达成路径。启动智能工厂建设，旨在形成模板、凝练模式、打造样板间。通过IT与OT的融合，依托数采、大数据、知识图谱等技术，实现管理业务横向互联，制造业务纵向集成，数据信息上下互通，使生产过程全面数字化、透明化，指导未来数字化工厂的推广与复制，为企业管理由"事后"变为"实时"赋能。

（2）建设目标

在现有局部自动化和智能化的基础上，打破信息孤岛，实现管理业务横向互联，制造业务纵向集成，数据信息上下互通，通过建设现代化乳制品智能工厂（先试点、后推广），实现生产过程透明化、质量管控数字化、成本控制精细化管理，打造乳品行业智能制造新模式工厂，进而推动行业的整体建设。

具体目标包括：

① 质量管控智能化：质量控制自动化、管理数字化、一键式质量追溯。

② 生产管控智能化：生产数据自动采集、实时监控，有效挖掘改进点。

③ 智能安全云平台：形成软硬件一体化的安全管理模式。

④ 生产效率提升、成本降低、不良品率降低。

（3）建设方案

① 项目总体架构和主要内容。

a. 数字化工厂蓝图。以数字化工厂为核心、大数据与互联互通为基础，将订单需求与物料供应、生产制造、仓储物流、市场分销有机整合，形成供应链管理数据生态圈，实现有效食品安全治理。采用先进的物联网、大数据、人工智能等技术，对生产执行做到状态感知、实时分析、自动决策、精准执行，让生产更高效、质量更安全、过程更可靠、成本更精准、管理更便捷，从而实现透明化生产、数据化管理、一键化追溯的数字化工厂。智能制造蓝图如图9-16所示。

b. 依托的工业互联网平台。乳品智能工厂基于工业互联网平台 I.Smart，其四层架构如图9-17所示。

I.Smart 既符合工业互联网平台标准，又凸显了智通云联特色。特别是在PaaS层，是三域三中心的架构，除了通用的应用开发域和运营管理域，在技术组件域中知识图谱、大数据等智能技术作为核心能力形成了三大中心，即数据中心，知识中心和业务中心，其确保了业务的数据化、数据的知识化、知识的业务化。三大中心的联动运转形成的知识图谱作为行业大脑的核心，支撑了企业全业务链（研产供销服）的数字化，并支撑业务运行的决策支持服务。

② 网络、平台或安全互联架构。

数字化工厂解决方案总体分为四个层面：一是建立智能工厂数据标准体系与运营体系；二是设备数采，优化设备数据采集，结合自动化设备改造，实现设备数采标准化、平台化；三是打造数据中台与工厂大脑，充分融合设备数采数据，生产过程数据，外部信息系统数据，打破信息孤岛，构建乳品行业知识图谱；四是实现工厂智能辅助决策，利用大数据分析技术，支撑生产效率提升，设备综合产能分析和工厂关键绩效指标分析等。智能工厂平台架构如图9-18所示。

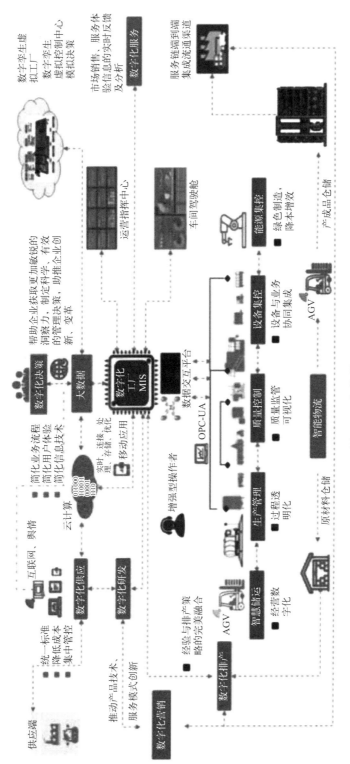

图 9-16　智能制造蓝图

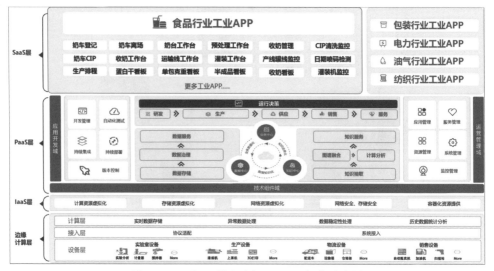

图 9-17 工业互联网平台 I.Smart 架构示意图

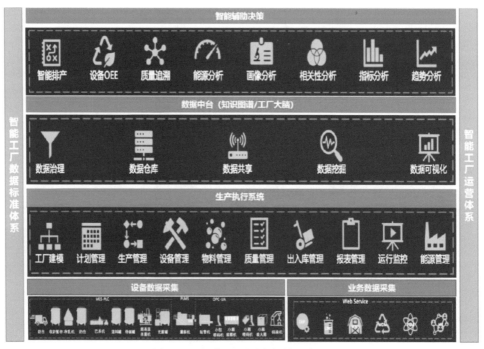

图 9-18 智能工厂平台架构示意图

a. 互通互联。通过对设备数据的实时采集和系统集成,打通各个生产相关系统,实现数据链条贯通、质量管控数据化,如图 9-19 所示,对乳品行业标准加工设备联通率可达 100%,实现数据采集率在 95% 以上。例如,通过 MES 系统与 LIMS 系统以及工厂地磅与设备的对接，实现了奶车从进厂到出厂的全过程管理。

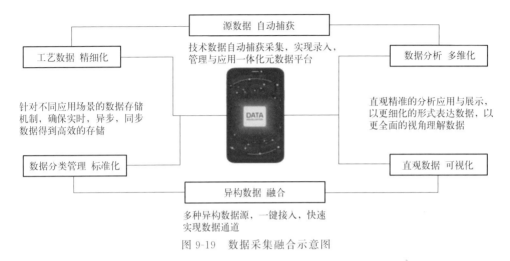

图 9-19　数据采集融合示意图

b. 生产过程可视化与管理精益化。实现生产指标动态可视化监控，通过获取生产实时信息及制约信息，提升生产效率，为降本增效提供有效支撑；生产订单、原辅料耗用、质检等信息的动态收集与应用，辅助生产业务协同效率提升、挖掘生产过程改善点。

c. 全产业链协同与质量追溯。通过对全产业链管理实现原辅料验收、生产过程管理、成品储运的信息标识和全程网状信息追溯。例如，对生奶、原辅料、转序样品、成品等检验结果进行自动化采集，并将检验信息数字化、标准化，满足追溯管理需求。系统可以将追溯时间从一次 2h 缩短到 10s。

乳品质量信息收集与追溯示意图如图 9-20 所示。

③ 具体应用场景和应用模式。

基于数字化工厂架构，在数据驱动的生产执行、监控、管理与辅助决策方面，形成了 250 个工业 APP 集，如图 9-21 所示。

在生产运营、经营管理和企业决策等不同层面的具体应用场景以及对应的功能如图 9-22 所示。

a. 主要场景和功能。

在生产执行单位管理场景中，具备原辅料管理、计划排产、生产执行与监控、生产防错管理以及生产统计分析等功能。

在质量管理场景中，具备质量控制、监控、追溯、统计分析等功能。

在设备管理场景中，具备设备台账、设备监控、设备维护、备品备件管理等功能。

在库存管理场景中，具备物料识别、出入库管理、库存管理等功能。

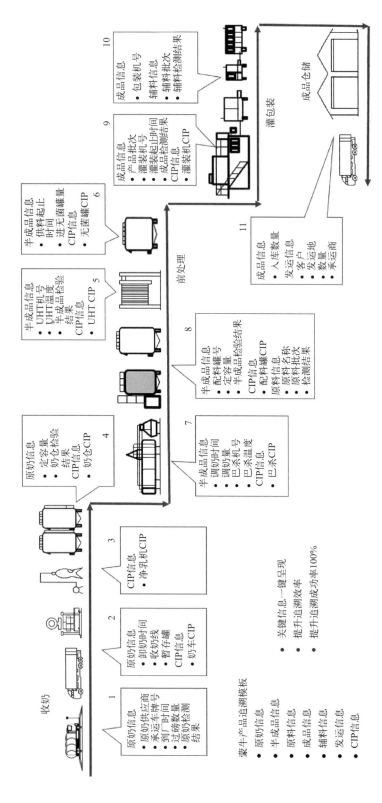

图 9-20 乳品质量信息收集与追溯示意图

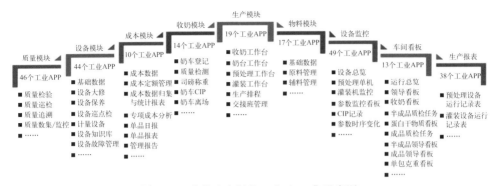

图 9-21　乳品生产赋能工业 APP 集示意图

b. 业务优化。

收奶：收奶过程自动化，有效帮助控制奶车在厂时间，控制原奶质量，提升收奶效率。

预处理：预处理工段实时监控各品相蛋白和干物质平均含量，有效控制原奶成本。

防错：防错系统实时报警，避免投料、配料、喷码等错误出现，避免质量事故、产生早产奶。

质量监控检测：通过对质量检测数据的集成，减轻操作工的查询工作量，实时监控半成品/成品检验结果，及时发现问题，并实现灌装机即时停机，避免质量损失和质量事故的发生。

设备维护：智能化生成保养/点检/大修任务，实时监控任务的执行情况，有效降低设备故障率。

管理决策：通过对奶仓、半成品、暂存罐、订单完成情况、质检时间等数据的分析，实时体现物料消耗情况、订单完工率、质检的综合时间。综合分析工厂生产总体情况，及时发现生产改进点，实现生产过程透明化。

（4）建设效果

基于大数据智能、融合知识与机器学习的交互优化技术、知识图谱等新一代人工智能技术开发的"基于工业图谱的工业互联网平台"，解决了乳品行业业务过程中产生和需要的多源、多维、异构、海量数据采集与融合的技术问题，实现从采购、生产到销售的过程一体化集成，贯通了供应链、生产过程、营销、财务等全流程的数据和应用集成，从原奶收料到前处理，从灌包装到成品仓储，再到每一箱/盒乳品的追溯，让食品安全和生产效率这两个最重要的目标得到了根本性的保证。推广应用实现了企业的计划优化、成本降低、业务协同、质量保证与效率提升，仅单包克重一项，每厂每年节约费用 200 多万元。数字化工厂应用效益见图 9-23。

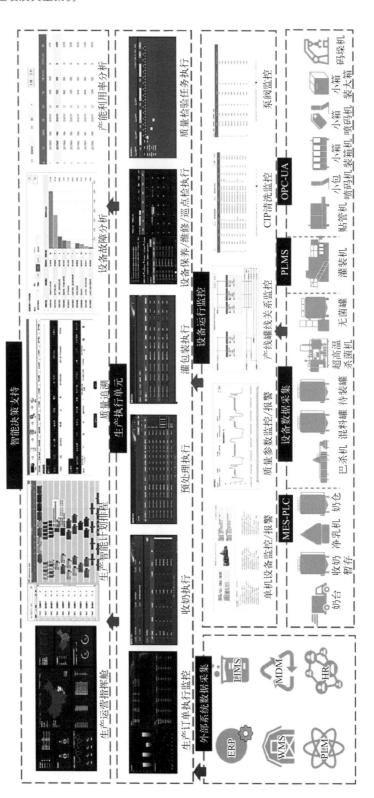

图 9-22 应用场景示意图

| 单包克重预计节约费用
≈205.96万元 | 收奶超时率
↓ 1.95%/9% | 喷码防错剔除准确率
99.99% | 产能提升
↑ ≈3% |
| 保养任务如期达成率
↑ 13.54% | 设备大修效率
↑ 28.57% | 报表电子化率
48.7% | 质量追溯时间
2h ↓ 5mins |

图 9-23 数字化工厂应用效益

9.9 水泥行业

（1）建设需求

纵观全球不难发现，制造业中走在智能化前列的大多是电子、汽车、通信等相对新兴的行业，以水泥为代表的传统重工业似乎与"智能化"相隔甚远。事实上，打造传统工业的"智能世界"，虽是全球水泥人内心深处的至高梦想，但因为缺少成功案例，的确显得有些遥不可及。

泰安中联的智能化生产线横空出世，大大缩短了传统工业与新兴工业在智能化研发与应用方面的距离。其生产过程中基本实现了生产管理信息化、生产控制自动化、生产现场无人化、生产过程可视化等功能，不仅在水泥领域中极为罕见，在整个制造业的智能化发展方面，也处于领先地位。该示范线是我国水泥行业首条世界级低能耗新型干法水泥全智能生产线，堪称世界水泥的"梦工厂"。其电耗、热耗、自动控制、缩短水泥制造流程、劳动生产率等技术经济指标均达到了世界领先水平。其特有的矿山开采智能化、原料处理无菌化、生产管理信息化、过程控制自动化、耐火材料无铬化、物料粉磨无球化、生产现场无人化、生产过程可视化等亮点，使这条生产线自诞生就成为水泥行业两化融合的典范。

水泥行业开展智能工厂建设的重要意义在于：

——是水泥工业由大变强的必由之路，是水泥企业在新常态下必走之路。智能制造将给水泥企业带来两大提升（生产效率的大幅度提升、资源综合利用率的大幅度提升）、三大降低（产品研制周期大幅度缩短、运营成本大幅度下降、产品不良品率大幅下降）。

——是建设资源节约型、环境友好型企业和社会的需要。智能精准的生产工艺控制，使水泥行业多年苦苦追求的"零排放"目标近在眼前。智能水泥工厂厂区内的排放浓度远低于周边的排放浓度。

——是工业现代化的重要标志，是推动智慧城市、智慧国家建设的基础。智能制造的关键词在于"智",即给机械装上大脑。智能制造不仅是要机械听从人的指令,更通过人类赋予它的"大脑"代替人类操控生产,甚至运用其强大的计算和分析能力给予管理者意见和帮助。

(2)建设目标

逐步建立基于自适应控制、模糊控制、专家控制等先进技术的智能水泥生产线,实现原料配备、窑炉控制和熟料粉磨的全系统智能优化,并在工业窑炉、投料装车等危险、重复作业环节应用机器人智能操作。开展具有采购、生产、仓储、销售、运输、质量管理、能源管理和财务管理等功能的商业智能系统应用,实现两大提升(生产效率的大幅度提升、资源综合利用率的大幅度提升)、三大降低(产品研制周期大幅度缩短、运营成本大幅度下降、产品不良品率大幅下降)。

(3)建设方案

按照系统规划,在统一管理的基础上进行水泥智能工厂的总体系统架构设计,分为硬件架构和软件架构两个部分。

① 系统硬件架构。

目前,常规信息化建设采用的统一数据库结构,这种结构容易造成通信数据量大、重复数据多、处理速度慢及风险集中问题,数据库或者通信一旦出现问题,将直接影响企业的日常管理操作,隐患太大。对此,针对性地提出分散增强型数据库结构,如图 9-24 所示。

整体网络按分层结构进行设计,网络采用三层架构设计:分厂、总部、集团。不同的网络层级完成不同类型的数据汇总,并以此为基础实现不同层级的功能应用。

分厂网络结构按数据来源及数据流转应用类型划分为三层:生产控制层、数据接入层、数据汇总应用层。生产控制层主要包括中控 DCS/PLC 等自控系统以及部分在线监测仪器;数据接入层以数采网关机为核心设备,实现对自控系统及在线监测仪器仪表数据的采集,并实现数据从自控层向数据汇总层的单向传输,确保生产控制系统的安全运行;数据汇总应用层完成对生产控制系统、在线监测系统、无线巡检仪、ERP、化验室数据等内容的汇总、存储以及各种分析应用。

分厂内骨干选用千兆以太网,需要通过链路聚合来实现骨干网络的冗余,同时通过 802.1Q 实现全网的虚拟网络划分,保证生产监控数据、视频监控数据、ERP 数据分开传输,通过骨干三层交换机实现全网的集中式路由。

分厂各主要硬件功能应用介绍如下。

分厂数据库服务器:部署分厂实时数据库及软件平台,采集生产过程控制系统的数据及化验室、物流等系统数据,实现对生产所涉及的所有数据的汇总存储。

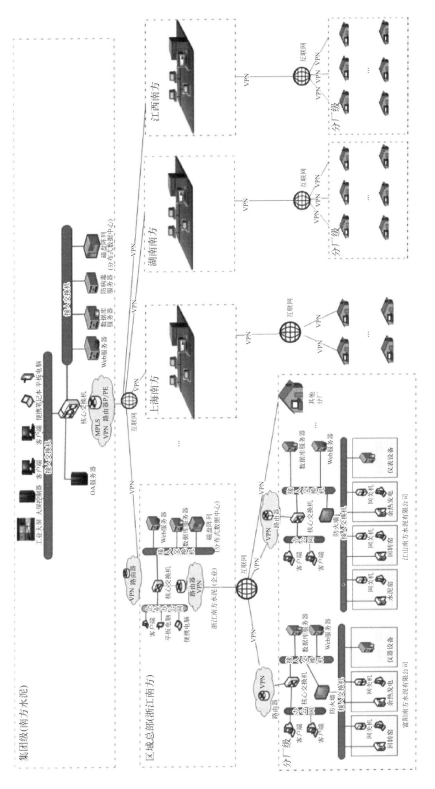

图 9-24　系统硬件架构图

分厂应用服务器：负责完成生产管控系统的 WEB 发布及功能应用。客户端通过浏览器的方式对系统进行访问，包括了解实时生产数据、生成各种报表及系统的其他功能，视分厂具体情况可与数据服务器共用一台设备。

数采网关机：分厂控制系统通过三层交换机汇总后通过数采网关机向分厂数据库服务器实现数据传送，完成企业生产实时数据采集。网关机采用双网卡设计，数据单向传输实现企业控制系统与企业内部管理网之间的物理隔离，确保生产控制系统安全。

手机移动客户端应用服务器：部署移动客户端应用服务支持程序，实现在手机、IPAD 等智能移动终端对整套系统内容的浏览，不受移动客户端操作系统、品牌的限制。

"短信猫"：实现对重要参数、数据的短信提醒传送。

客户端：通过浏览器的方式访问本系统。客户端包括局域网内的客户端，还包括能与 WEB 服务器连接的其他客户端，它们都可以以统一的方式访问 MES 系统，实时了解生产情况。

② 系统软件架构。

系统软件进行分层设计，分为集团、区域、成员企业三个层级，如图 9-25 所示。

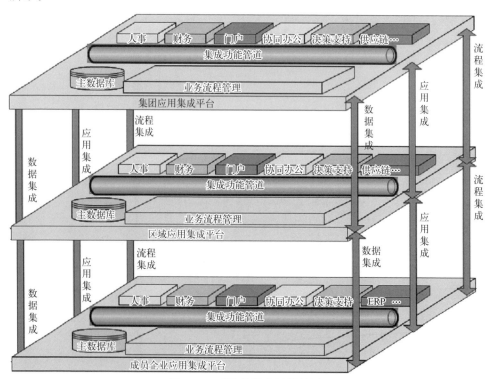

图 9-25　系统软件分层设计图

这种结构的数据系统，具备如下特点：

——横向数据集中：整个数据库系统分为三级，对应南方水泥的三级管理架构。每一层数据库包括该层管理机构的全部管理职能，实现横向管理数据统一，在该层级实现专业管理数据统一，符合水泥管理专业集中度高的要求。可以不依赖外部网络和数据，独立管理操作。任何一级数据库出现问题，只影响本企业、本层级业务，影响范围小、安全性极大增强

——纵向数据交换量少：每一层级数据都经过集中的处理，处理后的标准化数据通过网络进行纵向交换。由于主要管理职能在该层数据库已经完成，无须像传统的统一数据库模式那样，进行所有数据的传递，大大减少数据通信量。通信量少、速度快，采用定期传输模式，不易出现网络拥堵现象

——系统安全性大大提高：每一个层级由于数据的集成度高，可以实现该层级的所有管理功能，所有任一层级的系统可以在不依赖外部网络和数据的前提下，独立管理操作。任何一级数据库出现问题，或者网络出现问题，只影响本企业、本层级业务，对其他企业和层级不产生影响，影响范围小、安全性极大增强。

（4）技术路线

针对企业采购、生产、销售、财务等专业上的管理要求，进行软件应用功能的整体设计，其技术路线图及详细内容如图9-26所示。

如图9-26所示的技术路线图，本次建设的主要内容可以归纳为以下几点。

① 水泥企业/区域公司信息化和智能化系统顶层架构设计。基于试点企业及区域公司的现状，构建全新的信息化管理和智能化运行系统架构。在企业级方面，使该架构满足企业"产供销"一体化需求，集厂级信息化管理和智能化控制于一体，实现通过管理促进控制、通过控制执行管理的目的；在区域公司方面，建立自有的基于各成员公司采购、生产、仓储、销售等功能的商业智能系统应用，实现销售与采购的智能化管理，并基于生产大数据，实现对子公司生产状况的智能评估与管理。

② 试点企业生产信息化管理系统建设。开发基于生料制备与均化、熟料煅烧与储存、水泥制备等全流程的生产信息化管理系统，使该系统实现生产信息的可视化、生产报表的电子化、能耗状况监测与异常分析、设备运维闭环管理、质量工作全电子化替代等。

（5）建设效果

水泥行业的发展与国家整体经济形势息息相关，水泥企业目前更是与大部分工业实体企业一样，面临如何在困难的经济形势下存活下去的问题。而水泥产品低附加值、短运输距离的特性，导致任何水泥企业都无法形成行业垄断，任何水泥企业包括南方水泥，都将面临异常残酷的市场竞争。

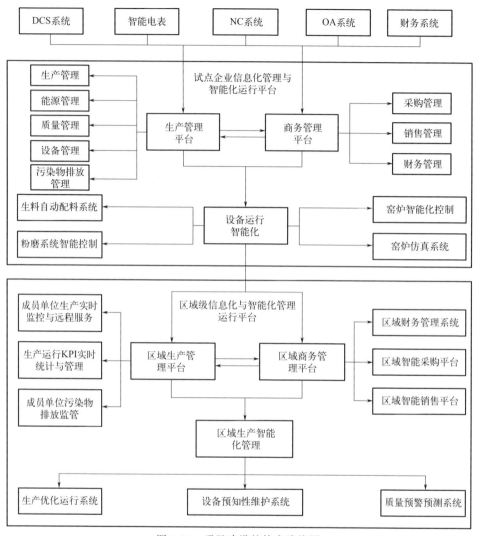

图 9-26 项目建设的技术路线图

　　智能化作为管理上的一次巨大变革，将如同 21 世纪初水泥行业工艺、设备的变革一样，带来行业新的发展机遇，是行业发展的大势所趋。南方水泥智能工厂建设已经完成了顶层设计，现正按计划在逐步推进中，虽然还将面临技术研发团队不足、功能模块建设不均衡等困难，但是只要我们具有有问题解决问题、有困难解决困难的决心，相信经过 3～5 年的努力，水泥行业一定能够实现设备管得住、过程控得住、数据说得清、问题看得见、成本省得下的智能工厂目标，最终实现公司智能经营、智能决策，完成公司转型升级、提质增效的目的，赢得自身发展的广阔未来。

9.10　橡胶行业

(1) 建设需求

当前全球轮胎行业增速已明显放缓，国内半钢胎市场潜力巨大，未来轮胎企业需要加强智能工厂的建设适应市场的变化。国内大部分企业已经通过上线客户关系系统（CRM）、采购供应链系统（SRM）、研发管理系统（RDM）、企业管理解决方案系统（ERP）、流程审批系统（EIP）和制造执行系统（MES）提升企业的生产力。同时，部分轮胎企业建立了以技术体系为中心的智能轮胎工厂。

(2) 建设目标

轮胎行业 PLM 系统项目是智能工厂中的一个重要组成部分。通过 PLM 系统与 SRM 系统、CRM 系统、CATIA 系统、ERP 系统、MES 系统的集成，实现对物料 BOM 等数据定义的一致性和处理同步性，从而实现信息系统的一体化集成。轮胎行业智能工厂系统架构和功能模块规划如图 9-27 所示。

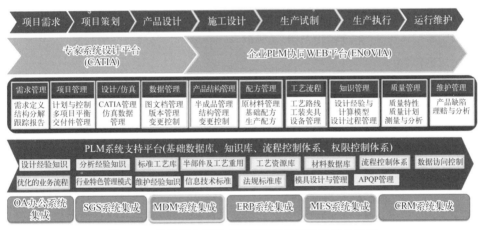

图 9-27　轮胎行业智能工厂系统架构和功能模块规划

(3) 建设方案

贯穿全工艺流程的一体化智能管控信息系统开发与集成，即建设生产过程数据采集与分析系统、智能物流管控系统、数字化工艺系统、供应链计划系统（SCP）、制造执行系统（MES）以及企业资源计划系统（ERP）等信息系统，搭建安全可控的互联互通网络架构，集成生产过程数据采集与分析系统、MES、PLM 以及 ERP 等信息系统，使设计、工艺、制造、检测以及物流等全生命周期的信息互联互通，智能化辅助决策，按照系统的逻辑智能生成产品结构，如图 9-28 所示。

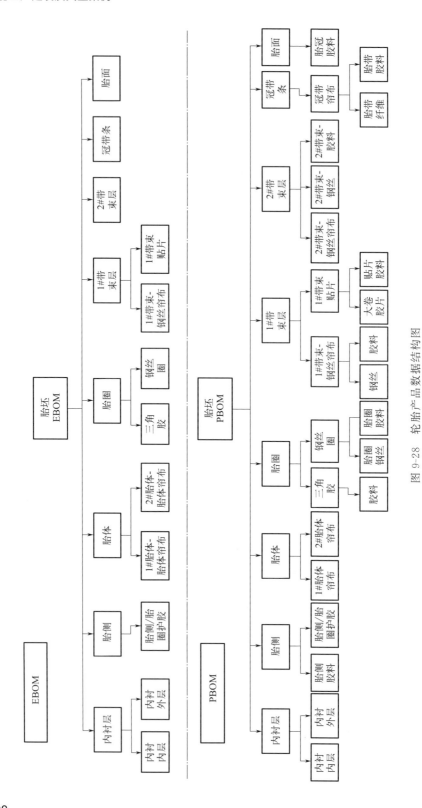

图 9-28　轮胎产品数据结构图

① 智能轮胎工厂硬件架构。轮胎行业硬件架构如图 9-29 所示。应用服务器存放应用程序及智能研发平台信息，数据库服务器存放加密业务数据，用户上传的文件在中央存储服务器上分割存储，远程文件服务器是中央存储文件在远程站点的缓存，系统认证通过授权服务器完成。

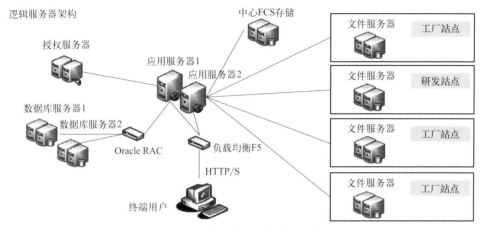

图 9-29　智能轮胎工厂系统硬件架构

② 数字化产品应用方案。通过 ENVOIA 系统搭建数字化轮胎 BOM，并将系统数据发放到智能工厂，如图 9-30 所示。工厂根据轮胎制造的工艺流程，结合智能制造模式智能化分析收到的产品数据，分别传送到工业机器人、智能检测系统、智能物流系统以及智能生产系统，实现数字化产品的智能生产。

编码	数量	名称	SAP代码	使用 UOM	类型	查找编号	估计	组件位置	米重KG/M	修订版	策略	发布	状态	裁断角度	宽度MM	使用U
310101A		1...	80317677		胎坯		0...			2	工程	生产	已发布			重量
B346	2.986	1...	80354214	M	半成品	1	7...	1#带束层	0.671	1	工程	生产	已发布	38	170	长度
B348	2.998	2...	80354217	M	半成品	2	1...	2#带束层	1.061	2	工程	生产	已发布	70	192	长度
B349	3.01	3...	80354213	M	半成品	3	9...	3#带束层	0.804	1	工程	生产	已发布	70	164	长度
B345	3.022	4...	80354215	M	半成品	4	4...	4#带束层	0.3141	1	工程	生产	已发布	70	90	长度
C347	1.89	L...	80354015	M	半成品	5	4...	三复合	2.056	1	工程	生产	已发布		295	长度
C348	1.89	L...	80354496	M	半成品	6	4...		2.056	1	工程	生产	已发布		295	长度
H346	2.0	1...	80354001	GE	半成品	7	4...			1	工程	生产	已发布			比例
12IL	1.80	复合l	80353996	M	半成品	8	5...		3.7517	1	工程	生产	已发布		600	长度
G346	1.72	S...	80354045	M	半成品	9	5...	1#钢丝...	0.398	1	工程	生产	已发布	62.5	95	长度
P014	1.73	S...	80354056	M	半成品	10	4...	胎体帘布	3.51	1	工程	生产	已发布		720	长度
G345	1.72	S...	80353986	M	半成品	11	5...	2#钢丝...	0.398	1	工程	生产	已发布	62.5	95	长度
D345	2.0	L...	80354029	GE	半成品	12	3...	胎肩垫胶		1	工程	生产	已发布		90	比例
M346	1.0	L...	80360383	GE	半成品	13	0...	胎面		2	工程	生产	已发布			比例

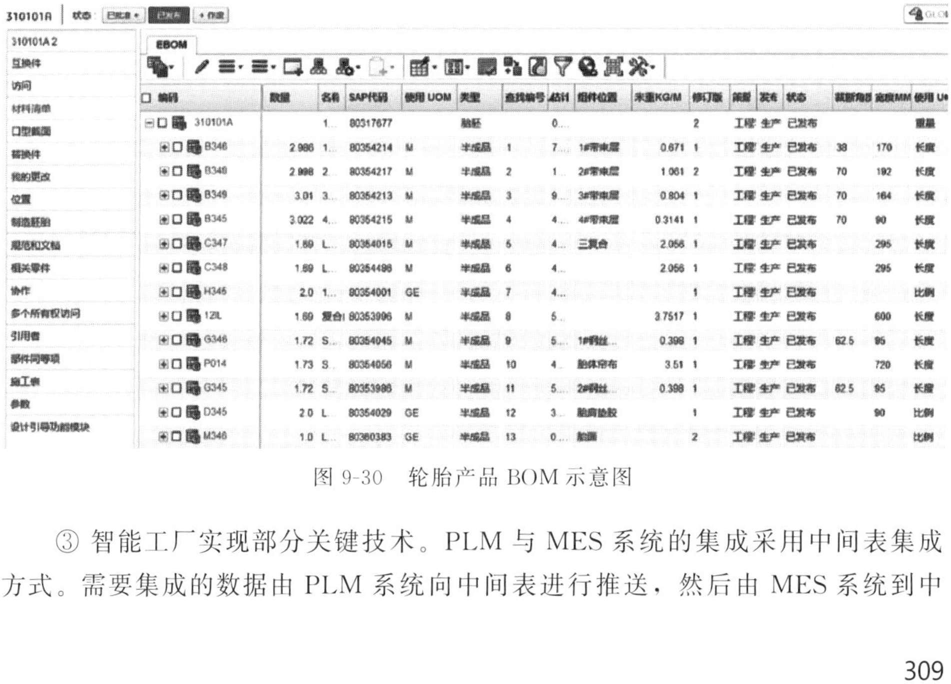

图 9-30　轮胎产品 BOM 示意图

③ 智能工厂实现部分关键技术。PLM 与 MES 系统的集成采用中间表集成方式。需要集成的数据由 PLM 系统向中间表进行推送，然后由 MES 系统到中

间表中读取，如图 9-31 所示。PLM 系统与 MES 系统并不直接进行进程或线程间通信。

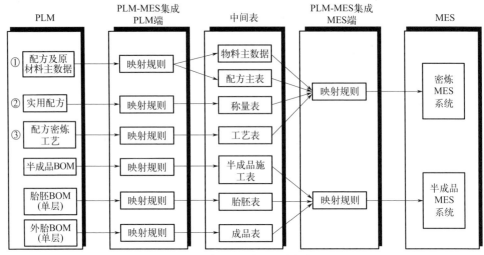

图 9-31　智能轮胎工厂关键数据

（4）建设效果

轮胎企业智能工厂建设是长期持续改进的过程，信息化系统的实施只是智能工厂建设的起点。智能制造是一种高度自动化、高度信息化、高度网络化的生产模式。这种生产模式将企业需求与外部智能工厂链接，使得工厂内的人、机、料三者相互协作、相互组织、协同工作，最终实现智能研发系统自助决策完成胎胚设计和智能设备自动完成轮胎的生产过程。

第**10**章

离散型智能工厂案例

在国内外均有一批智能工厂建设较突出的样板工厂。麦肯锡 2020 年发布的白皮书《全球"灯塔工厂"网络：来自第四次工业革命前沿的最新洞见》中文版指出，"灯塔工厂"是指先进制造业的领军企业，中国不仅是拥有"灯塔工厂"最多的国家，同时也是端到端"灯塔工厂"数量最多的国家。截至 2020 年，世界经济论坛的全球"灯塔工厂"网络已拥有 44 位成员，12 家位于中国，其中离散行业有 10 家。

10.1 航天行业

10.1.1 运载火箭筒体壳段数字化装配生产线

（1）建设需求

运载火箭筒体壳段均为半硬壳筒段结构形式，主要由桁梁类零件、中间框、上下端框、蒙皮等零件组成。其构型复杂，可靠性要求高，生产过程中涉及的工艺、人员、物料、工装、设备多样，且任务需求多变，一般采用混流排程、多品种小批量作业的生产模式。

高密度发射任务的形势下，传统的生产模式已经不能适用运载火箭筒体壳段的制造需求，急需进一步革新运载火箭制造技术，转变制造模式，以提高生产效率、保证产品制造精度。

（2）建设目标

以生产现场的生产制造、物流转运、出入库活动为核心，以精益生产思想为指导，以集成化的数字化信息平台为载体，整合工艺设计与管理、生产计划与调度、质量检测与控制、工装物料信息管理等多种平台，形成集生产任务接收与分解、协同工艺设计、动态排产、质量控制为一体的协同工作环境。

（3）建设方案

该生产线的框架结构由单元层、交互层、功能层和集成层构成，如图10-1所示。其中，单元层是制造活动的执行机构，通过交互层接收制造任务并反馈设备与产品实时状态；交互层承担上下层之间的信息交互；功能层向生产线参与人员提供生产线管理的各种功能，并下达具体指令；集成层是数字化生产线的纽带，通过集成各种管理系统进行数据处理并向功能层提供数据界面。

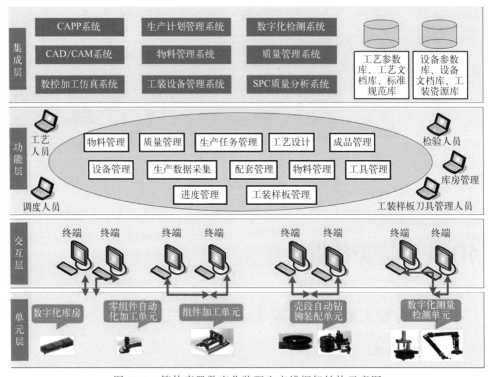

图 10-1　筒体壳段数字化装配生产线框架结构示意图

——单元层。单元层作为执行制造活动的主体结构，包含了一系列面向制造系统底层的制造资源，如机床、刀具、量具和材料等。本书中将单元层划分为包含数字化仓储物流单元、零组件加工单元、组件装配单元、壳段自动化钻铆装配单元、数字化测量检测单元等按工艺相似性整合的虚拟逻辑实体。通过底层制造资源单元化的组织模式，整合人工资源和制造资源，并通过制造执行系统进行统一调配和管理。

——交互层。交互层基于部署在车间各个制造单元的电子屏、PC机、数字化测量检测工具等信息化终端，将车间制造执行系统的功能延伸至车间生产现场。一方面，检验人员、操作工人能够通过信息交互终端及时接收和查看调度管理和工艺管理人员下发的加工任务单、工艺技术文档等信息；另一方面，通过信息交互终端，制造活动执行者还能够及时采集生产现场每个工位的生产进度、产品质量、设备状态等信息，并及时向上层计划管理部门反馈，检验人员能够实时关注产品加工状态，通过数字化测量、检查设备接口将产品性能数据上传集成平台，进行质量控制与管理。

——功能层。功能层涵盖了数字化柔性装配生产线各系统涉及的所有功能。工艺人员、调度人员、库房管理、检验、工装样板管理等分管人员通过相应权限登录生产线集成平台，进行工艺设计、生产进度管理、物料管理、工装样板管理等活动。通过交互层反馈的现场信息和质量数据，能够及时有效地对生产过程和产品质量进行控制。

——集成层。集成层是管理壳段产品柔性生产线制造活动和数据资源集成平台，包含系统集成和数据库系统集成两大部分。为了实现工艺、制造、质量各个流程的协同作业，集成层应包含工艺设计系统、CAD/CAM 系统、数控仿真系统等为制造前的工艺准备提供支持，包含生产计划系统、制造执行系统、工装设备管理系统等进行制造活动的管理，包含数字化检测系统、质量管理系统等实现工序级和产品级的质量检验、不合格品审理功能。制造资源数据库为系统平台提供数据支持，包含工艺参数库、设备参数库、工艺文档库、设备文档库、标准规范库等，通过数据接口和其他系统集成，实现知识的共享、重用。

（4）建设效果

该生产线涵盖了 3 个型号，9 种产品，共 12 种构型的助推器筒体壳段。改变生产模式后，年产能提高 70%，铆接质量 100% 符合 QJ 782A—2005 铆接通用技术条件要求，壳体装配后各项形位公差全部优于设计指标要求。通过建设，全面提高物料及信息管理自动化水平、运载火箭壳段生产效率和产品质量，满足批产按需交付与研制快速响应需求。此外，新的工艺布局有效减少了厂房占用面积，改善了装配环境，可持续发展性良好。

10.1.2　基于 MBD 的小卫星数字化设计方案

（1）建设目标

国内航天器的设计制造正在经历着从"三维设计、二维出图"阶段到"全三维数字化设计"阶段的转变。现阶段，小卫星设计制造重点解决卫星总体协同设计和三维下厂问题。本项目建设目标是，形成一套全三维数字化设计制造方法，打通了从总体集成设计到最终总装产品的数据流，实现了小卫星设计制造过程的无纸化。

（2）建设方案

小卫星全三维数字化设计制造实现流程如图 10-2 所示。

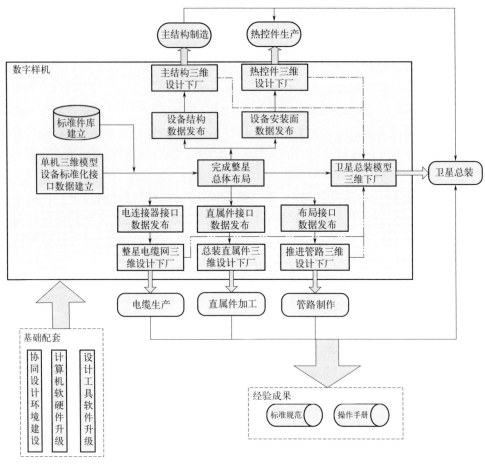

图 10-2　小卫星全三维数字化设计制造实现流程图

具体实现过程如下：

——接口数据建立。建立标准的设备及标准件三维模型，定义统一的设备接口参数。

——总体布局。突破传统二维纸质数据的传递方式，基于同一个设计环境，建立顶层总体布局，采用自顶向下的设计模式，发布各个部分三维下厂所需的接口数据信息。

——主结构三维设计下厂。利用顶层发布的设备接口数据，对主结构零部件进行详细设计，基于同一个数据平台，完成三维下厂模型标注、三维零件工艺审查、三维零部件受控发布、传递，由制造厂完成相应零部件生产制造。

——热控件三维设计下厂。利用顶层发布的设备热控接口数据，对整星热控件进行详细设计，并完成相应热控零部件的三维下厂。

——整星电缆网三维设计下厂。通过发布的电连接器接口、位置和节点数据，进行整星电缆网的详细设计，生成电缆分支长度，进行电缆网生产。

——总装直属件三维设计下厂。根据顶层发布的直属件接口数据和位置关系，进行总装直属件的详细设计，通过全三维下厂，完成相应零部件的生产。

——推进管路三维设计下厂。根据顶层发布的管路布局数据，进行管路详细设计，完成管路组件工艺审查，由制造厂通过数控弯管机完成管路自动弯管预制，最终完成管路焊装。

——总装数字样机形成。更新总体模型，形成并发布完整的型号数字样机，生成产品 BOM，通过总装现场三维看板和工艺，完成卫星总装。

（3）建设难点

小卫星数字化设计方案的难点及问题如下：

——协同设计环境。传统"三维设计、二维出图"的设计制造模式中，设计与设计、设计与制造数据不关联，通过层层二维图纸或文件的形式传递到下一级，造成数据重复录入、设计更改工作量大、效率低。在全三维数字化协同设计过程中，各个专业、各个部门、各个协作单位之间所用的 CAX 软件、PDM 系统相互孤立，而全三维数字化设计的关键是统一数据源，必须集成研制过程中所涉及的 CAX 软件和 PDM 系统，打通数据软、硬件传递路径。在小卫星的全三维数字化设计制造过程中，分析明确接口数据参数，制订标准参数集，开发与三维设计软件集成的接口、数据系统，实现数据源的统一，通过 PDM 平台进行模型的管理和受控传递，实现设计环境的统一。

——总体布局与协同设计。建立顶层总体布局，采用自顶向下的设计模式，进行协同设计，极大地提高了设计效率和正确率。卫星工程需要多学科交叉迭代，涉及机、电、热等多专业协同，各专业又由多名设计师共同设计完成。各协同设计模型，既要保持总体的相关性和各自部装模型的独立性，又要做到模型对应制造端的适应性，模型的层级规划非常关键。

——装配体模型设计。全三维数字化设计制造主要以三维实体模型表达产品定义信息。相对于之前总体设计模型，卫星总体模型反映产品的更加真实的状态，特别对于小卫星的设备布局密度要求越来越高，模型外表部门特征缺失可能造成实物干涉。近年小卫星型号的模型的实体数量和特征数量成倍增长，三维模型越来越复杂。这就造成计算机内存和 CPU 资源占有量逐步增大，计算机反应越来越慢。随着模型真实度和全数字化项目的增加，卫星整星的大装配问题急需解决。

在小卫星的全三维数字化设计制造过程中的问题的具体解决方法如下：

——单机设备模型简化处理。卫星上设备基本为外协单位开发的产品，总体单位进行集同设计，控制减小每台单机设备模型特征数，对于总体模型的总特征减少是非常可观的。一般情况下，总体仅需要设备单机单个本体模型，包含设备的外形、尺寸、机械接口、电连接器接口、质量特性等必要特性，不需要单机设备内部的结构。而外协设备三维模型提供总体内部简化后的装配体模型或中间格式模型，大部分简化不够彻底，动辄几十兆甚至上百兆大小，按照现在小卫星总体设计计算机的处理能力，25 兆左右的模型是可以接受的，所以标准单机模型建立前需要先进行简化处理，再进行质量特性重新定义和模型基准设置。

——总体模型层级规划。通过总体模型顶层规划，将模型发布为结构总体模型、热控总体模型、管路模型、整星总装模型，让每一部分单独进行详细设计，当全部设计完成后，打开总体顶层模型，完成大装配体模型。

——提升计算机软硬件性能。三维设计建模用计算机一般是企业内配置较高的计算机，大部分企业使用普通高配置计算机作为设计用计算机，但是在三维模型实体和特征成倍增长后，普通高配置的稳定性已经无法满足设计要求，这就需要使用图形工作站进行三维产品设计。与普通办公、家用电脑注重多媒体性能和价格因素的配置方法截然不同，图形工作站拥有专业图形显卡、容错能力强的ECC 内存、更快速的芯片组、更高运行稳定性。图形工作站的配置准则在于：切实了解应用需求，以合理的价格组建一个符合应用软件要求的稳定、高速、高效的设计平台，以最大程度地实现设计人员的设计意图。此外，能管理更大内存的 64 位操作系统和配套 64 位设计软件也是必需的。

——单机模型设计更改。现在的大部分小卫星型号任务设计难度大、时间进度紧，几乎大部分单机设备与总体设计是同步进行的，这就造成单机设备模型更改是不可避免的。而单机设备模型作为数据源载体，又处在型号设计建模的前端，它的更改将带来单机接口数据重新定义、相关设计的调整，含有大量的重复操作。因此，如何减少单机设备模型变更带来的影响也是一直需要研究的内容。

（4）建设效果

基于 MBD 的小卫星数字化设计制造方案，实现卫星详细设计和生产装配，实现基于 MBD 技术的主结构、管路、电缆网、直属件、热控部件的数字样机设计，打通总体设计、制造和集成装配环节，提高研制效率和质量。

10.2 航空行业

10.2.1 旋翼系统制造智能工厂建设

（1）建设背景

直升机的关键技术主要体现在直升机的旋翼部件的设计制造技术上，旋翼是直升机的关键部件，为直升机提供主要升力和操纵，在直升机的发展中始终处于极为重要的地位。

直升机现有的生产组织管理模式总体上存在生产计划不准确、生产执行情况掌握不及时、库房资源与物流配送与生产需求滞后等问题。直升机企业依托型号需求牵引，配置了综合管理车间制造执行系统，但在计划排程、数据挖掘和统计分析上表现不足，生产过程自动化程度不高等。

2015 年，工信部批准了 46 个智能制造试点示范项目，航空工业昌河飞机工业（集团）有限责任公司（简称昌飞公司）作为其中的一个试点，以直升机旋翼系统制造为切入点，开展智能工厂建设。

旋翼系统总厂在现有动部件数控加工、复材桨叶成形、动部件装配及 ERP/MES 初步集成的基础上，建设线前单元、应急生产、单件流生产线、柔性制造单元、桨叶成形制造线、装配单元等实体，开发制造执行系统和 DNC 系统、智能仓储与物流控制系统等软件内容；搭建工业级互联网络，利用感应元件对各执行终端数据的实时采集，在系统软件的统筹指挥与管控下，实现生产现场自动物流配送及无人工调度等，以此来构建直升机旋翼系统智能工厂。

（2）总体架构

直升机旋翼系统制造智能工厂建设融入状态感知、实时分析、自主决策及精确执行的理念，结合直升机旋翼系统核心部件制造及装配中的业务流程特征，搭建企业层、车间层及单元层的三层构架智能工厂。旋翼系统智能工厂建设框架见图 10-3。

（3）建设内容

直升机旋翼系统制造智能工厂主要以解决质量、提高效率、消减人力资源、降低劳动强度、提升智能化程度为目标，重点建设旋翼制造机加生产线、装配生产线、桨叶数字化生产线、制造执行系统、仓储与物流，具体内容如下。

——机加生产线。根据旋翼系统中机加件的特征，机加生产线的建设内容如下：1 个锻铸件基准制造执行单元、4 条直升旋翼系统桨毂零件单件流示范生产线、1 条直升旋翼系统盘环单向流示范生产线、1 个直升旋翼系统接头零件制造示范单元、1 条直升旋翼系统铝合金盘环柔性制造示范单元。

建设中，涉及的关键技术包括：制造执行单元的智能防错技术、工序间自动快速切换技术、自适应加工技术、智能刀具寿命管理技术、产品检测与质量控制技术等。

该生产线建成后，加工过程自动感知毛坯状态、机床状态和特征状态，对缺陷情况、受力大小、误差及偏差进行实时分析，自主决定余量分布、参数变化、参数补偿、错误追溯，驱动执行单元开展基准制作、参数调整、精确加工及信息输出等，实现加工过程的智能化。

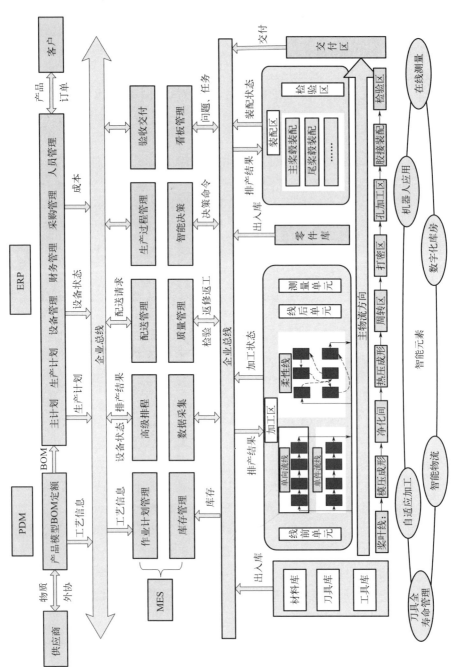

图 10-3　旋翼系统智能智能工厂建设框架

——部件装配生产线。该生产线建设中，引入了智能化装配理念，结合桨毂、自倾仪装配特点，研究和设计自动化的孔挤压强化、温差控制、部件装配的执行终端。同时，融入数字化的装配工具、智能设备、数字化技术及传感技术。建设内容包括：3 条桨装配生产线和 1 条自倾仪装配线，具体如图 10-4 所示。

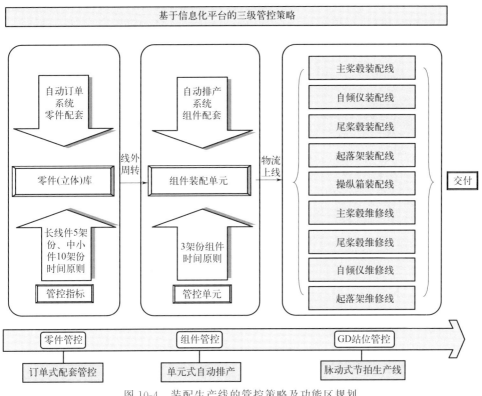

图 10-4　装配生产线的管控策略及功能区规划

生产线建设涉及的关键技术包括：大部件数字化装配仿真技术、自动化温差控制技术、关键轴承自动装配技术、智能物料识别技术、装配过程数字化测量及控制技术。

——复材桨叶数字化生产线。该生产线的建设目标是，基于桨叶成形制造技术，建设集成智能化数据管理系统、智能化运行与管理系统、制造过程智能控制系统等功能于一体的生产体系，实现桨叶产品全寿命周期的管理和控制。复材桨叶数字化生产线示意图如图 10-5 所示。

复材桨叶数字化生产线主要包括数字化设计中心和数字化制造中心的建设，同时，要建立低温储存材料的数字化、智能化管理系统，实现预浸料等材料的外置期、储存期管理及出入库管理，实现材料的预警功能，保证材料的有效性。

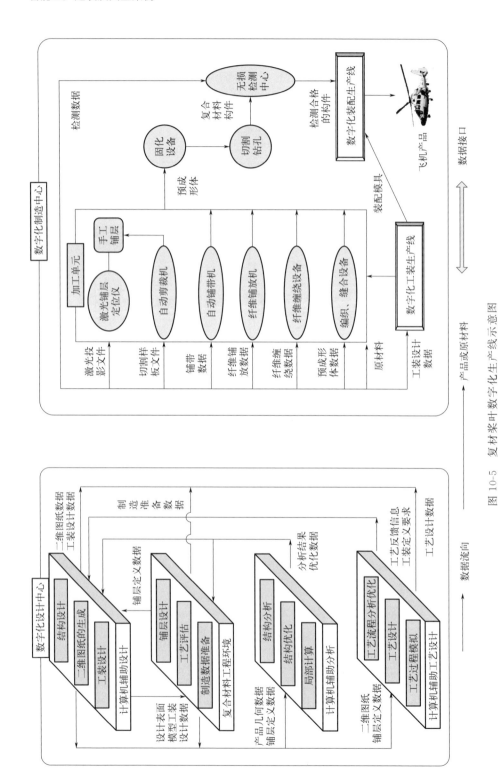

图 10-5　复材桨叶数字化生产线示意图

该生产线的关键技术包括：应用铺层工艺仿真技术、数控下料技术、激光铺层定位技术、数控切边镗孔技术及激光散斑检测技术等，实现桨叶制造全过程的数字化；开展桨叶成形工艺模拟仿真技术，进行桨叶铺层和固化工艺参数的模拟验证，确定泡沫压缩量、加压压力和温度等参数；发展和应用桨叶制造 ABD 技术，实现桨叶图样信息、桨叶制造工艺信息的电子化记录和存储，推进过程控制的智能化进程。

——制造执行系统。制造执行系统以整个工厂的数据集成为核心，以生产跟踪为主线，对车间的数据采集、产品数据管理、生产计划管理、流程管理、配送管理、生产过程管理、库房管理、质量管理、统计分析、看板管理、设备管理、工装及刀夹量具管理等车间生产业务实施全面管控。

基于旋翼系统部件生产及装配的智能制造生产线的五层架构数字化平台执行系统，通过与上层 ERP 系统、工艺系统紧密集成。同时，利用控制器、传感器等设备与操作层、现场控制层紧密集成。生产线执行系统构架如图 10-6 所示。

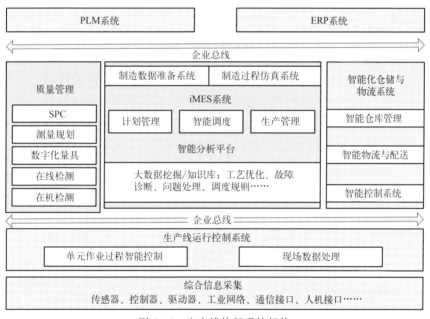

图 10-6　生产线执行系统架构

——仓储与物流系统。建设一个由刀具库、毛坯立体库及零件立体库构成的数字化仓储、智能化的物流线（主物流和线内物流），以及中央控制系统、仓储与物流系统；利用射频技术对仓储系统各原件进行实时感知，利用中央控制系统对各站位反馈信息进行实时分析，自主分析各执行终端的需求，通过仓储与物流系统实现精确配送。仓储与物流系统的架构如图 10-7 所示。

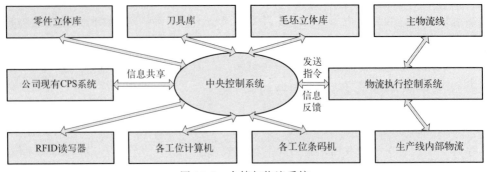

图 10-7　仓储与物流系统

仓储与物流系统的建设内容包括：

① 智能物资仓库管理。物资管理仓库由刀具库、毛坯立体库及零件立体库构成，仓库自主进行物资搬运、摆放、清理等作业，达到仓库空间充分合理利用、物资数据掌握及时和精确、搬运工作准确和高效。

② 智能物流与配送。利用感应元件智能识别执行终端工作状况，优化排产，调整资源分配，做出智能化判断，工件和刀具在生产线内自动流转，实现工件和刀具自动配送到工位，工件在工序间智能流转。

③ 智能仓库及物流控制系统。通过对接生产执行及管控系统，仓库及物流控制系统自动执行中央控制系统发送的物流指令，调度主线物流和线内物流的运行。根据昌飞公司生产计划，向物流控制系统发送物流指令，并监控整个车间的生产情况，解决生产能力瓶颈。同时，系统具备智能的仓库定置、账目管理、动态监控、风险预警等功能，能对采集的数据进行逻辑判断与处理，发出科学的执行指令，提升综合管理能力。

(4) 建设效果

本项目在传统信息化集成、数字化制造基础上，进一步提升制造过程的智能处理能力。在计划编制、运行调度、设备控制、工艺处理、质量分析过程中引入人工智能方法，实现基于规则、知识的决策处理。在旋翼系统制造中实现关键过程的智能化处理，极大地减轻制造过程中人的状态分析、数据处理强度。本项目使旋翼系统生产设备数控化率达到 80％ 以上，产品设计的数字化率达到 100％，产品研制周期缩短 20％，生产效率提高 20％，生产人力资源减少 20％，产品零部件不良品率降低 10％，实现单线年产 50 架的批量生产能力。

10.2.2　航空智能生产管控中心建设方案

中航工业成都飞机工业集团有限责任公司（简称成飞公司）在系统分析飞机制造业管控特点基础上，结合飞机制造业数字化技术应用现状及智能制造探索实践情况，参考工业 4.0 架构及中国智能制造参考架构，提出了一种面向飞机制造业的航空智能生产管控中心建设方案。

（1）建设目标

生产管控中心以集成管理、可视化与智能化管理为基础，为成飞公司生产和物流精细化、可视化、敏捷化、智能化提供支撑平台，实现飞机制造过程的跨区域、跨组织、多视角、多粒度、实时综合集成管控。

生产管控中心全面覆盖飞机制造过程供应链、零件、保障、部/总装、试飞等专业，实现成品、外包供应商的过程管控，供应商绩效评价显性化，生产过程管控粒度涵盖项目、批次、整机、部件、段位、工位、AO/FO 及工序等，以支持飞机制造过程多要素、全专业、全流程管控。

（2）总体架构

该平台作为公司生产业务决策支持的数字化中枢，依托数字化生产管理系统（ERP、MES），生产大数据平台及公司级物联感知网络、集成供应链平台。总体架构如图 10-8 所示。

该体系结构由设备层、控制层、车间层、企业层和协同层 5 个层次组成，由智能制造相关标准及数字化、信息化标准体系进行支撑，以飞机制造系统工程思想为牵引，逐步探索 CPS 技术、物联感知技术、工业大数据、机器学习等的应用；重点突破飞机结构件智能加工、飞机部段智能装配、飞机制造集成供应链管控等关键技术；逐步建立跨专业、跨企业，覆盖产品全生命周期的协同、智能制造平台，最终实现飞机产品的智能制造。

（3）关键技术

根据成飞公司生产管控中心参考模型，参考成飞公司智能制造体系框架，明确了成飞公司生产管控中心业务架构，如图 10-9 所示。

——信息感知与分析系统。信息感知与分析系统重点集成设备层和控制层的系统，通过设备层和控制层对数量、位置、温度、声音、浓度等各类信息和数据的采集、筛选、存储与分析。系统模型主要包括四个部分，从底层到顶层分别为实时数据感知层、实时数据传输层、实时数据处理层和应用服务层四个层次。

——生产管控专家系统。成飞公司生产管控专家系统在生产中的应用主要集中在生产计划、物流配送、质量控制、故障诊断等方面。随着制造技术的发展，其应用范围会不断扩展，如基于知识的产品质量设计、生产过程综合指标分析与评价等。同时，在进行系统开发时，把专家系统与神经网络、模糊控制等智能工具结合在一起，充分发挥专家系统基于知识的推理能力、神经网络的分布式并行计算优势和联想记忆功能、模糊控制的模糊推理优势，用于解决更多更深刻的生产领域方面的问题，不断扩展这些智能决策工具的应用范围。

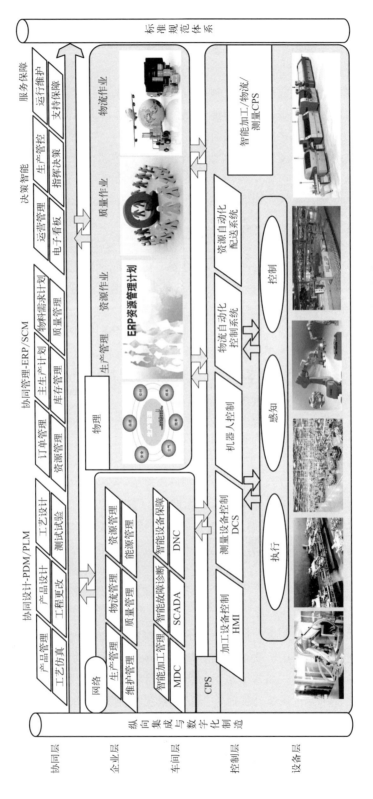

图 10-8 一种面向航空制造业的智能制造体系结构

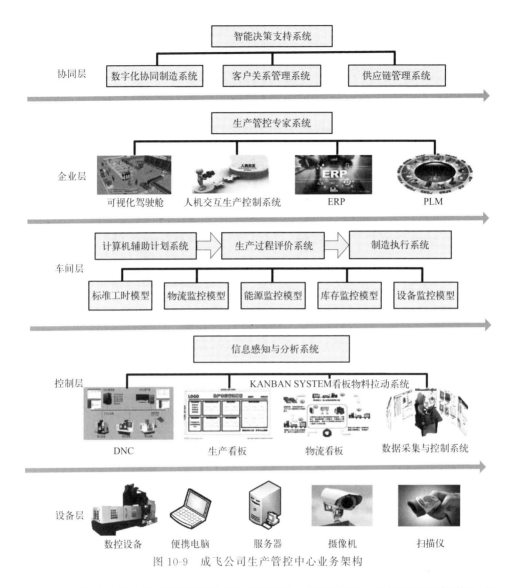

图 10-9　成飞公司生产管控中心业务架构

——基于工业大数据的智能决策支持系统。信息感知与分析系统及智能生产管控专家系统主要解决成飞公司内部供应链的协同，实现内部生产管控、物流管控的"准时、经济、敏捷、高效"。

智能决策支持系统的实现依赖于公司工业大数据的充分挖掘和应用。通过机器学习、深度学习算法，融合生产业务域专家知识，逐步建立生产决策人工智能模型，解决生产业务域智能预警、专家决策等高级问题，是管控中心智能化的关键技术。

（4）建设内容

智能生产管控中心按照"两个维度"（项目维度、专业维度）、"三个视角"

（计划管理、物流管理、空间实景）、"六个主题"（计划、成本、质量、资源、物流、问题）进行规划和建设。按照全面加强飞机机体制造过程及成品供应链过程管控的思路，正在规划建设公司级生产大数据平台，以支持生产过程业务数据高性能、高频率、细粒度的存储、处理、分析及利用。系统应用场景如图 10-10 所示。

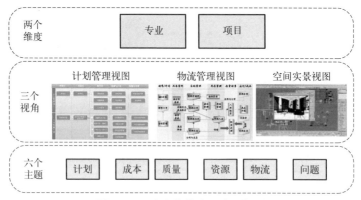

图 10-10　生产管控中心应用视图

——基于 PLM 的飞机生产管控多专业视图。智能生产管控中心完成了对飞机制造全生产价值链的专业管控视图的开发工作，从专业、项目两个维度，对计划、物流、质量、问题等方面进行全面的展示。

——飞机制造过程的多层次、细粒度管控。智能生产管控中心基于飞机工艺分离面，对飞机制造全过程进行多层次、细粒度管控。通过对项目、专业两个维度，实现了多层级管理，可以从项目、专业进展逐层展开，实现从飞机整机状态、部件状态、零件工序的生产全过程管控。

——飞机制造过程重点专业的虚拟可视化与三维实时复现技术应用。智能生产管控中心通过运用虚拟现实（VR/AR）技术，阻断人眼与现实世界的连接，通过设备实时渲染的画面，营造出一个虚拟的世界，在重点关注的飞机制造过程中关键过程、试飞状态的管控等领域，分别实现了数控加工过程三维可视化复现、试飞虚拟可视化、公司三维总览、部装厂房三维监控等管控页面，更加直观、形象地展示了生产加工动态，使用户具有高度的沉浸感，提升了体验。

——飞机制造集成供应链动态管控能力。智能生产管控中心既是生产系统、物流系统、仓储系统的信息展示平台，也是制订生产计划、进行生产调度、协同供应链各成员的决策支持平台，因此智能生产管控中心的建设需要综合运用运筹学、管理学、数学、计算机技术及现代集成制造技术等多方面的知识和技术。除了以上所列举的关键技术外，建设成飞公司智能生产管控中心还可能需要研究信息融合技术、信息主动感知实现技术、专家系统的知识标识方法、推理机建设技术、决策筛选与选择技术等。

10.2.3　基于 MBE 的数字化仿真设计方案

四川成发航空科技股份有限公司（简称成发科技）根据 MBE 组成，结合企业需求与产品特点，开展 MBE 项目建设与试点应用。

（1）建设方案

MBE 的技术架构见图 10-11，重点建设的内容有基于模型的产品设计、分析应用、零件工艺、装配工艺、工装设计、作业指导书、制造执行、检测检验、数字化服务管理及标准定义共 10 大部分。

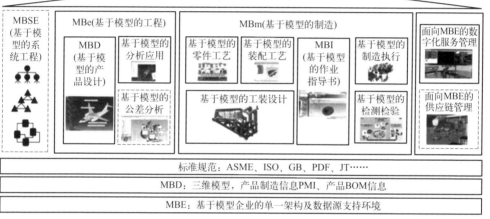

图 10-11　基于 MBE 的智能设计仿真平台总体框架

——基于模型的产品设计。开展 MBD 设计辅助工具的开发与应用，建立数字化设计资源库（标准件库、材料库、元器件库、典型零件库等），统一设计工具和设计标准，实现产品的快速设计，保证设计模型的规范化，提高产品设计的质量，为下游各阶段的数据复用提供数据基础。将设计工具与 PDM（Product Data Management）系统集成，实现 MBD 数据统一管理。

——基于模型的分析应用。通过 PDM 与任务和分析工具集成，设计员可基于任务开展设计分析，完成分析模型构建、有限元计算以及多物理场的仿真分析，得到相应的分析结果，实现分析报告快捷创建，将分析结果与报告返回PDM 统一管理，并与模型关联保证可追溯。

——基于模型的零件、装配工艺。开展 MBD 工艺设计辅助工具的开发与应用，建立三维数字化工艺资源库，统一工艺设计工具和标准，完成 PDM 与工艺设计与仿真工具集成，实现继承和复用 MBD 设计模型，开展零件和装配工艺的规划与仿真，在 PDM 内统一管理。

——基于模型的工装设计。开展工装快速设计工具开发与应用，建立工装分类与资源库，统一工装设计工具与标准，与 PDM 集成，实现复用 MBD 模型快速开展工装设计，在 PDM 内完成工装设计活动的管控与工装数据管理。

——基于模型的作业指导书。应用轻量化工具，引入 3D PDF 展示工具，在 PDM 内直接将结构化工艺数据生成 3D PDF 文件与结构化展示文件，可直接推送至车间进行展示。

——基于模型的制造执行。通过引入 EWI 工具，直接从 PDM 内提取基于模型的作业指导，进行车间展示（含 3D PDF 和结构化数据两种形式），实现基于模型的制造执行。可根据 PDM 的版本有效性，在车间展示有效数据，指导车间生产。

——基于模型的检测检验。引入 MBD 数字化检测辅助工具并与 PDM 集成，实现基于 MBD 的标注信息，自动提取产品特征，基于特征快速实现检测规划与代码生成，开展检测路径仿真验证，生成检测的 DMIS 执行文件；将 DMIS 文件传入后置处理环境，生成检测机床可用的检测代码，驱动机床进行基于模型的生产检测；完成检测报告与检测结果对比分析。最终在 PDM 内进行检测代码、检测质量报告的统一管理。

——面向 MBE 的数字化服务管理。开展 MBD 数字化服务辅助工具的开发与应用，基于模型特征生成三维电子技术手册，为成发科技零部件售后服务提供准确有效的技术支持，完成设计、生产数据向服务领域的传递；在三维环境中，准确生动地描述数字化服务过程，提供便捷的培训、维护工具与指导文件和环境。

——标准定义。结合国内外 MBD 标准，参考发动机行业已有标准，编制 MBE/MBD 的设计制造标准规范的操作和指导手册，贯穿设计、工艺、制造与维护等各阶段，用于支持产品的全生命周期业务开展与数据应用。最终建立 MBE/MBD 的设计制造标准规范体系。

（2）建设效果

该系统已于 2015 年 6 月底上线运行。该系统在试点零组件的运行结果表明，在 MBE 建设中，其已突破了基于模型的产品设计、分析应用、零件工艺、装配工艺、工装设计、作业指导书、制造执行、检测检验、数字化服务管理等各项关键技术，取得了良好的应用效果。同时，结合企业需要，已经编制或修订了 MBD 标准规范十多项。基于当前试点应用效果，MBE 需要进一步全面开展工程化应用。下一步需要加强基于模型的系统工程和知识工程建设并与现有的 MBE 环境进行融合，同时与企业的管理环境进行有效融合，实现真正的 MBE。

10.3　船舶行业

10.3.1　武汉船用智能生产线建设方案

武汉船用针对船舶与海洋工程机电设备离散制造特点，提出船舶配套行业首个数字化车间解决方案，形成"上下打通、左右联动、精准执行、数字孪生"的数字化环境；开发具有刀具磨损监测与实时调整功能的智能加工单元、具有防呆防错功能的智能装配管控系统和以大型焊接机器人为核心的高精度复杂构件智能焊接单元，为船舶配套行业提供自主、安全、可控的数字化车间实践案例。

（1）建设方案

建立以 ERP、ESB、数据管理等为核心的智能化集成环境，形成以产品数据管理（PDM）为核心的研发设计智能化、以智能制造系统（IMS）为核心的生产过程智能化、以物联网（loT）为核心的产品智能化 3 条应用主线。

——上下打通。面向"设计—生产—制造—试验—服务"产品全流程，基于企业服务总线和物联网技术，实现 PDM、ERP、MES 等 11 类业务系统的深度集成，实现制造现场到生产管控系统再到企业决策的一体化管理与信息互通。利用 MDM 系统实现全厂 24 类主数据的统一管理与有效共享，借助企业门户建立面向资源整合的集成工作环境，如图 10-12 所示。

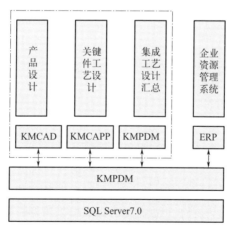

图 10-12　PDM 系统体系结构

——左右联动。公司建立数据体系，形成数据字典，对基础资源管理流程进行优化重构。围绕单一数据源，通过规范定义与流程标准化，集成优化多业务流程，实现生产计划、生产准备、作业执行、工序检验和不合格品处理等制造执行过程的数字化，实现业务处理与系统应用的深入融合。

——精准执行。实现作业内容直接到位、工艺指导直接到设备、车间透明化数据直接到管理层，实现工艺及生产管理精细化，人员的操作、机器的动作、生产的调度精准化。

——数字孪生。利用车间现场生产看板、质检 PAD、工位终端和机床状态监测功能，配合扫码采集工具，实现车间的透明化管理、物理场景动态展示、数据分析和辅助管理决策；机加工环节实现刀具磨损预测及振动状态监测与实时调整，保障加工质量；装配环节通过装配过程的流程引导、工步驱动、全尺寸检验，有效实现装配过程的防呆、防错功能，降低劳动强度，提高装配质量；焊接环节通过焊工资质管理、焊接工艺知识库和焊接机器人的融合应用，实现焊接工艺的人员匹配、焊接程序知识库的调用和经验积累，保证焊接质量；试验环节进行虚拟样机开发、装配及虚拟试验，提供沉浸式体验的产品快速、定制化集成设计方案，大幅提升新产品的研发水平。

（2）建设效果

围绕船用产品"设计—采购—制造—试验—服务"全流程，在船舶配套行业形成首个数字化车间实践案例，成为国家级示范基地，形成核心系统个性化、关键设备智能化的研发制造能力，初步实现产品研发设计周期缩短 55.94%、装配过程关键工序作业效率提高 40%、工艺变更处理效率提高 70%、产品零部件不良品率降低 12%、车间生产能源利用率提高 35.2% 的阶段性成果，对全面提高船舶与海洋配套产品设计、制造与服务能力，助力企业将低成本的竞争优势转变为质量、效益的竞争优势，促使船海机电设备产业保持持续、健康、稳定的发展具有重要意义。

10.3.2　沪东中华智能生产线/车间建设

沪东中华通过项目监控过程，对项目实施过程中的时间、质量、成本和人员等关键资源进行统筹安排，形成相应的研发成果。通过 I/O 通信技术、软件开发技术、多终端信息并发采集技术和多终端信息分发展示技术，综合工程分解及知识管理等方法，实现焊机管控项目目标。同时，遵循技术先行原则，联合多家企业开展前期技术探讨交流和技术验证，分批配置数字化焊机进行联网测试，并及时跟踪先进前沿技术，对多个品牌的两代数据采集器进行长期测试，并调整管控系统，推进技术应用推广。

（1）建设方案

项目在实施过程中，将焊接生产的数字化管控定义为三级分布式结构，包括现场级管控、产品级管控和企业级管控。

其中，现场级管控主要针对焊接操作，包括焊接任务的派发、焊接参数的下载，焊接过程的监测报警以及焊接材料的使用等；产品级管控主要完成焊缝WPS匹配、焊接数据库建立以及针对产品的各类统计报表；企业级管控侧重分析焊接电源操作人员、供货渠道等资源配置，以及产品之间的数据整合等事宜。在焊接数字化管控平台上，这三个层级通过网络技术同步运行，各有侧重，为企业焊接生产的各类管控任务，提供数据分析方法和信息处理手段。

——数据查询监控。实时监测焊机工作电压、电流、送丝速度、焊工工号、焊接时间、焊接速度、保护气体、焊丝用量和耗电量等实时数据，并能为管理人员便捷地提供历史数据查询和报表。

——焊机作业任务包的闭环数据管控。通过数字焊机集中管控与公司生产管理系统数据进行交互，读取转化派工信息，按派工信息自动生成焊工工作规范工作包，焊工完工后可反馈数据给生产管理系统，生成完工结算信息。

——焊机自由组合分组管理和刷卡便捷领工的业务模式。焊工在指定区域选取焊机使用权限，经资质认定授权焊工刷卡启动相应焊机，并按焊工权限自动下载相应焊接工艺规范（WPS）工作包。

——焊机作业过程中的状态全过程监控模式。通过焊机下载WPS，按工艺确保焊工规范作业，短时间超限报警，长时间超限停机。通过系统集成，以系统派工为手段，将焊接过程中电流电压、焊接速度、气体流量等工艺数据与焊工、产品关联并记录进系统，导出生成焊接过程记录表，实现焊接记录实名化、信息化。

（2）建设效果

通过系统的建设和实施，形成具体的业务场景和智能焊接模式，为焊机作业精细化管理和综合分析提供技术手段，通过监测并记录焊机开动时间、实际作业时间、故障诊测，能分析故障率、使用率、能耗相关数据，为降低焊接作业成本提供技术支撑。通过系统自动统计焊材消耗，记录焊材使用量，并根据派工要求，自动生成焊材需求量和焊材型号规格。

10.4　汽车行业

10.4.1　上汽通用汽车凯迪拉克数字化智能工厂

上汽通用汽车凯迪拉克工厂于2016年1月建成投产，主要生产面向国内和出口市场的传统及新能源豪华轿车、SUV和MPV，全厂占地47.7万平方米，包含车身、油漆、总装、动力总成四大主体及相关辅助设施。凯迪拉克工厂从前期规划开始，就秉承公司智能制造理念，始终瞄准前沿技术，持续推动互联网、大数据与汽车产业的深度融合，率先在工程开发、制造效率、产品质量、物流效率、绿色节能等方面开展智能制造的有效实践。

(1) 项目亮点

① 数字化和虚拟仿真技术的全方位应用。在产品开发和工艺及工装设备开发全过程中全面应用数字化和虚拟仿真技术，建立了基于 MBD 产品全生命周期的工艺管理平台，开发了产品 3D 标注及结构化工艺信息提取、基于 AI 的工艺自动编排、基于自然语义处理的工艺文件自动生成等功能模块，实现了从工艺方案的人工编排到"一键式"生成的转变，并开通了从产品设计、工艺规划到生产线的数据流，保证了产品全生命周期数据的一致性。

② 生产管理：一张网覆盖全生产运营管理。在生产运营过程中，基于一网到底的全覆盖工业以太网和智能基础硬件，实现各类生产数据（安全、质量、成本、响应、人员）的自动采集和汇总；依托自主开发建设的生产运营管理系统和数字化运作系统，借助 PT 刀具大数据管理系统、高自动化率白车身制造工效智能管理系统、门盖生产与缓存智能一体化精细管理、总装 Free Flow 防错系统、能源智能管理监控系统等，实现安全、生产、设备、物流、质量、人员多维度的要素覆盖，并致力于生产多系统数据集成互联和移动化应用，满足不同管理层级运营管理需求；依托大数据分析管理平台，通过各类生产大数据挖掘和分析，实现数据横向对比、趋势分析、自主判断和前馈预警等，大幅提升生产运营的综合运作效率。

③ 质量管理：数字化赋能质量管理。借助整车现场智能质量检测系统、动力总成质量智能管理平台、全生命周期质量大数据分析预警平台等，实现制造现场产品状态的自动检测及制造过程能力的自动分析，提高人员效率，保障制造质量；依托质量大数据分析平台，实现质量与上下游业务链的数据互联互通和全生命周期的质量大数据分析预警，识别潜在问题，优化产品设计，提升客户满意度。

④ 设备管理：数字化提升管理效率。通过建设数字化设备管理系统（EAM）及关键设备状态分析专家系统，搭建设备管理工作平台，在信息技术的支持下，建立设备全生命周期管理体系，优化资产管理、维修管理和备件管理的工作流程，从而达成设备资产的维护费用最小、运行成本最低和运行效能最高的目标。

⑤ 物流管理：数字化助力物流精益化。通过各类信息系统的搭建，贯通从生产计划、零部件计划、运输配送以及整车储运的整个物流业务链数据，并通过各类自动化技术的集成部署及数字化技术的融合应用，整合多方资源，实现物流全过程的智能化、精益化管理，打造互联互通、高效协同、智能决策的物流及供应链体系，实现物流业务的智能分析与决策，实现物流高效、精准的运作及输

送，提升了运作效率，降低了运作成本，支持打造数字化工厂。

⑥ 能源管理：数字化提升能源管理的智能化。通过升级和整合现有能源管理系统和污染物排放智能管理系统，实时监控基地和工厂用能和排放情况，提高能源管理水平，挖掘节能减排潜力，降低环境污染排放风险。

⑦ 数字化开发运行：大幅度提升开发效率，通过对业务流程的梳理和优化，规划并搭建各类信息系统；借助数字化项目管理平台、智能化虚拟评估、全业务链尺寸质量智能分析预警平台、机加工数字化工艺设计平台、装配数字化工艺设计平台等，实现制造工程全数字化开发环境，并与业务链上下游系统实现数据交互；结合灵活、先进的数字化仿真手段、大数据及人工智能技术，不断提升工艺开发质量和效率，实现工艺的自动、即时开发，缩短新车型投产周期。

（2）建设效果

工厂通过数字化及人工智能技术的深入推广，进一步缩短了产品工艺开发和工艺验证周期，加快了产品启动及上市研制和开发的周期，实现产品的快速迭代。

在生产管理方面，借助数字化的全面应用，建立生产运营管理平台，生产管理效率提升 20%；通过 PT 刀具大数据管理系统应用，使刀具成本下降 10%。

在质量管理方面，通过运用数字化、智能化的质量检测手段，实现了制造现场产品状态的自动检测及制造过程能力的自动分析，保障了制造质量。

在设备管理方面，通过数字化设备管理系统（EAM），借助移动终端实现无纸化维修业务，物料交接效率提高了 50%。

在智慧物流方面，从集成供应商端到工厂基本实现一车一单排序上线，减少了线旁库存，仓储面积大幅下降，单车物料占地面积最少。

在能源管理方面，通过过程监控和网格化管理、提高现场能源管理水平，降低了单位产品能耗和成本 5%。

在数字化开发运行方面，实现了制造工程全数字化开发环境，整体项目规划与实施的工作效率提升 13%，开发周期与传统开发周期相比，缩短了 30%。

10.4.2　吉利汽车集团有限公司冲压智能制造车间

（1）建设需求

当前，智能制造已成为制造业革新的新引擎，汽车行业智能制造全面兴起。目前，冲压领域智能化、无人化工厂正在不断突破，智能工艺开发应用日趋成熟，智能化工厂管理也在不断探索与应用之中。

（2）建设方案

① 自动化生产线。目前，冲压自动化生产线（如图 10-13 所示）已成为各大主机厂冲压车间的标配，领先的汽车制造企业的新工厂正在逐步提升自动化水

平,力争做到人员最少化。无人化冲压车间也列入智能制造的研究课题之中。冲压车间从钢板进入车间,到冲压件运输至库房,会经过来料接收与转运、冲压线生产、零件质量检测、装箱和运输几个基本环节。

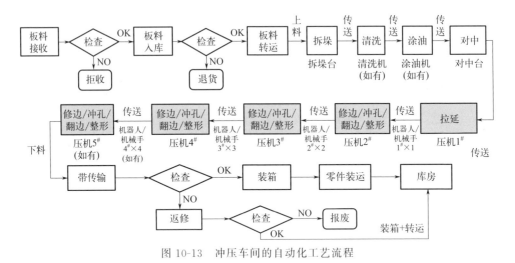

图 10-13　冲压车间的自动化工艺流程

a. 自动化设备。目前,已实现线首自动上料→线中高速机械手自动生产→线末自动装箱→线末 AGV 智能入库,其中,设备状态智能诊断、智能质量管理等嵌入整个业务流程中,真正实现设备自动化和智能化。同时,来料自动检测接收、冲压件扫描检测、无人叉车等技术虽未完全投入生产应用,但技术也日趋成熟,随着逐项技术的试点应用,将一步步推进无人化冲压车间的实现。

b. 智能化排产。基于虚拟制造平台,实现订单到工单的自动转换。采用智能运行平台,实现工单的自动运行。推进全流程生产要素上线,通过虚拟制造生成最佳排产,实时拉动,减少管理和调动工时,持续减少浪费,最终实现零损失,如图 10-14 所示。

② 数字化设计。数字化设计也是智能制造的重要一环,随着数字化设计的普及,新工厂建设与新车型项目投入过程中,数字化设计的重要性逐步凸显出来。

a. 工厂设计。通过工厂三维建模,将工厂提前虚拟建造。较以往二维图设计评审,三维建模能够更直观地将工厂布局的合理性、厂房对工艺需求的满足程度呈现出来。同时,数字化工厂的设计,也将对未来虚拟工厂的全流程虚拟制造提供基础。

b. 产品设计与分析。在产品设计阶段,逐步通过成形性仿真、工艺步骤仿真和理论质量评审,将产品缺陷提前规避。此类工艺目前已在冲压件工艺分析中成熟应用,理论分析结果与实际结果贴合度越来越高。

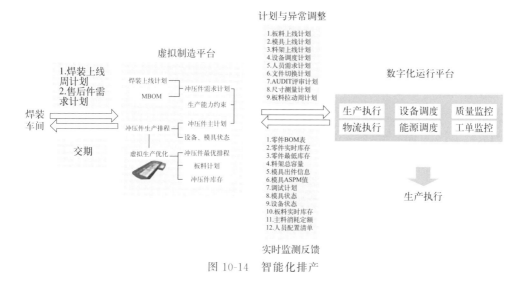

图 10-14　智能化排产

c. 生产线动态仿真。冲压车间的节拍是考核冲压生产效率的最直接指标，而生产线动态模拟仿真是提升生产节拍的最有效手段。在模具设计阶段，同步对模具与生产线干涉性进行验证。不同于以往的干涉曲线校验，生产线动态仿真能够更加精确地模拟传输臂的运动，并根据安全空间进行对应参数调整，从而实现真正的模拟生产。经过动态仿真输出的零件，生产节拍每分钟能够提升 1～3 次。

③ 设备状态智能诊断。通过设备 PLC 增加传感器监测和采集数据，进行大数据存储并且分析推送，基于专家知识库进行故障判断，实现数据诊断、报警推送，形成设备状态智能诊断、设备故障提前预警、突发故障自动提供解决方案的功能。

④ 智能质量管理。智能质量管理主要包括板料离线质检、吨位仪数据采集分析、数控液压垫数据采集分析，以实现质量的预判和分析，为最终实现"零"返修做基础。

板料离线质检：通过设置板料性能预警值，单点数据累计统计，形成趋势数据统计与分析；通过对板料数据信息化存档形成的量化评价基础，关联成品质量，优化板料质量评价特征和材料性能。

吨位仪数据采集分析：将吨位仪器瞬时数据收集并做趋势分析，对异常吨位曲线统计分析，预警设备及模具问题，及时发现冲压异常，减少废品率，同时保护压机和模具。目前，已有部分工厂完成吨位仪数据采集接口测试。

数控液压垫数据采集分析：将拉深液压垫数据收集、分析，对异常拉深过程曲线进行预警推送，人工及时排查产品质量、设备及模具状况；同时通过查看历史过程曲线，分析冲压件质量问题原因。目前，已有部分工厂完成液压垫MAC8 数据采集接口测试。

（3）建设效果

未来的冲压车间，将通过全业务流程的透明化、生产响应敏捷化、运营排产智能化，持续减少过程浪费和质量缺陷，最终实现"零"损失、"零"缺陷。同时，通过数字化设计、设备自动化及智能化、设备状态智能诊断、智能质量管理等实现冲压智能制造应用，达成无人化工厂。

10.5　电器行业

10.5.1　美的智能工厂建设

（1）建设需求

截至 2020 年，美的已经在智能制造系统建设上投入超过 100 亿元，历经以 IT 一致性变革为核心的数字化 1.0 阶段、以移动网络数据和智能制造驱动效率提升为核心的互联网进化工程阶段、以"T＋3 战略"及数据驱动的 C2M 客户定制为核心的数字化 2.0 阶段、以 IoT 驱动的业务价值链拉通为核心的工业互联网战略阶段，数字化转型已初见成效。

（2）建设方案

智能制造是基于新一代信息技术和先进制造技术的紧密集成，可以结合制造业的设计、制造、管理和服务各个方面的新型生产方式。在工业互联网的作用下，美的智能制造系统构架分为四个部分：能力层、应用层、商业层和产业层，如图 10-15 所示。

①"能力层"提供基础安全防护。

美的工业互联网的"能力层"包括 IaaS 层、PaaS 层、设备层和边缘层。IaaS 层由美的云提供云基础设施；PaaS 层由工业物联网、工业大数据等能力支撑，提供工业大数据、统一身份、容器平台和开放平台；设备层主要运用机器人和自动化来提供解决方案；边缘层通过设备接入、协议解析和边缘计算等功能提供基础防护。

在《工业互联网发展行动计划》的引导下，美的不断提高智能制造的硬件实力，探索生产场景中人与机器之间的最佳协作，使员工摆脱烦琐的工作流程。实际上，"能力层"不仅是促进美的集团生产力发展的重要前提，也是美的数字化和智能化的基本载体。

②"应用层"建立应用安全防护。

美的在"能力层"基础之上构建"应用层"，建立起应用安全防护网，为集团的营销、管理与研发提供了安全防护。

图 10-15　美的集团工业互联网平台架构

在营销方面，家电行业经常出现压货现象，导致渠道中积压大量库存，尤其是空调这种季节性家电。美的通过数字技术改变了传统的分层分销模式，创新了"T＋3"模式，即从订单开始，经过材料采购、生产制造和销售发货 3 个周期，整个过程实现以销定产。通过"T＋3"模式，美的将产品计划、营销管理、采购准备、制造以及物流纳入统一运营的主线，推动了内部价值链的协调运作，减少了库存，缩短了订单交付周期，能够迅速响应市场变化和差异。在"T＋3"的转换之后，美的可以在收到订单之前组织生产，从而消除了渠道的库存积压。

在研发方面，美的 IoT 公司利用物联网技术推动美的整体智能化战略。为了改善用户体验，美的开发了一种快速配网技术，将原来的七步连接简化为三步，率先将设备分发到成功连接的时间缩短到 5s 之内。同时，美的通过应用"Smart Touch"智慧功能，大大降低了用户使用智能家电的门槛，并可以实现网络自动分配和一键控制。此外，当家庭中有多个智能设备时，为了确保消费者的信息安全，美的解决了信息传输过程中的加密问题，并最大限度地降低了智能家居的使用门槛。

在管理方面，美的的日常生产计划涉及近 200 万种材料，必须预先安排每种材料的用量以及由谁生产。这些安排在过去至少需要 10 小时。2020 年，美的优化了物料规划算法，物料安排仅需 1 小时，节省了 90％的时间，增加了数字孪生和仿真模拟功能，解决了西方国家"卡脖子"的问题。此外，美云智数还花了将近一年的时间建立了一个新的门户网站。该门户网站不仅可以显示美的工业互联网的功能，还可以及时分配客户需求并跟踪解决客户问题。

③ "商业层"构造商业安全防护。

美的在"商业层"引入了八大矩阵，赋能智能物流、智能建筑等方面，为美的构造了商业安全防护系统，包括：美云智数、安得智联、库卡中国、美的机电事业群合康新能、美的暖通与楼宇、美的金融、美的采购中心、美的模具。除了1.0版本商业层的安得智联和库卡中国，2.0版本加入了智慧物流、精密模具、自动化工厂、智慧楼宇、医疗自动化、产业金融等成员。美的构建起八大矩阵，从而创建美的商业云生态，使整个产业链不断延伸，并且在许多领域都开始进行数字化转型升级。美的全流程企业数字化解决方案向社会输出云端服务、数据和管理实践等。数字化连接价值链各个环节，实现智能控制、运营优化和组织方式的变革。

④ "产业层"打造行业互联网络。

除了美的的家用电器工业互联网平台之外，美的还希望与汽车及其他行业联合起来，为其他行业创建其领域的工业互联网平台。美的自身的产品类别非常丰富，其他领域的产品需要通过平台合作加以补充。美的的优势在于可以在智能场景和内容层面上进行开发。例如，美的的智能食谱体验能使烹饪新手通过美居APP控制烹饪机器人来制作美味的菜肴。美的在过去已经完成了家电行业的工业互联网建设，现在美的云还为汽车制造、酒类和食品加工行业提供服务。随着跨行业和跨领域服务经验的积累，美的的工业互联网将在智能制造领域具有更大的发展空间。

(3) 建设效果

通过智能制造的不断发展，美的实现了自动化设备、透明化生产、智能化物流、移动化管理和数据化决策于一体的价值链体系，专注于精准交付、效率提高、质量提高和数字透明。作为一家制造业公司，美的已经实现了从营销到制造到供应的所有功能，并已完全覆盖了制造价值链。在美的新型工业互联网平台的框架中，应用层涵盖了前端营销、数字研发、智能制造和企业管理。可以说，美的有一个全链输出的工业互联网解决方案。此外，美的还引入了机电业务集团合康新能源、美的模具等企业，工业园区引入了新能源管理等，使美的数字赋能的范围越来越广。

10.5.2　宁德时代智能工厂

(1) 建设需求

锂电池虽然是目前动力电池的主流产品，但是，锂电池生产是典型的离散型制造业，其中电池制造的前工序膜卷制造有部分流程行业的特点，除此之外的电池制造、装配、模组封装都是典型的离散制造。因其行业产品本身的特点，如产品工艺复杂、制造流程长、管控点多、数据量巨大、对检测手段多样化的需求强烈、海量数据的价值没有被完全挖掘并发挥等，都是锂电池企业面临的主要问题。对高性能锂电池，可能还面临着一致性差、生产效率低等困境，生产制造能力仍无法满足巨大的市场需求。面对这些问题，宁德时代在智能工厂的建设上不断进行着实践与创新。

（2）建设目标

在研发设计方面，采用数字化三维设计、模拟仿真技术进行产品设计，并且导入 PLM 系统进行全生命周期的数据管理。

在生产线智能化方面，针对设备开发和生产线建设，坚持关键技术国产化的路线，导入三维仿真、在线检测、智能化物流等技术，推动生产线的智能化水平。

在信息化架构方面，通过制订标准化的设备导入规范，建立互联互通的工业网络，建立覆盖全生产要素的制造执行系统，实现全生产过程的数据采集、信息追溯、状态检测和防呆控制，确保生产过程的成本节约、安全可控、精益高效和质量一致。在此基础上，通过集成研发、设计、供应链和售后服务系统，驱动全价值链的集成和优化。

（3）建设方案

① 自动化建设。

工厂的自动化建设，有助于实现锂电池智能装备的自主研发可控。

锂电池独特的电化学特性对整个制作过程提出了高一致性标准，也要求每一道工序的设备都具备高精度和稳定性。

关键技术研发设备包括高速分散搅拌系统、高速双层多面多层挤压式涂布机、极片辊压设备、高速模切机、高速预分切机及分切机、极耳焊接机、激光焊接机、注液机、气密性检测机、全自动化成系统、自动干燥线、极片立体仓库、装配段物流线、烘烤炉段智能物流线、模组组件及底板涂胶机、模组侧缝冷金属焊接机等。

宁德时代研发了高速双面多层挤压式涂布机，该装备采用放卷及裁切机构、主牵引机构、涂布装置、真空吸附装置、气浮式烘箱、后牵引机构、收卷及裁切机构、CCD 宽度方向检测单元和智能测厚系统等结构。同时，公司开发了相应的以太网总线运动控制系统，能够自动驱动各功能部件协调动作，将制成的浆料均匀地涂覆在金属箔的表面，并自动烘干形成正负极极片。该装备技术打破了国外垄断，可本土化替代。

通过采用自主研发及与合作伙伴联合研发相结合的方式，宁德时代不断提升生产线自动化率，将经验、工艺沉淀到自动化设备和系统中，把异常因素降到最低，铸就一致性极高的产品。

② 系统化建设。

利用系统化建设，宁德时代实现了高效的企业运作和全流程信息化管理。

对智能工厂的建设，宁德时代制订了清晰的信息系统战略规划，通过构建信息系统来达成如下目标。

第一，通过在各个层面有效地利用信息与知识促使 CATL 保持竞争优势并实现战略目标。

第二，通过业务流程创新和信息技术创新来提高市场、销售、研发、运营和售后的效率。

第三，通过为员工提供知识共享和协同能力，使他们能够交付符合预期的结果。

第四，通过对产品全生命周期的数据收集和分析，提供及时的、有预见性的服务以超越客户期望。宁德时代在制造信息系统方面，打造了多个层面的集成和协同。

系统化建设的实施具体包括以下几个方面。

一是物联网终端采集控制层，实现基础数据采集准确完整。宁德时代针对锂电池行业制造系统复杂、设备数量大、数据通信缺少规范标准、多源异构数据类型导致通信效率低、数据平台管理困难等问题，研究基于 OPC-UA 的多源异构数据采集技术，开发了具有自主知识产权的统一数据采集平台，建立了电池制造生产线数据通信标准规范，同时借鉴互联网行业数据总线技术，打造了锂电流数据总线，解决了海量生产数据高速、并发传输问题，满足了各层级信息系统对实时、时序数据进行并发处理的需求。

二是制造与物流执行控制层，助力制造现场各要素数据互通。以制造现场管理为核心的"人、机、具、料、法、环、能"全生产要素的集成，包括 MES、LES、WMS、MHR、FIS、EMS、PDMS，以及它们与制造大数据平台 MDP、E-Mail、移动 App 的集成处理。其中，隐含的基础是构建在整个物联网和互联网环境下，制造过程中人、设备、物联终端和信息系统的集成和交互关系。

三是企业运营管理协作层，打通运营前后端整体价值链。这是以 ERP 为核心打造的，面向从需求、设计到销售、服务的全价值链要素的集成。企业运营管理协作层是制造与物流执行控制层面向整个企业价值链的延展，是在整个价值链上建立的以质量、效率、成本为核心的卓越管理体系。

四是研发设计试制和验证层，集成各系统实现信息互通和资源共享。采用 CAX 软件进行产品的虚拟设计、模拟仿真和工厂的布局设计，同步产生数字化模型和设计元数据，元数据进行纵向传输，实现"研发—工程—制造—售后"各环节的闭环。整体上通过各大信息系统的有机集成，打破了"信息孤岛"，形成了全面的信息连通，使资源达到充分共享，实现集中、高效、便利的管理和运营，典型的运用场景有以下三个方面。第一，从研发制造一体化的角度，拉动研发端基于 PLM 实现 E-BOM（设计物料清单）到 M-BOM（制造物料清单）的转化，并直接同步到 ERP 系统，从而确保从研发到计划、从计划到制造的信息一致化。第二，从供应链制造一体化的角度，促进 ERP 仓储物流的拉动式配送和供应物流的准时制生产方式（JIT）。同时，要求供应商将基于单个包装的条形码打印精确化，优化仓储和上料作业。对需要做单件追溯用的原材料（如模组用 PCBA 板、线束隔离板等），还可由软件配置管理（SCM）平台直接导入数据，并最终集成到生产大数据平台。第三，从服务制造一体化的角度，促进运营和服务过程形成基于条形码数据的一致化追溯和质量预测。

③ 数字化建设。

数字化建设实现了生产全过程质量溯源。

宁德时代重视数据的应用，并把数字化建设独立于系统建设，成立了专门的大数据团队进行数据治理和价值变现工作。

针对动力电池制造过程中海量数据整合成本高、质量差、建模困难等突出问题，宁德时代研究边缘侧多源异构数据采集与融合技术，攻克海量数据环境下半结构化、非结构化数据自动采集技术，重点解决了多种信息的泛在感知和互联互通，实现了生产现场采集、分析、管理、控制的垂直一体化集成，极大提升了极片制造中的混料、涂布工艺、辊压-模切连续过程以及卷绕、组装、烘烤、注液、化成等离散过程并存的复合工艺流程中的异构数据融合程度，通过在关键工艺环节实现数字化集成来实现动力电池制造的智能化改造。

针对电池制造全过程，宁德时代从来料、设备、工艺及制造环境等多个方面出发，对影响电池产品质量的各类因素进行分析，探究各类因素间的关联性及关联程度。基于分层赋时 Petri 网等方法，对电池生产过程中各类状态的变迁进行融合建模，实现了对各类质量因素的跨工艺、多因素、变尺度分析，构建了动力电池生产过程质量数据空间，实现了对产品生产全过程的质量溯源。

④ 智能化建设。

智能化建设使技术价值实现最大化。

宁德时代的智能化建设立足现场实际需求，围绕智能物流、数字孪生、大数据、人工智能、APS 高级排产、机器学习、5G 技术等的实际应用展开建设，并基于大量网络技术应用，对信息安全系统建设的关注度也同步提升至最高水平。具体包括以下几个方面。

一是数字孪生技术实现全局产品设计与仿真。宁德时代基于三维模型的产品设计与仿真，建立产品数据管理（PDM）系统。PDM 系统集成 CAX 软件等设计工具，由各模块设计工程师同步在线进行产品的三维设计工作。从概念设计到详细设计，PDM 系统完整地保留了开发过程中的所有三维模型，在统一的数字设计环境内，仿真工程师借助 CAE 软件对三维模型虚拟样机进行模拟验证，求解最优设计方案。基于三维模型驱动生成的物料清单（BOM）和技术文件自动同步到 ERP/MES 系统，支持产品生产。PDM 系统构建了研发协同管理平台，基于三维模型的产品设计和仿真，减少了产品开发过程中对物理样机的需求，从而缩短研发周期，降低研发成本，保证产品质量。

二是智能化物流管理提升生产效率。工厂生产线的效率在很大程度上受物流系统智能化程度的制约。宁德时代根据锂电池生产的特点，使用 AGV、机器人、立体仓库、RFID 等智能化技术，提高了物流系统的自动化、信息化、智能化水平，有效提高了生产线效率。在整个物流体系中，形成了极片车间立体仓库、装配段物流线、烘烤炉段智能物流线、原材料仓的智能立库，及成品仓库的智能立库等特色应用。

三是基于物联网进行远程监测。产品销售出库并不代表销售的终结，产品的运营和服务从价值链的角度来看，即是产品价值的延伸，这离不开数据和流程的支撑。对新能源应用而言，不论是新能源汽车，还是储能电站，都存在运营状态监控及持续运维的问题。与之对应，就延展出远程运维监控大数据平台。通过在制造过程中植入针对电池系统（新能源汽车和储能电站）的 T-BOX 终端，可以直接收集 BMS（电池管理系统）采集到的关于电池系统的售后运行状态数据，在达到特定阈值或条件时直接触发对应的异常报警，并建立基于已知模型对电池系统的预测性维护（PDMS）。同时，也打通了制造过程和售后过程的大数据对接。

四是借力大数据和人工智能技术实现创新。无论是产品维度的 MES 系统，还是设备设施和工装夹具、仪器仪表维度的 TPM 系统，都面临着大量数据的快速采集和存储问题。例如，MES 存在大量的非结构化数据（如工件的照片），在线系统存在在线数据容量的限制。

宁德时代以 MES、TPM 和 MHR 等系统为基础，引入 LAMBDA 大数据架构，打造出制造系统大数据平台（MDP）。

在各个业务系统（如 MES、TPM、MHR 等）的数据通过 ETL 工具集成到制造系统大数据平台后，公司可根据集成的制造系统数据库进行集中式数据分析和通用数据挖掘功能的开发。

通过引入典型化的人工智能技术框架（如 TensorFlow），宁德时代还将 MDP 定义为公司的数据洞察和创新平台，并在产品/设备加工参数的关联分析和优化分析、基于机器视觉的产品缺陷分析、设备的预测性维护等领域展开具体和实质化的运用。

同时，宁德时代的智能化建设立足现场实际需求，围绕智能物流、数字孪生、大数据、人工智能、APS 高级排产、机器学习、5G 技术等的实际应用展开建设，并基于大量网络技术应用，对信息安全系统建设的关注度也同步提升至最高水平。

（4）建设效果

宁德时代以制造为核心，有效地驱动了研发制造一体化、制造供应链一体化、制造服务一体化，并在实践中得到了验证，取得了研制周期缩短 50％、运营成本下降 21％、产品不良率下降 75％、资源综合利用率提升 24％、生产效率提升 56％等良好效果。同时，宁德时代的智能制造实践，也为国家、社会与行业提供了有价值的参考。

通过智能工厂的实践与创新，宁德时代取得了智能制造相关关键技术的一定突破，实现了工艺设备的网络化自动检测、监控，达到生产过程的可视化；针对各制造工序自主开发的多项特色工艺及设备，实现了一定的技术领先性，使得动力电池行业数字化车间的自动化程度和生产效率大幅度提高；取得的专利、标准、软件著作权等技术成果，能够有效支撑生产线量产等方面的推广应用，为行业的数字化车间、智能工厂建设做出了积极贡献。

10.6　纺织行业

10.6.1　魏桥纺织智能工厂

（1）建设需求

作为国民经济和社会发展的支柱产业，我国纺织工业正面临着前所未有的挑战。一方面，东南亚、南亚、非洲等国家和地区的基础设施逐步完善，劳动力成本低廉的优势凸显，成为纺织产业的新兴地，蚕食我国的低端市场。另一方面，随着新工业革命、工业 4.0 等战略的持续推动，欧美各国纷纷在重点领域率先展开了学术研究与工程实践。德国联邦教育与研究部组织推动了未来纺织研究计划，其致力于推进德国生产技术纺织品、非织造布和复合材料的现代价值网络。受国际市场对国内品牌发展空间压缩的影响，在构建"双循环"新发展格局的要求下，全球的纺织产业与贸易格局正在重塑。

新一代科技革命带来发展新机遇。从纺织工业的发展来看，大数据、物联网、云计算等新兴网络信息技术正在与纺织工业碰撞出新的火花，并逐渐涌现出"大规模服装定制""精准个性化营销"与"机器人制衣"等新形式与业态。从企业运营模式的角度来看，服装生产企业大规模个性化定制已在进行试点，其采集款式数据、工艺数据、流行元素数据等海量数据，自动匹配海量设计组合，直接与市场和用户实时对话，实现服装大规模个性化定制；纺织制造企业随着数据化、信息化的建设，以智能制造技术为依托，构建全流程智能化管理体系，进一步优化生产流程、降低成本、提高运营效率，被认为是纺织产业转型的必然选择。

（2）建设目标

项目以打造纺织行业智能化转型新样板、助推中国纺织行业智能化发展为目标，重点解决传统型纺织业数字化、物流自动化的技术瓶颈，通过纤维流断点的研发应用、在线质量监测断点技术的攻克、细纱管在线检测技术的应用、I3.0系统等的应用，大幅提高了产品质量和工作效率，使企业形成低成本、高质量的运转优势，为客户带来更高性价比；带动设备厂家技术的提升和共同发展，具有积极的产业推进作用。全维度的智能化管理模式见图10-16。

具体做法如下：

第一，实现全流程纤维流传输无人化。纤维流断点技术的攻克，使传统的人、机、料、环、法的生产模式转变为以魏桥I系统为指挥中心，由生产者终端手环、落地终端接收指令的智能化管理新模式，有效降低生产过程中人为质量问题出现的概率。

第二，实现全流程各节点装备质量实时采集与调控。在线质量监测断点技术的攻克，实现了以在线质量监控、预防、分析为主的无实验人员参与的管理模式对传统的日常检查、停机取样试验管理模式的替代，有效避免了各种人为因素（如目光差异、人为误判）等对品质判定的干扰，确保了产品品质的稳定性。

第三，建立数据流在线处理与智能化管控系统。数据流断点的技术攻克，有效激活了以往只是沉淀在报表中或者技术人员和管理人员大脑中的各种数据和经验，将经验数据固化并集成融合应用于产品生产全过程管理中，从而对数据赋予了更大的价值，使传统的质量管理、人工统计分析、考核模式转变为依托大数据的智能决策、智能执行的管理模式，设立了多重预警机制，实现了集智能排单、质量在线管控、智能人员调度、成本动态核算为一体的全维度智能质量管理模式。

（3）建设方案

① 全面实施数据化、信息化改造，奠定智能化基础。

全部采用国内外最先进的硬件设备，设备单机自动化、信息化程度高，但智能化体系运行还难以实现；根据公司对智能化的发展战略及系统规划部署，公司联合东华大学及经纬、环球设备厂家进行数据化、信息化及物流体系软硬件的深度研发；通过底层无缝化纤维流再建、AGV智能机器人开发、智能连接装置等技术手段，彻底打通了各工序间纤维输送的高效智能化运输链；对纤维流在各节点生产过程中的数据进行全流程实时在线采集与监控，打通了产品全生产周期数据链，建立大数据中枢管控平台，实现纺纱全流程生产的透明化与可追溯；并在纤维流与数据流的基础上，开发智能排单、质量在线检测与监控、智能人员调度、成本动态管控、智能执行等应用模块，形成实时闭环管理模式，为构建智能化管理体系奠定了基础，如图10-17所示。

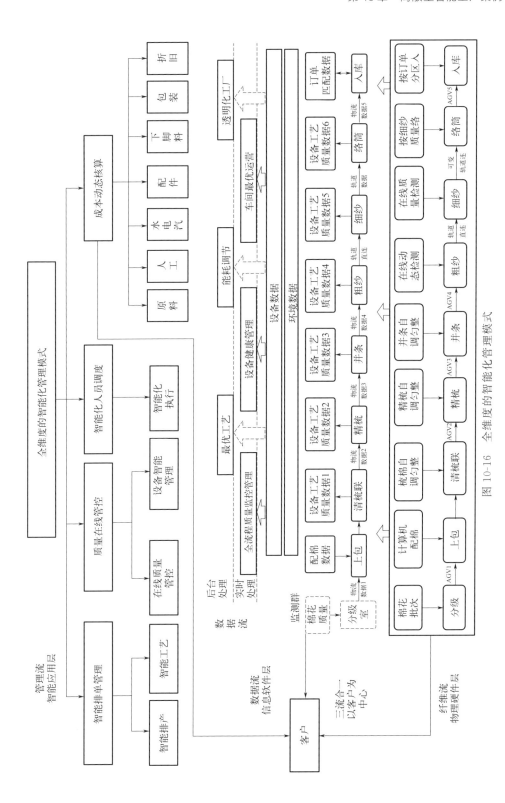

图 10-16　全维度的智能化管理模式

345

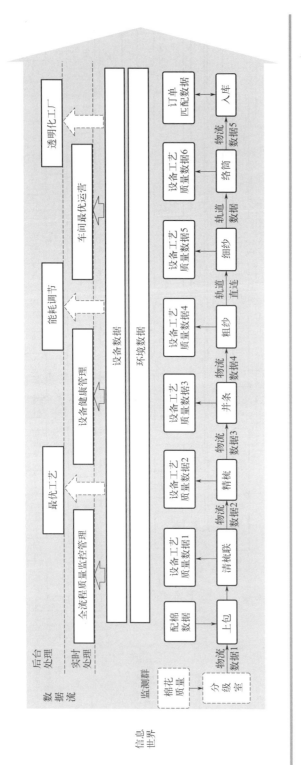

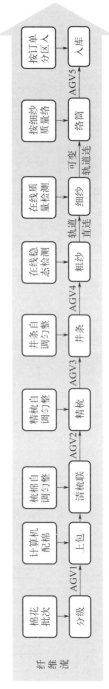

图 10-17　全面实施数据化、信息化改造，奠定智能化基础

② 实现全流程订单、工艺、质量智能管控，如图 10-18 所示。

建立工艺大数据库：结合公司生产规模大、品种多这一优势，建立工艺数据信息平台，实施工艺智能化管理；由原来下达订单必须有专门的配棉员、工艺员进行人工配棉及工艺设计方式，转变为接到订单信息、电脑自动配棉、智能优化上机工艺的模式，大大提高了生产效率，降低了用棉成本、稳定产品质量。

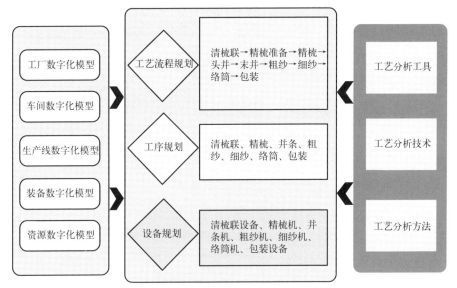

图 10-18 实现全流程订单、工艺、质量智能管控

实施订单智能管控：从 ERP 系统接单开始，系统内两条逻辑主线并行。明线是全方位、立体化的订单管理；暗线是以工序为单位的实时成本分析，以订单生产推进为主，以工艺、质量、配棉、设备状态为分支，可以实时跟踪订单生产全过程，一键查询订单全线数据。

实施生产质量在线管控（图 10-19）：根据设备在线质量检测的断点，研发实施在线质量检测监控，重点是结合订单质量标准，逐级分解各项质量指标，设置指标报警值，与系统在线监测的合格率数据对比，系统会自动显示红色报警，并通过智能手环发送报警信息，达到实时监控快速响应的目的。实现以班组、车间、分厂为单位的综合质量指标报表，及绩效考核依据；使技术人员及时发现质量数据差异，处置质量隐患；增强全员竞争意识及工作主动性，提高全员质量过程管控能力。

③ 推进供应链协同，全流程对接响应。

精益化管理是公司核心竞争力之一。随着纺织信息技术、数字化发展以及智能设备发明，公司依托上下游客户，协同创建一体化管理模式，实现上下游客户与企业的共赢。

图 10-19　实施生产质量在线管控

(4) 难点问题及解决思路

① 再建无缝化纤维流。

纺纱工序主要包括：配棉→上包→清梳联→（精梳准备→）精梳→并条→粗纱→细纱→络筒→包装→入库→出厂。项目依托设备的自动匹配纺纱生产需求的AGV 机器人、RFID 射频识别技术、工序间搭建自动输送线、立体仓库等，实现数字化工厂的第一步。纺纱的智能化生产设计了多流程工序的配合，各工序集群分布，半成品以条筒、管纱及筒纱形式传递，在工序之间产生桥接，满足了工序内自动识别以及开停机等连续化生产需求。实现直接或间接连接（小车智能输送）系统，搭建智能工厂纤维流的无缝化衔接。

② 部署数据流行动基础与智能化执行。

由 "I 系统" 算法及其结构再造升级为 "I3.0 系统"，其实现了多维度数据信息采集、交换及分析，实现了以订单流程为核心的 "智能调度"，为生产、管理、决策等提供参考。管理者不进车间就可通过远程控制系统随时看到生产现场、订单完成、设备运转状态、温湿度等整个生产流程情况，实时跟踪管控，PDCA 持续改进，管理效率提高 30% 以上。

基于所有纺织作业信息系统采集数据的项目及属性，对多源异构的装备、工艺表单、监测时序、纱线图像等数据进行分布式抽取；构建多源数据的集成模型，建立多维度数据描述模板、纺纱数据仓库，集成全流程纺纱过程数据；纵向建立各工序数据关系结构树，横向链接对齐全流程数据，实现全流程数据的一对一或一对多关联，建立纺纱全流程数字主线，如图 10-20 所示。

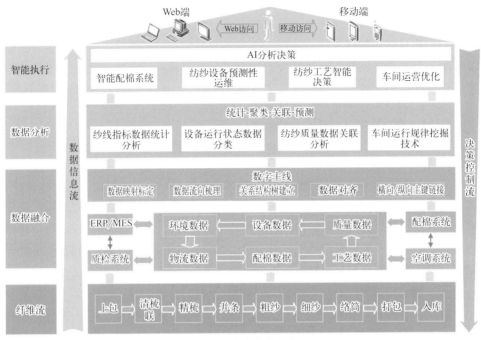

图 10-20　全流程数字主线

(5) 建设效果

① 实现全流程智能化管理、生产运营水平全面提升。企业自主研发智能纺织 I 系统，构建魏桥特色的工艺、质量、设备、配棉等专家知识库；搭建纺纱全流程智能化检测与监控管理系统，设立多重预警机制，实时全方位、立体化订单管理和实时工序成本分析；真正实现集智能排单、质量在线管控、设备预测性维保、智能人员调度、成本动态管控为一体的全维度智能管理改革。具有工艺流程简单、生产效率高、成本低、能耗低等优点；废水、废气、废渣达标排放；噪声源能够得到有效控制。体制合并精减 50%，用工减少 80%，用工达 10 人/万锭，基本实现"无人化"生产。

② 企业效益大幅度上升，竞争实力显著增强。智能化工厂运行后的经济效益：对比普通环锭纺，同生产规模、同品种、同时间，实现年总产值同比提高 33%，实现利润总额同比提高 242.39%，实现税收同比提高 88.1%，实现利润率同比提高 10.1 个百分点。智能配棉降低配棉等级 0.5 级，生产效率同比提升 37.5%，产品研发周期缩短 35%，能源利用率同比提高 20.5%，不良品率同比降低 36.3%，纱线质量 2018 乌斯特公报 5%～50% 的条干水平同比提高 15%，纱线强力同比提高 21%，包装成本降低 15%，产品质量 100% 可溯源，企业竞争实力显著增强。

③ 形成系列技术成果，引领行业智能化创新。该智能化项目创造发明专利16件，授权13件；实用新型2件，软件著作权8件，企业标准3项。基于5G技术，软件与硬件深度集成与融合，全流程在线实时数据集成分析与管控，助推了智能化、信息化、数字化建设及管理模式的变革；为"十四五"时期纺织行业智能化发展提供了很好样本，实现了良好的开端。

10.6.2 愉悦生态纺织品智能工厂

（1）建设需求

全产业链生态纺织品智能制造难题。一方面是全产业链的智能制造：从纺纱、织造、印染、家纺产品的缝制到产品的包装运输，产业链长，生产制造机器设备众多，各种设备的自动化、数字化水平参差不齐，机器设备的数据采集、传输、存储都存在较大难度。另一方面是全产业链的生态控制：从产品原料选择到各工序加工过程，充分发挥大数据、智能制造优势，确保各生产环节符合生态要求。

（2）建设目标

通过实施四化（标准化、信息化、自动化、智能化）融合战略，推进研发中心、运营中心、制造中心、共享支持中心、战略决策与绩效监控中心、IT支持中心六大平台建设（图10-21），打造生态纺织品智能工厂。

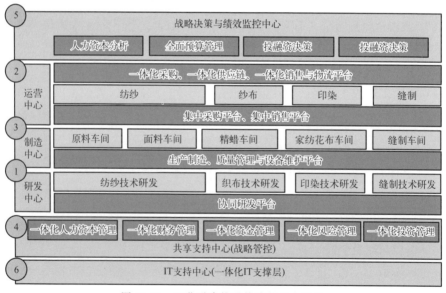

图10-21 四化融合推进战略的六大平台

（3）具体做法和实践经验

① 系统设计。主要围绕产品维与价值链维展开相关设计。产品维包含产品

设计、工艺设计、生产制造等，价值链维主要包括生产管理、质量和计量、财务管理等。合理规划端到端智能生产线的建设。

a. 印染面料的销售报价到生产报工：实现助剂的自动化计量、配送、实时检测与控制、生产数据的记录及在线管理等功能，建立一套完整的工厂自动化智能化系统。

b. 印染面料的报工完成到验整入库：在验整车间引进国际先进的 EVS 视觉检测系统，与自主研发的自动开裁系统结合，实现印染成品面料布面 70 多种质量疵点的自动检测与定长开裁；针对特殊包装的窄幅服装面料产品联合研发自动贴标与包装生产流水线，实现了贴标与包装技术的自动化和智能化，拥有自主知识产权；针对宽幅家用纺织成品面料，经过 EVS 的视觉检测系统与自动开裁系统后，可直接进入自动包装流水线，进行自动包装与流水线运输，减少人工操作。

c. 针对成品出货产品：从验整完成到缝制成包装，在缝制车间裁剪工段采用最先进的自动裁剪设备与自动吊挂系统，同时引进成品自动缝纫流水线，实现了家用纺织品的自动缝制。

② 建设内容。主要围绕柔性化智能纺纱生产线、生态纺织品面料智能制造生产线、生态纺织品视觉检测与自动化包装生产线、生态纺织制品自动化系统生产线的建设及过程自动监测系统建设进行展开。项目总体情况如图 10-22 所示。

a. 柔性化智能纺纱生产线建设。

——电脑配棉系统。主要包括基于条形码的原棉仓储电子化管理、基于 HVI 数据的棉包分类分组、配棉分析、排包分析、统计分析、数据查询及原棉采购管理、报表打印、数据库管理等。可根据不同纱线品种进行自动化棉包分配管理，并可根据需要自动生成采购订单。

——智能纺纱技术的应用。与江南大学、经纬纺机合作，以环锭纺纱系统和转杯纺纱系统为对象，以实现结构参数在线变化和多品种纱线一体化加工两大功能为目标，创新构建包含控制系统、伺服驱动系统和纺纱机械的数控纺纱系统。明晰数字化纺纱成型纱线结构参数动态调控机理，构建柔性化纺纱工艺体系；以数字化调控线密度和混纺比为手段，研究优化数码色纱纺纱工艺，创建数码色纱与纺织面料新的品种体系；进行纺纱专家系统研制、数码色纱色彩预测与针织面料仿真模拟软件开发。

b. 生态纺织品面料智能制造生产线建设。

——碱站智能配液系统建设情况。系统可实现全自动运行，无人值守；模糊算法与遗传算法结合，保障长期稳定性；同时具备数据联网功能，支持远程操作。自动模式（配碱系统接收远程数据，无人值守自动配液）与手动模式（触摸屏设定浓度，自动循环配液）相结合，操作方便。

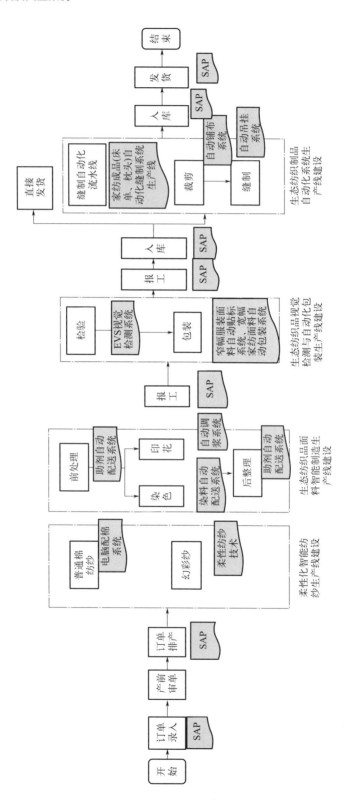

图 10-22 生态纺织智能工厂示范项目

——智能配液系统建设情况。全程电脑反馈控制，可集中控制，可分散控制；粉体、膏体重量、加水量自动核算，傻瓜式开料；助剂便捷式清洁上料，劳动强度低，环境清洁；助剂原料储罐液位监测，结合流量监测实时掌握物料备用情况；助剂配方（先计量后分配模式）精度高、安全、方便扩展；配制过程中各助剂由水隔开输送，防止离子反应；电脑控制助剂输送机台，控制加水量，保证成品料快速、准确配制；大批量生产中自动预算耗液量，减少配液浪费；系统环境控制，提高综合配液精度，人机友好；预置网络通信接口。配液中心原理图见图 10-23。

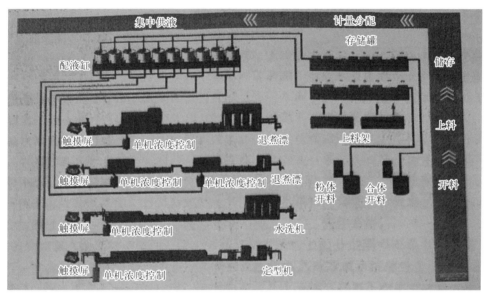

图 10-23　配液中心原理图

——印花自动调浆系统建设情况。印花自动调浆系统主要采用计算机技术、自动控制技术、色彩技术、精密称量技术，结合染整工艺，将色彩空间理论、范例推理、色光-黏度数学模型、数据库、全闭环控制及精密称量技术应用于印染调浆，N 种母色分别储存于 N 只储罐中。根处方数据可以根据客户订单要求通过网络在配方库管理系统中建立，并待分配系统调用，能够极大地节省染化料及其他能源消耗，提高生产效率。图 10-24 为印花自动调浆系统工艺流程。

印花自动调浆系统的清洁生产特性要求：保证印花糊料的新鲜度、糊料的细度及均匀性，减少了停机洗网次数，提高生产效率，节省染料；印制时纺织品上浆匀称，染料上浆快，蒸化的着色牢固，水洗时易退浆，缩短了洗涤时间并节省了水的消耗；打样与生产的一致性，使得浆料可即调即用，极大地节省了整个过程中最大消耗品——染化料。

c. 过程自动监测系统建设。

布面破洞检测系统建设情况。过氧化氢（双氧水）具有漂白效果好、去杂能

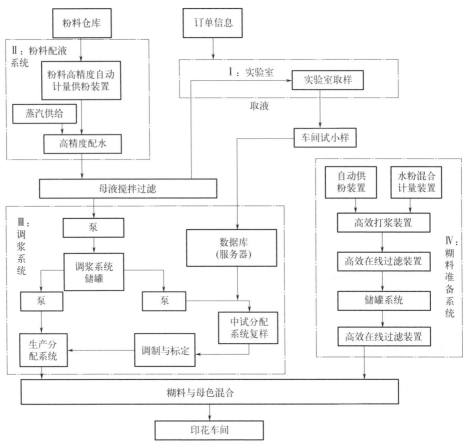

图 10-24　印花自动调浆系统工艺流程

力强和无污染等优点，被广泛应用于纤维素纤维织物的漂白，但在使用过程中，极易产生破洞，造成纤维脆损。由于落布过程中，人眼检测的缺陷会导致大批量面料的降等，为此项目引进布面破洞检测系统，该系统可以对肉眼难以观察到的细小氧漂破洞或织疵破洞进行预警，避免大批量半成品浪费。

碱、双氧水浓度自动检测及控制系统建设情况。碱浓度在线检测系统应用比重反馈和液位平衡技术实现闭环控制，丝光碱浓度控制精度高、无跳变。采用高效混合装置，淡碱和浓碱的混合效率高。系统配备过滤装置，有效过滤毛絮和固体杂质，确保测量准确和设备运行稳定性。可选配温度补偿功能，适用不同的丝光工艺。本系统由传感器、仪表、溶液循环系统及自动控制系统组成；PLC 控制、触摸屏显示，操作直观方便。

HD-200 系列双氧水浓度在线测控系统。采用化学方法对多组分助剂中双氧水含量进行在线自动分析，自动测量双氧水含量并进行自动控制，使工艺液双氧水浓度符合工艺要求；具有以太网通信接口，便于用户远程监控管理；保障生产工艺重现性，提高了产品档次和一次成功率。

布面含潮率检测在线控制系统建设情况。织物含潮率在线检测及控制系统主要包括检测部分。CPU 处理部分、显示部分及控制部分。通过车间机台落布含潮率在线检测及控制系统的安装与使用，系统可分别对布面左中右三点测试，三点分别显示，选取一点或三点的平均值作为控制信号调节蒸汽供给量。织物工艺过程布身的含水率、介质的相对湿度及落布的回潮率，对于清洁生产、节约能耗极为重要。

圆网印花布面疵点检测系统建设情况。在印花过程中有些疵点，如花毛、堵网、漏印、错花等，都是由人为因素、半成品、镍网等问题造成。为杜绝因不正常现象造成的疵点连续发生、提高印花一等品率，建设印花机疵点检测系统，系统可对印花过程布面进行疵点的实时监控，并进行相应的警报处理。建设完成后减少印花疵点的连续性发生。

d. 生态纺织品视觉检测与自动化包装生产线建设。

——EVS 视觉检测系统与自动开裁系统建设情况。IQ-TEX4 自动检测系统是 EVS 针对印花、染色、色纺等家纺产品设计开发的最新一代自动检测系统，具有提升检验效率、降低人工劳动强度、降低劳动力成本、实现数据化和信息化管理、在线实时监测、避免批量降级的特点。可检测识别织疵、渍类等布面常见疵点 70 余项。在线检测系统检验与人工检验相比具有的优点：在布面运行平稳的条件下，运行速度可达 60～100m/min。人工一般为 15～35m/min，超过 35m/min 时肉眼能看到的疵点会越来越少；检测幅宽一般为 1.2～3.6m，也可根据客户需求进行调整。单个人工检测一般不会超过 1.6m；检测精度一般在 0.1mm 以上。肉眼在 15m/min 的速度下基本看不到；设备可准确直观记录疵点的图片、经纬向位置及整卷布的疵点分布情况。人工记录不够详尽准确且不直观，在记录的同时也会漏检疵点；数据可与 ERP/SAP/MES 系统自动对接导入，便于企业的数据化、信息化管理，避免了人工录入的烦琐和易出错。

——窄幅服装面料自动贴标与包装系统建设情况。为解决目前验整车间贴标工序效率低、劳动强度高的问题，与外部设备生产商联合研发蜡布自动贴标机。在研发过程中，突破蜡布商标材质问题与单色胶印机、双色套印、四色印刷、六色油光印刷等技术功能，突破蜡布商标排版问题，与供应商的各种技术进行组合，研发出商标剥离器，并利用该原理制作出贴标机头，形成输送带式的自动贴标机，再利用输送带的功能代替现在的人工拖布、拿布、剥离商标，完全由机械代替人工。该项技术拥有自主知识产权，现已建成 8 条蜡布贴标机流水生产线。通过机器换人，减少用工 60 余人，年节约人工成本 300 余万元；解决了包装质量前后不一致问题，解决了商标漏贴、商标粘贴不齐等问题，提高了产品质量稳定性；解决了包装瓶颈问题，提高了机台下机效率，保证了货单交期。

——宽幅家纺面料自动包装线建设情况。目前建有 1 条自动打卷包装流水生产示范线（包括 7 台打卷自动传送机、1 台自动封塑机、1 台热塑机、2 台提升机、7 台自动分离落布机），总投资 200 多万元，可对验整完成后的打卷宽幅家纺面料进行 PE 膜的自动包装与流水线输送。通过机器代人，减少用工 40 人，年节约人工成本 200 余万元；解决了单花型单独放置、条形码不符、贴错条形码、实物不符的问题，提高了外观包装质量，提升了产品质量稳定性；减轻了员工劳动力，减少了员工身体损伤。

e. 生态纺织制品自动化系统生产线建设。

——家用纺织品缝制自动排产系统建设情况。针对缝制业务数量比较庞大、计划分配不均衡、依据经验分派缺乏科学性、不能通过供应商管理的规则进行分派、基础数据收集不实时共享等问题，对缝制排单系统进行信息化改造，收到了良好的效果：对 305 种分类产品进行合理保供，实现了均衡排单；完成了对供应商的管理和等级划分；通过接口打通排单系统和 SAP 的互联，可在自动化排单后进行人工调整，减少重复操作，提高了整体排单效率；计划权限收拢到计划主任，加强了计划主任管控、决策能力；掌握外放加工点生产进度，可实时报工、回货，并可做三天回货计划，实现了基础数据的收集和信息共享。

——自动铺布系统建设情况。针对缝制厂在裁剪面料时采用人工铺布方式导致的员工劳动强度大、铺布效率低以及铺布张力不一致带来的布面尺寸有差异的问题，公司联合设备供应商研发了自动化铺布设备。采用该设备，每个案板可节省用工 3 人，降低用工与劳动强度的同时极大地保证了面料铺开时的张力问题，从而保证了面料的裁剪质量，裁成率提升 10％以上。

——自动吊挂系统建设情况。吊挂系统贯穿应用于整个生产流程，连接每一道工序，每条轨道接口设计有自动接通和分开功能，不会造成各道工序之间的堵塞。现在缝制工段采用传统的单纯缝纫机操作模式，员工缝制完一份产品后，自己到裁剪区去搬运，造成搬运的浪费和多余的体力劳动，而且需要去清点计数，造成时间的浪费。吊挂系统的引进克服了传统人工搬运方式费时费力的缺点，提高了生产效率，改善了车间环境。管理人员通过计算机上参数的设定实现裁片的按工位传送和各工位间的实时调节与控制，通过电脑控制将各工位自动化缝制的断流、缝制工段到整烫工段的断流、整烫工段各工位的断流、整烫工段到成品物流配送的断流进行信息的直接连接。

——德国先进的床单自动生产线——纵缝横切平缝流水线建设情况。目前家纺成品在缝制过程中存在用工多、生产效率低、检验成本高、质量不稳定等问题。为解决该问题，项目引进自动化缝制设备流水线，该流水线主要分三部分——裁剪系统、缝制系统、自动纠偏系统。裁剪系统：进入的大卷布料按照设定的规格尺寸自动切去布边，裁剪成需要的尺寸，裁剪速度快，尺寸准确。缝制系统：根据工艺要求，更换不同的卷边工具或设备，缝制完成。自动纠偏系统：进入的布料由设备的各部位红外探测器进行自动找正纠偏，使产品不会出现尺寸偏差。

自动化缝纫设备不间断运行，缝纫机头转速在 4500r/min 以上，减少了人工拿放半成品和整理产品的环节，效率是人工缝制的 20～30 倍，规避了传统人工裁剪的偏刀、人工缝纫的毛漏、缝纫不直、尺寸不准等问题，达到较高的质量控制标准，自动折叠设备用于产品包装前的折叠，效率是人工折叠的 14 倍，折叠质量稳定，误差小。

——成品枕头自动生产包装线建设情况。同样为解决家纺产品缝制过程效率质量及用工问题，引进了一套意大利生产抱枕、枕芯的自动定量充装、缝口、压缩、包装流水线，实现了快速生产压缩包装，提高了公司的生产能力与产品品质。压缩后可减少占用空间、提高装箱率、减少包装成本。根据理论测算，自动定量充棉机可以填充 2000kg 原料，填充误差可控制在 ±5% 以内，自动缝制枕芯套的设备产量每天 4000 个，缝口设备每分钟加工约 30 件，每班可以缝制 3000 个左右。该流水线的引进可以节省缝制、充棉、包装三工序的人员，并避免搬运，提升生产效率。

（4）建设效果

① 基于"四六三"的顶层设计，确立了标准化、信息化、自动化、智能化四化融合战略，建设了研发中心、运营中心、制造中心、共享支持中心、战略决策与绩效监控中心、IT 支持中心六大平台，在产品维、企业管理维、价值链维三个维度进行了系统集成。

② 依托产学研合作，关键装备多数实现自主研发，少量引进国外设备，建成了柔性化智能纺纱生产线、生态纺织品面料智能制造生产线、生态纺织品视觉检测与自动包装生产线和生态纺织品自动化系统生产线，实现了纺织全产业链智能制造。

参考文献

[1] 辛国斌，等. 智能制造探索与实践 [M]. 北京：电子工业出版社，2016.

[2] 国家智能制造标准化总体组. 智能制造基础共性标准研究成果（一）[M]. 北京：电子工业出版社，2018.

[3] 中国科协智能制造学会联合体. 中国智能制造重点领域发展报告 [M]. 北京：机械工业出版社，2019.

[4] 刘强，丁德宇. 智能制造之路 [M]. 北京：机械工业出版社，2017.

[5] 周华. 军工智能工厂建设的理论与实践 [M]. 北京：北京理工大学出版社，2020.

[6] 陈明，梁乃明. 智能制造之路——数字化工厂 [M]. 北京：机械工业出版社，2016.

[7] 谭建荣，冯毅雄. 智能设计理论与方法 [M]. 北京：清华大学出版社，2020.

[8] 蒋明炜. 机械制造业智能工厂规划设计 [M]. 北京：机械工业出版社，2017.

[9] 卢小平，张文丽，张英伟. 现代制造技术 [M]. 3版. 北京：清华大学出版社，2018.

[10] 李德芳，蒋白桦，赵劲松，等. 石化工业数字化智能化转型 [M]. 北京：化学工业出版社，2022.

[11] 张代华. 流程工业智能工厂建设 [M]. 四川：四川科学技术出版社，2020.

[12] 董宝力，张绍文. 智能工厂数字化精益运作管理 [M]. 北京：科学出版社，2021.

[13] 陆剑峰，张浩，杨海超，等. 智能工厂数字化规划方法与应用 [M]. 北京：机械工业出版社，2021.

[14] 薛颖. 工业智能制造和数字经济深度融合研究 [J]. 河北企业，2022（4）：35-37.

[15] 张映锋，张党，任杉. 智能制造及其关键技术研究现状与趋势综述 [J]. 机械科学与技术，2019（3）：329-338.

[16] 许敏. 智能制造若干关键技术研究 [J]. 科技创新与应用，2018（28）：156-157.

[17] 李英杰，韩平. 数字经济下制造业高质量发展的机理和路径 [J]. 宏观经济管理，2021（5）：41-45.

[18] 蔡婷婷，吴松强. 数字经济赋能我国先进制造业：国际经验与借鉴 [J]. 决策与信息，2021（12）：72-79.

[19] 梁小甜，文宗瑜. 数字经济对制造业高质量发展的影响 [J]. 统计与决策，2022（11）：109-113.

[20] 祁萌，李晓红. 美、日等军事强国智能制造装备发展策略分析 [J]. 国防制造技术，2017（3）：6-8.

[21] 徐玮，常林，范召舰，等. 未来智能工厂的发展前景分析 [J]. 南方农机，2018（3）：16.

[22] 周畅. 德国智能工厂-工业4.0的样本 [J]. 宁波经济，2015（1）：48-50.

[23] 黄培，孙亚婷. 智能工厂的发展现状与成功之道 [J]. 国内外机电一体化技术，2017（6）：28-32.

[24] 卢秉恒，邵新宇，张俊，等. 离散型制造智能工厂发展战略 [J]. 中国工程科学，2018（4）：44-50.

[25] 梅雪松，刘亚东，赵飞. 离散制造型智能工厂及发展趋势 [J]. 南昌工程学院学报，2018（1）：1-5.

[26] 钱泉，耿贵宁，苏禹，等. 智能工厂网络安全体系研究 [J]. 微型机与应用，2017（13）：1-6.

[27] 张泉灵，洪艳萍. 智能工厂综述 [J]. 自动化仪表，2018（8）：1-5.

[28] 刘磊. 智能工厂建设理论与实践探索 [J]. 科技经济导刊，2016（16）：192-193.

[29] 乔运华，赵宏军，王啸. 基于两化融合管理体系思想的智能工厂建设规划 [J]. 制造业自动化，2017（6）：77-80.

[30] 周安亮，屈贤明. 走向智能工厂的路径 [J]. 装备制造，2015（4）：80-81.

[31] 龚东军，陈淑玲，王文江，等. 论智能制造的发展与智能工厂的实践 [J]. 机械制造，2019（2）：1-4.

［32］ 焦洪硕，鲁建厦．智能工厂及其关键技术研究现状综述［J］．机电工程，2018（12）；1249-1258.

［33］ 龚涛，赵赫男．智能工厂新型数据采集系统构建［J］．信息技术与网络安全，2018（3）；15-19.

［34］ 彭瑜．智能工厂、数字化工厂及中国制造［J］．自动化博览，2015（1）；28-31.

［35］ 李利民，侯轩，毕晋燕．高端装备制造业智能工厂建设思路和构想［J］．科技创新与生产力，2016（4）；16-19.

［36］ 杜品圣．德国智能工厂建设路径［J］．中国工业评论，2016（1）；44-54.

［37］ 杨春立．我国智能工厂发展趋势分析［J］．中国工业评论，2016（1）；56-63.

［38］ 李想．智能工厂建设的主要模式及国内外发展现状［J］．中国航空报，2018.7.26.

［39］ 黄珊，李晓红．国外典型企业智能工厂建设案例［J］．国防制造技术，2017（4）；4-8.

［40］ 柴天佑，丁进良．流程工业智能优化制造［J］．中国工程科学，2018（4）；51-58.

［41］ 夏茂森．流程工业智能工厂建设技术的研究［J］．信息技术与信息化，2013（6）；46-52.

［42］ 孙红俊，张文杰，张利艳．美欧先进企业航天制造智能化发展分析［J］．卫星应用，2019（6）；26-31.

［43］ 缪学勤．智能工厂与装备制造业转型升级［J］．自动化仪表，2014（3）；1-6.

［44］ 王保民，张淑敏．离散型制造业智能工厂建设思路与关键要素分析［J］．国防制造技术，2016（3）；26-29.

［45］ 张伦彦．面向工业 4.0 的精益生产线设计和实施方法［J］．航空制造技术，2014（18）；44-47.

［46］ 罗凤，石宇强．智能工厂 MES 关键技术研究［J］．制造业自动化，2017（4）；45-49.

［47］ 王锦程，谢蕾，李欣冀，等．智能工厂框架下的 MES 系统构建与应用［J］．智能制造，2018（1）；25-28.

［48］ 龙罡，江涛，龚振宇．工厂智能制造及物联网系统的规划设计研究［J］．中国设备工程，2018（4）；206-207.

［49］ 习阳．物联网技术在行业的应用［J］．兵工自动化，2010（12）；59-60.

［50］ 柏芸，张蓬，聂题．浅探物联网在智慧的应用及智慧产业链［J］．中国军转民，2014（12）；61-62.

［51］ 李方园．智能工厂关键技术应用［J］．自动化博览，2018（8）；72-74.

［52］ 蒋明炜．工业互联网与智能工厂［J］．中国工业评论，2016（1）；31-36.

［53］ 曹建福，陈乐瑞．智能工厂中的工业物联网技术［J］．自动化博览，2018（5）；72-76.

［54］ 张力．大数据平台在航天领域中的应用［J］．数字通信世界，2013（12）；26-28.

［55］ 谷满仓，苏婕．浅析大数据思维在科研生产管理中的应用价值［J］．航天工业管理，2013（12）；4-7.

［56］ 孙为军，谢胜利，汪谷银．智能工厂工业大数据云平台的设计与实现［J］．广东工业大学学报，2018（3）；67-71.

［57］ 龙罡，江涛，龚振宇．工厂智能制造及物联网系统的规划设计研究［J］．中国设备工程，2018（4）；206-207.

［58］ 陈璐，王旭东．物联网技术在行业的应用［J］．电子技术与软件工程，2014（4）；35.

［59］ 张振山，陶耀东．浅析产品智能制造网络安全防护体系［J］．保密科学技术，2018（3）；13-17.

［60］ 张伦彦．面向工业的精益生产线设计和实施方法［J］．航空制造技术，2014（18）；44-47.

［61］ 王保民，张淑敏．离散型制造业智能工厂建设思路与关键要素分析［J］．国防制造技术，2016（1）；26-29.

［62］ 蔡敏，汪挺，商滔．面向制造企业的数字化工厂评估［J］．科技管理研究，2016（15）；63-69.

［63］ 岳军．数字化工厂的构建［J］．电子工艺技术，2017（4）；193-196.

［64］ 柏隽．数字化工厂的框架与落地实践［J］．中国工业评论，2016（5）；28-33.

［65］ 亚楠 . 数字化工厂核心——MES 与制造企业方案［J］. 中国工业评论，2017（10）：92-96.

［66］ 施宇锋 . 数字化工厂及其实现技术综述［J］. 可编程控制器与工厂自动化，2011（11）：37-39.

［67］ 施一明 . 流程工业智能工厂建设的探索与实践［J］. 中兴通讯技术，2016（10）：31-35.

［68］ 黄俊俊 . 基于流程工业智能工厂建设技术应用［J］. 中国信息化，2018（7）：67-68.

［69］ 李守殿 . 数字化工厂建设方案探讨［J］. 制造业自动化，2018（4）：109-114.

［70］ 杨兴根 . 由"机械"向"数字"转变［J］. 航空科学技术，2004（1）：39-40.

［71］ 欧阳劲松，刘丹，杜晓辉 . 制造的数字化网络化智能化的思考与建议［J］. 仪表仪器标准化与计量，2018（2）：1-6.

［72］ 熊晓洋 . 大型流程型企业智能工厂建设探索［J］. 当代石油石化，2016（7）：9-12.

［73］ 王德学 . 浅谈西门子数字化工厂体系［J］. 锅炉制造，2016（6）：60-64.

［74］ 蒋启梅 . 智能工厂建设初探［C］//中国航空学会 .2017 年（第三届）中国航空科学技术大会论文集（上册）. 北京：中国科学技术出版社，2017：278-282.

［75］ 单继东 . 航空发动机制造企业智能工厂建设［J］. 航空制造技术，2018（15）：70-77.

［76］ 曹志涛 . 航空发动机智能生产线架构与集成应用技术［J］. 航空动力，2019（1）：61-64.

［77］ 杜宝瑞 . 航空智能工厂的基本特征与框架体系［J］. 航空制造技术，2015（8）：26-31.

［78］ 钟立胜 . 航空装备制造企业"智能工厂"的特点与建设策略［C］//2018 年军工装备技术专刊论文集，2018：20-22，27.

［79］ 李慧丽 . 航天智能工厂建设的几点思考［J］. 网信军民融合，2017（8）：50-54.

［80］ 谢颖 . 电子企业智能工厂规划方案浅析［J］. 电子世界，2018（8）：5-7.

［81］ 隋少春，黎小华，李汶一，等 . 面向智能制造模式的飞机制造企业生产管控中心研究［C］//中国航空学会 .2017 年（第三届）中国航空科学技术大会论文集（下册）. 北京：中国科学技术出版社，2017：327-335.